KB123414

대한민국의 국사교과서

이 저서는 2014년 정부(교육부)의 재원으로 한국연구재단의 지원을 받아 수행된 연구임 (NRF-2014S1A6A4027194)

This work was supported by the National Research Foundation of Korea Grant funded by the Korean Government (NRF-2014S1A6A4027194)

대한민국의 국사교과서

초판 1쇄 발행   2019년 2월 28일

지은이 ㅣ 조성운
발행인 ㅣ 윤관백
발행처 ㅣ ▨도서출판선인

등록 ㅣ 제5−77호(1998.11.4)
주소 ㅣ 서울시 마포구 마포대로 4다길 4 곳마루 B/D 1층
전화 ㅣ 02)718−6252 / 6257   팩스 ㅣ 02)718−6253
E-mail ㅣ sunin72@chol.com

정가 45,000원

ISBN   979-11-6068-248-9   93900

· 잘못된 책은 바꿔 드립니다.

대한민국의 국사교과서

조 성 운 지음

 도서출판 선인

필자는 2009년 이전까지만 하더라도 역사교육에 대한 학문적 관심이 거의 없었다. 이러한 필자에게 2007년 가을 쯤 동국대학교 사범대학 역사교육과의 황인규 교수가 역사와교육학회를 창립하는데 도와달라는 제안을 하였다. 이 제안을 수락한 이후 필자는 2008년 일본 교토대학 인문과학연구소에서 1년간 연구할 기회를 얻어 역사와교육학회의 창립은 한 동안 필자의 관심에서 멀어졌다. 2009년 일본에서 귀국하자 황인규 교수가 역사와교육학회의 창립을 다시 추진할 것을 제안하였고, 필자는 이를 수락하여 2009년 5월 역사와교육학회가 창립되었다. 그리고 2014년에는 동국대학교 역사교과서연구소가 설립되었다.

이 과정에서 필자는 역사교육에 대해 공부하기 시작하였으나 역사교육의 이론은 필자의 능력 밖의 일이라 생각하여 해방 이후 국사교과서의 발행 과정과 근대사 서술의 변천에 주목하게 되었다. 이는 필자가 한국근대사 전공자라는 태생적인 한계를 반영한 현실적인 선택이었다. 이러한 선택을 하게 된 또 다른 이유는 2002년에 한국근·현대사 교과서의 좌편향 논란, 2008년 뉴라이트 계열의 교과서 포럼이 교육부에 한국근·현대사 교과서의 내용 수정을 요구한 진정서의 제출과 이에 따른 교육과학인적자원부의 한국근·현대사 교과서 수정권고안이 발표된 상황에서도 찾을 수 있다.

이렇게 연구 주제를 선택한 필자에게 닥친 첫 번째 장벽은 해방 이후 발행된 국사교과서를 쉽게 볼 수 없다는 것이었다. 여기저기의 도서관을 찾아보았으나 필자가 찾고자 하는 국사교과서를 쉽게 찾을 수 없었다. 그리하여 필자는 헌책방을 찾아다니며 역대 초중고등학교의 국사교과서를 구입하기 시작하였다. 어느 정도 교과서를 수집한 이후 교과서의 근대사 서술의 변천에 대한 연구를 시작하면서 또 다른 장벽에 부딪쳤다. 교과서 서술이 집필자가 마음대로 할 수 있는 것이 아니라 정부가 마련한 교육과정에 기초해야 한다는 것을 알았기 때문이었다. 이에 필자는 역대 교육과정에 대해서도 공부해야 하였다. 그러나 이 역시 쉬운 일이 아니었다. 장기간 한 분야에 대한 공부를 하고 이것을 숙성시켜 자기 것으로 해야 하는데 '번갯불에 콩 볶아 먹'듯 한 필자의 연구가 쉬울 수가 없었던 것이다. 어쩔 수 없이 필자는 그때그때 교육과정을 찾아가며 연구를 진척시킬 수밖에 없었다. 다만 이 과정에서 교육과정의 중요성을 인식하여 2015년부터 역사와교육학회와 동국대학교 역사교과서연구소가 매년 공동 주최 중인 각 교육과정기별 역사교과서에 대한 심포지엄을 기획, 추진한 것은 의미 있는 일이라 할 수 있다.

이 책은 제1부 교육과정의 변천, 제2부 국사교과서의 편찬과 발행제도의 변천, 제3부 교과서 서술의 변천, 제4부 국사교과서의 근대사 서술의 변화의 총 4부로 구분되어 있다. 제1부에서는 미군정기의 국사교육정책을 사회생활과의 도입과 관련한 연구와 반공주의적 국사교육이 자리잡는 과정에 대해 살펴보았다. 제2부에서는 국사교과서의 발행제도의 변천을 제6차 교육과정까지 한정하여 살핀 연구와 미군정기부터 국사교과서가 국정화된 제3차 교육과정기 이전인 제2차교육과정기 국사교과서의 저자들의 성격을 정리하였다. 제3부에서는 미군정기부터 제7차 교육과정기 국사교과서의 단원 전개과정과 국사교과서 서술 용어의 변천에 대해 살펴보았다. 제4부에서는 전주화약, 신간회를 사례로 국사교과서의 근대사 서술의 변화를 천착하였고, 국사교과서에 소개된 인물들의 변천을 살펴보았다.

이 책의 저술 과정에서 저자는 『관보』에 공포된 교육과정은 원칙에 불과하며, 오히려 문교부에서 필요에 따라 수시로 내려 보내는 교육과정 운영지침이나 방침 혹은 교과서 검정과 관련된 내부지침 등이 실제 교과서 집필이나 학교 현장의 교육과정 운영에 지대한 영향을 준다는 것을 알게 되었다. 이러한 자료를 충분히 구하지 못하여 이를 이 책에 반영하지 못하였다. 이외에도 저자가 인식하지 못하거나 잘 알지 못하여 잘못 서술한 부분도 적지 않으리라 생각된다. 향후 이를 보완할 기회가 있기를 기대한다.

이 책의 부록으로 소개한 『민족주체성 확립을 위한 교육과정 운영지침』은 1965년 한일국교정상화 이후 지금까지의 반공방일 교육의 원칙을 반공·국제친선 교육으로의 전환을 이룬 문건이다. 이를 본서에 수록하여 학계에 소개하고자 한다. 관련 분야 연구의 도움이 되었으면 한다.

이 책을 출판하기까지 도움을 주신 분이 많다. 먼저 한국연구재단에서는 연구비를 지원해주지 않았다면 이 책의 출판은 요원하였을 것이다. 또한 역사와교육학회와 동국대학교 역사교과서연구소의 여러 선생님들의 도움이 컸다. 역사와교육학회와 동국대학교 역사교과서연구소의 창립 때부터 회장과 소장을 여러 해 동안 역임하면서 필자가 게

으름을 피울 때 따끔하게 질책하고 연구의 방향성을 제시해준 황인규 교수에게는 특히 감사드린다. 이러한 점에서 이 책은 역사와교육학회와 동국대학교 역사교과서연구소의 공동 작품이라고 해도 과언이 아닐 듯하다. 학회와 연구소에도 감사드린다.

책을 출판하여 세상에 내놓는다는 것은 매우 두려운 일이다. 이 말의 무거움을 새삼 느끼면서도 이 책을 세상에 내놓는다. 학계의 선후배와 동료들의 격려와 질정을 바란다.

모락산 아래에서 조성운 씀

서론

사전적인 의미에서 교과서란 교육과정에서 학생용으로 사용되는 도서를 말한다. 교사용 도서인 지도서와 합하여 교과용 도서라고도 하는데, '교과용 도서에 관한 규정'(대통령령 제8660호)에는 "학교에서 교육을 위하여 사용되는 학생용의 주된 교재를 말하며, 교육인적자원부가 저작권을 가진 도서(1종도서)와 교육인적자원부장관의 검정을 받은 도서(2종도서)로 구분"하고 있다.

우리나라에서는 1895년 학부관제와 소학교령(1895년 7월 19일)이 공포된 이래 관찬교과서와 검정교과서가 출판되었다. 일제에 의해 강점된 이후에도 조선총독부는 국정과 검인정을 병용하였다. 해방 이후에도 이러한 기조는 그대로 유지되었다. 국사교과서는 1945년 미군정이 수립된 이래 검정체제로 운영되어 오다가 중학교 교과서는 1973년, 고등학교 교과서는 1974년에 국정으로 전환되었다. 제7차 교육과정이 실시되면서 10학년(고등학교 1학년), 즉 국민공통과정에 편성되었던 『국사』는 여전히 국정으로 발행되었으나 고등학교 심화선택과목에 편제되었던 『한국근·현대사』는 검정에 의해 발행되었다. 그리고 2011년 『국사』와 『한국근·현대사』가 통합된 『한국사』가 발행되면서 국사교과서는 완전히 검정에 의하여 발행되었다. 그러나 2015년 11월 국정 역사교과서 발행을 정부가 고시하면서 국사교과서는 다시 국정화되었으나 대통령 박근혜가 탄핵되고 문재인이 대통령에 취임하면서 국정 역사교과서는 사용되지 못한 채 폐기되고 말았다. 이러한 과정은 국사교육의 교육과정 변천에 따른 것이었다. 교육과정은 국가에 의해 만들어지는 것이므로 결국 국사교과서의 내용과 발행 방식은 국가가 결정하는 것이다. 따라서 국사교과서를 포함한 교과서의 내용에는 국가가 달성하고자 하는 목적이 반영되는 것은 당연한 일이라 할 수 있다.

국사교과서에 대한 연구는 다양한 관점에서 다양한 주제로 매우 활발히 이루어졌다. 이 연구들은 교과서 일반에 대한 연구*를 비롯하여 각 교과목별 교과서의 내용을 분석한 연구, 교과서 발행제도의 변천에 대한 연구 등 다양하게 이루어졌다. 다만 교과서 내용을 분석한 연구는 주로 특정 교육과정기의 교과서 내용을 분석한 것이 대부분으로서 해방 이후 각 교육과정기별 교과서의 내용을 비교, 분석한 연구는 많지 않은 실정이다. 그러므로 해방 이후 국사교과서의 서술이 어떻게 변천해 갔는가를 파악하는 것은 해방 이후 우리나라의 국사교육이 어떠한 방향으로 변천해왔는가를 파악하는데 매우 유용하다. 더 나아가 사학사적 관점에서도 국사교과서 서술에 국사 연구가 어떠한 영향을 미쳤는가는 파악할 수 있다. 또한 교육과정과 국사교과서의 발행제도의 변천을 통해 정부가 국사교육을 통해 달성하고자 했던 바가 무엇이었는가도 밝힐 수 있을 것이다.

국사교과서에 대한 연구가 이러한 의미를 갖는다면 필자가 본 연구를 수행하고자 하는 목적은 다음과 같다.

첫째, 현재 한국사회에서는『한국사』교과서 발행을 둘러싸고 매우 첨예한 대립이 이루어지고 있다. 이는 이른바『한국사』교과서의 좌편향에 대한 문제제기에서 비롯되었다. 그 기원은 짧게는 이른바 '교학사 교과서' 파동에 따른다고 할 수 있겠지만 보다 멀게는 2002년『한국근 ·

---

* 대표적인 연구로는 다음의 것들이 있다.
  이종국,『한국의 교과서』, 대한교과서주식회사, 1991.
  재단법인 한국교과서연구소,『교과용도서관련법규집』, 1992.
  이종국,『대한교과서사 : 1948~1998』, 대한교과서주식회사, 1998.
  허강 외,『한국편수사연구 (1)』, 한국교과서연구재단, 2000.
  허강 외,『한국편수사연구 (2)』, 한국교과서연구재단, 2000.
  이종국,『한국의 교과서 출판 변천 연구』, 일진사, 2001.
  허강 외,『한국의 검인정교과서 변천에 관한 연구』, 한국교과서연구재단, 2002.
  허강,『한국의 검인정 교과서』, 일진사, 2004.
  허강 외,『한국 교과서의 어제, 오늘 그리고 내일』, 한국교육과정 · 교과서연구회, 2006.

현대사』교과서의 '좌편향성'에 대한 논란과 2004년 당시 야당이던 한나라당이 국회에서 『한국근·현대사』교과서의 '좌편향성'에 대한 문제제기에 있다고 할 수 있을 것이다. 이후 국사교과서에 대한 사회적 관심은 관심을 넘어 '이념적' 지표가 되어버린 것 같은 느낌이 들 정도이다. 특히 이명박 정부가 들어선 이래 국사교과서에 대한 논쟁은 국론을 분열시킬 정도로까지 확대되었다고 할 수 있다. 이와 같이 국사교과서에 대한 관심이 높아지는 것은 역사교육의 관점에서는 환영할 만한 일이지만 그 관심이 고조된 이유가 정치적, 이념적이라는 측면에 있다는 것은 매우 걱정되는 일이라 하지 않을 수 없다. 따라서 국사교과서를 둘러싼 정치적, 이념적인 논쟁에서 벗어나 국사교과서에 대한 객관적이고도 전문적인 학문적, 학술적 연구가 필요하다고 할 수 있다. 여기에 본 연구의 1차적인 이유가 있다고 할 수 있다.

둘째, 국사교과서의 편찬은 교육과정에 따른 것이다. 따라서 국사교과서에 대한 연구를 위해서는 우선적으로 교육과정에 대한 연구가 선행되어야 하는 것은 당연한 일이라 할 수 있다. 본 연구에서는 이러한 관점을 수용하여 미군정의 교수요목기부터 현재의 2009 개정 교육과정에 이르기까지의 국사교육과정의 변천과정을 살펴보고자 한다. 특히 미군정의 교수요목과 1954년 마련된 제1차 교육과정에 따른 국사교육의 내용을 비교, 분석하는 등 각 교과과정별 국사교육의 내용 차이를 천착하고자 한다. 이를 통해 각 시기별 교육과정이 국사교육에 미친 영향을 파악할 수 있을 것이라 생각된다. 이는 곧 교육과정을 통해 해당 시기의 정부가 국사교육의 목적으로 어디에 두었는가를 확인할 수 있는 계기가 될 것이다.

셋째, 교과서 발행제도의 변화를 추적하는 것도 의미 있는 일이라 할 수 있다. 개별 출판사에서 출판되던 교과서가 1956년 국정교과서주식회사를 설립하면서 사실상 교과서 발행을 국가가 독점하던 시기, 그리고 다시 검정제도를 도입하면서 교과서 발행을 민간 출판사에 넘긴 현재의 상황을 비교하면서 교과서 발행제도가 한국사회에 미친 영향을 파악하는 것도 의미 있다고 할 수 있다.

제1부

교육과정의 변천

1장＿ 미군정의 교육정책과 국사교육

1. 사회생활과의 도입

　1945년 일제로부터 해방된 우리 민족이 해결해야 할 과제는 일제의 잔재를 청산하고 민족적이며 민주주의적인 사회와 국가를 건설하는 일이었다. 이는 교육부문에서도 마찬가지였다. 이러한 필요에 따라 해방 직후부터 우리 민족은 교육이념, 교육제도, 교육과정, 교육행정 등 교육의 전 분야에서 새로운 틀을 만들어야 했고, 이를 위해 노력하였다.

　그런데 해방 이후 우리 민족은 우리 민족만의 국가를 건설하지 못한 채 미군과 소련군이 각각 남과 북에 진주하여 권력을 장악하였다. 이에 따라 교육 분야를 비롯하여 우리 민족이 구상하던 사회와 국가는 미국과 소련의 강력한 영향과 통제를 받지 않을 수 없었다. 특히 남한에 대한 지배권을 확립한 미군정은 우리 민족의 강력한 여망을 뒤로한 채 당시 냉전체제 속에서 다음과 같이 한반도의 공산화를 방지하고 미국식 민주주의를 이식하는 것을 최우선의 과제로 삼았던 것으로 판단된다.

　　미군은 한국인들에게 정치교육을 하기 위하여 1945년 9월 8일 한국에 왔다. 무지한 주민들은 새로운 세계 시스템 속에서 적절한 교육을 받게 되었다. (중략) 이러한 이데올로기적인 점과 역사적 배경에 관한 적절한 주의 없이 미군정하의 한국교육에 대한 타당한 위치부여를 하는 것은 이해할 수 없다.[1]

이와 같은 기본 방침 속에서 미군정은 남한의 제반 교육정책을 수립하였으나 그것은 해방 직후 각 마을 단위로까지 확산되었던 야학이나 강습소 등 기존의 민중교육기관을 바탕으로 한 것이 아니라 조선총독부가 설립하였던 공교육기관을 서구식 이념으로 하는 교육제도로의 전면적인 재편이었다.

이러한 목적을 달성하기 위해 미군정은 1945년 9월 14일 락카드대위를 학무국장으로 임명하여 점령지 조선에 대한 점령지 교육정책을 추진하였다. 점령지 조선에 대한 명확한 교육정책을 갖고 있지 않던 미군정은 초등교육 김성달, 중등교육 현상윤, 전문교육 유억겸, 교육전반 백낙준, 여자고등교육 김활란, 고등교육 김성수, 일반교육 최규동, 의학교육 윤일선, 농업교육 조백현, 학계 대표 정인보 등을 한국교육위원회 위원으로 임명하여 점령지 교육정책에 대한 자문을 구하였다.[2] 한국교육위원회는 자문위원회의 성격을 갖고 있었으나 실질적으로는 교육의 모든 문제를 심의·결정하였고, 각도의 교육책임자나 기관장과 같은 주요 인사 문제도 취급하였다.[3] 이 위원회의 출범과 역사에 관해서 미군정은 다음과 같이 기록하였다.

> 이 위원회는 교육담당관이 미로를 헤쳐 나올 수 있도록 방향타 역할을 해주었다. 즉 언제 수업을 재개할 것인가? 일본인 직원을 해고해야 할 것인가? 누구를 임명할 것이며, 학무국을 어떻게 구성할 것인가? 교과서와 교육과정 문제를 어떻게 다룰 것인가? 등에 대하여 자문해주었다. 선출 방법은 교육담당관이 초기에 만났던 교육에 관심이 있는 모든 한국인들을 1945년

1) Lee Gil Sang, "Ideological Context of American Educational Policy in Occupied Korea, 1945~1948", op.cit., pp.61~62(孔秉鎬,『米軍政期韓國敎育政策史硏究』, 名古屋大學博士學位論文, 1995, 70쪽 재인용).
2) 중앙대학교부설 한국교육문제연구소,『문교사』, 중앙대학교출판부, 1974, 8~9쪽.
3) 오천석,『한국신교육사 (하)』, 광명출판사, 1964, 9쪽.

9월 16일의 한 모임에 초청하여 그들에게 7개 교육 분야에서 군정에 자문할 수 있는 최적임자를 선출해주도록 요구한 것이다.[4]

위에서 볼 수 있듯이 한국교육위원회는 교육에 관한 한 미군정의 '방향타'의 역할을 수행하였다는 평가를 받을 정도로 미군정의 점령지 교육정책에 지대한 영향을 미쳤다고 할 수 있다. 이 위원회는 1945년 9월 16일 소집되었으므로 미국은 남한 점령 직후부터 교육과정에 대해 논의하였다고 할 수 있는 것이다. 다만 정인보를 제외하면 그 위원들은 대부분 일제에 협력한 인물이었다는 점에서 당시 한국민의 '진정한' 독립에 대한 의지를 반영한 것으로 판단되지는 않는다.

이 위원회가 소집된 다음날 미군정은 점령지 조선의 교육정책에 대한 첫 조치로서 1945년 9월 17일 일반명령 제4호의 포고를 발표하였고, 18일에는 다음과 같이 '신조선의 조선인을 위한 교육방침'을 발표하였다.

1) 학교재개

전조선 초등학교는 9월 24일 개교하는데 만6세 이상 12세의 전조선 학령 아동은 즉시 등록을 요함. 부형은 속히 府(서울에서는 區) 邑 面長에게 취학, 미취학의 구별을 명백히 하여 즉시 계출할 것. 기타의 각 공립학교 (中等以上)은 추후 지시함.

2) 사립학교

사립학교는 학무당국의 인가를 얻은 후 즉시 개교할 수 있음(초등은 도청에, 그 이상은 군정부에) 인가신청서에는 교명, 위치, 직원 조직표, 설립자 씨명, 예산표, 교과과정표, 생도 수용 수 등 기재할 것을 요함. 단 이상과 같은 것은 기존학교에 한하고 허가 없이 신설확장 등을 부인함.

---

4) 「History of bureau of education from 11 September 1945 to 28 February 1946」, 정태수, 『미군정기 한국교육사자료집』 상, 56~59쪽.

3) 민족과 종교

전조선 학교교육에 있어서는 민족과 종교의 차별을 철폐함. 이에 따라 종래 일본인만을 수용하던 중등학교 혹은 府第一部特別經濟 즉 학교조합 학교는 전부 조선인교육기관으로 함.

4) 교원용어

전조선학교교육의 교원용어는 조선국어로 함. 단 조선국어로 된 적당한 교재가 준비될 때까지는 외국어(일본어)의 교재만을 사용할 수도 있음.

5) 교과목

조선의 이익에 반하는 교과목은 일체 교수함을 금함.

6) 교직원

전조선의 조선인초등교원은 즉시 府 郡학무당국에 등록을 완료한 다음 24일부터 수업을 개시할 수 있도록 대기함을 요함.

기타의 조선인교직원(중등이상)은 9月 29日까지 道학무당국에 등록을 요함.

이에 따라 교직원은 자유로 이동하는 것을 금지하고 轉勤出向 등도 종래의 수속을 밟아 교육계의 혼란이 없도록 할 것.

초등교육희망자는 희망교를 명기하고 이력서를 첨부하여 各府 · 郡학무당국에 제출하고 중등교원희망자는 道학무과에 같은 수속을 밟을 것.

(略) 아직 잠정적이기는 하지만 우선 급한 조선국민교육의 방침이 결정되었다. 그 내용을 개략 소개하면 다음과 같다.

◇ 초등학교

당분간 국민학교라는 명칭을 쓰는데 전조선의 공립초등학교는 9월 24일 일제히 개교한다.

그런데 종래 일본인만 가르쳐 오던 국민학교도 전부 우리 조선인 아동을 수용하고 교수하게 될 것이므로 아직 학교에 못 들어갔던 조선아동도 더

입학할 수 있을 것이오 이와 동시에 학교 통학거리를 참작하여 통학구역을 재편성하게 된다. 즉 서울 안에만도 종래 일본인만 수용했던 소위 제1부 국민학교가 15개소나 되고 경기도내에서도 50개소나 되므로 조선 전부를 합치면 상당한 수효가 될 것인데 여기에 아직까지 학교에 입학하지 못한 조선 학령아동을 재모집하여 수용한다. 그리고 24일 개교할 때 그전에 다니던 학교에 그대로 다니는 것이 아니라 통학거리를 참작하여 적당한 학교에 다니도록 재편성한다. 쉽게 말하면 종래 壽松국민학교에 다니던 아동은 그전 일본학교였던 종로초등학교에 다닐 사람도 있게 될 것이오 孝梯국민학교에 다니던 아동도 동대문국민학교에도 다닐 수 있게 된다.

이렇게 통학구역을 재편성하기 위하여 만6세 이상 만12세까지의 조선 학령아동을 가진 부형은 전부 就學 · 未就學의 구별, 즉 그 전에 학교에 다녔나 또는 다니지 안했나하는 구별을 명백히 하여 각부 (서울에서는 각구 역소)읍 · 면장에게 곧 제출해야 한다. 시골에 소개했던 아동도 물론 마찬가지다. 그런데 사립국민학교는 당국의 인가를 얻은 후 개교하게 된다.

◇ 중등이상

공립학교의 개학은 추후 지시하게 될 것이오, 사립은 인가를 얻어 개교하게 된다.

그런데 종래 일본인만 가르쳐 오던 중등이상 각 학교도 조선인의 교육기관으로 해방될 것은 사실이다.

◇ 敎授用語

각 학교마다 조선국어로 된다.

◇ 敎職員

종래의 조선인 초등교원은 곧 24일 이전에 부 · 군 학무당국에 등록해야 되고 중등이상의 조선인 교직원은 9월 29일까지에 도 학무당국에 등록해야 되는데 중·초등교원이 모자라므로 희망자는 지원해 주기 바란다. 그리고 종래의 공립중학교에서는 일본인 교직원이 물러나게 되므로 조선인 교직원이 부족하게 될 것이므로 종래 사립중학교에 있었던 교직원도 공립학교로 배치된다. 이렇게 되어 공립 사립을 차별해 왔던 종래의 그릇된 점을 고쳐 공사립학교를 통하는 공평 타당한 인사이동 배치가 있을 것이다.[5]

이에 따르면 초등학교는 9월 24일 개교하며, 사립학교는 학무당국의 인가를 얻은 후 개교할 수 있고, 일본인만을 수용하던 중등기관과 학교 조합 학교는 조선인 교육기관으로 하도록 하였다. 그리고 교수용어는 조선어로 하고 조선의 이익에 반하는 교육은 일체 교수할 수 없도록 하였다. 이는 일제의 패망에 따른 당연한 조치였다고 생각한다.

이어서 미군정청 학무국에서는 1945년 9월 22일 당면한 교육방침과 학과목, 수업시간을 발표하였고, 1945년 11월 14일 조선교육심의회가 조직되었다. 조선교육심의회는 신교육의 이념, 교육제도, 교육행정, 초등교육, 중등교육, 직업교육, 고등교육, 사범교육, 교과서 편찬의 9개 분과 위원회로 구성되었으며, 위원은 다음과 같았다.

락카드대위, 언더우드박사, 키퍼대위, 에렛소좌, 그랜트대위, 파리대위, 비스코중위, 로즈대위, 크로프스소좌, 웨치중위, 김준연, 김애마, 김성수, 김성달, 김활란, 김원규, 고봉경, 이훈구, 이인기, 이규백, 이극로, ㅁ묘묵, 이호성, 이병규, 이승재, 이강원, 이교선, 이규재, 이흥종, 박장렬, 박종홍, 백락준, 백남운, 백남훈, 사공환, 서원출, 손정규, 송석하, 신기범, 안재홍, 오천석, 유억겸, 유진오, 윤일선, 장면, 장이욱, 장덕수, 정문기, 정석윤, 정인보, 조백현, 조병옥, 조동식, 조진만, 조윤제, 최두선, 최규동, 최현배, 피천득, 하경덕, 허현, 현상윤, 최봉식, 황신덕[6]

---

5) 『매일신보』 1945년 9월 18일, 「군정청 학무국 신교육방침 각도에 지시」.

조선교육심의회 위원은 좌우익을 망라한 것이었으나 우익인사가 압도적으로 많았음을 알 수 있다. 특히 각 분과위원회의 위원장은 미군정 측의 인사가 담당한 것으로 보이며, 미군장교 1명과 한국인 직원 1명을 배치하였다. 그리고 분과위원회에는 공립 1명, 사립 1명의 위원을 위촉하여 공사립학교의 균형을 꾀하였다고 할 수 있다.[7]

이와 같이 좌우익을 망라하여 조선교육심의회가 출범하였으나 1946년 3월 조선교육심의회가 종료될 때까지 중등학교 교육과정은 마련되지 못하였다. 이는 1946년 11월 7일 작성한 다음 글에서 확인된다.

> 조선교육심의회의 일원으로서 교육안 작성에 다소 열정을 풀었습니다. 3월초까지에 성안을 얻었습니다. 그러나 슬픈 일은 우리 두뇌는 장구한 일본적 취향에 화석해서 일보도 새로운 것을 하지 못하였습니다. 수개월의 노력은 일본어를 조선어로 번역하는 효과가 다소 있었을 뿐이었고, 더 다른 의미를 첨가하지 못하였습니다.[8]

즉 조선교육심의회의 안이 미군정에 채택되지 못한 이유는 '장구한 일본적 취향에 화석해서 일보도 새로운 것을 하지 못하였'기 때문이라는 것이다. 즉 "교육제도 재조직의 목적은 일본식의 것을 뿌리째 뽑아 없애고 그 대신에 미국식 제도를 세우려는 것"[9]이라는 미드(E.G Meade)의 지적과도 일맥상통하는 것이라 할 수 있다. 이는 조선교육심의회의 활동이 미국식 민주주의에 대한 이해가 부족한 인물들에 의하여 제대로 기능하지 못하였음을 보여주는 것이라 할 수 있다. 따라서 당시 한

---

6) 『자유신문』 1945년 11월 15일, 「신교육의 근본 방침 구체적 심의를 개시」.
7) 「History of bureau of education from 11 September 1945 to 28 February 1946」, 정태수, 『미군정기 한국교육사자료집』 상, 58~61쪽.
8) 윤재천, 「서」, 『신교육서설』, 조선교육연구회, 1946.
9) 강길수, 『한국교육행정사연구초』, 재동문화사, 1980, 237쪽.

국사회에서는 미군정과 조선교육심의회의 움직임에 대해 다양한 반응이 있었을 것으로 보인다. 이와 관련하여 미군정청 학무국장은 교육정책과 관련한 기자회견에서도 미국식 교육제도를 조선에 이식하고자 연구하고 있음을 다음과 같이 시인하였다.

> (문) 군정청의 교육방침은?
> (답) 한 말로 말하면 민주주의 원칙에 선 조선에 가장 적합한 방침을 채용하겠는데 그것도 현재 교육심사위원회에서 연구 중이다.
> (문) 미국의 교육제도를 그대로 조선에 가장 적합한 방침을 채용한다는 말이 있다는데?
> (답) 확실히 말할 수 없으나 방금 그것도 심사위원회에서 연구 중이다. 미국에서는 중등학교와 고등학교의 구별은 없고 소학교가 6년, 중등학교가 6년인데 중등 6년은 다시 초등과가 3년간 고등중등과가 3년간으로 나누어져 있다. 그리고 그 위에 전문이 4년간 있다. 심사위원회에서도 대체로 이 제도가 좋다고 하는 듯하나 곧 실시되기는 힘들 것이다.[10]

이로 보아 미군정청에서는 미국식 교육제도의 조선 이식에 대한 연구를 진행하고 있음을 시인하고 있다. 그러나 이와 같이 미국식 민주주의를 한국 사회에 이식하고자 한 미국의 의도는 "일본통치가 시작된 1905년 이래 미군정시기에도 교육제도의 급격한 변화는 없었다"[11]고 한 것에서 볼 수 있듯이 교육제도의 개혁에 바로 반영되지 못한 것으로 보인다. 이러한 상황에서 사회생활과의 도입은 그나마 미국식 민주주의의 반영을 보여주는 상징적인 조치였다고 할 수 있다. 조선교육심

---

10) 『서울신문』 1945년 11월 29일, 「군정청 학무국장 당면 교육정책에 관한 기자회견」.
11) 「History of bureau of education from 11 September 1945 to 28 February 1946」, 정태수, 『미군정기 한국교육사자료집』 상, 40~41쪽.

의회에서 논의된 것으로는 생각되지 않는 사회생활과(Social Studies)가 1946년 9월부터 시작된 새 학년, 새 학기의 교육과정에 포함되었던 것이다.[12] 사회생활과는 식민지시기의 역사, 지리 공민 등의 교과를 통합하여 새롭게 제시한 것으로서 미국 콜로라도주의 사회생활과를 모델로 만들어졌다.

사회생활과의 도입에 대하여 1946년 문교부 편수관이었던 최현배는 "미군정 고문관에서 권고"해왔기 때문이라고 술회하였다. 그리고 오천석은 다음과 같이 사회생활과의 도입에 대해 설명하였다.

사실 당시의 위원들로서는 일본적 교육을 그대로 답습할 수 없음은 물론 아직도 비민주적인 요소와 전통적 보수성에 사로잡혀 있는 유럽 여러 나라의 교육사상과 제도를 따를 수도 없었다. 우리나라를 민주국가로 재건하려는 의욕에 차 있던 우리로서 시사와 지혜를 기대할 수 있었던 나라는 오직 미국뿐이었다. 따라서 우리가 제정한 교육사상과 제도가 미국의 그것과 유사한 점이 많다면 그것은 맹목적 모방이라기보다는 심사숙고를 거친 결론이라고 보아야 옳을 것이다.[13]

우리 초등학교 교수 내용 중에 가장 혁신적인 개선을 요구하는 부면은 사회생활에 관한 것이다. 종래 수신과는 소위 사회도덕을 관념적으로 아동에게 주입시키기에 전력하였고, 지리·역사 등 학과목은 그들에 대한 성인의 지식을 피교육자에게 전달하는데 주력하여왔다. 이 학과목들처럼 아동의 생활, 심리, 취미, 경험을 무시하고 성인 본위로 그 내용이 조직되고, 그 방법이 부자연한 과목이 다시없었다. 이러한 지나간 날의 과오를 고치고 사회관계 학과목을 아동의 생활에 접근시키며 피교육자의 심리에 호흡을 맞추게

12) 「History of bureau of education from 11 September 1945 to 28 February 1946」, 정태수, 『미군정기 한국교육사자료집』 상, 97쪽 ; 「Summation No.12(1946.9)」, 정태수, 『미군정기 한국교육사자료집』 하, 94~96쪽.
13) 오천석, 『외로운 성주』, 광명출판사, 1975, 98쪽.

하기 위하여 금번 문교부에서는 재래 분산, 각립하였던 과목들을 합하여 '사회생활과'로 종합 교수케 하였던 것이다.

민주주의가 사회생활과에 부치는 기대는 크고, 그 지우는 짐은 무겁다. 독재사회에서 개인에게 요구하는 모든 국민적 훈련은 복종이다. 교육은 명령에 순종하는 국민을 만들면 그만이다. 그러나 민주사회는 이러한 국민으로써 성립할 수 없다. 가정의 일원으로서 사회의 일원으로서 국가의 일원으로서 세계의 일원으로서 협력하고 공헌하는 공민을 길러야 하는 것이다. 금후 우리 교육은 이 방면의 役事에 심심한 노력을 하지 않을 수 없다.[14]

즉 사회생활과의 도입은 미국의 권유와 미국식 민주주의의 수용을 주장했던 오천석을 비롯한 일군의 인물들의 활동에 의해 이루어진 것으로 보인다. 오천석[15]은 미군정 수립 이후 조직된 한국교육위원회 구성에 실질적인 역할을 담당했으며, 조선교육심의회에서 주도적인 역할을 한 인물이었다. 그에 따르면 사회생활과의 도입은 '아동의 생활, 심리, 취미, 경험을 무시하고 성인 본위'로 된 지리·역사 등의 학과목을 '아동의 생활에 접근시키며 피교육자의 심리에 호흡을 맞추게' 하기 위한 목적과 '가정의 일원으로서 사회의 일원으로서 국가의 일원으로서 세계의 일원으로서 협력하고 공헌하는 공민'을 육성하려는 목적에서

---

14) 이상선, 『사회생활과의 이론과 실제』, 金童圖書文具, 1946, 3쪽.
15) 오천석은 평남 강서군에서 오기선 목사의 장남으로 태어나 1914년 일본 유학을 하였다. 1919년 귀국 이후 영화여학교의 교사로 근무하였고, 잡지 『학생계』의 주간으로 근무하다 아버지의 주선으로 미국에 유학하여 1924년 코넬대학을 졸업하고, 노스웨스턴대학에서 석사학위를 취득하였다. 1929년 콜롬비아대학에 입학하여 존 듀이의 제자인 교육철학의 거두 킬패트릭(W. H. Kilpatrick)을 비롯한 교수들의 지도를 받았다. 이때 그는 존 듀이의 사상에 큰 영향을 받은 것으로 보인다. 1932년 귀국 이후 보성전문학교의 교수로 취임하였고, 1942년 일본의 감시를 피해 중국 상해를 거쳐 1944년에 귀국, 황해도 배천에 은거하다 일본이 항복하자 서울로 향하였다. 이후 미군정에 참여하여 한국교육위원회, 조선교육심의회의 주축으로 활동하였다(허대영, 『미군정기 교육정책과 오천석의 역할에 관한 연구』, 강원대학교대학원 박사학위논문, 2005 참조).

이루어진 것이라 하였던 것이다. 그러므로 사회생활과의 목적을 "사람과 자연환경 및 사회환경과의 관계를 밝게 인식시켜 올바른 사회생활을 실천, 체득하게 함으로써 민주주의 국가의 성실 유능한 국민이 되"[16]게 하는 데에 두었던 것이라 판단된다. 이러한 목적을 달성하기 위하여 사회생활과는 다음과 같은 교수방침에 따라 교수하도록 하였다.

1. 공동생활에 필요한 정신, 태도, 기술 및 습관을 기름.
2. 공동생활의 모든 관계를 이해하게 하며, 책임감을 기름.
3. 사람으로서의 자각을 깊이 하여 인격을 발전시키도록 하며, 예의 바른 사회인으로서 행동하게 하도록 함.
4. 세계 여러 지역의 자연 및 사회환경은 곳에 따라 다르며 사람은 그 환경에 적응하여 생활함을 알게 함.
5. 사회생활은 항상 과거를 기초로 하여 발전하고 있음을 알게 하며, 현대생활의 특질을 이해시키고 또 장래의 방향을 보는 능력을 기름.
6. 사회 일반에 관한 지식을 길러 써 우리나라에 적의한 민주주의적 생활을 완전히 하도록 함.[17]

이러한 목적과 방침에 따라 교수하게 된 중등학교 사회생활과의 과목과 교수 시수는 〈표 1〉과 같다.

〈표 1〉에 따르면 세계사 분야에 해당하는 '이웃나라 생활'과 '먼 나라 생활'의 시수가 각각 매주 2시간으로 4시간, 한국사인 '우리나라 생활'은 2시간이며, 교과도 1, 2학년에 '이웃나라 생활'과 '먼 나라 생활'을 배치하여 3학년에 배치한 '우리나라 생활'보다 앞서 편성하였다. 이는 미

---

16) 『초중등학교 각과 교수요목집 중학교 사회생활과』(12), 조선교학도서주식회사, 1948, 2쪽.
17) 『초중등학교 각과 교수요목집 중학교 사회생활과』(12), 조선교학도서주식회사, 1948, 2쪽.

<표 1> 중등학교 사회생활과 과목과 교수 시수

	지리부분		매주 시수	역사부분	매주 시수	공민부분	매주 시수
1학년	이웃나라 생활		2	이웃나라 생활	2	공민생활 I	1
2학년	먼 나라 생활		2	먼 나라 생활	2	공민생활 II	1
3학년	우리나라 생활		2	우리나라 생활	2	공민생활 III	1
4학년	인류와 자연환경	자연 지리	2	인류문화의 발달, 우리나라문화	1	정치문제	2
5학년		인문 지리	1		2	경제문제	2
6학년	인생과 사회[도덕, 사회, 문화(4), 시사문제(1)]						5

군정이 한국사보다 세계사 교육을 중시하였음을 보여준다고 할 수 있다. 또한 국민학교 5, 6학년에 국사를 배우고 중학교 1, 2학년에 세계사를 배치하여 초중학교 역사교육의 연계성을 도모하였음도 확인할 수 있다.[18] 다만 이러한 과목의 배치는 미군정이 목적으로 한 미국식 민주주의의 한국 이식과도 관련이 깊다고 할 수 있다. 즉 한국사의 특수성을 강조하는 '우리나라 생활'보다 세계사의 보편성을 강조하는 '이웃나라 생활'과 '먼 나라 생활'이 이러한 미군정의 목적에 부합했던 것이다.

이와 같은 사회생활과의 설치에 대해 역사학계에서는 반발하지 않을 수 없었다. 황의돈은 관계관 연석회의에서 다음과 같이 호통치면서 퇴장하였다고 한다.

크게 교육 내용이 달라지는 것도 아니고 그저 지리, 역사, 공민을 합쳐서 미국식을 본떠 보려고 하는 사회생활과라는 과목을 둔다면 이것은 우리의 역사를 팔아먹는 것이나 다름없다. 순수한 우리 것이 엄연히 존재하는데 무

---

18) 박정옥, 「교수요목기 '우리나라 생활'의 내용 구성과 국사교육론」, 한국교원대학교 교육대학원 석사학위논문, 2011, 22쪽.

엇 때문에 외국의 것을 수입해 와서 잡탕을 만들려고 하느냐? 이것은 우리 문화를 매장하려는 것이지 무엇이냐? 나는 국사를 팔아먹지 못하겠다.[19]

이외에도 문교부 편수국에 있던 고석균도 사회생활과의 도입을 반대하였으며,[20] 서울대학교 사범대학을 비롯한 각 대학의 교수들도 다음과 같이 반대하였다.

> 군정청 문교부에서 통합교과인 사회생활과의 도입을 확정하자 서울대학교 사범대학을 비롯한 전국 각 대학 현직 교수들이 반대의사를 전달해왔다. 현직 교수들은 교육이론이나 사조상으로 보아서는 통합교과로 함이 적이 온당한 일이라고 생각되기는 하지만 현재 우리나라의 실정으로는 그에 적의한 내용과 편성의 교과서를 저작하기가 힘들 뿐만 아니라 설사 가능하다손 치더라도 과연 이 통합교과를 어떤 교사가 원만하게 가르치겠느냐는 것이었다.[21]

황의돈은 사회생활과를 '잡탕'이라 표현하면서 '국사를 팔아먹지 못하겠다'라며 민족주의적인 주장을 하였고, 대학 교수들은 사회생활과라는 교과의 교과서 저작도 힘들 뿐만 아니라 가르칠 수 있는 교사가 존재하지도 않을 것이라며 현실적인 이유로 반대하였던 것이다. 그러나 앞에서 보았듯이 미군정과 미국식 민주주의의 수용을 주장하는 오천석 등의 활동에 따라 사회생활과의 도입이 확정되었다. 이리하여 미군정 수립 이후 "역사과는 통합성 속에 용해되어 역사과의 고유성을 손상당한 채 재탄생하게 되었다. 따라서 국사교과의 지위는 크게 약화되

---

19) 박광희, 「한국 사회과의 성립과정과 그 과정 변천에 관한 일연구」, 서울대학교대학원 석사학위논문, 1965, 50쪽.
20) 박정옥, 「교수요목기 '우리나라 생활'의 내용 구성과 국사교육론」, 한국교원대학교 교육대학원 석사학위논문, 2011, 9쪽.
21) 박광희, 앞의 논문, 51쪽.

었고, 신국가 건설 도상에서 중시되어야 할 국사교육이 홀대 당했고, 역사과가 가지는 고유한 특성이 훼손"[22]되었던 것이다.[23] 이는 사회과와 역사과의 갈등과 대립을 초래했다. 이러한 현상은 한국에서만 나타난 것이 아니라 사회과의 본지라 할 수 있는 미국에서도 나타난 일이었다. 즉 시민성 교육이라는 목적 달성을 위한 중심교과가 사회과가 되어야 한다는 주장과 이 목적의 효과적 추구를 위해서는 역사 중심 교육과정으로 개편되어야 한다는 주장이 대립하였던 것이다.[24]

2. 미군정의 국사교육정책과 국사교과서 편찬

앞 절에서 언급했듯이 조선교육심의회는 10개 분과로 나뉘어 신생 국가 한국의 교육과 관련된 제반 사항을 검토, 심의하였다. 그 중 교육이념을 담당한 제1분과에서는 다음을 결정하였다.

> 홍익인간의 건국이상에 기하여 인격이 완전하고 애국정신이 투철한 민주 국가의 공민을 양성함을 교육의 근본이념으로 함. (위의) 이념 관철을 위하여, (하기) 교육방침을 수립함.
> 1) 민족적 독립자존의 기풍과 국제 우호 · 협조의 정신이 俱全한 국민의 품성을 도야함
> 2) 실천궁행과 근로역작의 정신을 강조하고, 충실한 책임감과 상호협조

---

22) 박진동, 『한국의 교원양성체제의 성립과 국사교육의 신구성 : 1945~1954』, 서울대학교 대학원 박사학위논문, 2006, 177쪽.
23) 이러한 주장에 대해 김상훈은 통합교과를 추구한 것은 사회생활과의 이상이었을 뿐 현실 속에서는 통합하지 못했고, 국사과는 독립교과로서의 특성을 유지했다고 주장하였다(김상훈, 『1945~1950년 역사 교수요목과 교과서 연구』, 서강대학교 박사학위 논문, 2014, 47쪽). 이에 대해서는 깊이있는 논의가 진행되어야 할 것이다.
24) 손병노, 「미국 사회과 교육계의 근황 -교육과정 논쟁-」, 『초등사회과교육』 9, 1997, 26~27쪽.

의 공덕심을 발휘케 함

3) 고유문화를 순화앙양하고 과학기술의 독창적 창의로써 인류 문화에
공헌을 기함

4) 국민의 체위 향상을 도모하며, 堅忍不拔의 기백을 함양케 함

5) 숭고한 예술의 감상, 창작성을 고조하여 醇厚圓滿한 인격을 양성함[25]

즉 조선교육심의회는 홍익인간의 교육이념을 채택하였던 것이다.
이를 토대로 미군정은 각 교과서를 간행하였는데, 국사교과서로는『국
사(초등학교 5~6학년용)』과『국사(중등학교용』이 있었다. 그러나 미군
정기의 교과서는 사실상 자유발행제로 운영되었으므로 이 시기에는
다양한 국사교과서가 학교 현장에서 사용되었다. 미군정기의 국사교
재의 발간 현황은 〈표 2〉와 같다.

<표 2> 미군정기 국사교재의 발간 현황

구분	서명	저자	출판사	발행연도	쪽수	수준
학무국 (문교부) 임시교재	초등국사	군정청학무국 (황의돈)	조선문화 교육출판사	1946	67	초등 5~6 학년용
	국사교본	진단학회	조선교학 도서주식회사	1946.5	177	중등
민간 복간	조선사	권덕규	정음사	1945	126	중등
	조선국사	최남선	동명사	1945		중등
	조선역사	이창환	세창서관	1945.12	186	중등
	증정조선역사	함돈익	조선문화사	1945.1	139	중등
	중등국사	황의돈	계몽사	1945.9	38	
	증정중등 조선역사	황의돈	삼중당	1946.4	104	
민간 신간	초등국사	이주홍	명문사	1945	83	
	한국약사	한홍구	상당인쇄소	1945	102	
	조선역사	신태화	삼문사출판부	1945	90	

25) 중앙대학교부설 한국교육문제연구소, 앞의 책, 25~26쪽.

	조선역사	문석준	함경남도	1945	53	
	상식국사	신정언	계몽구락부	1945	158	
	신판조선역사	최남선	동명사	1946	187	
	국사	장도빈	국사원	1946.2	120	
	해방신판조선역사	정벽해	중앙출판사	1946.7	147	
	신편조선사	원동윤	동양인쇄 주식회사	1946.9	175	
	조선역사	김성칠	조선금융조합 연합회	1946	300	
	쉽고 빠른 조선역사	최남선	동명사	1946.11	123	
	국민조선역사	최남선	동명사	1947.1	240	
	중등국사	장도빈	고려도서원	1947.8	125	중등
	(사회생활과역사부) 조선사	김성칠	정음사	1947	125	중등
	새국사교본	이병도	동지사	1948.7	152	중등
	조선역사	이상록	성문사	1948.7		
국정	우리나라의 발달	문교부	조선교학도서 주식회사	1947.9	154	초등

〈표 2〉를 통해 보면 미군정기 발행된 국사교과서는 총 25종이며, 이 중 초등 수준의 교과서는 2종, 중등 수준의 교과서는 8종임을 알 수 있으며, 나머지 15종의 교과서는 대략 중등용이라 판단된다. 그러므로 미군정기 국사교과서는 주로 중등용으로 편찬되었으며, 초등용은 미군정이나 국정으로 편찬된 것뿐이었다는 것을 알 수 있다. 이러한 현상이 나타난 이유는 식민지시기의 국사교육을 받은 일반대중에 대한 국사교육의 시급함에서 비롯된 것으로 판단되는데, 중등용이라 하여도 성인도 읽을 수 있는 정도의 것이었다고 생각된다.

그런데 〈표 2〉에서 중등용이라 표시되어 있는 진단학회의 『국사교본』은 "임시 고급용 국사교본으로 편찬한 것이므로 운용 여하에 따라 중등 내지 전문 정도에서 쓸 수"[26] 있다고 하였고, 이병도의 『새국사교본』은 "초급용 국사교과서로 편찬하였으나 고급 중학 기타에도 사용할 수 있다"[27]고 되어 있다. 이는 이 시기 국사교과서가 초등, 중등, 고등, 전문의 구분 없이 사용되었을 가능성을 보여주는 것이라 할 수 있다.

또한 교과서 집필자도 다양하다는 것을 확인할 있다. 최남선 4권, 황의돈 3권(군정청 학무국에서 펴낸『초등국사』포함), 장도빈·김성칠 2권 등 2종 이상의 교과서를 집필한 인물이 4명이었으며, 권덕규·이창환·함돈익·이주홍·한홍구·신태화·문석준·신정언·정벽해·원동윤·이병도·이상록 등과 진단학회·군정청 학무국·문교부 등이 1권의 교과서를 펴냈다. 그런데 진단학회의『국사교본』은 이병도와 김상기가 집필하였으며, 문교부가 펴낸『우리나라의 발달』은 신동엽이 집필하였다고 한다.[28] 이러한 교과서 집필자들 중 최남선·황의돈·장도빈·김성칠·권덕규·이병도 등에 대해서는 비교적 잘 알려져 있으나 이창환·함돈익·이주홍·한홍구·신태화·문석준·신정언·정벽해·원동윤·이상록 등에 대해서는 잘 알려져 있지 않다. 그러므로 이들 필자에 대한 연구는 해방 이후 역사교육의 연구 과정에서 반드시 규명해야 할 과제라 할 수 있다. 여기에서 주목되는 것은 이병도가『국사교본』과『새국사교본』을 집필하면서 교과서와 직접적인 관련을 맺는다는 것이다. 이병도는 이후 1982년 발행된 국정교과서의 자문위원으로 참여할 때까지 해방 이후 한국 국사교과서 편찬의 중심에 있었는데, 이에 대해서는 향후 진지한 검토가 필요하다고 생각된다.

한편 미군정이 편찬한 교과서는 다음과 같이 1946년 1월 하순을 전후하여 전국적으로 배부된 것으로 보인다.

---

26) 진단학회,『국사교본』, 조선교학도서주식회사, 1946, 범례.
27) 이병도,『새국사교본』, 동지사, 1948, 1쪽.
28) 이경훈,「대담 : 교과서 출판 원로들에게 듣는다」,『교과서연구』9, 한국2종교과서협회, 1991, 109쪽.

일본제국주의의 기만교육 속에 자라난 우리 어린이들과 및 학생들은 이제 비로소 새 조선의 참다운 교육을 받게 되어 너도나도 배우겠다고 향학의 열의를 올리고 있는 것은 참으로 조선의 앞날을 축복할 아름다운 현상이다. 그러나 이들에게 굶주린 지식들을 채워주기 위하여는 우선 교과서가 필요하다. 요즈음 자재, 인쇄 관계로 교과서 출판이 늦어지고 있어서 걱정이 되는 바인데 학무국 편수과에서는 갖은 노력을 다하여 이미 한글 첫걸음과 국어교본 상권을 내었거니와 이번에 계속하여 황의돈 편으로 국사 초등용을 만들어 이미 각 군에 한 권씩 보냈는데, 이는 각 군 학무계에서 적당히 배부하게 되었으며, 또 공민 교과서 초등용으로 상중하 세 권과 초등용 상하 두 권도 방금 인쇄 중이고 또 음악교과서 초등용 상중하 세 권도 인쇄 중이라 한다.[29]

즉 미군정청 학무국에서는 국사 초등용(초등국사-필자)을 비롯한 각종 교과서를 출판, 각 군에 1부씩 배부하고 각 군에서는 이를 프린트해서 적당히 학교나 학생에게 배부하도록 했다는 것이다. 이는 자재와 인쇄시설의 부족에 기인한 것이었다. 그러나 교과서 편찬 과정에서 가장 어려웠던 일은 필자를 확보하는 것이었다. 미군정청 문교부 편수국의 고문이었던 앤더슨은 "교과서를 집필할 능력이 있으면서 화물차 운전수보다 낮은 임금을 받고 군정을 위해 일할 사람들이 없는 것이 심각한 지연을 초래했다. 우리는 편수국에 할당된 인원의 절반 이상을 확보해 본 적이 없다. 그 결과 우리는 음악 전공자에게 독본의 집필을, 과학 전공자에게 사회생활의 집필을, 공민집필자에게 실업 과목의 일을 해주도록 요청하기도 했다"[30]고까지 고백하였던 것이다.

미군정기 '문교부 사무분장규정'에 따르면 교과서 편찬은 문교부 편

29) 『서울신문』 1946년 1월 22일, 「군정청 학무국 초등용 국사, 공민교과서 배부」.
30) Paul S. Anderson, 「Textbook Production and Distribution」, 4 January 1947(정태수, 앞의 책 (상), 920~925쪽).

수국에서 담당하였다. 편수국의 기능은 다음과 같다.

1. 교수요목 결정에 관한 사항
2. 교과용 및 일반도서 편찬에 관한 사항
3. 교과용 참고도서 편찬에 관한 사항
4. 도서 재료 수집 및 편찬에 관한 사항
5. 교과서 발행 및 공급에 관한 사항
6. 교과서 발행소 및 판매소 지정에 관한 사항
7. 교과서, 교구 및 학용품 검정에 및 인가에 관한 사항[31]

편수국은 교수요목, 교과서의 발행 및 공급, 발행소 및 판매소의 지정, 교과서의 검정 및 인가 등의 기능을 수행하였음을 알 수 있다. 여기에서 주목되는 점은 교수요목의 결정과 교과서의 검정 업무를 편수국이 수행하였다는 점이다. 따라서 교과서의 구성과 내용을 결정한 것은 미군정청 문교부 편수국, 즉 미군정이었음을 알 수 있다. 그리고 이 내용은 다음과 같이 교수요목에 반영되었던 것이다.

역사 부분 교수 상의 주의
(1) 역사 부분 교수요목은 첫째 학년 "이웃나라 생활" 8단위, 둘째 학년 "먼 나라의 생활" 13단위, 셋째 학년 "우리나라의 생활" 8단위로 되어 있으며 단위 밑에 항목이 있고 항목 밑에 세목이 배열되어 있다. 그리고 넷째 학년에서는 "인류문화의 발달"을 배우고 다섯째 학년에서는 "인류문화의 발달" 및 "우리나라의 문화"를 아울러 배우며 여섯째 학년에서는 "인생과 사회" 안에 "문화" 부분에 있어서 좀 더 높은 역사면을 배우게 하였다.

---

31) 문교부 조사기획과, 『1946년 문교행정개황』, 조선교학주식회사, 5쪽.

(2) 교재의 배열은 대개 시간순으로 하였으나 그렇다고 하여 동일 사실을 토막토막 끊지 아니하고 늘 사실의 연관성을 붙여 왔으며 상고는 간략히 다루고 시대가 가까워질수록 자세히 다루어 현대생활을 똑바로 이해하도록 힘썼다. 그리고 대개 먼저 정치를 다루고 다음으로 문화 및 사회생활을 다루었는데 이는 그 시대 그 시대 사람들의 생활을 이해하려면 먼저 그 사회 상태를 낳은 정치사를 알아야 할 것이므로서이요 결코 정치사에 무게를 둔 것은 아니다.

(3) 역사도 사회생활과의 한 부분인 만큼 너무 전문적인 역사학적으로 치우치지 말고 항상 사회생활과 적견지에서 이를 다룰 것이며, 또 과거의 사실을 가르치기만 하면 그만이라는 생각을 버리고 항상 현재와 연관을 붙여 현재에 부딪친 당면문제가 그 역사적 원인이 있음을 이해시켜 학생들로 하여금 문제의 해결에 정당한 인식과 명확한 판단력을 기르게 할 것이다.

(4) 종래의 주입식 교육은 어느 학과에서나 그 폐단이 많았지만은 특히 역사 부분에 있어서 더욱 심하여 학생들은 아무 흥미를 느끼지 아니하며, 무비판적으로 사실을 記誦하기에 급급하다가 나중에는 권태를 일으켜 역사교육상 지장을 가져오게 됨은 왕왕 있었던 바이니 교사는 모름지기 종래의 이 방법을 버리고 항상 학생들에게 문제를 제시하며 그들로 하여금 자발적으로 연구, 토의하게 하여 사실의 대의의 파악력과 비판력을 양성하여야 할 것이다. 그리고 될 수 있는 데까지 실물교육에 중점을 두어 여행, 원족 등의 기회를 이용하여 유물, 유적을 관찰시키고 도표, 도안 등도 널리 수집하여 학생들의 학습 편의를 도모할 것이다.

(5) 종래의 역사교육에 있어서는 어떤 사실을 가르칠 때에 그 사실의 일어난 원인과 그 미친 영향은 소홀히 하고 그 경과만 중하게 다루는 일이 있었음은 역사교육상 큰 폐단이 있으니 교사는 이에 주의하여 그 사실의 원인을 모쪼록 자세히 구명하고 그 미친 영향을 명확하게 관찰, 비판케 할 것이다.

(6) 이웃나라의 역사, 먼 나라의 역사를 배우는 것은 사회생활에 있어 지극히 필요한 것이니 단순히 이웃나라 혹은 먼 나라라 하여 우리나라

의 역사와 아무 관련성이 없다고 생각하여서는 이 또한 부당할 뿐 아니라 현대에 있어서는 전 세계가 함께 세계사적으로 움직이고 있으니 어디까지든지 이웃나라 역사, 먼 나라의 역사와 우리나라와의 역사와의 호상 관련성에 유의해야 할 것이다.

(7) 사회생활과로서의 교재 채택으로서는 종래의 그것과 태도를 달리 한 점이 많다. 종래에 중요하다고 본 사실 또는 무가치하다고 경시한 사실이 사회생활과에 있어서는 그와 반대로 보아진 바도 있다. 이는 사회생활과에 있어서는 일반 대중의 사회생활을 존중하고 이것을 중심으로 본 때문이다.

(8) 고금동서 여러 국가는 다 각기 그 특수성이 있으니 교사는 모름지기 이를 구명, 지도할 것이요, 특히 국사에 있어서는 언제든지 민족의 자주 정신과 도의 관념의 함양 및 문화의 전승 발전에 깊이 유의하는 동시에 생도들에게 이를 고조하여 완전 자주독립에 이바지 하도록 하여야 할 것이다.

(9) 이 요목에 제시된 교재를 그대로 墨守할 것은 아니며 때와 곳을 따라 취사선택을 달리 할 수도 있겠으나 요는 항상 종합교육을 목표로 지리, 공민 부분을 비롯하여 일반 교과목에까지라도 충분한 연락을 취하여 생명과 통일성이 있는 지식을 길러 주어야 할 것이다.[32]

이에 따르면 미군정기의 역사교육은 한국사보다는 세계사 교육이 우선이었다고 판단된다. 그것은 1, 2학년에서 각각 '이웃나라의 생활'과 '먼 나라의 생활', 3학년에 '우리나라의 생활', 4학년에서 '인류문화의 발달', 5학년에서 '인류문화의 발달'과 '우리나라의 문화', 6학년에서 '인생과 사회' 과목 내에서 문화부분을 교수하는 것으로 되어 있기 때문이다. 즉 한국사교육은 3학년과 5학년에 배당된 '우리나라의 생활'과 '우리나라의 문화'뿐이며 나머지 과목은 모두 세계사와 관련된 것들이었

32) 『초중등학교 각과 교수요목집 중학교 사회생활과』(12), 조선교학도서주식회사, 1948, 45~46쪽.

기 때문이다. 이와 관련하여 한국사는 세계사와 무관한 것이 아니라 유기적으로 연결되어 있음을 강조하였다고 생각된다. 그리고 근현대사와 정치사를 중심으로 삼았으며, 사회생활과적인 안목을 통해 현대사회의 문제를 해결할 수 있는 능력을 가르칠 것을 요구하였다. 이를 위해 주입식 교육을 지양하고 실물교육에 중점을 둘 것과 역사적 사실의 원인과 영향을 구명하고 파악하는 능력을 길러 비판적 사고력을 향상시킬 것을 주문하였다. 또한 역사교육은 민족의 자주정신과 도의관념의 함양 및 문화 전승을 통해 완전한 자주독립에 이바지해야 한다는 점을 강조하였다.

이와 같은 역사과 교수요목을 작성한 인물에 대해서는 몇 가지의 주장이 있다. 홍웅선은 국민학교 사회생활과 교수요목 제정에 참여한 인물은 미군정청 학무국 편수국의 사회생활과 담당자들인 이상선, 신의섭(공민), 이봉수, 노도양, 김진하(지리), 신동엽(역사)이라 주장하였다.[33] 박정옥은 미군정청 임명사령 제28호(1945. 11. 6)에 근거하여 황의돈, 신동엽, 사공환이 교수요목제정위원이었다고 주장[34]하였으나 박정옥의 주장은 뒤에서 볼 김상훈의 비판에 의하면 타당하지 않다고 생각된다. 즉 김상훈은 박정옥이 근거로 든 임명사령 제28호는 황의돈을 학무국 편수과 역사편수관에, 신동엽을 학무국 편수과 역사편수관보에 임명한다는 것이었고 교수요목제정위원에 임명한 것은 아니었으며, 황의돈은 사회생활과 도입에 가장 적극적으로 반대한 인물로서 그가 역사과 교수요목의 제정에 참여했을 가능성은 거의 없다고 하면서 결국 신동엽이 교수요목 제정에 참여했을 것이라 주장하였다. 그리고 치암

---

33) 홍웅선, 「최초의 사회생활과 교수요목의 특징」, 『한국교육』 19, 한국교육개발원, 1992, 35쪽.
34) 박정옥, 「교수요목기 '우리나라 생활'의 내용 구성과 국사교육론」, 한국교원대학교 교육대학원 석사학위논문, 54쪽.

신석호선생기념사업회에서 펴낸『신석호전집』(상)의 약력을 인용하여 신석호가 1947년 1월 초등학교 및 중고등학교 사회과 교수요목제정위원이었음을 주장하였다. 더욱이 그에 따르면 신석호의『중등학교 사회생활과 우리나라의 생활(국사부분)』표지에 '문교부시교수요목의거'라 한 것과 머리말의 "이 책은 문교부에서 제정한 교수요목에 의하여 초급 중학교 셋째 학년『우리나라의 생활』(국사) 교과서로 편찬한 것"이라 한 점, 1948년 발행된 교과서의 목차와 1948년 12월 24일 발행된 '중학교 사회생활과 교수요목집'의 '우리나라 생활' 교수요목의 목차가 일치한다는 근거를 제시하였다. 이로 보아 신석호가 미군정기 교수요목의 제정에 참여한 것은 사실로 판단된다.

또 1946년 11월 27일 신동엽이 쓴『사회생활과 참고조선역사 - 상고사』제1권 自序의 "이 책은 문교부 편수국에서 제정한 사회생활과 제6학년 교목(국사부분)의 본지에 의하여 쓴 것"이라는 근거를 들어 신동엽 역시 교수요목 제정에 참여한 것으로 인정하였다.[35] 그러나 신동엽은 같은 글에서 미국 콜로라도주의 교육과정을 추종해서 역사교과서를 사회생활과에 통합한 것을 비판[36]하였으므로 이에 대해서는 다른 해석도 가능하다고 생각된다. 즉 신동엽은 사회생활과의 도입에 개인적으로는 반대하면서 신국가를 건설하는 과정에서 사회생활과의 도입이라는 대세를 인정하였던 것으로 판단된다. 그리하여 황의돈이 사회생활과의 도입에 반대하면서 미군정청 편수관을 사임한 것에 비해 편수국에 남았던 것이라 생각된다.

교수요목 제정 이후 발행된 역사교과서는 〈표 3〉과 같다.

---

35) 김상훈, 앞의 논문, 130~131쪽.
36) 박정옥, 앞의 논문, 9쪽.

<표 3> 교수요목 제정 이후 검정된 역사 교과서 목록

저자	출판사	서명	발행년도
신석호	동방문화사	우리나라의 생활(국사부분)	1948
유홍렬	조문사	우리나라의 역사	1949
오장환	정음사	(中等)文化史 : 우리나라의 문화	1949
이병도	동지사	우리나라의 생활(역사)	1949
금룡도서	금룡도서	우리나라 생활 (역사부분)	1950
손진태	을유문화사	우리나라 생활(대한민족사)	1950
김성칠	정음사	우리나라 역사 : 사회생활과	1951
최남선	동국문화사	우리나라 역사	1952
유홍렬	양문사	한국문화사	1954
이병도 · 김정학	백영사	우리나라 문화의 발달(상)	1954
홍이섭	정음사	(우리나라)문화사	1954

이와 같이 검정된 국사교과서는 1949년 다음과 같이 공포된 국정교
과서 검정규칙과 국정 교과서 사열 요항에 따른 것이라 할 수 있다.

국정교과서 검정규칙

　가. 예비 검정에는 원고 6부를 제출하되 프린트나 타이프라이터로 인쇄
　　할 것.

　나. 삽화는 사진 및 복사로써 작성할 것.

　다. 원고를 금년 3월 10일까지 문교당국에 제출할 것이며, 검정 후 1개
　　월 이내에 완전 제본을 납부할 것.

　라. 본 검정시에도 역시 원고 6부를 제출할 것.

　마. 검정 원고료는 각 책 가격의 20배로 함.[37]

국정교과서 사열 요항

　(가) 요목 : 문교부에서 제정한 교수요목에 맞는가(순서는 바꾸어도 무방
　　함. 보충할 수는 있어도 삭감할 수는 없음).

37) 『동아일보』 1949년 2월 2일, 「敎科書의 檢定規定」.

(나) 체제

    1. 교과서로서 체제가 서 있다.

    2. 학생들이 이해하기 쉬운가.

    3. 문교부에서 제시한 철자법 · 띄어쓰기 등이 맞는가.

    4. 학술용어는 통일이 있는가.

    5. 오자 · 탈자가 없는가.

    6. 학생 시력에 장애가 없는가.

    7. 사진 · 삽화 · 통계 등이 내용과 부합하는가.

(다) 정도 : 교과서 정도가 해당 학년에 맞는가.

(라) 분량 : 교과 분량이 문교부의 제정 시간수에 맞는가.

(마) 내용

    1. 민주주의 민족교육 이념에 부합되나.

    2. 내용에 틀림이 없나.

    3. 주입적이 아닌가.

    4. 지나치게 학문적으로만 기울어지지 않았나.

    5. 생활 본위인가 아닌가.

    6. 내용이 생도 본위인가 아닌가.[38]

이에 따르면 국사교과서의 검정은 교수요목에 근거하도록 하면서 민주주의 민족교육 이념에 부합하도록 하였고, 앞에서 살펴본 교수요목에서 규정하였듯이 주입적 서술이 아니라 실용적인 서술, 학생 중심의 서술이어야 하였다.

그런데 국정교과서 사열 요항 (마)항의 '1. 민주주의 민족교육 이념에 부합되나'라는 조항은 반공주의를 관철시키기 위한 조항이었다.[39] 기존의 연구에서도 확인된 바 있듯이 미군정의 기본정책은 한반도에

38) 『동아일보』 1949년 3월 1일, 「教材檢定要領 編修課서 通達」.

39) 조성운, 「반공주의적 한국사 교육의 성립과 강화-미군정기~제4차 교육과정기를 중심으로-」, 『한국민족운동사연구』 82, 한국민족운동사학회, 2015, 237쪽.

미국식 민주주의체제를 이식하는 데에 있었다. 그러므로 당시 냉전체제 속에서 미국식 민주주의는 반공주의를 바탕으로 한 것이었다. 이러한 미군정의 기본정책 속에서 국사교과서를 포함한 교과서의 검정과 편찬 과정에서 반공주의는 매우 중요한 검정요소였다고 할 수 있다.

한편 1948년 정부 수립 이후에도 이러한 반공주의는 이어졌고, 1950년 4월 29일 대통령령 제336호로 공포된 교과용 도서 검인정 규정에 의해 정부는 교과서의 내용과 발행 등 교과서와 관련된 일체의 권한을 법적으로 확보하였다. 이에 따르면 제17조에 교과용 도서에 대해서는 검정을 취소할 수 있도록 하였고, 같은 해 12월 21일 "저작자, 저작권자는 발행자로서 <u>반국가적 또는 비인도적 행위</u>를 감행하여 학생에게 교육상 좋지 못한 영향을 미친다고 인정될 때"[40](밑줄은 인용자) 검정을 취소할 수 있다는 조항을 신설하였다.

이 조항은 한국전쟁이 발발한 이후에 신설한 것으로 '반국가적 또는 비인도적 행위를 감행'할 경우 교과서 검정을 취소할 수 있다는 것이다. 반국가적 행위란 곧 남북한이 대치하고 있던 현실에서 친북, 친공적 행위를 의미한다고 할 수 있다. 이는 1949년의 국정교과서 사열 요항의 '민주주의 민족교육 이념에 부합되나'라는 조항을 보다 구체화 한 것으로 볼 수 있다. 이로써 교과서 검정 시 이념적 기준이 마련되어 반공주의적 교과서의 발행 토대를 갖추었다고 할 수 있을 것이다.[41]

한편 이 시기 교수요목에 규정된 '우리나라 생활'은 〈표 4〉의 목차로 구성되어 있다.

---

40) 『관보』 1950년 12월 21일.
41) 조성운, 앞의 논문, 238~239쪽.

대단원	중단원	소단원
(1) 우리나라의 자연환경은 어떠하며 민족의 유래와 발전은 대략 어떠하였는가?	I. 우리나라의 자연환경	우리나라의 역사가 자라온 무대의 범위는 어떠하였는가? 우리나라의 지형과 기후는 역사 발전에 어떠한 영향을 끼쳤는가?
	II. 우리 민족의 유래와 그 발전	우리민족의 유래는 어떠하였는가? 민족의 이동 분포와 그 발전은 어떠하였는가? 우리나라를 부르는 명칭은 어떠한 것들이 있는가?
(2) 역사 있기 이전의 생활은 어떠하였는가?	I. 원시시대의 사회생활	원시인의 의식주는 어떠하였는가? 원시인은 어떤 경로를 밟아와서 농업을 경영할 줄 알았는가? 원시인의 신앙대상은 무엇이며, 그 대상에 대해서는 어떻게 생각하였는가?
	II. 원시시대의 유물 유적	원시인의 사용한 기구로는 어떠한 것들이 있었는가? 원시인의 유물, 유적은 어떻게 분포되어 있는가? 원시인의 유물, 유적은 지역에 따라 어떠한 차이가 있는가
(3) 고조선과 그 생활 상태는 어떠하였는가?	I. 고조선의 변천	단군조선의 건국은 역사적, 민족적으로 어떠한 뜻을 가졌는가? 그 뒤의 나라 모양은 어떠하였는가?
	II. 이웃나라와의 관계	한민족과의 지리적 관계는 어떠하였는가? 위만의 침입과 그 미친 영향은 어떠하였는가? 민족의 자각과 한사군과의 관계는 어떠하였는가? 기자의 동래 전설은 어떻게 하여 생기게 되었을까?
	III. 고대인의 사회생활	고대인의 신앙은 어떠하였는가? 고대인의 살림살이는 어떠하였는가? 낙랑문화와 우리 민족과의 관계는 어떠하였는가? 고대인의 풍속은 어떠하였는가? 고대인의 도의관념은 어떠하였는가?
(4) 삼국의 흥망 및 그 사회생활은 어떠하였는가?	I. 삼국의 건국과 융성	삼국의 건국 경로는 어떠하였는가? 육가라는 어떻게 성립하였는가? 고구려는 어떻게 강성하였으며, 그 국민성은 어떠하였는가? 백제는 어떻게 발전하였는가? 신라가 팽창한 원인은 무엇인가?
	II. 백제와 고구려의 쇠방과 그 부흥운동	백제는 무슨 까닭으로 쇠약하여졌으며 또 어떻게 망하였는가? 백제의 부흥운동은 어째서 실패하게 되었는가? 고구려의 내부 분열과 그 미친 영향은 어떠하였는가? 고구려의 부흥운동과 발해 건국과의 관계는 어떠하였는가? 신라는 어떻게 하여 반도를 통일하였으며 역사상의 의의는 어떠하였는가?

	Ⅲ. 삼국의 사회생활	1. 신앙생활은 어떠하였는가? 2. 교학은 어떠하였는가? 3. 미술과 공예는 어떻게 발달하였으며 오늘날까지 남은 중요 유적은 어떠한 것이 있는가? 4. 정치제도는 어떻게 짜여져 있는가? 5. 토지제도는 어떠하였으며, 산업은 어떤 모양이었던가? 6. 귀족과 시민계급의 생활상태는 어떠하였는가? 7. 국민정신은 어떠하였는가? 8. 풍속은 어떠하였으며, 지금까지 전하는 것으로는 어떠한 것이 있는가? 9. 외국과의 교통은 어떠하였으며, 문화는 어떻게 교류하였는가? 10. 일본은 우리나라의 문화를 어떻게 배워가서 이를 어떻게 이용하였는가?
(5) 신라 및 발해의 변천과 그 사회생활은 어떠하였는가?	Ⅰ. 신라 및 발해의 융성	발해는 어떻게 건국하였으며, 민족 발전사상의 뜻은 어떠한가? 발해는 어떻게 발전하였는가? 신라의 전성시기는 언제이며 그 모양은 어떠하였는가? 신라 전성시기의 서울 모양은 어떠하였는가?
	Ⅱ. 신라 및 발해의 쇠망	1. 발해의 쇠약한 원인은 무엇인가?2 2. 민족의 발상지를 어떻게 잃게 되었으며 그 뒤의 영향은 어떠하였는가? 3. 발해의 부흥운동은 어떻게 줄기찼는가? 4. 신라는 무슨 까닭으로 쇠약하게 되었는가? 5. 신라는 어떻게 분열하였으며 그 결과는 어떠하였는가?
	Ⅲ. 신라 및 발해의 사회생활	1. 신라 및 발해의 신앙생활은 어떠하였는가? 2. 신라 및 발해의 교육제도 및 교학은 어떠하였는가? 3. 발해의 유적으로는 어떠한 것이 남아있는가? 4. 신라의 미술과 공예는 어떻게 발달하였으며 오늘날 남은 중요 유물은 어떠한 것이 있는가? 5. 발해의 외국과의 무역은 어떻게 행하여졌는가? 6. 신라의 대외무역과 해상활동은 어떻게 활발하였는가? 7. 신라 및 발해와 다른나라와의 문화교류는 어떠하였는가? 8. 신라 및 발해의 귀족과 서민계급의 생활 상태는 어떠하였는가? 9. 신라 및 발행의 풍속은 어떠하였으며, 오늘날 남은 것으로는 어떠한 것이 있는가?
(6) 고려의 정치와 다른 민족과의 관계는 어떠하였으며 그 사회생활은 어떠하였는가?	Ⅰ. 고려의 전기의 나라 안팎 모양	고려의 건국의 의의는 어떠하였는가? 태조의 북진정책은 어떻게 계속하여 왔는가? 거란은 어찌하여 여러번 침입하였으며, 그와의 항쟁은 어떠하였는가?
	Ⅱ. 중기의 나라 안팎 모양	귀족의 발호와 그 변란은 어떠하였는가? 사대사상과 자주사상은 어떻게 겨루었는가? 무신은 무슨 까닭으로 난을 일으켰으며 최씨의 정방정치는 어떠하였는가?

		농민계급은 어떻게 반항운동을 일으켰는가?
		노예계급의 자유해방운동은 어떠하였는가?
		고려와 송, 금과의 관계는 어떠하였는가?
	Ⅲ. 고려후기의 나라의 안 모양과 외국과의 관계	몽고는 무슨 까닭으로 침입하였으며, 그에 대한 항쟁은 어떠하였는가?
		강화 이후의 몽고와의 관계는 어떠하였는가?
		여원의 일본정벌은 어떠하였는가?
		대륙의 변공과 고려의 복구정치는 어떠하였는가?
		왜구는 무엇이며, 그들의 침략 지역과 그 참화는 어떠하였는가?
		그밖의 외환과 내란으로 어떠한 것이 있었는가?
		고려는 어떻게 무너졌는가?
	Ⅳ. 고려조의 사회생활	국가제도는 어떻게 짜여져 있었는가?
		사회제도는 어떠하였으며 그 사업은 무엇이었던가?
		토지제도의 변천은 어떠하였는가?
		해외교통과 및 산업경제는 어떠하였는가?
		통신, 교통기관은 어떠하였는가?
		신앙생활과 풍속은 어떠하였으며 오늘날까지 남은 자취는 어떠한 것이 있는가?
		교학은 어떤 경로를 밟아 진흥하게 되었는가?
		미술과 공예는 어떻게 발달하였으며 그 특징은 무엇인가?
		인쇄술과 서적문화는 어떻게 발달하였는가?
(7) 근세조선은 어떻게 성쇠하 였으며 그 사회 생활은 어떠하 였는가?	Ⅰ. 근세 조선 전기의 나라 안팎 모양	태조의 건국과 그 정책은 어떠하였는가?
		국도문제는 어떠하였으며, 한양천도는 어떻게 이루어졌는가?
		태종은 어떻게 하여 국가의 기초를 굳게 닦았는가?
		세종의 민본정치는 어떠하였는가?
		세종의 과학적 업적은 어떠하였는가?
		세종의 문치와 그 영향은 어떠하였는가?
		세종의 무공과 그 영향은 어떠하였는가?
		국초 서울의 도시시설은 어떠하였는가?
		세조와 성종은 선대의 유업을 어떻게 이어 받았는가?
	Ⅱ. 유교의 진흥과 사화의 일어남	유교와 불교에 대한 국가의 정책은 어떠하였는가?
		배불정책 후의 불교의 추이는 어떠하였는가?
		교육제도는 어떻게 정비되었으며 교학은 어떻게 진흥하였는가?
		성종 말기의 나라 안 기풍은 어떠하였으며 연산군은 어떻게 실정하였는가?
		사화의 일어난 원인 및 진전 및 그 국가 민족에게 미친 영향은 어떠하였는가?
	Ⅲ. 근세 조선 중기의 나라 안팎 모양	삼포 개항 후의 일본과의 관계는 어떠하였는가?
		임진왜란 직전의 나라 안 모양은 어떠하였는가?
		임진왜란은 어째서 일어났으며 왜군은 어떻게 쳐들어왔는가?
		해전과 이순신의 활동은 어떠하였으며 싸움 판국에 어떠한 영향을 주었는가?

		의병은 어떻게 활동하였으며 명군의 내원과 육전의 모양은 어떠하였는가?
		정유의 두 번째 난리는 어째서 일어났으며 육전의 모양은 어떠하였는가?
		두 번째 난리의 해전은 어떻게 활발하였으며 왜군은 어째서 물러가게 되었는가?
		난 뒤의 나라 안 모양은 어떻게 비참하였으며 국가는 그 부흥에 어떻게 힘썼는가?
		난 중에 일본이 가져간 우리 문화는 무엇이었으며 그들에게 어떻게 도움이 되었는가?
		일본과 어째서 다시 화친을 맺게 되었는가?
		호란 직전의 명, 청과 우리나라와의 관계는 어떠하였으며 광해군은 이에 대하여 어떠한 정책을 썼는가?
		양차의 호란은 어째서 일어나서 어떻게 결말되었으며 난 뒤의 사회상태는 어떠하였는가?
		효종 때의 만주출병과 북벌계획은 어떠하였는가?
		동북쪽 국경문제는 어떠하였으며 정계비는 어떻게 세워졌는가?
	IV. 당쟁의 일어남과 그 진전 및 영향	당쟁의 일어난 원인은 무엇인가?
		당파싸움은 갈수록 어떻게 어지러워졌는가?
		동서남북인의 당색은 어떻게 갈라졌으며 노론소론은 어떻게 싸웠는가?
		당쟁의 국가 민족에게 끼친 영향은 어떠하였는가?
	V. 근세 조선 후기의 문예부 흥운동	임진·병자란 뒤에 국민은 어떠한 자각을 가지게 되었는가?
		실지 실용의 학풍은 어떻게 하여 일어났으며 이들 학자는 어떻게 나라에 공헌하였는가?
		청조문물의 수립과 그 영향은 어떠하였는가?
		천주교가 들어오기까지의 경로는 어떠하였으며 그 전도운동과 정부의 이에 대한 정책은 어떠하였는가?
		서양문물의 수입과 그 영향은 어떠하였는가?
	VI. 근세 조선 후기의 나라 안 모양	양반계급은 어떻게 횡포하였는가?
		중앙과 지방의 관리는 어떻게 악정을 하였는가?
		삼정은 어째서 문란하게 되었는가?
		홍경래는 어떻게 반항운동을 일으켰으며 그 영향은 어떠하였는가?
	VII. 근세 조선의 사회생활	중앙관제는 어떻게 짜여져 있었으며 지방제도는 어떻게 변천하였는가?
		토지와 조세제도는 어떠하였으며 농민의 생활상태는 어떠하였는가?
		국가의 산업정책과 외국과의 무역은 어떠하였는가?
		통신·교통기관은 어떻게 설비되어 있었는가?
		사회사업기관으로서 어떠한 것이 있었으며 무슨 일들을 하였는가?
		향약은 무엇이며 사회교화에 어떻게 이바지하였는가?
		사회계급은 어떻게 나누어져 있었으며 그들의 직책은 무엇이 있었던가?

		교학은 어떻게 발전하여 왔으며 도덕사상은 어떠하였는가? 미술과 공예는 무슨 까닭으로 쇠퇴하게 되었으며 그 중에 좀 나은 것으로는 무엇이 있는가? 풍속은 어떠하였으며 연중행사로는 어떠한 것이 있는가?
(8) 최근세와 그 사회생활은 어떠하였는가?	I. 흥선대원군의 집정과 쇄국정책	1. 대원군은 어떻게 하여 정권을 잡게 되었는가? 2. 대원군의 개혁정책의 좋고 나쁜 점은 무엇인가? 3. 불·미 양군과는 무슨 까닭으로 충돌하게 되었으며 그후의 국책은 어떠하였는가? 4. 임진왜란 뒤의 일본과의 관계는 어떠하였으며 일본의 정한론은 어떻게 하여 일어나게 되었는가?
	II. 개국정책과 개혁운동의 전개	강화도조약은 무엇이며 그 결과는 어떠하였는가? 강화도조약 뒤의 청국의 태도는 어떠하였는가? 새 문화는 어떻게 수입하였는가? 여러 제도의 개혁은 어떻게 실시되었는가? 구미열국의 당시 사정은 어떠하였으며 우리나라는 그들과 어떻게 수호통상조약을 맺었는가?
	III. 임오군란과 갑신정변	민씨일파의 세도는 어떠하였으며 이에 대해 구군인들은 어떻게 반항하였는가? 제물포조약은 어때서 맺었으며 그 결과는 어떠하였는가? 개화운동의 시초는 어떠하였는가? 개화당과 사대당은 어떻게 겨루었는가? 갑신정변은 어찌하여 일어났으며 그 영향은 어떠하였는가? 천진조약은 무엇이며 그 결과는 어떠하였는가? 간도문제의 그 뒤 사정은 어떠하였으며 이에 관해 청일은 어떠한 협약을 맺었는가?
	IV. 동학란과 청일전쟁	1. 동학은 어떠한 사회 사정 아래에서 일어났으며 그 발전은 어떠하였는가? 2. 지방 관리는 어떻게 부패하였으며 이에 대하여 동학당은 어떻게 반항하였는가? 3. 청일 양국의 군대는 어떻게 출동하였는가? 4. 청일전쟁이 일어남에 따라 우리나라는 어떠한 전화를 입었는가? 5. 마관조약은 무엇이며 우리나라에의 영향은 어떠하였는가? 6. 갑오경장은 무엇이며 어떠한 일들을 하였는가?
	V. 노일의 세력 경쟁과 우리나라에의 영향	노국의 세력은 우리나라에 어떻게 들어왔는가? 을미 8월의 변은 무엇인가? 독립협회와 그밖의 사회운동은 어떠하였는가? 대한제국이 될 때까지는 어떠한 경로를 밟아왔는가? 노일은 무슨 까닭으로 싸우게 되었으며 전쟁 당시에 일본은 우리나라에 대해서 어떠한 행동을 하였는가? 을사보호조약은 어떻게 하여 맺어졌으며 그 결과는 어떠하였는가? 민영환과 여러 의사들은 어떻게 항쟁하였으며 의병들의 활동은 어떠하였는가?

	VI. 일본의 우리나라 강탈	일진회는 무엇이며 그들의 매국행동은 어떠하였는가? 친일파 민족반역자들은 어떠한 행동을 하였는가? 헤에그 밀사 사건과 그 파문은 어떠하였는가? 안중근을 비롯한 애국지사들은 어떻게 활약하였는가? 우리나라는 일본에게 어떤 모양으로 빼앗겼는가? 많은 의사들은 나라를 위하여 어떻게 목숨을 바쳤는가?
	VII. 최근세의 사회생활	새 문물의 수입에 따른 영향은 어떠하였는가? 재정과 산업정책은 어떠하였으며 국채상환운동은 어떻게 일어났 는가? 통신교통기관은 어떻게 설비되었는가? 신교는 어떻게 자유롭게 되었으며 어떠한 종교들을 믿었는가? 국민운동은 어떻게 활발하였으며 어떠한 단체들이 있었는가? 새 교육은 어떻게 왕성하였으며 공사립 학교로는 어떠한 것이 있 었는가? 후생기관으로는 어떠한 것이 있었으며 무슨 일을 하였는가? 언론기관은 어떠한 것이 있었으며 출판사업은 어떻게 진전되었는가? 국학에 대한 의식은 어떻게 자라났으며 신문학은 어떻게 발족하였 는가? 의식주는 어떻게 변천하였으며 풍속의 달라진 점은 무엇인가?
(9) 두 번째 세 계대전과 우리 나라와의 관계 는 어떠하였는 가?	I. 첫 번째 세계대전과 우리나라의 독립운동	일본인의 압박정치는 어떠하였으며 국민은 어떠한 혼란을 받게 되 었는가? 첫 번째 세계대전은 어떻게 일어났으며 민족자결주의는 무엇인가? 기미독립운동은 어떻게 일어났으며 그 영향은 어떠하였는가? 임시정부는 어떻게 성립되었으며 그 뒤의 활동은 어떠하였느가? 6·10만세운동은 무엇이며 어떻게 일어났는가? 광주학생운동은 어디서 일어났으며 그 영향은 어떠하였는가? 그밖의 독립운동단체로는 어떠한 것이 있었으며 이국 의사는 어떻 게 활약하였는가?
	II. 두 번째 세계대전과 우리나라의 해방	일본인의 끝없는 야심으로 동양평화는 어떻게 파괴되었는가? 두 번째 세계대전과 태평양전쟁은 어떻게 일어났으며 그 진전은 어떠하였는가? 국전의 불리함에 따라 일본인은 어떻게 발악하였으며 국민의 생활 모양은 어떻게 비참하였는가? 카이로회담과 포츠담선언은 무엇이며 그 결과는 어떠하였는가? 일본인은 어떻게 무조건 항복을 하였으며 우리나라는 어떻게 해방 되었는가? 우리나라의 현상과 국제정세는 어떠한가?
	III. 민족의 사명과 자각	학습하여 온 국사 사실의 민족적 비판 세계정세에 대한 민족으로서의 바른 인식 민족의 통일과 단결 우리 문화와 세계 문화의 조화 발전

〈표 4〉를 보면 '우리나라 생활'은 선사시대부터 일제의 조선 강점과 해방에 이르는 시기까지를 서술했다. 고조선 이전은 원시사회라 규정한 후 서술하였으며, 이후는 고조선-삼국-신라·발해-고려(전기, 중기, 후기)-근세 조선(전기, 중기, 후기)-최근세로 서술하였고, 최근세 이후는 제1차 대전과 제2차 대전을 구분하여 서술하였다. 이는 특별한 시대구분에 의한 것이라 보이지는 않는다. 다만 고조선을 서술하면서 '고대인의 사회생활'이라는 표현을 사용하였다는 점에서 삼국과 통일신라·발해를 고대의 범주에 포함시키지 않은 것으로 보인다. 그리고 조선사회를 근세와 최근세로 구분하였으나 통일신라·발해와 고려를 중세라 규정하지 않은 것도 독특하다고 할 수 있다. 그러므로 '우리나라 생활'은 고대-중세-근대의 시대구분의 기본적인 형식을 갖추고자 노력한 것으로 판단된다.

그리고 '우리나라 생활'은 대단원을 '~어떠하였는가?'라는 방식으로 설문식 교수법을 채택하여 단위와 세목을 구성하였음을 알 수 있다. 설문식 교수법은 전통적인 강의 중심이 아니라 그 단원의 의의와 세목들의 연관성을 학생들의 이해 능력에 따라 한 세목씩 제시하거나 여러 세목을 묶음으로 제시하여 새로운 문제 해결 학습을 모색한 것이었다.[42] 이는 주입식 교육을 지양하고 실물교육에 중점을 두어 교수할 것을 규정한 교수요목의 '역사 부분 교수 상의 주의'에 따른 것임을 알 수 있다. 이러한 설문식 교수법은 제1차 교육과정까지 확인된다.

또 〈표 4〉를 통해 알 수 있는 것은 현재 교과서에서 보이지 않는 용어들이 사용된다는 점이다. 예를 들면 구석기인과 신석기인을 가리키는 원시인, 가야를 가리키는 육가라, 삼국통일을 가리키는 반도 통일, 사회경제사학의 영향을 받았다고 보이는 농민계급과 노예계급, 무신정

---

42) 박정옥, 앞의 논문, 26쪽.

변기의 농민·천민의 봉기를 자유해방운동, 붕당정치를 당쟁, 영정조 시기의 문화 발전을 문예부흥운동, 국채보상운동은 국채상환운동 등이라 기술한 것 등이다. '원시인'은 문명과 야만이라는 세계관의 부산물이라 보이며, 반도통일과 당쟁은 일제의 식민사관의 영향이라 생각되는 용어이다. 한편 일제시기 조선총독부가 발행하였던 국사교과서가 가야를 임나라 표현한 것에 비해 육가라라 표현한 것은 일제의 식민사관에서 벗어나고자 한 민족주의적 노력의 일환이라 생각된다. 이처럼 교수요목기의 '우리나라 생활'에는 문명과 야만의 사관과 식민사관이 반영되어 있는가 하면 민족주의적 관점이 반영되기도 하여 일제로부터 독립하여 신생국가를 건설하려는 노력이 함께 담겨있다고 할 수 있다.

2장__ 교육과정의 변천과 국사교육

　　1945년 일제의 패망은 외세에 의해 박탈당하였던 국권을 회복하고 자주적인 민족국가를 수립할 수 있는 한국사상 기념비적인 사건이라 할 수 있다. 이러한 점에서 우리나라의 독립과 정부 수립을 비롯한 해방 직후사에 대한 연구는 한국현대사에 대한 이해를 위한 출발점이라 할 수 있다. 이러한 의미에서 이 시기에 대한 연구는 각 분야에서 매우 활발하게 이루어졌다.

　　해방 이후 한국 교육제도의 성립과 변천에 대한 연구는 상당한 분량으로 축적되었다.[43] 그 속에서 한국사 교육을 포함한 역사교육에 대한 연구도 활발히 이루어졌다.[44] 한국사 교육에 대한 연구는 주로 각급

---

43) 대표적인 연구로는 다음과 같은 것들이 있다.

　　박은목, 「제2차 대전 이후 한국교육의 역사적 의미-한국의 1945년에서 1959년-」, 『한국교육사학』 4, 한국교육사학회, 1982.

　　이길상, 「미군정의 국가적 성격과 교육정책」, 『정신문화연구』 47, 정신문화연구원, 1992, 200~201쪽.

　　강일국, 「해방 이후 초등학교의 교육개혁운동과 반공교육의 전개과정」, 『교육사회학연구』 12-2, 한국교육사학회, 2002.

　　이창환, 「해방 이후 한국 교육과정의 전개 추이에 대한 고찰-전통적 교육방법 접목의 필요성 제고를 위하여」, 『교육연구』 25, 원광대학교 교육문제연구소, 2006.

　　이소영, 「해방 후 한국교육개혁운동의 성격 고찰」, 『인격교육』 4-2, 한국인격교육학회, 2010.

　　김대영, 「한국 교육과정 연구의 역사 1 -1945~1987-」, 『교육과정연구』 31-4, 한국교육과정학회, 2013.

44) 정재철, 「한국교육제도사연구의 성과와 과제」, 『한국교육사학』 9, 한국교육사학회, 1987.

학교의 한국사 교과서의 특정 분야에 대한 내용을 분석한 연구, 교육과정의 변천에 관한 연구가 중심이 되었고, 몇몇 연구에서 한국사 교육이 집권세력에 의해 정치적으로 이용되었다는 것을 논증하여 한국사 교육의 당파성 혹은 정치성 문제에 대해 전면적으로 문제를 제기하였다. 이러한 연구는 당시 한국사회의 정세와 국제 정세의 변화를 바탕으로 한 연구, 교과서의 내용을 분석한 연구, 교육과정의 변천에 따른 연구 등으로 나누어 볼 수 있다.[45] 이 연구들에서는 반공주의라는 용어 대신 주로 애국주의라는 용어를 사용하였는데, 애국주의란 군사주의, 영웅주의, 반공주의, 국가주의라는 특징을 보인다고 정리하였다.[46] 이러

윤종영, 「국사교육의 변천과 과제-고등학교 교육과정을 중심으로-」, 『역사와실학』 2, 역사실학회, 1992.

김항구, 「중학교 교육과정 상의 국사 내용의 변천」, 『사회과학교육연구』 13, 한국교원대학교 사회과학교육연구소, 1995.

김두정, 「광복 후의 학교 교육과정-공식적 교육과정과 운영의 변천」, 『교육발전논총』 21-1, 충남대학교 교육발전연구소, 2000.

최상훈, 「역사과 교육과정 60년의 변천과 진로」, 『사회과교육연구』 12-2, 한국사회교과교육학회, 2005.

신주백, 「국민교육헌장 이념의 구현과 국사 및 도덕과 교육과정의 개편」, 『역사문제연구』 15, 역사문제연구소, 2005.

강선주, 「해방 이후 역사교육과정 개정을 둘러싼 쟁점」, 『역사교육』 97, 역사교육연구회, 2006.

박종무, 「미군정기 조선교육자협회의 교육이념과 활동」, 『역사교육연구』 13, 한국역사교육학회, 2011.

김한종, 「중등 역사교과서 개편의 과정과 성격」, 『한국고대사연구』 64, 한국고대사학회, 2011.

45) 김현선, 「애국주의의 내용과 변화-1960~1990년대 교과서 분석을 중심으로-」, 『정신문화연구』 87, 정신문화연구원, 2002.

박해경, 「이승만정권기 반공이념 교육과 '우리나라역사' 교과서」, 성신여자대학교 교육대학원 석사학위논문, 2006.

이신철, 「국사교과서 정치도구화의 역사」, 『역사교육』 97, 역사교육연구회, 2006.

장영민, 「박정희정권의 국사교육 강화정책에 관한 연구」, 『인문학연구』 34-2, 충남대학교 인문과학연구소, 2007.

구경남, 「1970년대 국정 〈국사〉 교과서에 나타난 애국심 교육과 국가주의」, 『역사교육연구』 19, 한국역사교육학회, 2014.

46) 김현선, 앞의 논문, 181쪽.

한 연구는 주로 박정희정권을 대상으로 한 것이었고, 미군정기와 이승만정권에 대한 연구는 미진한 측면이 있었다. 또 이러한 교육을 애국주의라 칭하는 것이 일반적이었다. 그러나 필자는 이러한 애국주의의 본질은 결국 반공에 있다고 판단하여 반공주의라는 용어를 사용하기로 한다. 그리고 반공주의적 한국사 교육을 논증하기 위하여 각 시기의 교육과정을 바탕으로 천착해보고자 한다. 이를 통해 한국사 교육이 어떠한 방향에서 이루어져 왔는가를 확인할 수 있을 것이며, 향후 그 바람직한 한국사 교육의 상을 마련하는데 기초가 될 수 있을 것이라 기대한다.

참고로 여기에서는 반공사상을 교육과정에 명기되었는가 아닌가를 기준으로 미군정기~제1차 교육과정기를 반공주의 교육체제 성립기, 제2차 교육과정기~제4차 교육과정기를 반공주의적 교육체제의 강화기로 구분하였음을 밝힌다.

1. 반공주의 교육체제의 성립

1945년 일제의 패망에 따라 해방된 우리 민족은 냉전체제의 여파로 남과 북으로 분단되었다. 이에 따라 남과 북에서 서로 다른 체제가 성립하였으며, 1950년 한국전쟁은 남북 양측에서 상대에 대한 증오심이 극에 달하게 되는 계기가 되었다. 이로써 남북의 각 정부는 국민들을 대상으로 이념교육을 적극적으로 실시하였고, 남한에서는 반공 이데올로기가 뿌리 내리게 되었다. 이처럼 반공이데올로기가 뿌리를 내린 시기를 대부분의 연구자들은 한국전쟁 이후로 보고 있다.[47] 따라서 교육

---

47) 정영태, 「일제말 미군정기 반공이데올로기의 형성」, 『역사비평』 16, 역사비평사, 1992, 126쪽.

이라는 측면에서도 반공주의적 이념은 한국전쟁 이후에 뿌리를 내린 것으로 이해되어 왔다.

1948년 정부 수립 이후 반공운동이 본격적으로 전개된 것은 주지의 사실이다.[48] 특히 1948년 10월 19일 발생한 여수·순천사건 이후 국가보안법이 통과되어 한반도에서는 반공체제가 자리를 잡게 되었던 것이다. 이에 따라 남한 내에서는 미군정의 성립 후 냉전체제를 반영하여 반공교육이 실시된 이래 현재까지 이루어지고 있다.

이와 같은 반공교육은 미군정이 공포한 교수요목에 포괄적으로 제시되어 있다. 중학교 사회생활과 교수요목에 따르면 중학교 사회생활과의 목표는 "사람과 자연환경 및 사회환경과의 관계를 밝게 인식시켜, 올바른 사회생활을 실천, 체득함으로써 민주주의 국가의 성실, 유능한 국민"을 양성하는 것이었고, 역사분야에서는 "우리나라를 중심으로 동양 및 서양에 기여케 하며, 나아가 국제 친화를 위해 노력하는 태도"를 기르는 것이었다.[49] 이를 바탕으로 미군정은 1946년 2월 국민학교에서 정식으로 국사를 교수하기 시작하였다.[50] 그리고 1947년 진단학회에 의해 『국사교본』이 편찬되어 중등학교에서 한국사 교과서로 활용되었다.

그런데 한 연구에 따르면 미군정이 교육의 목표로 한 것은 교육을 통해 미국의 군사적 지배를 합리화하고 한반도에서의 미국의 입지를 강화하려 한 것, 민주주의라는 이름하에 미국식 교육을 한국에 이식하는 것, 반공 이데올로기를 확산시킴으로써 남한을 미국의 자본주의 시장경제에 예속시킬 수 있는 심리적 기반을 형성하는 것, 일제의 식민주의 교육의 잔재를 일소하는 것 등이라 정리하였다.[51] 즉 앞에서 본 '민

48) 서중석, 「정부 수립 후 반공체제의 확립 과정에 대한 연구」, 『한국사연구』 90, 한국사연구회, 1995, 430쪽.
49) 김흥수, 『한국역사교육사』, 대한교과서주식회사, 1992, 183쪽.
50) 문교부, 『한국교육30년, 문교연표』, 1980.

주주의 국가의 성실, 유능한 국민'은 반공주의적이며, 친미적인 국민을 뜻하는 것으로 이해되는 것이다.

이러한 교육목표를 가진 미군정은 민족교육에 대한 우리 민족의 요구에 대해서는 오히려 탄압으로 일관하였다. 그것은 '현존 통치 기구의 활용'과 '현행 질서의 유지'라는 미군정의 조선 점령 정책에 기인한 것이었다고 할 수 있다. 그리하여 미군정 3년 동안 약 1,100명에 달하는 '군사점령의 목적에 적극적으로 반대하고 있는 모든 교사들'이 해임되었고,[52] 1946년 3월 4일자로 미군정은 "사립학교는 학무국의 허가를 받는 대로 개학할 사"라는 법령 제6호 제2항에 따라 무허가학교는 폐쇄하고 교과서 및 교원과 학생의 명부를 몰수[53]하였던 것이다.

이와 같이 학교 내에서 미군정의 정책에 반대하는 교사들을 축출하는 한편 미군정은 새로운 교육제도의 구축에도 힘을 기울였다. 1946년 종래의 3학기제를 9월부터 이듬해 2월까지를 1학기, 3월부터 8월까지를 2학기로 하는 2학기제로 개혁하였다.[54] 그리고 홍익인간을 교육이념으로 채택하고, 국민학교 6년제, 중등학교를 각각 3년제의 초급중학과 고급중학으로 구분하였다.[55] 1946년 1월 7~8일에는 각도 학무과장과 시범학교징회의를 소집하여 새로운 교육이념으로 채택된 홍익인간 이념과 교육제도, 일반 학무행정, 초등·중등·사범교육에 대한 설명 등을 하였다.[56] 또한 '군사 점령의 목적에 적극적으로 반대하고 있는 모든 교사들'의 해임과 각 학교의 개교에 따른 부족한 교원 약 6,000명

51) 이길상, 「미군정의 국가적 성격과 교육정책」, 『정신문화연구』 47, 정신문화연구원, 1992, 200~201쪽.
52) 김진경, 「전환기의 민족교육」, 『민중교육 2』, 푸른나무, 1988, 13쪽.
53) 『동아일보』 1946년 3월 10일, 「無許可私立校에 斷 警務局에서 調査」.
54) 『동아일보』 1946년 2월 20일, 「3學期制를 2學期制로」.
55) 『동아일보』 1946년 2월 22일, 「弘益人間의 敎育理念에」.
56) 『동아일보』 1946년 1월 8일, 「授業料 決定 發表」.

을 보충하고자 서울대학을 비롯하여 각 전문대학과 지방의 사범학교에 문교부 직할로 임시교원양성소 12개소를 설치할 것을 결정하였다. 이를 통해 약 2,000명 가량의 교원을 5개월, 9개월, 1년, 1년 6개월의 4단계로 나누어 공민, 국어, 공작, 수학, 생물 등 12개 과목을 전공하도록 하였다. 그리고 5월 중 중등교원자격 검정시험을 통해 우수한 교사의 확보를 계획하였다.[57] 이에 따라 경성사범학교에서는 중등교원임시양성과 학생모집을 신문에 광고하기도 하였다.[58] 더 나아가 군정청 문교부는 학원의 민주화를 위하여 조선교육심의회와 보통교육국의 초등·중등·고등·사범교육위원회에 학교교육 민주화계획 수립과 실현방책에 대해 다음과 같이 자문하였다.

1. 학교교육에서 일제 잔재를 일소하는 방책
2. 학교 경영의 민주화 방책
3. 교육자의 활동을 민주화하는 방책
4. 아동, 생도, 학생 지도방법을 민주화하는 방책
5. 앞의 제방책 실시에 관한 행정조치 기타 실시 구체안[59]

이와 같은 제도의 정비를 위한 움직임과 함께 미군정청 학무국과 경기도 학무과는 1945년 12월 22~30일에 국어, 국사, 공민 과목을 대상으로 전국의 초중등교원의 대표자를 대상으로 교육이념, 교육제도, 교과내용 및 각 교과서의 편찬취지의 취급법 등에 대하여 張志暎, 黃義敦, 崔載喜, 李浩盛 등의 강사가 2회에 걸쳐 재교육을 실시하기로 하였다.[60] 이외에도 서울시내의 소학교 신임 교사 800명을 대상으로 겨울

---

57) 『동아일보』 1946년 4월 3일, 「中等敎員 2천명을 短期養成」.
58) 『동아일보』 1946년 3월 29일, 「中等敎員臨時養成科 學生募集」.
59) 『동아일보』 1946년 4월 17일, 「學園의 民主敎育化 文敎部에서 審議會에 諮問」.

방학을 이용하여 음악, 도화, 수예, 체조, 아동심리, 수신, 국어, 역사, 지리, 수학, 과학 과목의 단기강습회를 개최하였고,[61] 조선어학회에서는 1946년 1월 9~18일까지 동계방학을 이용하여 중학교원을 대상으로 한글강습회를 개최[62]하였는데, 강사는 崔鉉培, 李克魯, 金允經, 張志暎(이상 국어과), 黃義敦, 申奭鎬(이상 국사과), 安浩相, 金斗憲, 俞鎭午, 崔載喜(이상 공민과) 등이었다.[63]

이처럼 미군정은 군정 수립 직후부터 교육 분야에 대한 장악을 시도하였다. 이는 냉전체제 속에서 미국식 민주주의체제를 남한에 이식하여 자본주의체제의 안정을 도모한 것으로 이해할 수 있다. 이는 곧 반공주의체제에 입각한 것이었다고 할 수 있다.

따라서 미군정은 학교 현장에서 사용하는 교과서에 대해서는 민감하게 반응하였다. 1946년 7월 10일 시행된 '문교부 사무분장규정'에 규정된 편수국의 기능은 다음과 같다.

1. 교수요목 결정에 관한 사항
2. 교과용 및 일반도서 편찬에 관한 사항
3. 교과용 참고도서 편찬에 관한 사항
4. 도서 재료 수집 및 편찬에 관한 사항
5. 교과서 및 도서 고금 문헌의 번역에 관한 사항
6. 교과서 발행 및 공급에 관한 사항
7. 교과서 발행소 및 판매소 지정에 관한 사항
8. 교과서, 교구 및 학용품 검정에 및 인가에 관한 사항[64]

60)『동아일보』1945년 12월 20일, 「全國 初中等學校 敎員 再敎育」.
61)『동아일보』1945년 12월 25일, 「小學校員 再敎育 市內에서 800명 講習」.
62)『동아일보』1945년 12월 30일, 「中學校員 위해 冬休 한글講習」.
63)『동아일보』1946년 1월 7일, 「先生님에게 祖國魂」.
64) 문교부 조사기획과,『1946년 문교행정개황』, 조선교학주식회사, 5쪽.

이에 따르면 문교부 편수국은 교수요목의 결정, 교과용 도서 및 교과용 참고도서 편찬, 교과서의 발행과 공급, 교과서 검정 등에 관한 사항 등 교과서 편찬과 관련된 제반 사항을 담당하였음을 알 수 있다. 이러한 규정 하에서 교과서 검정에 대한 미군정의 태도는 다음에서 알 수 있다.

> 인쇄가 다 된 뒤에 비로소 검정을 접수하기 때문에 검정에 불통과 혹은 수정명령이 내리어서 업자가 막대한 손해를 입는 현행규정은 용지사정에만 비추어 보더라도 현명한 방침이 아니다. 강력한 검정위원회에 일정한 기간 내에 원고를 제출하게 하고, 여기에 합격한 교과서에 한하여 조판은 허가하고 다시 이를 각 도 혹은 각 군별로 '견본전시회'와 같은 것을 열어 실제로 사용할 교사가 그 중에서 자유로 적당한 것을 문교부에 신청하기로 하고 만일 용지배급이 있다면 이에 따라 배급하는 방법이 모든 정세로 보아 타당할 것이라 믿는다. 또 하나 검정에 시일이 너무 걸리지 않도록 하기 바란다. 여기는 여러 가지 사정이 많겠지만 검정위원회에의 □□을 좀더 □히 한다든가, 검정 수수로부터 결정통지까지 일정한 기한을 둔다든가 하는 방법으로 이를 수정할 길은 얼마든지 있다. 한 책의 검정이 3, 4개월 보통 걸리는가 하면 어떤 책은 불과 며칠에 결정되어 사정을 잘 모르는 사람으로 하여금 이러니저러니 군말이 나오게 하지 않도록 할 것이다.[65]

결국 미군정기의 교과서 검정은 인쇄가 완료된 뒤에 검정을 신청하도록 하여 검정을 통과하지 못한 교과서를 출판한 출판사는 경제적 타격이 클 수밖에 없도록 하였다. 또 검정 기간을 규정으로 정하지 않고 사정에 맞게 검정을 시행하여 어떤 교과서는 3, 4개월의 기간이 걸리고 어떤 교과서는 불과 몇 일만에 검정을 통과시키기도 하였다는 것이다.

---

65) 조풍연, 「(출판시감)중등교과서문제·'교과서협회' 신설에 기대함」, 『민성』 4-6, 1948, 48~50쪽(김상훈, 『1945~1950년 역사 교수요목과 교과서 연구』, 서강대학교 박사학위논문, 2014, 67쪽 주)47 재인용).

이러한 미군정의 검정 태도는 경제적인 압박과 검정 기한의 지연을 통해 반공을 기본으로 한 미군정의 정책에 부합하는 교과서의 출판을 강제한 것이라 생각된다. 그러므로 미군정의 정책에 어긋난 내용이 있거나 미군정이 기피한 인물이 집필한 교과서는 검정에서 탈락할 확률이 높았던 것으로 보인다. 이는 검정 신청 교과서 중 52%만 합격했다는 통계를 통해서도 추측할 수 있다.[66]

이와 같은 반공주의적인 교육체제는 1948년 정부 수립 이후에도 지속되었다. 1948년 12월 공포된『초중등학교 각과 교수요목집 중학교 사회생활과』에는 역사과목이 속해 있는 사회생활과의 목적을 "사람과 자연환경 및 사회환경과의 관계를 밝게 인식시켜 올바른 사회생활을 실천, 체득하게 함으로써 민주주의 국가의 유능한 국민이 되게 함"[67]을 목적으로 하였다. 이는 앞에서 본 미군정의 그것에 약간의 수정을 가한 것으로 보이며, 내용은 대동소이하다는 것을 알 수 있다. 그리고 중학교 사회생활과 교수요목의 운영에 대해 규정하였는데, 소제목은 다음과 같다.

1. 중학교 사회생활과 교수의 일반적 해설
2. 분과적으로 교수하되 사회생활과에 귀일할 것
3. '시사문제'를 다루는 데에 관한 주의
4. 설문식 교수를 할 것
5. 단위(單位) 중심으로 교수할 것
6. 각 지방의 특수성을 고려할 것
7. 민주주의적 교수를 할 것
8. 교수 시수에 관한 주의[68]

---

66) 김상훈, 앞의 논문, 66쪽.
67) 문교부,『초중등학교 각과 교수요목집 중학교 사회생활과』, 조선교학도서주식회사, 1948, 2쪽.

이 중 2항의 내용은 다음과 같다.

> 지리, 역사, 공민이 분과적으로 되어 있다 하여, 종래와 같이 전연 독립하
> 여 있는 과목으로 다루어서는 안된다. 우리 인류 사회에서 일어나는 여러
> 가지 문제를 가지고 지리부분은 지리적 입장에서, 역사부분은 역사적 입장
> 에서, 또 공민부분은 공민적 입장에서 다루되, 항상 지리와 역사와는 서로의
> 관련성에 유의하고 이들 문제를 다루는 데에는 공민적 견지에서 검토, 비판
> 할 것이며, 또 공민문제를 다루는 데에는 역사적 내지 지역적으로도 고찰하
> 여 우리의 사회생활을 전체적으로 이해, 체득시키려는 것이 안목이다. 그러
> 므로 교사는 이 세 부분을 아무 연락도 없이 따로따로 다루지 말고, 항상
> 각 부분이 가로 긴밀한 연락을 취하여 사회생활과 교수의 궁극의 목표에 이
> 르도록 노력하여야 한다.[69]

정부 수립 이후 역사과목이 사회생활과 속에 포함되어 있다는 점에
서 미군정의 체제를 그대로 이어받고 있다는 사실을 확실히 알 수 있
다. 이는 이 시기 국사과목의 교수 목적이 한국사의 관점에서 이루어
진 것이 아니라 '인류 사회'라는 관점에서 이루어진 것이라는 점을 알
려준다. 따라서 '항상 지리와 역사는 서로의 관련성에 유의하고 이들
문제를 다루는 데에는 공민적'관점이 필요하였던 것이다. 그리고 이 공
민적 관점이란 중학교 사회생활과 교수 방침에 나타나있듯이 "사회 일
반에 관한 지식을 길러 써 우리나라에 適宜한 민주주의적 생활을 완전
히 하"[70]는 관점, 즉 미국식 민주주의의 관점이라는 것을 알 수 있다.
　이렇게 사회생활과는 미국식 민주주의의 도입과 정착을 목적으로
하였으므로 이 시기 반공주의적 교육관의 형성에 영향을 미칠 수밖에

---

68) 문교부, 앞의 책, 3~5쪽.
69) 문교부, 앞의 책, 1948, 3쪽.
70) 문교부, 앞의 책, 1948, 2쪽.

없었다. 이를 1949년 공포된 국정교과서 검정규칙과 국정교과서 사열
요항에서 확인할 수 있다.

국정교과서 검정규칙
　　가. 예비 검정에는 원고 6부를 제출하되 프린트나 타이프라이터로
　　　　인쇄할 것
　　나. 삽화는 사진 및 복사로써 작성할 것
　　다. 원고를 금년 3월 10일까지 문교당국에 제출할 것이며, 검정 후
　　　　1개월 이내에 완전 제본을 납부할 것
　　라. 본 검정시에도 역시 원고 6부를 제출할 것
　　마. 검정 원고료는 각 책 가격의 20배로 함[71]

국정교과서 사열 요항
　　(가) 요목 : 문교부에서 제정한 교수요목에 맞는가(순서는 바꾸어도 무방
　　　　함. 보충할 수는 있어도 삭감할 수는 없음)
　　(나) 체제 1. 교과서로서 체제가 서 있다. 2. 학생들이 이해하기 쉬운가.
　　　　3. 문교부에서 제시한 철자법·띄어쓰기 등이 맞는가. 4. 학술용어
　　　　는 통일이 있는가. 5. 오지·탈자가 없는가. 6. 학생 시력에 상해가
　　　　없는가. 7. 사진·삽화·통계 등이 내용과 부합하는가
　　(다) 정도 : 교과서 정도가 해당 학년에 맞는가
　　(라) 분량 : 교과 분량이 문교부의 제정 시간 수에 맞는가
　　(마) 내용 1. 민주주의 민족교육 이념에 부합되나. 2. 내용에 틀림이 없
　　　　나. 3. 주입적이 아닌가. 4. 지나치게 학문적으로만 기울어지지 않
　　　　았나. 5. 생활 본위인가 아닌가. 6. 내용이 생도 본위인가 아닌가[72]

71) 『동아일보』 1949년 2월 2일, 「敎科書의 檢定規定」.
72) 『동아일보』 1949년 3월 1일, 「敎材檢定要領 編修課서 通達」.

그런데 국정교과서 사열 요항 (마)항의 '1. 민주주의 민족교육 이념에 부합되나'라는 조항은 반공주의를 관철시키기 위한 조항이었던 것으로 보인다. 당시 대표적인 교과서 출판사였던 동지사 사장 이대의는 "그때 검인정이 얼마나 개방적이고 융통성이 있었는지 나는 하나도 안 떨어졌어요. 종수 제한 같은 것도 없었고, 제출 기한도 없었어요. 수시 검정제도였지요. 불합격된 사유가 사상적으로 문제가 되지 않는다면 수정 지시에 따라 다시 제출하면 다 합격"[73]되었다고 한 술회에서 확인할 수 있다.

한편 1950년 4월 29일 대통령령 제336호로 공포된 교과용 도서 검인정 규정에 의해 정부는 교과서의 내용과 발행 등 교과서와 관련된 일체의 권한을 법적으로 확보하였다. 이에 따르면 검정은 국민학교, 공민학교 및 각종학교를 제외한 각 학교의 정규 교과용 도서 중 따로 국정으로 제정하지 않은 교과용 도서에 행한다(제2조)고 하여 중등학교의 역사 교과서는 검정을 통해 발행을 허가하도록 하였다. 그리고 교과서의 내용을 검정하기 위하여 문교부장관은 검인정 출원이 있을 때마다 매 건에 대하여 3~5인의 사열위원을 위촉하도록 하였다(제6조). 그리고 다음에 해당하는 교과용 도서에 대해서는 검정을 취소할 수 있도록 하였다(제17조).

1. 제11조, 제12조 또는 제15조 제1항의 규정에 위반한 때
2. 제9조에 의하여 사정된 가격에 따르지 않는 때
3. 제16조의 지시에 응하지 아니한 때
4. 검정 또는 인정한 도서로서 문교부에 납부한 도서에 비하여 지질, 인쇄 또는 제본이 나쁜 것을 발매할 때

---

73) 이경훈, 「대담 교과서 출판 원로들에게 듣는다」, 『교과서연구』 9, 한국교과서재단, 1991, 100쪽.

5. 그 내용이 교과용 도서로서 부적당하게 된 때
6. 교과목 도는 그 정도의 변경, 교수요지 및 교수요목의 제정 또는 변경
이 있을 때[74]

그런데 한국전쟁이 한창이던 같은 해 12월 21일 이를 제17조 제1항
제7호를 다음과 같이 신설하여 개정하였다.

저작자, 저작권자는 발행자로서 <u>반국가적 또는 비인도적 행위</u>를 감행하여
학생에게 교육상 좋지 못한 영향을 미친다고 인정될 때[75](밑줄은 인용자)

이 조항은 한국전쟁이 발발한 이후에 신설한 것으로 '반국가적 또는
비인도적 행위를 감행'할 경우 교과서 검정을 취소할 수 있다는 것이
다. 반국가적 행위란 곧 남북한이 대치하고 있던 현실에서 친북, 친공적
행위를 의미한다고 할 수 있다. 이는 1949년의 국정교과서 사열 요항의
'민주주의 민족교육 이념에 부합되나'라는 조항을 보다 구체화 한 것으
로 볼 수 있다. 이로써 교과서 검정 시 이념적 잣대가 마련되어 반공주
의적 교과서의 발행 토대를 갖추었다고 할 수 있을 것이다.

그런데 여기에서 주의해야 할 것은 기존의 한 연구에서는 이승만정
부의 교과서 검정이 1949년 시작되었다고 지적하면서 1949년 검정을
통과한 이병도의 『새국사교본』(1948)과 『중등사회생활과 우리나라의
생활(역사)』(동지사, 1950)의 일제하 민족운동을 비교하면서 1950년 5월
15일 발행한 『중등사회생활과 우리나라의 생활(역사)』의 서술은 『새국
사교본』의 내용 중 사회주의와 관련된 내용이 삭제되었음을 논증하였
다. 그리고 1949년판 『중등사회생활과 우리나라의 생활(역사)』은 『새국

74) 『관보』 1950년 4월 29일.
75) 『관보』 1950년 12월 21일.

사교본』의 내용과 같다고 하였다. 이를 토대로 그는 1949년 검정제도가 실시되었으나 1948년 이전 진행되고 있던 검정과정과 채택과정, 1949년 신학기부터 필요한 새로운 검정교과서의 발행일자 등을 감안하면 1949년의 검정교과서에 반공정책이 반영되기에는 물리적 시간이 부족했던 것이라 추정하였다.[76]

이러한 그의 분석이 모두 잘못된 것은 아니나 앞에서 보았듯이 1949년의 검정규칙은 국정교과서에 대한 것이었다. 그러므로『중등사회생활과 우리나라의 생활(역사)』은 검정 대상이 아니었다는 점을 지적하고 싶다. 중등학교 이상의 교과서 검정은 앞에서 보았듯이 1950년 4월에 가서야 규정이 마련되었던 것이다. 그러므로『새국사교본』과『중등사회생활과 우리나라의 생활(역사)』(1950)의 서술 차이는 앞에서 열거한 요인이라기보다는 1950년 제정된 교과용 도서 검인정 규정에 따른 것이었음을 알 수 있다. 참고로『중등사회생활과 우리나라의 생활(역사)』는 1950년 5월 20일 검정되었다.

이와 같은 반공 이데올로기에 입각한 교과서 발행은 다른 한편으로는 이승만정권의 정당성을 위한 형식적인 政體로써 기능하고 있던 자유민주주의체제의 산물이었다. 즉 이승만은 서구식 민주주의를 비판하면서 학원의 안정과 국민사상을 귀일시켜 반공체제의 확립을 목적[77]으로 한 일민주의에 입각한 민족교육을 강조하는 동시에 반공 이데올로기의 확산을 목적으로 했던 미군정의 교육정책을 계승하였던 것이다.

이러한 과정에서 1949년 1월 초 문교부장관 안호상은 초등, 중등, 사범대학, 전문대학 교원 51,000명에 대한 사상 경향을 조사했으며, 이 가

---

76) 이신철, 앞의 논문, 181~182쪽.
77) 정미숙, 「한국 문교정책의 교육이념 구성에 관한 분석」, 『분단시대 한국교육』, 푸른나무, 1989, 108쪽.

운데 교원 5,000여 명을 숙청할 것이라 발표하였다.[78] 이에 따라 각급 학교에서는 교원 숙청이 이루어졌다. 그리고 동시에 학도호국단의 결성이 추진되어 1949년 9월 28일 대통령령 제186호로 대한민국 학도호국단규정이 공포되어 시행되었다. 중학교 이상의 학생과 교직원으로 구성하도록 한 대한민국 학도호국단 설치의 목적은 다음과 같다.

> 대한민국학도호국단(이하 학도호국단이라고 칭한다)은 민족의식을 앙양하고 체력을 단련하고 학술, 예능을 연구연마하고 학원과 향토를 방위하여 국가발전에 헌신, 봉사하는 정신과 실천력을 기른다.[79]

결국 학도호국단은 학원의 통제를 목적으로 마련된 것이었다. 그리하여 총재는 대통령, 부총재는 부통령과 국무총리, 단장은 문교부장관이 당연직으로 맡게 되었다. 결국 학생 조직을 정부가 직접 통제하는 구조를 갖게 되었다.

다른 한편 한국전쟁 이후 이와 같은 반공 이데올로기는 더욱 강화되어 『전시생활』1~3(조선교학도서주식회사, 1951), 『전시독본』1~3(조선교학도서주식회사, 1951), 『전시문하독본』(계몽사, 1951), 『반공독본』1~6(이문당, 1956), 『애국독본 중등용』(우종사, 1955), 『애국독본 고등용』(우종사, 1955) 등 반공을 주제로 한 교과서를 양산하였다. 참고로 『애국독본 고등용』의 발간 목적은 다음과 같다.

> 우리의 역사를 더듬어 우리에게 피와 뼈를 물려준 선조들이 그들이 부닥친 국난을 어떻게 타개하였으며, 어떻게 통일의 대업을 완수하였으며, 국토를 지

---

78) 연정은, 「감시에서 동원으로, 동원에서 규율로-1950년대 학도호국단을 중심으로-」, 『역사연구』14, 역사학연구소, 2004, 204쪽.
79) 『관보』1949년 9월 28일.

켜왔는가, 그리고 그들이 정신과 심적 태도는 어떠하였는가를 살피기로 하고, 다음으로는 공산주의와 민주주의를 대조, 비교하여 그 본질을 이해하게 하고, 공산치하의 진상을 밝히고 우리가 몸소 겪은 전란의 쓰라린 경험을 회고, 반성하도록 하였다.[80]

이와 같이 한국전쟁이 발발한 이후 정부는 각종 반공 교재를 양산하였다. 실제 이러한 교재들이 학교 현장에서 얼마나 활용되었는가는 확인할 수 없으나 문교부나 교육청 등 상급 기관들의 각종 지시에 따라 반공교육이 적극적으로 시행되었을 것이라는 점은 쉽게 추측할 수 있다.

2. 반공주의적 한국사 교육의 강화

1960년 4·19혁명 이후 잠시 반공 이데올로기가 약화되기도 하였으나 1961년 5·16군사정변은 반공 이데올로기를 더욱 강화하였다. 5·16군사정변 직후 군사정부의 교육정책은 1961년 12월 발간된 『혁명과업 완수를 위한 향토학교 교과과정 임시 운영 요강(중학교)』에 잘 나타나 있다. 이 요강은 장차 개정될 교육과정의 방향을 예시하는 것으로서 교육과정이 개정될 때까지 사용하도록 하였다. 이 요강에서 보이는 주요한 특징은 5·16군사정부의 주요정책이었던 향토재건과 관련된 것이라 할 수 있다. 중학교를 대상으로 한 것이나 교육의 방향은 고등학교와 크게 차이가 나지 않으리라 생각된다. 5·16군사정부의 중학교 교육의 당면 과제는 다음과 같다.

> 1. 국민학교 교육의 성과를 더욱 발전, 확충시키어 중견 국민으로서 필요한 품성과 자질을 기른다.

---

80) 『애국독본』 고등용, 우종사, 1955, 1~2쪽.

2. 사회에서 필요한 직업에 관한 지식과 기능, 근로를 존중하는 정신과 행동 또는 개성에 맞는 장래의 진로를 결정하는 능력을 기른다.
3. 학교 내외에 있어서 자율적 활동을 조장하여 감정을 바르게 하고 공정한 비판력을 기른다.
4. 신체를 양호 단련하여 체력을 증진시키며 건전한 정신을 기른다.[81]

이를 바탕으로 사회과 역사부분에서는 교과의 운영 방향을 다음과 같이 설정하였다.

1. 현대사에 중점을 두고 애국애족의 정신을 기르도록 하여야 한다.
2. 역사공부의 출발을 향토사에 두어야 한다.
3. 학생들에게 역사에 대한 친밀감을 많이 갖도록 지도하여야 한다.
4. 흥미를 갖도록 하는 방법의 하나로 학습방법을 개선할 필요가 있다고 본다.
5. 시사문제를 언제 어디서 얼마나 다루는 것이 좋은가 하는 문제에는 기술적 처리가 필요하다.
6. 역사공부는 과거를 대상으로 하는 학습임에 틀림없으나 과거의 사실은 현재를 위하여 활용되고 나아가서는 내일을 건설하는 데 도움이 되어야 한다.
7. 교과서의 사용은 검정을 거친 것이면 어느 것이나 대동소이하다.[82]

그리고 지도상의 유의사항으로서 제시한 첫 번째 항목이 역사교육을 통하여 대한민족의 민족혼과 그에 입각한 애국애족정신을 도야하여 반공사상을 강화하고 민주사회 발전에 공헌할 수 있는 국민을 육성

81) 『혁명과업 완수를 위한 향토학교 교과과정 임시 운영 요강(중학교)』, 문교부, 1961, 4쪽.
82) 『혁명과업 완수를 위한 향토학교 교과과정 임시 운영 요강(중학교)』, 문교부, 1961, 65~67쪽.

하는 것[83])이었으므로 반공 이데올로기에 의한 역사교육이 본격적으로 시작되었음을 보여준다고 할 수 있다. 그리고 교과서는 반드시 검정을 거친 것을 사용하도록 함으로써 군사정부의 반공주의적 이념을 검정제도를 통해 관철시키고자 하였던 것이다. 이는 5·16군사정변 직후인 1962년에 중고등학교 반공교과서 2책을 발행하였던 것[84])을 통해서도 확인할 수 있다.

이러한 과정을 거쳐 1963년 마련된 제2차 교육과정 고등학교 국사에서는 다음과 같이 반공교육이 국사과 지도목표에 포함되었던 것이다.

> (1) 국사의 전 발전 과정을 통하여 발양된 우리 민족의 미점과 우수성을 찾아 민족애를 철저히 하는 한편 민족적 과업의 달성을 위하여 올바른 반성을 가지게 하며, 그를 시정하고 민주국가 발전에 기여하는 태도를 기른다.
> (2) 국가 발전에 있어서의 각 시대의 정치, 사회, 경제, 문화 생활을 종합적으로 이해시킴으로써 각 시대의 성격과 역사적 의의를 고찰시키는 한편, 경제 부흥과 사회 개선에 노력하며 문화유산을 존중하는 태도와 새 문화의 창조 발전에 공헌할 수 있는 능력을 기른다.
> (3) 우리 민족이 각 시대에 있어서 가지고 있는 세계사와의 연관에 유의하여 국사의 특수성과 일반성을 이해시킨다.
> (4) 우리나라의 세계적 지위를 올바로 이해시킴으로써 반공 사상을 강화하여 세계 평화 건설에 이바지 하게 한다.[85])

그리고 지도상의 유의점에서는 "고등학교에서의 국사 교육은 국사

---

83) 『혁명과업 완수를 위한 향토학교 교과과정 임시 운영 요강(중학교)』, 문교부, 1961, 67쪽.
84) 『文敎業績槪要』, 문교부, 1962, 49쪽.
85) 『문교부령 제121호 고등학교 교육과정』, 문교부, 1963(국가교육과정정보센터 교육과정 자료실에서 인용).

발전의 역사적 사실을 이해시키는 데에 그칠 것이 아니라, 역사적 사실을 토대로 하여 민족의 앞날의 개척을 위하여 적극적으로 공헌할 수 있는 국민이 되도록 지도하여야 한다"고 하여 학생 개인의 발전이라는 측면은 도외시한 채 '민족의 앞날의 개척'에 공헌할 수 있도록 지도해야 한다고 하였다. 이는 1968년 제정되는 국민교육헌장의 토대를 마련했다고도 볼 수 있다. 뿐만 아니라 국사과 교육과정에 처음으로 '반공사상'이 명문화 되었던 것이다.

이렇게 1960년대에는 앞에서 언급한 바와 같이 4·19혁명, 5·16군사정변만이 아니라 한일국교정상화, 월남파병, 무장공비의 청와대 습격사건, 푸에블로호 사건, 울진·삼척 무장공비 침투사건 등 한국사회의 정치적 격변과 남북의 대치 상황의 악화 등이 배경이 되어 반공 이데올로기가 더욱 강화되었다. 이에 따라 한국사 교육을 비롯한 교육에 전반적인 변화를 초래하였고, 한국사 교육의 지도목표도 다음과 같이 수정되었다.

1. 민족애를 철저히 하고 민족과업 달성에 기여하는 태도를 기른다.
2. 국사의 각 시대의 성격과 역사적 의의를 파악하게 하는 한편 경제 부흥과 사회 개선, 문화 발전에 공헌하고자 하는 능력을 기른다.
3. 국사의 세계사적 지위를 이해시켜 우리 역사의 특수성과 일반성을 파악시키도록 한다.
4. 반공사상을 강화하고 세계평화 건설에 이바지하여야 함을 강조한 것이다.[86]

특히 1968년 제2차 교육과정을 일부 수정하면서 "대한민국의 건국이념은 인간의 가치를 부인하고 자유를 박탈하며 인간을 기계시하는

86) 『고등학교 교육과정 해설』, 문교부, 1968, 147~148쪽.

공산주의를 철저히 부인하는 민주주의 국가이념"이라 하여 반공을 대한민국의 건국이념으로 명시하였다. 그리하여 "우리나라의 과거를 교육내용으로 삼는 국사는 과거를 이해함으로써 현재생(現在生)에 기여하며 나아가 미래의 발전을 지향하는 역사교육의 일부이다. 당면한 국가 과업의 하나인 공산주의 섬멸운동이 유래하는 바를 여기에서 찾아야 하며, 또 정신무장을 강화함도 국사교육의 중요한 현실적 목적"[87]이라 함으로써 반공교육을 더욱 강조하였다.

이와 같이 제2차 교육과정이 1968년에 일부 개정되면서 반공 이데올로기는 보다 구체적인 모습을 띠게 되었다. 뒤이어 1968년 12월 5일 국가주의적 교육과 반공주의적 교육을 핵심 내용으로 한 국민교육헌장이 반포되어 각급 학교 교과서에 수록되기 시작하였다. 국민교육헌장에서는 "반공 민주 정신에 투철한 애국애족이 우리의 삶의 길"이며, "자유세계의 이상을 실현하는 기반"이라 명시하였던 것이다. 이러한 흐름 속에서 1969년 11월 26일 문교부는 국민윤리의 실천을 위해 덕성교육, 반공교육, 국사교육, 국방교육 등을 강화할 것을 각 시도교육위원회에 시달하였다.[88]

이와 같은 국사교육 강화에 대한 흐름은 1972년 3월 24일 문교부 주최로 대구에서 열렸던 제1회 총력안보를 위한 전국 교육자대회의 치사에서 대통령 박정희가 '국적 있는 교육'을 언급함으로써 공식화되었다.[89] 이 자리에서 그는 "올바른 민족사관과 우리의 민족사적 정통성을 확고히 정립 체득하고 그 위에 투철한 국가관과 자주성을 확립"[90]할 것을 주문하였다. 이어 그는 국사교육강화위원회를 구성하여 5월

---

87) 『고등학교 교육과정 해설』, 문교부, 1968, 148쪽.
88) 『동아일보』 1968년 11월 26일, 「文敎部 시달 反共 國史敎育 强化」.
89) 대통령비서실, 『박정희대통령연설문집』 4, 1973, 179쪽.
90) 문교부 중앙교육행정연수원, 『문교월보』 40, 1973, 9쪽.

10일 첫 회의를 개최하였다. 이 위원회는 연구보고서를 통하여 국사과의 독립과 전 학교에서의 필수화를 건의하였고, 문교부에서는 이를 채택하여 제3차 교육과정에 반영하였다. 이는 박정희정권이 내밀히 준비하고 있던 '10월유신'을 대비한 것이었으나 한국사학계는 이를 모르고 한국사 교육의 홀대를 타개할 필요성에서 적극 참여하였다. 그러나 박정희정권은 이러한 역사교육계의 희망을 일부 수용하면서 한국사 교과서의 국정화를 추진하였다.[91]

이렇게 국가주의적 성격을 강화하던 박정희정부는 1972년 '10월유신'을 단행하였다. 이에 따라 국사과 교육과정도 변화하였다. 그러나 유신 직후 바로 교육과정의 개정할 수 없었으므로 1972년 10월 31일 문교부는 『10월유신을 위한 사회과 교사용 지침서』를 발간하여 유신의 정당성을 홍보하도록 하였다. 그리고 1973년 실업계 고등학교의 교육과정이 개정되었고, 이듬해인 1974년 12월 31일 인문계 고등학교의 교육과정이 개정되었다. 인문계 고등학교 교육과정 구성의 일반 목표의 기본원칙은 다음과 같다.

우리는 조국 근대화를 조속히 성취하고 국토를 평화적으로 통일함으로써 민족중흥의 사명을 완수하기 위하여 거족적으로 유신 과업을 추진하여야 할 역사적 시점에 서 있다.

이러한 민족적 대업을 완수하기 위하여 우리는 긍정적으로 사고하고 능률적으로 행동하며 국민의 지혜와 역량을 한데 뭉치고 우리에게 알맞은 민주주의를 확립함으로써 주체적이며 강력한 국력을 배양하는 데 총력을 기울여야 한다.

---

91) 이에 대해서는 다음의 연구가 참조된다.
윤종영, 「국사교과서 발행제도에 대한 고찰」, 『문명연지』 1-2, 한국문명학회, 2000.
이신철, 앞의 논문.
차미희, 『한국 중·고등학교의 국사교육』, 교육과학사, 2011.

따라서 이를 선도하고 뒷받침하기 위하여 국가의 교육 이념을 바탕으로 우리나라 교육의 목표와 내용은 부단히 재검토, 개선되어야 한다.

이러한 점에 비추어 교육 과정을 구성함에 있어서는 국민 교육 헌장 이념의 구현을 기본 방향으로 삼고 국민적 자질의 함양, 인간 교육의 강화, 지식 기술 교육의 쇄신을 기본 방침으로 하였다.[92]

이에 따르면 교육은 조국근대화의 조속한 성취, 국토의 평화적 통일이라는 민족적 사명을 완수하는 것에 목적을 두고 있음을 명확히 하였다. 그런데 여기에서 주목되는 것은 민족의 평화적 통일이 아니라 국토의 평화적 통일이라는 용어이다. 이는 북한에 대한 흡수 통일론을 내세운 것이라 이해할 수 있다. 반공 이데올로기는 흡수통일론에 이론적 근거가 되었던 것이라 생각된다.

그리고 국사교육의 목표를 다음과 같이 정하였다.

> 가. 국사 교육을 통하여 올바른 민족사관을 확립시키고 민족적 자부심을 키워서, 민족중흥에 이바지하게 한다.
> 나. 각 시대의 특성을 그 시대의 규범 체제와 문화 현상을 통하여 종합적, 발전적으로 파악시킴으로써, 현재를 바로 알고 미래를 내다보는 능력을 기른다.
> 다. 국사의 특수성과 세계사적 보편성을 인식시켜서, 민족사에 대한 긍지를 가지게 하고, 우리나라 발전에 기여하게 한다.
> 라. 전통 문화를 역사의식을 가지고 인식하게 하여서, 외래문화를 수용하는 바른 자세와 새문화 창조에 이바지하는 태도를 가지게 한다.
> 마. 전통적 가치를 비판적으로 파악하게 하여서, 투철한 역사의식을 가지고 당면한 국가 문제 해결에 적극 참여하는 자세를 키운다.[93]

---

92) 『문교부령 제350호(74.12.31) 인문계 고등학교 교육과정』, 문교부, 1974, 2쪽(국가교육과정 정보센터 교육과정 자료실에서 인용).
93) 『문교부령 제350호(74.12.31) 인문계 고등학교 교육과정』, 문교부, 1974, 17쪽(국가교

여기에서 알 수 있듯이 이 시기 국사교육의 가장 큰 목적은 유신체제의 정당성을 교육과정에 분명하게 반영하는 것이었고, 국사교육은 그러한 목적을 달성하는데 가장 적절한 교과였다고 판단된다. 이는 국사교육의 첫 번째 목표로 '올바른 민족사관을 확립시키고 민족적 자부심을 키워서, 민족 중흥에 이바지'하게 한다는 것에서도 알 수 있다. 특히 유신체제 하의 국사교육의 핵심으로 자리한 민족사관이란 결국 대한민국의 정통성[94]과 유신적 발전 지향성[95]을 의미하는 것이었다. 민족사관은 국사교육강화위원회가 역사의 실천 주체를 민족으로 설정한 것에 근거한 것으로 보인다.

이들이 역사의 주체를 민족이라 설정한 이유는 현실 문제를 해결할 민족적 철학 및 규범을 역사에서 찾고 통일 후에 생길 사관의 문제 등에 대처하기 위해서였다.[96] 이는 1972년 유신 직후 문교부가 밝힌 각급 학교 교육 지침서에서 "한국 민주주의가 이루려는 실천 목표는 결국 오늘의 우리 역사에 대한 유신적 발전"[97]이라 한 언급에서도 확인된다. 이러한 목적을 달성하기 위한 수단으로서 국사과를 사회과에서 독립시켜 독립교과로 만들었던 것이다.

그리고 지도상의 유의점으로서 다음을 제시하였다.

육과정 정보센터 교육과정 자료실에서 인용).

94) 유신체제 하에서 대한민국의 정통성은 3·1운동의 민족정신에서부터 그 연원을 찾을 수 있으며, 이는 민주공화제를 채택한 대한민국 임시정부로 이어진다고 하였다 (『한국민주주의 각급 학교 교육지침』, 문교부, 1972, 118쪽).

95) 유신적 발전 지향성이란 유신이 역사발전의 하나의 형식이라는 것에서 출발한다. 우리의 역사발전은 오늘의 우리 민족이 그 역사 위에서 창조적으로 선택하고 발전시키려는 민주주의에 대한 의지이기 때문에 우리의 유신은 진보적이라는 것이다 (『한국민주주의 각급 학교 교육지침』, 문교부, 1972, 120쪽).

96) 『경향신문』 1972년 5월 26일, 「民族을 主體로 强化된 國史敎育의 큰 目標 方向」.

97) 『한국민주주의 각급 학교 교육지침』, 문교부, 1972, 120쪽.

가. 중학교에서 학습한 내용과 유기적으로 관련시켜 보다 문화사적이며, 주제 중심적인 각도에서 지도하도록 한다.

나. 국사의 주체가 항상 그 시대의 국민 전체임을 인식하고 정치, 경제, 사회, 문화를 종합적으로 파악하도록 한다.

다. 지나친 단편적 사실의 전달을 피하되 핵심적인 문제는 실례와 관련시켜 파악시키도록 한다.

라. 근대사와 현대사에 치중하되 세계사 및 타 교과와 관련시켜 지도하도록 한다.

마. 학습의 효과를 높이기 위하여 각종 학습 자료의 활용과 다양한 수업 형태의 개발에 힘쓰도록 한다.[98]

여기에서도 보이듯이 유신체제 하에서 이루어진 국사교육은 국사의 주체가 항상 그 시대의 국민 전체라는 관점에서 근현대사를 중심으로 교수하는 것이었다. 이는 박정희정권이 유신체제를 성립시키면서 내걸었던 우리 민족의 대과업이 일제에 의한 조선 강점과 한국전쟁에서 비롯된 것이었기 때문에 당연한 것이었다. 그리하여 일제에 대한 민족적 저항 강조와 한국전쟁을 통해 강화된 반공주의를 국사교육이 담당해야 할 핵심 내용으로 선정했던 것이라 생각된다.

그런데 1979년에는 부마사태, 10 · 26사태, 12 · 12사태로 이어지면서 유신체제는 무너지고 전두환과 노태우를 중심으로 한 신군부가 정치의 전면에 나섰다. 특히 1980년 5월에는 광주민주화운동을 짓밟고 전두환은 정권을 완전히 장악하였다. 이후 그는 정의사회 구현을 내세우면서 억압정치를 실시하였다. 이러한 시대 분위기 속에서 전두환정권은 교육의 기본방침으로서 인간교육과 전인교육의 강화를 내걸었다.

---

98)『문교부령 제350호(74.12.31) 인문계 고등학교 교육과정』, 문교부, 1974, 18쪽(국가 교육과정 정보센터 교육과정 자료실에서 인용).

이를 위해 미래 지향적인 정신과 인본주의 교육과정을 심도 있게 반영하고자 함과 동시에 교과 중심, 경험 중심, 학문 중심 교육과정의 이념을 종합적으로 수용하여[99] 1982년 제4차 교육과정이 마련되었다. 제4차 교육과정의 국사과 교과목표는 다음과 같다.

가. 교과 목표
　　한국사에 대한 종합적인 이해를 통하여 올바른 민족사관을 확립시키고, 우리 역사에 대한 긍지를 배양하며, 자주적인 태도로 민족 중흥에 이바지하게 한다.
　　　1) 한국사 발전의 내재적 본질을 구조적으로 이해하며, 민족사의 특성을 인식하고 시대의 성격을 체계적으로 파악한다.
　　　2) 한국사의 흐름을 다각적으로 분석하고 과학적으로 해석하며, 이를 현재의 관점에서 종합할 수 있는 능력을 기른다.
　　　3) 우리 민족의 문화적 성과에 대하여 긍지와 자부심을 가지고 새 역사 창조에 적극적으로 참여하려는 태도를 가지게 한다.[100]

　　위에서 볼 수 있듯이 제4차 교육과정의 국사과 교육목표는 올바른 민족사관의 확립, 우리 역사에 대한 긍지 배양, 자주적인 태도로 민족 중흥에 이바지한다는 것이었다. 이는 군사독재의 유지를 위한 이념교육을 강화하고자 한 전두환정권의 목표를 국사과에 반영한 것이었다. 이러한 제4차 국사과 교육과정은 국민정신 교육의 체계화와 교육내용의 양과 수준 적정화라는 교육과정 개정의 기본방향에 따른 것이었다.[101] 그리하여 반공에 기초한 국민정신 교육의 효과적 성취를 위한

99) 유봉호, 『韓國敎育課程史硏究』, 교육과학사, 1992, 382쪽.
100) 『고등학교 교육과정』(문교부 고시 제442호), 1981, 18쪽(국가교육과정 정보센터 교육과정 자료실에서 인용).
101) 유봉호, 『韓國敎育課程史硏究』, 교육과학사, 1992, 382쪽. 그런데 국민정신교육의 체계화라는 기본방향은 전두환정권의 핵심적인 사업 중의 하나였던 것으로 보인

세부 목표로 국민 공동체 의식의 고양, 애국심과 충성심 고취, 질서와 준법정신 함양, 반공민주정신 함양, 협동정신 고취, 합리적 사고력과 창조적 능력 신장 등이 설정되었다.[102] 특히 국민정신 교육의 체계화라는 기본 방향은 한국사 교육의 강화로 이루어질 수 있는 부분이었으므로 제4차 교육과정기에도 국사과목은 독립교과로서 유지될 수 있었다.

그리고 지도상의 유의점을 다음과 같이 적시하였다.

1) 지도
    가) 중학교에서의 시대사적 접근에 의한 국사 이해를 바탕으로 하여 문화사와 사회경제사를 중심으로 한 종합적인 민족사를 지도한다.
    나) 세계사와의 관련성에 유의하고 단편적 사실의 암기에 치중하는 경향을 지양한다.
    다) 국민 각자가 역사의 주체임을 인식하고 다각적으로 역사를 고찰할 수 있도록 지도한다.
    라) 역사 지도, 연표, 문헌, 사진을 비롯한 여러 학습 자료를 활용하는 학습 활동을 통하여 역사탐구 능력을 키우고 역사학의 연구 방법에 접할 수 있도록 지도한다.
    마) 근대사와 현대사를 중심으로 지도하되 관련되는 다른 학문의 성과를 충분히 활용한다.[103]

다. 1981년 국토통일원이 국무회의에 제출한 「국민정신강화계획(국민정신계도 단기대책)」에는 이 계획을 수립하게 된 이유를 1980년 11월 20일의 대통령 지시에 따른 것으로 밝히고 있다(「연수 240-415(259-2712) 국무회의 보고자료 제출」(국가기록원 소장 자료)).
102) 박병호, 「새 교육과정에 반영된 국민정신교육」, 『문교행정』 3, 문교부, 1982, 22쪽(류승렬, 「해방 후 교육과정의 변천과 역사교과의 위치」, 『역사교육』 60, 1996, 역사교육연구회, 7~8쪽에서 재인용).
103) 『고등학교 교육과정』(문교부 고시 제442호), 1981, 19~20쪽(국가교육과정 정보센터 교육과정 자료실에서 인용).

이러한 제4차 교육과정의 지도상의 유의점은 제3차 교육과정의 그
것과 큰 차이가 없다. 이는 기본적으로 전두환정권이 박정희정권의 역
사와 이념을 계승하였다는 점에서 비롯되는 것이라 생각된다. 다만 제
3차 교육과정에서 문화사적이며, 주제 중심적인 각도에서 지도하도록
하였으나 제4차 교육과정에서는 문화사와 사회경제사 중심의 종합적
인 민족사를 지도하도록 한 것에 차이가 있다. 특히 사회경제사에 대
한 강조는 이 시기 교과서에 사회경제적사에 대한 서술 분량이 크게
증가한 것과도 깊은 관련이 있다고 판단된다.

제2부

국사교과서의 편찬과
발행제도의 변천

1장__ 국사교과서 발행제도의 변천

1. 교수요목기(1945~1955) : 국정·검정제도 수립기

해방 이후 미군정이 성립하면서 식민지 교육의 청산과 민족교육의
실시라는 과제가 교육계에 부과되었다. 특히 한국어와 한국사는 이와
같은 당면과제를 충족시킬 수 있는 기본 요소였다. 따라서 미군정은
한국민의 열망을 반영하여 한국어와 한국사 교과서의 편찬을 각각 한
글학회와 진단학회에 의뢰하였다. 이에 따라 국사교과서는 초등용으
로『초등국사(5, 6년용, 군정청 학무국, 1946.6)』, 중등용으로『국사교본』
(진단학회, 1946.6)을 편찬하였다. 이는 국민학교와 중학교의 개교를
각각 9월 24일과 10월 1일에 하도록 한 미군정청의 교육일정과 맞물리
는 것이기도 하였다. 이외에도 진단학회는 1945년 현재 지리교과서의
편찬도 미군정청으로부터 위임을 받아 중등용 교과서는 탈고되었고,
초등용도 거의 완성되고 있었다.[1] 그리고 1945년 10월 3일 국어교과서
는 인쇄 중이었다.[2]

이와 같이 국어, 국사, 지리 교과서가 인쇄 중일 때 미군정청 학무국
에서는 문화건설중앙협의회에 교과서 편찬에 관련된 재료를 요청하였

---

1)『매일신보』1945년 10월 5일.
2)『민중일보』1945년 10월 3일,「學務局發表」.

고, 문화건설중앙협의회는 1945년 10월 29일 관련 학회를 소집하여 교육심의회에 대한 대책과 함께 국정교과서 편찬에 관한 건을 논의하였다.[3] 이는 일제의 식민지 지배로부터 해방된 우리 민족문화의 기초공작의 성격이 있는 것이므로 미군정 당국의 독자적 견해만이 아니라 학술문화교육계를 망라하여 대중적으로 그 기본방침을 수립할 것이라 하여 조선학술원 등 각 단체의 대표위원이 1945년 10월 29일 宋錫夏, 李定根, 李源朝, 金永鍵 등으로 국정교과서편찬연구위원회를 결성하고, 다음의 결의문을 군정청에 제출하였다.

> 교과서 편찬에 관하여 초등, 중등학교의 각 과정에 단해서 학무당국과 민간 각 학술 문화 교육 및 개인의 전문가들을 광범한 범위로 망라해서 공동위원회를 조직해 가지고 교과서 편찬의 기본방침을 대중적으로 토의, 결정한 뒤에 다시 각 전문위원회를 조직해 당해 전문 과목의 편집에 당하도록 하기를 건의함.
>
> 　　　　　　　　　　　　　　　　　　　　　1945년 11월　일
>
> 교과서편찬연구위원회
> (구성단체) 조선학술원 진단학회 조선지리학회 조선사회과학연구소 조선교육혁신동맹 조선사회교육협회 조선중등교육협회 영어학회 미술교육연구회 조선문화건설중앙협의회 조선문학건설본부 조선신문기자회[4]

즉 국정교과서편찬연구위원회의 건의는 교과서 편찬에 우리 민족의 다양한 전문가 집단을 참여하게 해달라는 것과 '교과서 편찬의 기본방침을 대중적으로 토의, 결정'함으로써 우리 민족의 의사를 교과서 편찬에 반영해달라는 것이었다. 더욱이 이 국정교과서편찬연구위원회에

---

3) 이응호, 『미군정기의 한글운동사』, 1974, 참조.
4) 『자유신문』 1945년 11월 9일, 「교육문화의 기초공작 교과서편찬공동위원회결성건의」.

참여한 단체는 좌우를 망라한 것이었으므로 당시 교과서 편찬에 대해서는 민족적 합의가 이루어진 것으로도 이해할 수 있을 것이다.

이와 같은 민족적 요구에 응해 1945년 11월 미군정 문교부 학무국은 각계 인사를 망라하여 교과서편찬위원회를 조직하고 편찬위원을 다음과 같이 선임하였다.

> 국어과(李熙昇, 李崇寧, 趙潤濟, 李浩盛)
> 공민교육과(鄭烈模, 白樂淸, 玄相允, 安浩相, 張德秀)
> 국사과(李重華, 李丙燾, 金庠基, 李瑄根, 司空垣, 玄相允)
> 수학과(崔宗煥, 金志政, 蔡台星, 任呂淳, 金東旭)
> 이과(羅益榮, 方聖熙, 孟元永, 尹在千, 崔秉鎔)
> 지리과(金道泰, 盧道陽, 朴周燮, 陸芝修, 崔福鉉, 朱在中)5)

그리고 미군정 문교부 학무국장 최현배는 다음과 같이 말하였다.

> 교과서가 민간에서 나오는 것도 여러 가지 점으로 좋은 점이 많다. 그러나 여러 가지 사정도 있고 해서 초등과만은 학무국에서 편찬할 작정이다. 중등정도라도 공민, 국어, 역사 등 중요과목은 학무국에서 하겠다. 그리고 교과서 편찬에는 다음 몇 가지에 중점을 두고 있다.
> (1) 조선문화를 보존함과 동시에 이것을 발휘 건설할만한 소질을 양성하도록 하겠다.
> (2) 자주적 정신을 양성하는데 힘쓰겠다.
> (3) 이론에만 흐르지 않고 생활과 관련을 가진 것을 내용으로 하기에 힘쓰겠다.6)

---

5) 『중앙신문』 1945년 11월 10일, 「중요과목은 학무국서 교과서 편찬위원 선정」.
6) 『중앙신문』 1945년 11월 10일, 「중요과목은 학무국서 교과서 편찬위원 선정」.

교과서 편찬 원칙에서 볼 수 있듯이 미군정은 조선문화의 보존, 건설과 민족 자주적 관점을 가지면서 이론에만 흐르지 않고 생활과 관련을 가진 것을 내용으로 한다고 하여 사회생활과의 신설을 이미 염두에 두면서 미국식 민주주의의 이식을 교육정책의 주요 목적으로 상정하고 있었음을 확인할 수 있다. 이는 미군정이 한국민의 요구를 수용하는 한편 미군정의 교육정책이 반영된 국정교과서를 발행하겠다는 의도를 가졌던 것으로 이해된다.

　　이러한 과정에서 1945년 11월 비록 임시 교과서이지만 조선어학회와 학무국이 협력, 편찬한 국어 교과서『초등국어독본(상권)』(초등 1, 2학년용),『한글 첫걸음』(초등 3년 이상용),『국사교본』(중등용)을 시초로 해방 이후 최초의 교과서가 완성되어 학생들에게 배부되었다.[7] 그리고 1945년 11월 20일 군정청 제1회의실에서 반포식을 거행하였다.[8] 또한 진단학회가 편찬한『국사교본』5만권도 1946년 6월 중등학교에 배포하였고,[9] 8월에는 朴術音, 安鎬三, 鄭奎昶, 李康烈 외 12명이 편찬한 6권의 독본과 문법책 1권의 영어 교과서도 배포하였다.[10] 그리하여 1945년말부터 1946년 11월까지 15종 5,355,315권의 교과서가 초중등 학생에게 배포되었던 것이다.[11]

　　이와 같이 교과서를 공급하였으나 그 수량이 매우 부족하였을 뿐만 아니라 교과서의 종류도 부족하였다. 경기도의 경우는 출판된 국정교과서 이외의 교과서가 출판될 때까지 교과서 부족 문제를 해결하기 위

---

7)『중앙신문』1945년 11월 3일,「나온다 우리들 교과서 '한글 첫거름' 등 중순경 일제 배포」.
8)『중앙신문』1945년 11월 21일,「나왔다 우리말교과서 작일 군정청에서 반포식 거행」.
9)『중앙신문』1946년 6월 23일,「우리 국사교과서 진단학회서 편찬배포」.
10)『중앙신문』1946년 8월 20일,「중등영어교과서 완성 우리 손으로 편찬 배본」.
11)『대한독립신문』1946년 12월 7일,「중등학교 교과서」.

해 초등학교 임시교재연구회를 설치하고 임시 교과서를 편찬하기로 하였고,[12] 1947년에도 과학과의 경우 여전히 일본어 교과서를 사용하는 학교가 있었던 것이다.[13] 부산시에서도 1946년 1월 30일 군정청 편수과의 신교과서 편찬 취지와 신제도에 부합한 자치교과서를 편찬하여 반포식을 거행하였다.[14] 이러한 교과서 부족 현상은 1948년에도 이어져 초등학교 아동수가 3,306,292명이고, 필요한 교과서가 23,382,062권이어야 함에도 불구하고 지나간 3년 동안에 발행된 것은 예정 수량의 1/11밖에 안되는 2,169,103권이며 중등학교에서는 부족량이 더욱 심하여 예정 수량 3,605,134권의 1/50인 72,103권밖에 발행되지 않았던 형편이었다.[15]

이와 같은 교과서 부족 현상은 단지 교과요목이 제정되지 못했기 때문만이 아니라 인쇄시설과 용지난 때문이기도 하였다. 그리하여 일선 학교에서는 부족한 교과서를 학교 내에서 인쇄하거나 교사가 편찬한 교과서를 사용하였다. 또 일부 학교에서는 학교에서 자체 편찬한 교과서를 사용하거나 민간 출판사에서 출판한 역사서를 교과서로 사용하기도 하였음은 잘 알려진 사실이다. 이러한 문제점에 대해 문교부 편수국 지리편수관이었던 李鳳秀는 다음과 같이 그 이유를 설명하였다.

> 교과요목을 정하지 못하여 교과서 편찬에 지장이 있는 것은 사실이나 이런 것은 조선의 실정과 미군인들과의 견해의 차이로서 별로 어려운 문제도 아니고 미구에 해결된 문제인 줄 안다. 그러나 교과요목을 못 정했다고 각 학교에서 공부를 하지 않을 수는 없는 것으로 이에 대한 통일된 임시방책은

---

12) 『동아일보』 1946년 4월 9일, 「경기도임시교재연구회」.
13) 『독립신보』 1947년 11월 11일, 「아직도 왜말 교과서 일부학교 사용에 물의가 분분」.
14) 『민주중보』 1946년 1월 29일, 「자치교과서편찬완료 래30일대신교서 반포식」.
15) 『독립신보』 1948년 1월 28일, 「교과서를 주시요! 45명 중 책 가진 학생 단 1명」.

곧 세워야 할 것이다. 기본방침이 없기 때문에 지방 학교는 학교마다 교재를 만들고 경기도 같은 데서는 6백여만원이나 들여 교재를 편찬하고 있으니 여간 불편한 게 아닐 것이다. 그리고 <u>동해라고 한다든가 조선을 대륙에의 육교적 존재라고 혹은 남방 진출의 한 소지역에 불과한 듯이 외국지리서 교육받은 것은 우리 자주정신에 맞지 않는 그릇된 지리관인 만큼 단연 시정하여야 할 것이다. 이런 점에서 미군과 의견을 달리하고 있으나 잘 양해될 줄 믿고 있다.</u>[16](강조는 인용자)

즉 미군의 한국관과 해방된 한국민의 자주적인 한국관 혹은 교육관에 일정한 괴리가 존재했다는 것이다. 이러한 미군정과 한국의 교육관계자가 가장 심하게 대립하였던 것은 사회생활과의 설치 문제 때문이었다. 미군정은 지리, 역사, 공민을 사회과학이란 이름으로 한 단위의 교과교육으로 하자는 안을 제기하였고, 세 교과의 편찬위원들이 이에 반발하면서 교과요목을 정하지 못하였으므로 교과서 편찬 역시 이루어지지 않았던 것이다.[17]

이러한 상황에서 미군정은 교과서 발행과 관련한 제도적 정비에 착수하였다. 이봉수가 미군정과의 견해 차이가 미구에 해결될 것이라 한 것은 조선교육심의회의 활동이 진행 중이었기 때문이었다고 생각된다. 이와 같이 미군정은 점령정책을 바탕으로 한국민의 의견을 참작하여 교과서 발행을 비롯한 각종 현안에 대한 정책을 마련하였다고 볼 수 있다.

한편 1945년 11월 30일 1,171명으로 발기한 한자폐지기성회는 초등학교 교과서에서 한자를 폐지할 것을 결의, 학무국에 건의할 것을 결정하고, 정거장 이름, 관청회사, 상점, 학교 기타 공공단체의 문패, 간판도

---

16) 『동아일보』 1946년 6월 15일, 「교재는 자주적으로 학생들의 공부에 큰 지장」.
17) 『동아일보』 1946년 6월 15일, 「동해냐? 일본해냐?」.

국문화 할 것과 각 언론기관과도 긴밀한 제휴를 할 것 등을 토의[18]하는 등 이 시기에는 교과서의 한자 사용 유무에 대한 사회적 논의도 진전되었다. 1946년 4월 15일 군정청 문교부 편수국장 최현배는 "국민학교에서 한문자를 배우는데 대부분의 시간을 허비하는 대신 금후로는 균현된 과정으로 학업을 받게 될 것"이라며 한자 교육을 줄이고 "국문을 부활시켜 횡서식으로 편찬된 교과서를 소학교 아동들이 읽고 쓰고 할 수 있게" 할 것이라고 천명하였다.[19] 그 결과 1947년 2월 미군정 문교부에서는 검정되어 출판된 교과서에 대해 "그 내용은 훌륭하나 한자를 너무 많이 쓴다던지 교수요목에 있지 않는 것이 많다."[20]고 하여 한자 사용 문제와 교수요목과 부합하지 않는 교과서에 대해 언급하였고, 2월 13일에는 교과서에서 한자 사용을 금지하였다.[21] 이는 편수국장 최현배가 말한 바와 같이 한글을 부활하여 사용하는 것이 문교부의 목표[22]였기 때문이라 할 수 있다.

또한 미군정 문교부에서는 검정되어 출판한 교과서에 대해 향후 검정 과정에서 교수요목의 준수를 강화하고자 하는 의도를 나타내었다. 이는 이미 이 시기 교과서에 대한 검정이 이루어졌다는 것을 의미한다. 이 시기 교과서 검정 규정은 현재 찾을 수 없으나 국민학교규정(1946.11)과 중학교규정(1947.5)에 교과용 도서를 "문교부에서 저작권을 소유한 것 또는 검정한 것으로 함"이라 하여 국정과 검정을 모두 인정하고 있음을 확인할 수 있다.[23] 특히 이 두 규정이 제정된 이후 교과서

18) 『중앙신문』 1945년 12월 3일, 「교과서에서 한자 폐지 한자폐지기성회서 학무당국에 건의」.
19) 『조선일보』 1946년 4월 16일, 「교과서는 가로 쓰고 한문은 되도록 안쓴다」.
20) 『민주일보』 1947년 2월 11일, 「교과서는 한글이 주장 검정출원자는 주의하라」.
21) 『동아일보』 1947년 2월 14일, 「한글로 못된 교과서 문교부서 인가 금지」.
22) 『광주민보』 1945년 4월 23일, 「교과서 저작에 전력」.
23) 국민학교규정(1946.11)과 중학교규정(1947.5)은 정태수의 저서(『광복 3년 한국교육

편찬이 본격화되어 교과서 편찬이 본 궤도에 오를 수 있었다. 즉 이 두 규정이 발표되자 편수국에서는 이에 규정된 교육목적과 학과, 교과과 정표에 의거하여 교과 교수요목 제정에 착수하고 교과별로 교수요목 제정위원회를 조직하였던 것이다.[24]

다른 한편 미군정은 조선총독부가 동화정책의 일환으로 교과서 내 에서 사용하던 용어를 사용하지 못하도록 하는 한편 이를 한국어로 개 혁할 것을 결정하고, 이를 수행하기 위하여 학술용어제정위원회를 조 직하였다.[25]

한편 정부 수립 직후인 1948년 12월 편수국 발행과장 田鎭成은 교과 서 검인정에 대해 다음과 같이 말하였다.

> 교과서 검인정안을 실시하는 취지는 공정한 입장에서 가장 교육적인 교 과서를 채택, 사용케 하자는 의도에서 나온 것이다. 동시에 또한 문교부의 독자적인 것을 고집하느니보다 오히려 학계의 열열한 협조로서 더 큰 효과 를 기대할 수 있다고 생각하는 태도에서 나온 것이다. 그러므로 많은 교과 서가 제각기 특색을 가지고 출현하기를 희구하는 바이며 그것이 동시에 우 리나라 교육향상에 크게 이바지 됨을 굳게 믿어 의심하지 아니한다.[26]

법제사』, 예지각, 1995)에 소개되어 있다. 그러나 1950년 문교부 편수과장 배희성은 국민학교규정과 중학교규정이 각각 1946년 12월과 1947년 4월 제정, 발표(배희성, 「국정 및 검인정 도서에 관하여」,『편수시보』제1호, 조선서적인쇄주식회사, 1950, 3쪽)되었다고 서술하고 있어 정확한 일자를 파악해야 한다고 생각한다.

24) 배희성, 「국정 및 검인정 도서에 관하여」,『편수시보』제1호, 조선서적인쇄주식회사, 1950, 3쪽.

25)『조선일보』1946년 11월 20일, 「교과서에서 왜색용어 말살 학술용어제정위원회를 조직」. 이 학술용어제정위원회에서 검토한 교과목은 공민윤리, 교육, 지리인명□□, 수학, 물상, 생물, 체육, 음악, 미술, 습자, 수공, 농업, 공업, 수산업, 상업, 사회학, 심리학, 철학, 가사, 재봉, 언어과학 등 21개 과목이었다.

26) 田鎭成, 「교과서 검인정에 대하여」,『새교육』1-3, 조선교육연합회, 1948. 12.

그에 따르면 교과서 검인정은 '가장 교육적인 교과서를 채택, 사용'하도록 하는 목적을 가지며, '학계의 협조'가 필수적이라는 것이다. 이는 미군정이 검정제를 채택한 이래 정부 수립 이후에도 교과서 검인정제를 채택하였음을 의미한다. 그리하여 해방 이후 3년간 검정을 신청한 교과서 334건 중 검인정을 통과한 교과서는 174건(52.09%), 통과하지 못한 교과서는 161건(48.2%)에 이르렀던 것이다.

참고로 1949년 교과서 검인정은 1948년 10월 31일까지 신청 접수를 받아 12월 현재 거의 검정 결과가 거의 통지되었으며, 1949년 1월 1일부터 3월 31일까지 검정 신청을 받아 신청 후 1개월 이내로 그 결과를 통고하기로 하였던 것으로 보아 수시로 검정을 행하였고, 검정에 오랜 시간이 소요된 것으로 보이지 않는다. 또한 검정된 교과서의 사용도 1948년의 것은 1949년 8월까지만 사용하도록 하여 1949년 9월 신학기부터는 새로운 교과서를 사용하고자 하였음을 알 수 있다.[27] 동시에 안호상 문교부장관은 1948년 10월 4일 담화를 통해 검인정 교과서에 친일작가와 좌익작가의 작품을 모두 삭제할 것을 발표하였다.[28] 그리하여 문교부는 국가이념에 배치되는 다음의 저작물들을 중등교과서에서 삭제하기로 결정하였다.

△ 중등국어(1) : 가을밤(朴芽枝) 고양이(朴魯甲) 연(金東錫) 봄(朴八陽)
　　채송화(曺雲) 고향(鄭芝溶) 부덕이(金南天)
△ 중등국어(2) : 금붕어(金起林) 선죽교(조운)

---

27) 전진성, 앞의 글.
28) 『한성일보』1949년 10월 5일, 「국정교과서 등에서 좌익작품 삭제 사회체육과 학교체육 분리 안문교장관 담화」.

△ 중등국어(3) : 옛글 새로운 정(정지용) 춘보(朴泰遠) 경칩(玄德) 전원(安懷南) 궤 속에 들은 사람(李根榮) 오랑캐꽃(李庸岳) 3월 1일(박노갑)

△ 중등국어(4) : 소곡(정지용) 시와 발표(정지용)

△ 국어(1) : 잠자리(김동석) 살수꽃(현덕) 향토기(李善熙) 진달래(嚴興燮)

△ 국어(2) : 채송화(조운) 양(吳章煥) 연(김동석)

△ 중등국어(1) : 잠자리(김동석) 잠언 한 마디(金潤濟)

△ 중등국어(2) : 꾀꼬리와 국화(정지용) 나의 서재(김동석) 노인과 꽃(정지용)

△ 중등국어(3) : 크레용(김동석) 조이심매(金容俊) 별들을 잃어버린 사나이(김기림) 첫 기러기(김기림)

△ 중등국어(3) : 초춘음(辛夕汀)

△ 중등국어(4) : 황성의 가을(趙重洽) 한하원(金哲洙) 선천(정지용) 소곡(정지용)

△ 신생 중등국어(1) : 말별똥(정지용) 부덕이(김남천) 진달래(엄흥섭) 봄의 선구자(박팔양)

△ 신생 중등국어(2) : 松京(조운) 별똥 떨어진 곳 더 좋은데 가서(정지용)

△ 신생중등국어(3) : 大간디의 私邸(김용준)

△ 중등국어 작문 : 32頁 김남천, 62頁 김동석, 67頁 정지용, 70頁 안회남, 134頁 趙重洽

△ 현대중등글짓기(3) : 41頁 오기영

△ 중등국어(1) : 향토기(인성희) 소(박찬모) 文敎部(國定)[29]

또한 1948년 10월 11일 전국의 중등학교 교장 350여명이 참석한 전국 중등학교 교장회의를 개최하여 안호상 문교부장관은 다음의 7가지 사항을 지시하였다.

---

29) 『조선일보』 1949년 10월 1일, 「문교부, 국가이념에 배치되는 중등교과서 내용을 삭제하기로 결정」.

1. 운동경기대회 출장 제한의 건
2. 학생들의 신체검사 실시를 철저히 할 것
3. 학생들의 극장 입장 취체에 관한 건
4. 중등학교 교사 보충에 관한 건
5. 각도시 학무국 지시에 의한 교과서 사용의 건
6. 명년도부터는 반드시 검정된 교과서를 사용할 것
7. 사용금지 교과서에 관한 것[30]

이때 사용 금지된 교과서는 『중등국사』, 『조선본위 중등동양사』, 『동양본위 중등서양사』, 『조선역사지도』, 『성인교육 국사독본』, 『쉽고 빠른 조선역사』, 『국민조선역사』(이상, 최남선 저), 『문장독본』(이광수) 등 최남선과 이광수가 저술한 것이었다.[31] 결국 교과서에서 삭제된 저작물과 교과서 선택을 금지당한 교과서의 저작자들은 사회주의자와 친일적인 색채가 농후한 인물들이었음을 확인할 수 있다. 다만 저작자의 경우 사회주의자들이 월등히 많은 것을 보면 정부 수립 이후 교과서 편찬에 반공주의적 관점이 공식화된 것이라 판단된다. 또한 1949년

---

30) 『조선일보』 1949년 10월 12일, 「교과서와 풍기취체 등 학제 최후 결정 작인 중등교장회의를 개최」.

31) 『조선일보』 1948년 10월 12일, 「문교부, 전국중등학교 교장회의에서 친일파 교과서 사용금지 등을 지시」. 이와 관련하여 최남선은 "내가 친일파인가 아닌가는 나의 저서가 굉장히 팔리는 것으로 보아 넉넉히 짐작할 수 있지 않은가"(『국제신문』 1948년 10월 7일, 「각도 학무국장회의, 학원에서 李光洙·崔南善 저서의 축출을 명령」)라고 하여 자신에게 스스로 면죄부를 주려 하였다. 그리고 풍문여중에서는 문교부의 결정에도 불구하고 최남선의 『조선역사』를 계속 사용하기로 하였고, 어떤 야간 중학에서는 최남선의 교과서 표지만을 제거한 후 사용하기로 결정하는 등 친일파 처단 활동에 저항하는 모습을 보이기도 하였다. 이에 대하여 문교부 편수국장 손진태는 "그러한 사실이 있었다고 들었다. 갑자기 다른 교과서를 구하기 어려울 것이나 노트에 필기케 할지언정 최씨의 저서를 그대로 사용함은 불가하다. 더구나 표지 없이 계속하여 사용하려는 교원에게는 앞으로 단호한 처치를 취하겠다."고 하여 검정교과서만을 사용하도록 한 정부의 방침을 강력하게 추진하겠다는 의지를 표명하였다 (『국제신문』 1948년 10월 23일, 「풍문여중, 附日역사가 崔南善 저서를 여전히 중학교 교과서로 사용하여 물의」).

각 중학교에서 사용하는 교과서 일람표를 문교부에 제출할 것을 지시[32]한 것으로 보아 정부가 교육에 대한 통제를 강화하겠다는 의도를 명확히 보여준 것이라 하겠다.

정부가 이와 같은 방침을 마련한 배경에는 다음과 같은 사정이 있었다.

> 위에 설명한 바와 같이 금년(1950년-인용자)에는 초중등교과서가 대개 완성하게 되었으나 이 모든 교과서는 미군정으로부터 과도정부시대에 된 규정 및 교과 교수요목에 의하여 된 것이어서 우리 대한민국 <u>국책에 적합하지 않은 것</u>이 있으므로, 우리 정부가 수립된 후에 곧 우리 대한민국에 적합한 교육법을 새로 제정하는 동시에 재래의 학교를 새 교육법에 의하여 개편하고 교과 편성이며 교과내용을 전면적으로 갱신하려 하였으나 교육법의 제정이 지연되어 그 실현을 보지 못하고 이번 학년도에는 재래의 교과 교수요목에 의한 교과서를 간행할밖에 도리가 없었다. 이 요목은 해방 후 물밀 듯 흘러들어온 그릇된 외래사상이 범람하던 시절에 된 것으로 <u>우리 國情에 맞지 않는 것</u>이 있었고, 이번 학년도용 교과용 도서는 이러한 요목에 의하여 씌어졌기 때문에 그 내용이 교과목에 따라서는 특히 중등국어 및 사회생활 등은 <u>그릇된 사상이 내재</u>되어 순진한 학도로 하여금 <u>반민족적, 반국가적인 방향</u>으로 유도할 우려가 있는 교재를 발견하게 되었다. 따라서 어찌하여 이러한 교과서가 검인정이 되었는가 반드시 반문이 있을 것이다.[33](밑줄은 인용자)

결국 밑줄 친 바와 같이 '국책에 적합하지' 않거나 '우리 국정에 맞지' 않은 '그릇된 사상이 내재'된 교과서가 검인정에 통과되어 학생들을 '반

---

32) 『조선일보』 1949년 7월 25일, 「초중등교과서 사정 허가분만 사용」.
33) 배희성, 「국정 및 검인정 도서에 관하여」, 『편수시보』 제1호, 조선서적인쇄주식회사, 1950, 6쪽.

민족적, 반국가적인 방향으로 이끌 우려가 있다는 것이다. 이와 같은 문제가 발생한 이유를 정부는 교과서 사열자의 사열관점에서 찾았다. 즉 사열자가 "국가적 견지에서보다 학자적 견지에서 그 내용이 사실이냐 사실에 어긋나느냐에 의하여 그 가부를 결정, 보고하는 경향"[34]에서 찾았다. 그리하여 정부 관계 장관과 처장의 연석회의에서 대한민국의 국가이념과 국가정신에 위반되는 저작자의 저작물과 흥행물은 일체 간행, 발매, 연출을 금지하였던 것이다.[35] 그 결과 앞에서 서술한 바와 같이 친일적 인물과 좌익 성향의 인물이 쓴 글은 교과서에서 삭제되거나 교과서로 사용할 수 없도록 한 것이었다.

또한 1949년 상반기에 검정하기로 한 교과서로 1949년 9월의 신학기부터 사용하려 했음도 알 수 있다. 이러한 정부의 방침은 다음에서 볼 수 있듯이 국민학교와 중학교에서 국정교과서를 정착시키려는 목적을 갖는 것이기도 하였다.

(1) 전 과도정부 때에 허가된 도서 및 금년도 8월 말까지 유효기한인 검정인정된 책은 전부 무효로 하고
(2) 국민학교 교과서는 국정교과서를 쓸 것. 다만 부독본으로 인정 허가를 받은 도서에 한하여 학교장의 임의로 보충을 위하여 부독본으로 사용함도 무방하다.
(3) 중등학교 교과서는 국정교과서가 있는 것은 반드시 이 교과서를 써야 된다.[36]

---

34) 배희성, 「국정 및 검인정 도서에 관하여」, 『편수시보』 제1호, 조선서적인쇄주식회사, 1950, 7쪽.
35) 배희성, 「국정 및 검인정 도서에 관하여」, 『편수시보』 제1호, 조선서적인쇄주식회사, 1950, 7쪽.
36) 『서울신문』 1949년 7월 22일, 「문교부, 각 도 당국자에서 국민학교·중학교 국정교과서 사용을 지시」.

이는 정부 수립 이후 다음에서 볼 수 있듯이 반공주의를 바탕으로 국정교과서를 중심으로 한 교과서제도를 마련하고자 하였던 정부의 의도를 보여주는 것이라고 이해할 수 있다. 다만 국정교과서만으로 원활하게 교과서를 집필, 공급할 수 없었고, 민주적인 교육제도의 확립을 위해서라도 교과서 검인정제는 필수적인 것이었으므로 검정제를 병행하도록 한 것이었다.

그러나 앞에서도 말했듯이 1949년 이전의 검정 규정은 찾을 수 없다. 현재 확인된 최초의 교과서 검정과 관련된 규정은 1949년 공포된 '국정교과서 검정규칙'과 '사열요항', 그리고 1950년 공포된 '교과용 도서 검인정 규정'이다. 국정교과서 검정규칙과 사열요항은 다음과 같다.

국정교과서 검정규칙
　　가. 예비 검정에는 원고 6부를 제출하되 프린트나 타이프라이터로 인쇄할 것
　　나. 삽화는 사진 및 복사로써 작성할 것
　　다. 원고를 금년 3월 10일까지 문교당국에 제출할 것이며, 검정 후 1개월 이내에 완전 제본을 납부할 것
　　라. 본 검정시에도 역시 원고 6부를 제출할 것
　　마. 검정 원고료는 각 책 가격의 20배로 함[37]

국정교과서 사열 요항
　　(가) 요목 : 문교부에서 제정한 교수요목에 맞는가(순서는 바꾸어도 무방함. 보충할 수는 있어도 삭감할 수는 없음).
　　(나) 체제 1. 교과서로서 체제가 서 있다. 2. 학생들이 이해하기 쉬운가. 3. 문교부에서 제시한 철자법·띄어쓰기 등이 맞는가. 4. 학술용어는 통일이 있는가. 5. 오자·탈자가 없는가. 6. 학생 시력에 장해가

---

37) 『동아일보』 1949년 2월 2일, 「教科書의 檢定規定」.

없는가. 7. 사진·삽화·통계 등이 내용과 부합하는가.

(다) 정도 : 교과서 정도가 해당 학년에 맞는가.

(라) 분량 : 교과 분량이 문교부의 제정 시간수에 맞는가.

(마) 내용 1. 민주주의 민족교육 이념에 부합되나. 2. 내용에 틀림이 없
   나. 3. 주입적이 아닌가. 4. 지나치게 학문적으로만 기울어지지 않
   았나. 5. 생활 본위인가 아닌가. 6. 내용이 생도 본위인가 아닌가.[38]

이를 통해 보면 국정교과서 검정은 예비검정과 본검정의 2단계로 되
었으며, 각 단계마다 원고 6부를 제출하도록 한 것으로 보아 검정위원
은 3~6명 정도였다고 추측된다. 결국 국정교과서는 집필, 출원, 심사
(예비검사, 본검사), 발행으로 이어진 것이었다.

그리고 1950년 4월 29일 대통령령 제336호로 공포된 '교과용 도서 검
인정 규정'과 '국정교과용도서편찬규정'은 다음과 같다.

교과용 도서 검인정 규정

제1조 교과용도서의 검정 및 인정은 교육법 기타 법령으로써 정하는 대
   학과 사범대학을 제외한 각 학교(이하 각 학교라 칭함)의 교육목적에
   부합하여 교과용 도서로서 적합하다고 사정함을 목적으로 한다.
   본 규정에서 교과용 도서라 함은 각 학교 및 이에 준하는 각종 학교의
   학생용 도서와 고등학교, 사범학교, 고등기술학교를 제외한 각 학교 및
   이에 준하는 각종 학교의 교수용의 괘도, 지구의류를 말한다.

제2조 검정은 국민학교, 공민학교 및 이에 준하는 각종 학교를 제외한 각
   학교의 정규 교과용 도서중 따로 국정으로 제정하지 아니하는 교과용
   도서에 대하여 행한다. 단, 실업과 기타 임시로 제정하는 국정 교과용
   도서는 예외로 한다.

제3조 인정은 각 학교의 정규 교과목의 교수를 보충심화하기 위한 학생

---

38) 『동아일보』 1949년 3월 1일, 「敎材檢定要領 編修課서 通達」.

용도서 국민학교와 이에 준하는 각종 학교의 정규 교과목의 학습을 더욱 효과적으로 지도하기 위한 학생용 도서 및 제1조 제2항에 규정한 괘도, 지구의류에 대하여 행한다.

제4조 교과용 도서의 발행자는 그 도서의 검정 또는 인정을 문교부장관에게 출원하여야 한다.

전항의 출원자로서 대한민국 판도 내에 주소를 가지지 아니한 자는 검정 또는 인정에 관한 일체의 사항을 대리시키기 위하여 대한민국에 주소를 가진 자로써 대리인으로 정하여야 한다. 단, 여사한 경우에는 검인정원서에 위임장 사본을 첨부하여야 한다.

제1항에 의한 출원자로서 발행자 수인이 있을 때에는 그 중에서 대표자를 정하여야 한다.

제5조 전조에 의하여 검정 또는 인정을 출원하는 자는 제1호 서식의 검인정 원서, 저작자 이력서, 제4호 서식의 제조비계산서 각1통에 검인정 요금 및 도서간본 6부를 첨부하여야 한다.

저작자 수인이 있을 때 또는 단체의 저작인 때에는 대표자의 이력서로서 전항의 저작자 이력서로 한다.

검인정 요금은 도서 1종에 대하여 그 도서의 정가의 50배로 한다. 단, 괘도, 지구의류에 한하여는 그 정가의 5배로 한다.

이미 납입한 검인정 요금은 사전 여하를 불문하고 이를 환부치 아니한다.

제6조 교과용 도서의 내용을 사열하기 위하여 문교부장관은 교과용 도서의 검인정 출원이 있을 때마다 매 건에 대하여 3인 내지 5인의 사열위원을 선정, 위촉하여야 한다.

사열위원은 위촉받은 교과용 도서의 내용을 사열하여 문교부장관에게 의견서를 제출하여야 한다.

제7조 제4조에 의하여 검정 또는 인정을 출원한 도서중 사소한 수정을 가하면 검정 또는 인정할 수 있다고 사정되는 도서에 대하여 그 수정을 요하는 개소를 출원자에게 지시할 수 있다.

제8조 전조에 의하여 수정할 개소를 지시받을 때에는 4개월 이내로 수정, 출판하여 제2호 서식에 따라 수정 도서 2부를 첨부하여 그 도서의 검

정 또는 인정을 출원하여야 한다. 단, 극히 경미한 수정에 불과할 때에는 정오표를 첨부시키거나 또는 수정지를 첨부시켜서 출원수속을 약할 수 있다.

전항의 기한 내에 수정 출원을 하지 아니할 때에는 검정 또는 인정의 출원을 포기한 것으로 간주한다.

제9조 문교부장관은 검정 또는 인정한 도서에 대하여 가격을 사정할 수 있다.

제10조 검정 또는 인정한 도서는 관보에 그 명칭, 책수, 정가, 목적하는 학교 또는 교과의 종류, 발행 및 검인정 년월일, 해도서에 서명한 저작자 및 발행자의 주소, 성명을 공고하여야 한다.

제11조 검정 또는 인정을 받은 도서는 매책 표지 또는 내표지 등 보기 쉬운 곳에 좌기 사항을 기재하여야 한다.

　　1. 검정 또는 인정의 구별

　　2. 검정 또는 인정 년월일

　　3. 목적하는 학교 및 교과목

제12조 검정 또는 인정을 받은 도서를 출판할 때에는 그때마다 발행 후 3일 이내에 해도서 2부를 문교부에 납부하여야 한다.

제13조 검정 또는 인정을 받은 도서의 명칭, 책수, 정가 및 그 내용에 변경이 있을 때에는 검정 또는 인정은 그 효력을 상실한다.

제14조 전조의 규정에 의하여 효력을 상실한 도서의 검정 또는 인정을 다시 출원하는 때에는 제3호 서식의 원서에 개정 도서간본 2부를 첨부하여야 한다.

전항의 출원에는 검인정 요금은 이를 납부하지 않는다. 단, 도서의 정가를 인상하였을 때에는 제5조제3항에 의하여 그 인상 차액을 납부하여야 한다.

제15조 검정 또는 인정을 받은 도서에 서명한 저작자 또는 발행자의 주소, 성명에 변경이 있을 때에는 이를 문교부장관에게 계출하여야 한다.

전항의 계출이 있을 때에는 문교부장관은 관보에 이를 공고하여야 한다.

제16조 문교부장관은 이미 검정 또는 인정한 도서에 대하여서도 이를 다

시 수정할 필요가 있다고 인정하는 경우에는 그 수정할 개소를 발행자에게 지시할 수 있다.

전항에 의하여 수정할 개소를 지시받은 때에는 발행자는 2개월 이내에 수정, 출판하여 문교부장관에게 제시하여야 한다.

제17조 좌의 각호의 1에 해당하는 때에는 도서의 검정 또는 인정을 취소할 수 있다.

    1. 제11조, 제12조 또는 제15조제1항의 규정에 위반한 때

    2. 제9조에 의하여 사정된 가격에 따르지 않는 때

    3. 제16조의 지시에 응하지 아니한 때

    4. 검정 또는 인정한 도서로서 문교부에 납부한 도서에 비하여 지질, 인쇄 또는 제본이 나쁜 것을 발매한 때

    5. 그 내용이 교과용 도서로서 부적당하게 된 때

    6. 교과목 또는 그 정도의 변경, 교수요지 및 교수요목의 제정 또는 변경이 있을 때

제18조 검,인정을 받지 아니한 도서 또는 검,인정의 효력을 상실한 도서에 검정필 또는 인정필 기타 이와 유사한 문자를 기재하여 발매하는 자는 10만원 이하의 벌금에 처하고 그 판인본을 몰수한다.

그 사정을 알고 판매의 목적으로 양수한 자도 또한 같다.

부칙

본령은 공포한 날로부터 이를 실시한다.

본령 시행 전에 제출한 교과용 도서 검인정 원서로 처분 미완의 것은 본령 시행일에 본령에 의하여 제출한 것으로 간주한다.

단기4283년 2월 1일 이후에 검인정의 효력이 연장된 도서는 본령에 의하여 검인정한 것으로 간주한다.[39]

---

39) 『관보』 1950년 4월 29일.

국정교과용도서편찬규정

제1조 본령은 국정으로 제정하는 교과용 도서의 편찬에 관한 사항을 규정함을 목적한다.

제2조 국민학교, 공민학교 및 이에 준하는 각종학교의 정규 교과목의 교수를 위한 학생용 도서 및 교사용 도서는 국정으로 편찬한다.

제3조 전조에서 규정하는 학교 이외의 각 학교의 교과용 도서에 대하여는 문교부장관이 지정하는 교과목에 한하여 국정으로 편찬할 수 있다.

제4조 국정으로 제정하는 교과용 도서의 편찬, 개편 또는 그 기준 조사를 위하여 문교부에 교과용도서편찬심의회를 둔다. 교과용도서심의회에 관한 사항은 따로 문교부장관이 정한다.

제5조 국정으로 제정하는 교과용 도서의 저작권은 문교부가 취득한다.

제6조 국정으로 편찬한 교과용 도서의 번각은 문교부장관이 지정한 자에 한한다. 전항에 규정한 이외의 자가 국정으로 편찬한 도서를 번각한 시에는 10만원 이하의 벌금에 처하고 그 판인본을 몰수한다.

부칙

본령은 공포일부터 이를 시행한다.

본령 시행 전에 국정으로 편찬한 교과용 도서는 본령에 의하여 편찬한 것으로 간주한다.[40]

위의 '교과용 도서 검인정 규정'과 '국정교과용도서편찬규정'에 의하면 교과서는 초등학교와 공민학교, 그리고 이에 준하는 각종학교와 중고등학교에서 사용하는 교과서 중 문교부장관이 지정하는 교과목을 국정으로 편찬하였고, 이외의 교과서는 검인정에 따랐음을 알 수 있다. 특히 국정 교과용 도서를 편찬하기 위하여 국정교과용도서편찬심의회를 설치하였고, 1950년 6월 2일 그 규정을 제정하였다. 이 규정에 따르

---

40) 『관보』 1950년 4월 29일.

면 국정교과용도서편찬심의회는 '국정 교과용 도서 편찬을 심의'하기 위한 목적으로 문교부 편수국 내에 설치되었으며(제1조), 초등·중등·고등의 학교급과 교과목의 구별에 따라 분과를 두었다(제2조). 분과심의회는 의장 1인, 위원 약간명으로 구성되며 의장은 문교부 편수국장이 담당하였고, 위원은 문교부 직원, 현직 교육자, 지방청 교육행정 관계자, 학식경험이 풍부한 자 중에서 문교부장관이 위촉하였다(제4조). 위원은 국정으로 제정하는 교과용도서의 편찬 원안 및 교과용 도서의 편찬에 필요한 기초자료원안의 심의와 기초자료의 조사, 연구에 종사(제5조)하도록 하였다.[41]

한편 검인정 교과서는 '교과용 도서의 검정 및 인정은 교육법, 기타 법령으로써 정하는 대학과 사범대학을 제외한 각 학교'의 교과서에 해당하는 것이었다. 즉 대학, 사범대학과 국민학교, 공민학교 및 이에 준하는 각종학교를 제외한 각 학교의 정규 교과용 도서 중 국정 교과서가 없는 경우에 해당하는 것이었다. 그리고 검정은 수시 검정으로 행하여졌다. 즉 제6조에서 규정한 바와 같이 검인정 출원이 있을 경우 3~5명의 사열위원을 선정, 위촉하도록 한 것에서 알 수 있다. 사열위원은 의견서를 문교부장관에게 제출하도록 하였다. 그리고 문교부는 검인정교과서의 수정을 지시할 수 있었고, 이 지시에 불응한 경우 교과서 검인정의 출원을 포기한 것으로 간주하여 국가가 교과서의 내용에 직접 간섭할 수 있었다.

그런데 국가의 수정 지시는 주로 사상적인 측면에서 이루진 것으로 보인다. 앞에서 본 바와 같이 당시 대표적인 교과서 출판사였던 동지사 사장 이대의는 "그때 검인정이 얼마나 개방적이고 융통성이 있었는지 나는 하나도 안떨어졌어요. 종수 제한 같은 것도 없었고, 제출 기한

---

41) 『관보』 1950년 6월 20일, 「문교부령 제8호 국정교과요도서편찬심의회규정」.

도 없었어요. 수시 검정제도였지요. 불합격된 사유가 사상적으로 문제가 되지 않는다면 수정 지시에 따라 다시 제출하면 다 합격"[42]되었다고 한 술회에서 확인할 수 있다. 이러한 반공주의적 관점은 이미 미군정 당국에 의해 제기되었다.[43] 1950년 2월 발행된『편수시보』제1호에는 '소련, 미국의 교수상 유의점'이라는 참고자료를 적시하였다.

1. 소련의 沿革, 政治經濟, 機構를 敎授하는데 强調할 點
: 帝政 露西亞는 □□政治의 □□□□□□□므로 革命이 일어□□ 政治, 經濟 □□□□□□되고 現 소비에트政府가 서게 되었다는 □□만으로는 現 소비에트政府가 帝政 露西亞의 缺點을 是正한 좋은 政府 같이 들리므로 其 □□□□□에 있어서 얼마나 비인도적인 행위가 이었으며, □□도 □淸이다. □□下에 때때로 이루어지는 檢擧, 投□ 등의 사실을 □□하는 □□에 지금 소련이 지금 아무런 自由가 없는 스탈린 獨裁의 나라라는 點을 인식시킬 것.
: 소련의 각 공화국의 구성, 5개년 計劃 등은 상세히 취급하지 말고 그것이 自發的으로 自由意思에 따라서 행하여지는 民主主義的 選擧方法에 의하여 이루어진 공화국 구성이 아니며, 5개년 계획이란 노동자, 농민의 □使에서 이루어진 □□□□□이란 점을 인식시킬 것.
: 경제면에 있어서 근래에 발전을 보았다 하더라도 생산기술는 면에 있어서는 □□□□□□□에 뒤떨어지고 있으며, 더욱 美國 등에 比하면 50년의 差異□□는 □□國家라는 점을 인식시킬 것.
: 소련이 표면에는 세계주의를 표방하고 세계평화를 주장하면서 其實은 동, 서, 남으로 진출하여 不凍港 獲得, 영토 확장에 급급하고 있다는 점을 제2차 대전시에 포울란드分□, 핀랜드의 영역 割取, 발틱 3국의 병합, 만주, 몽고, 우리나라에 대한 □□事의 사실에 비추어 증명, 인식시킬 것.

---

42) 이경훈,「대담 교과서 출판 원로들에게 듣는다」,『교과서연구』9, 한국교과서재단, 1991, 100쪽.
43) 이에 대해서는 조성운,「반공주의적 한국사 교육의 형성과 전개」,『한국민족운동사연구』, 2015. 참조 바람.

: 소련은 자기나라를 노동자, 농민의 천국 같이 선전하고 있지만 소련에서는 노동자, 농민에게 힘에 넘치는 노동을 강조하고, 못하면 怠慢하였다고 處斷하며, 노동자, 농민은 이에 대하여 일언반구 없이 黙從하여야 하는 점과 노동자, 농민은 이러한 중노동을 하여도 보잘 것 없는 보수밖에 받을 수 없다는 점을 인식시킬 것.

: 소련국민은 일반으로 교육정도가 낮다는 것과 생활정도가 낮다는 것을 문맹자가 많은 사실과 국민소득이 적은 사실 등에 비추어 증명, 인식시킬 것.

2. 우리나라와 소련의 관계를 교수하는데 강조할 점

(가) 해방 후 제정 노서아가 영토적 야심, 부동항 획득욕을 가지고 얼마나 우리나라 침범의 마수를 폈는가를 역사적 사실을 들어 설명하고 현 소련정권도 북학 괴뢰집권을 사주하여 민족적 염원인 38선의 철거를 거부하고 같은 노력을 계속하고 있다는 점을 연결, 인식시킬 것.

(나) 해방 후 38선의 철거를 거부하고 있을 뿐 아니라 북한의 총선거 실시 반대, UN에 있어서의 대한민국 불승인, UN 가입에 대한 거부권 행사, 대한민국의 국제적 진출, 대한민국의 정당한 권리 행사를 방해하고 여러 가지로 파괴하려고 하는 점을 인식시킬 것.

3. 우리나라와 미국과의 관계를 교수하는데 강조할 점

(ㄱ) 해방 후 우리나라가 일본에 빼앗기자 여러 가지로 우리에게 동정하고 독립운동을 도와주었다. 즉 혁명가, 망명객을 우대하고 이주민에게도 평등한 권리를 주었다. 그뿐 아니라 유학생을 돕고 우리나라의 문화 발전에도 많은 공헌을 하였다는 점을 인식시킬 것.

(ㄴ) 해방 후 일시 남한에 군정을 폈으나 우린의 독립 염원에 따라 대한민국의 건설에 적극 노력하고 정부 수립 후는 정권을 이양하였다. 그 뿐 아니라 UN의 승인, 가입 문제 등에도 적극 협력하여 대한민국의 국제적 진출에 협조하고 한미협정, ECA에 의하여 우리나라의 경제 부흥에도 많은 협력을 하고 있는 점을 인식시킬 것.

(문교부 통첩의 일부)[44]

이로 보아 정부 수립 이후 교과서 서술과 편찬 과정에서 친미반소의 입장에서 서술할 것을 강조하고 있는 것이다. 특히 우리나라와의 관계 서술에 이러한 관점은 더욱 강하게 강조되고 있음을 확인할 수 있다. 결국 정부 수립 이후 반공주의적 교과서 서술 관점이 명확해졌음을 확인할 수 있다. 이러한 방침은 다음에서 볼 수 있는 바와 같이 이미 1949년에 마련된 것으로 보인다.

학원 내에 잔존하고 있는 대한민국 국책에 어긋나는 모든 사상을 전적으로 배제하고 배움의 길로 정진하는 젊은 학도들의 정신을 국토 통일과 민족 자주독립국 건설에 집결하고자 문교부에서는 금학년용으로 검인정한 교과서를 전부 재검하여 국책 추진에 방해가 되는 교재를 취소 또는 그 부분을 작폐하고 그 대신 적당한 교재를 보충키로 되었다고 한다. 그런데 문교부에서는 이의 실천방법으로 금후 사상적으로 불순하다고 인정되는 교과서를 발견하는 때는 그 삭제를 지시하고 보충교재가 완성 되는대로 해당 교과서 간행 출판사로 하여금 사용학교에 배부하도록 급조치를 취하리라고 하는데 이에 앞서 안문교부장관은 지난 3일부로 서울시장과 각 도지사에 공문을 발하여 관하 각 학교에 교재선택과 개선에 대하여 항상 유루 없이 지도, 감독할 것을 지시하였다고 한다. 그리고 당장 취소 내지 삭제키로 지명된 교과서명 및 삭제 부분은 다음과 같다고 한다.

▲ 을유문화출판 정갑 저 중학교 사회생활과 먼나라 생활(지리부분)은 검정 허가 취소

▲ 동지사 출판 육지수 저 중등사회생활과 먼나라의 생활(지리부분)의 소비에트 연방의 생활 중 7. 정치와 경제기구를 切去燒却할 것.

▲ 탐구당 출판 노도양 저 중등사회생활과 먼나라(지리부분)의 소비에트연방 중 주) 5개년계획, 6. 소련의 연혁, 7.정치와 경제를 절거 소각할 것.[45]

---

44) 문교부 편수국,『편수시보』제1호, 조선서적인쇄주식회사, 4283, 123~124쪽.
45)『한성일보』1949년 11월 11일,「불순교과서 일소 문교부 검정을 재검토」.

위의 인용문에서 1948년 정부 수립과 1949년 교수요목의 제정 이후 반공주의가 노골화되었음을 알 수 있다. 즉 '사상적으로 불순하다고 인정되는 교과서를 발견하는 때는 그 삭제를 지시'하도록 하였던 것에서 교과서 검정은 국책 즉 반공주의 추진에 방해가 되는 내용을 교과서에서 일소하는데 그 목적이 있었으며, 지리교과서는 이 검정 과정에서 검정 취소와 내용 삭제 등의 수정 지시를 받았던 것이다. 이는 정부 수립 이후 반공주의가 교과서에 공식적으로 반영되기 시작하였음을 보여준다고 할 수 있다.

그러나 1950년 6월 25일 한국전쟁이 발발하면서 '교과용 도서 검인정 규정'은 제대로 시행할 수 없었고, 정부는 '국가와 민족의 운명을 도한 대전쟁을 감행하고 있으나 승리만을 자신하는 우리나라에서 장차 우리나라를 짊어지고 나갈 제2국민의 교육이 소홀히 되어서는 안된다'는 관점에서 교과서를 전시생활과 전시독본으로 분류하여 이른바 전시교과서를 1951년 7월 10일 현재 45만부 배부하였다.[46] 이를 위해 이미 검인정되어 교과서로 사용되던 교과서는 1951년 5월 10일까지 문교부 편수국에 재등록하도록 하였고, 이를 위반할 경우 검인정의 효력을 상실하도록 하였다.[47] 이와 함께 1952년에는 유네스코의 원조 6억원과 문교재단연합회의 토지보상금 26억원을 합한 30억원으로 대한문교서적주식회사를 창립하여 국정교과서 출판을 전담하도록 하였다.[48]

한편 정부는 전쟁이 비교적 유리하게 전개되고 교육법이 개정됨에 따라 교과서를 새로 편찬하기로 하고 1952년 4월 1일 입학하는 신입생부터 이를 사용하도록 결정하였다.[49] 그리고 1953년 종전이 가까워지

---

46) 『경향신문』 1951년 7월 15일, 「문교부 전시교과서 발행」.
47) 『동아일보』 1951년 4월 20일, 「검인정 교과서 재등록을 실시」.
48) 『동아일보』 1952년 3월 22일, 「30억의 '책' 회사 창립 국정교과서 간행을 전담」.
49) 『자유신문』 1952년 2월 4일, 「문교부 새로운 교과서 편찬에 착수」.

면서 정부는 교육과정의 개정에 착수하였다.

이와 같이 미군정기 이후 제1차 교육과정이 시작되는 1955년 이전은 국정과 검정제도가 수립되는 시기였다. 참고로 이 시기 발행된 국사교과서는 〈표 1〉과 같다.

<표 1> 교수요목기 검정된 국사 교과서

저자	출판사	서명	발행년도
최남선	동명사	중등국사	1947
신석호	동방문화사	우리나라의 생활(국사부분)	1948
유홍렬	조문사	우리나라의 역사	1949
오장환	정음사	(中等)文化史 : 우리나라의 문화	1949
이병도	동지사	우리나라의 생활(역사)	1949
금룡도서	금룡도서	우리나라 생활 (역사부분)	1950
손진태	을유문화사	우리나라 생활(대한민족사)	1950
이인영	우리나라생활	금룡도서주식회사	1950
이홍직	우리나라생활	민교사	1950
김성칠	정음사	우리나라 역사 : 사회생활과	1951
최남선	동국문화사	우리나라 역사	1952
최남선	우리나라생활	민중서관	1952
이병도	을유문화사	중등국사	1953
유홍렬	양문사	한국문화사	1954
이병도 · 김정학	백영사	우리나라 문화의 발달(상)	1954
홍이섭	정음사	(우리나라)문화사	1954

2. 제1차~제2차 교육과정기(1956~1973) : 초등=국정, 중등=검정 교과서 발행기

1) 제1차 교육과정기

1948년 대한민국정부가 수립되고 교육법(1949)과 교과용 도서 검인정 규정(1950)이 제정되는 한편 제1차 교육과정이 준비되고 있었으나 한국전쟁의 발발에 따라 교육 관련 제도의 정비와 실시는 뒤로 미룰 수밖에 없었다.

종전 이후 제1차 교육과정은 1953년부터 준비하기 시작하여 1955년 8월 1일 공포되었다. 이 교육과정은 42개의 분과위원회, 505명의 위원이 참여하여 마련되었으며,[50] "사회생활과를 제외하면 완전히 교과 중심 쪽으로"[51] 기운 교과교육 중심의 교육과정이었다. 여기에서 사회생활과를 제외하였다는 것은 한국전쟁 이후의 반공교육과 민주주의교육을 강화해야 할 필요가 있었기 때문이라 생각된다.

그리고 제1차 교육과정이 시행된 1956년부터는 중학교와 고등학교가 각각 3년제로 분리되었다. 이리하여 교과서도 중학교용과 고등학교용으로 분리, 출판되어야 했다. 이러한 변화를 반영하기 위하여 정부는 1954년 12월 중고등학교 교과서를 개정하여 출판할 방침을 확정하였다.[52] 이는 실생활에 활용할 수 있는 산지식을 얻을 수 있도록 하겠다는 제1차 교육과정을 마련하면서 개편된 교수요목에 따른 것이었으며, 삽화에 色圖를 많이 수록하여 학생들이 시각적으로 교과 내용을 이해할 수 있도록 하였다. 그리고 1955년 4월 신학기부터 국민학교 1~3학년용 국어, 산수, 사회생활, 자연, 음악, 미술의 6과목 교과서를 사용하도록 하였고, 중고등학교에서는 1956년부터 사용할 수 있도록 교과서를 편찬하기로 하였다.[53]

그런데 이러한 정부의 교육정책에 대하여 1955년 6월 3일 국회 본회의에서 원칙과 기준이 확립되지 않은 중고등학교 분리안의 재검토를 요구하는 다음의 건의안을 채택하였다.

---

50) 『조선일보』 1955년 8월 3일, 「중고교 교과서를 개편 신학년도부터 단행 예정 문교부 새 교과과정을 공포」.
51) 「홍웅선의 육성녹취록」, 김용만 외 4인, 『한국교육과정의 변천에 관한 연구』, 한국교육과정·교과서연구회, 1999, 67쪽(허강 외, 앞의 책, 164쪽 재인용).
52) 『조선일보』 1954년 12월 10일, 「중고등교 교과서를 개정 89년부터 전적 실시」.
53) 『조선일보』 1954년 12월 30일, 「교과서를 개편 초중고교용 거의 완료」.

1. 문교정책 및 교육제도 전반에 관하여 심의, 검토하기 위해서 임시로 문교특별심의회를 구성하고 그 방안을 답신케 할 것.
2. 의무교육 6년제 계획을 실시함에 있어 교원, 교실, 교과서, 교구, 기타 시설 등을 조속한 시일 내에 완벽을 기할 것.
3. 농촌과 도시와의 교육시설 및 교육 내용 충실의 균등을 기할 것.
4. 사범교육의 향상, 확충과 정규교원의 확보에 만전을 기할 것.
5. 각급 사립학교 재단의 허가 및 감독의 신중과 철저를 기하는 동시에 재단 측의 월권적 행동을 제지하고 교원의 신분을 보장하며 학원 분규를 미연에 방지 또는 분규가 신속 해결되도록 선처할 것.
6. 원칙과 기준을 확립치 아니한 중고등학교의 분리제도를 재검토할 것.
7. 각종 교과서의 적기 배급과 가격 저렴을 위하여 적극적인 시책을 강구, 실시할 것.
8. 학술원, 예술원의 운영에 필요한 법적 조치와 시설의 완비를 적극 추진할 것.
9. 軍 사용 교사가 조속히 반환되도록 적극 노력할 것.
10. 성인교육은 효율적으로 강화하여 최단 시일 내에 문맹을 근절할 것.[54]

이러한 국회의 건의가 수용되지 않고, 1955년 8월 1일 문교부는 교육법에 의거하여 초등학교, 중고등학교, 사범학교의 전 교과과정을 문교부령 제44호, 제45호, 제46호로 공포하였다. 이 교육과정은 우리나라의 건국이념과 헌법정신 및 교육정신이 구현되어 반공교육과 도의교육 그리고 실업교육도 강조되었다. 그리고 교수요목의 발표와 동시에 교과서 검정방침을 밝혔고, 10월 6일 신청요령(사열기준) 발표, 11월 30일 접수마감이라는 교과서 검정 일정을 밝혔다.[55] 문교부가 밝힌 교과용도서 검정에 대한 기본방침과 '교과용도서 검인정 내용 사열 기준'은

54) 『조선일보』 1955년 6월 4일, 「문교정책에 10개조 건의 교과서는 적기에 중고교 분리 재검토하라」.
55) 허강 외, 앞의 책, 233쪽.

다음과 같다.

> 1. 중고등학교 및 사범학교 신규 검인정 교과용 도서는 전반적으로 개편하여 신학년도부터 사용시킨다.
> 2. 중학교 국어와 고등학교 필수 국어는 국정으로 하고 고등학교 선택 국어는 인정으로 한다.
> 3. 중학교의 실업 및 가정과에 대한 교과용 도서 중에서 농업, 상업, 공업, 수산은 국정으로 하고 가정과의 전 교과서는 검정으로 한다.
> 4. 고등학교 도덕과 교과서는 국정으로 한다.
> 5. 검인정 교과용 도서에 대한 사열은 일괄사열로 한다.[56]

이 교과용 도서 검정 방침에서 두드러진 변화는 고등학교 국어와 도덕 교과서의 국정 발행과 검정제도를 수시검정에서 일괄검정으로 변경한 것이라 할 수 있다. 이와 같은 문교부의 발표에 대해『동아일보』는 다음과 같이 비판하였다.

> 교수요목 발표 후 마감 날까지 불과 넉달 반 동안에 저작자와 출판업자 사이에 저작 및 출판 교섭이 이루어지고 원고가 집필되고 조판, 교정, 인쇄, 제본의 복잡한 과정을 완료하였다는 것은 확실히 놀라운 일이 아니라 할 수 없고, 때문에 교과서의 저술 및 제작에 신중을 기하지 못했다는 비난을 면할 도리가 없을 것이다. 더욱이 이것은 교과서의 실질적인 저술기간이 최대한 2개월을 넘었다고는 볼 수 없는데 이르러서는 저자의 능력이 제아무리 훌륭한 것이었다 하더라도 교과서 저작을 얼마나 소홀히 했던가를 단적으로 입증하는 것이 아닐까.[57]

---

56) 『조선일보』1955년 8월 3일, 「중고교 교과서를 개편 신학년도부터 단행 예정 문교부 새 교과과정을 공포」.
57) 『동아일보』1956년 1월 12일, (사설)「교과서 행정에 신중하라」.

이와 같이『동아일보』는 교과서 저작과 출판 과정의 기일이 촉박하고, 그에 따라 교과서의 내용이 충실하지 못할 가능성이 높다고 비판하였던 것이다.

한편 고등학교 국어과 도덕 교과서의 국정화에 대해『조선일보』는 사설로서 문제를 제기하였다. 즉 교육법에 규정된 6년간의 의무교육에 따라 정부가 교과서를 발행할 수 있으며, 교과용 도서 검인정 규정에 의해 문교부도 교과서 저작권을 가질 수 있으나 이는 검인정을 전제로 한 것이며, 문교부가 국정 교과서만을 사용하라고 강제할 수 있다고 해석되지 않는다고 하였다. 그러함에도 불구하고 국어와 도덕을 국정 교과서로 강제하는 것은 "문교부만이 편찬하여야 가장 좋은 교과서가 될 수 있고 그 외의 '민간의 유지' 것은 그보다 못한 것이 될밖에 없다는 전제를 내세울 수 있느냐? 이는 전혀 문교부의 적은 관료들의 편협과 독단에서 나오는 일종의 '왜식'의 관의 통제, 지배의 사상에서 나온 그릇된 생각"이라 비판하면서 "교과서에 의하여 교육 내용의 무엇을 통제케 될 경우는 우리는 단호히 반대하지 않을 수 없다"고 주장하였다.

특히 도덕의 신설과 그에 따른 국정 교과서 편찬은 '국정 도덕'이 될 것이라 두렵다고까지 주장하여 국가의 사상 통제에 대한 우려를 진지하게 제시하였다. 또한 교과서 용지와 인쇄 상태 등 교과서의 모양을 탐탁하고 아름답게 만들 것을 교과서 발행시 유의해야 한다고 지적하면서 교과서의 전면적 개편을 불과 반년 만에 할 수 있겠느냐는 지적을 하였다.[58] 이와 같이 제1차 교육과정이 마련되는 과정에서 사회적으로 교과서 개정과 교과서 발행에 대한 논란이 있었던 것이다.

이러한 논란 끝에 1955년 12월 15일 국민학교용, 중고등학교용, 사범학교용 등 모두 753종의 교과서가 검정을 신청하였다. 검정 신청한 교

---

58)『조선일보』1955년 8월 7일, 「교과서 개편과 국정교과서에 관하여」.

과서 교과목은 다음과 같다.

▲ 중학교
국어(副讀本) 39권, 사회생활과 102권, 수학 48권, 과학 59권, 영어
82권, 미술 18권, 음악 30권, 서예 6권, 한자 31권, 체육 6권 합 414권
▲ 고등학교 및 사범학교
국어 18권, 사회생활 44권, 수학 34권, 과학 58권, 미술 1권, 음악 16권,
한문 27권, 가정 3권, 체육 6권, 영어 65권, 독일어 19권, 불란서어 1권,
중국어 6권, 교육 6권, 논리 2권, 실업 2권 합 332권
▲ 국민학교
글씨 9권 합 9권
총합계 753권

이전 시기 검정을 신청한 교과서가 450종에 불과했던 것에 비해 약
44%가 증가하였음을 알 수 있다. 이는 고등학교 교과서가 새로이 출판
되어야 했던 사정을 반영한 것이라 생각된다. 이렇게 신청된 교과서의
검인정은 1955년 10월 6일 발표된 '검인정 교과서 사열 기준'에 따라 이
루어졌다. 역사과의 사열 기준은 다음과 같다.

사회생활과(역사)
1. 교과과정에서 요구한 교육목표를 달성할 수 있도록 되어 있는가?
2. 교과과정에서 요구하고 있는 내용이 적당히 망라되어 있는가?
3. 교과 내용이 해당 학년에 적합하도록 편찬되어 있는가?
4. 내용의 선택, 배열에 균형이 잡히고 있는가?
5. 전체의 서술에 관련성과 통일성이 있도록 고려되어 있는가?
6. 사상을 선도하도록 되어 있는가?
7. 지리적 요소의 비중이 적당히 다루어졌는가?
8. 내용이 정확하고 명료하게 서술되어 있는가?

9. 지리적으로 사고하고 판단하는 능력을 기르도록 고려되어 있는가?
10. 어휘의 사용이 적당하고 학년에 적합한가?
11. 논지가 분명하고 문장이 쉽게 서술되어 있는가?
12. 학생이 자발적으로 학습할 수 있도록 고려되어 있는가?
13. 학생이 흥미를 느끼도록 서술되어 있는가?
14. 교사의 실제 지도에 적합하도록 편찬되어 있는가?
15. 편협된 학설에 취하지 않고 보편적인 학설을 취하고 있는가?
16. 삽화, 도표 등이 효과적으로 사용되고 있는가?
17. 목차, 색인, 부록 등이 교과용 도서 활용에 편리하게 되어 있는가?[59]

위의 사열 기준에서 알 수 있듯이 역사과의 검정에서는 교과과정의 적합 여부, 내용 선정의 적합 여부, 지리적 관념과 사고와의 적합 여부, 어휘의 적합 여부 등과 함께 사상 선도와 관련한 기준이 마련되어 있었다. 특히 사상 선도와 관련한 항목은 반공주의와 관련하여 국사과목이 한국사의 정통성과 직접적으로 관련이 있기 때문이라 생각된다.

사열위원은 한 건에 4~5명을 원칙으로 당해 부문의 학자, 교육자 및 편수관으로 구성하였으며, 해당 교과서를 집필하지 않은 자를 원칙으로 하였으나 부득이한 경우에는 본인의 저서 이외의 것을 위촉하였다.[60] 사열은 내용 사열이 끝난 후 지금의 교과용 도서 체제 기준에 해당하는 형식심사의 2단계로 이루어졌다. 교과용 도서 검인정 형식심사상 유의사항은 다음과 같다.

〈판종〉
1. 판종은 4·6판, 5·6판, 5·7판, 4·6배판, 5·7배판으로 한다.
2. 음악과 학생용 교과서, 미술과 학생용 교과서 및 지도책은 5·7판 이

---

59) 강우철, 「교과과정과 교과서」, 『역사교육』 1, 역사교육연구회, 1956, 26~27쪽.
60) 허강 외, 앞의 책, 241쪽.

상 5 · 7배판 이하로 하고, 기타 교과의 학생용 교과서는 5 · 7판을 원칙으로 삼되 5 · 6판 또는 4 · 6판도 용인한다.

〈활자〉

1. 중등학교 학생용 교과서의 본문에 사용할 활자이 크기는 5호 이상으로 한다.

2. 고등학교 한문 및 중국어의 학생용 교과서의 본문은 4호 이상이어야 한다.

3. 활자는 정확 명료하여야하며 자획이 선명하여야 한다.

〈행수, 자수, 자간, 여백〉

1. 행수는 판종과 활자 크기에 의하되 5 · 7판에 5호 활자를 사용하는 것을 기준으로 하여 1면 본문 750자 이내로 한다. 단 1면 본문 25행을 넘을 수 없으며, 1행 32자를 넘을 수 없다. 기타는 이에 준한다.

2. 어간은 반각으로 하고, . , ! , ? 등 기호는 반각으로 간주하며, 이들 기호와 다음 글자 사이는 전각으로 한다. 단 ' , '와 다음 글자 사이는 반각으로 한다.

3. 천지, 좌, 우는 적당히 여백이 있어야 한다.

〈인쇄〉

1. 인쇄는 선명하여야 한다.

2. 인쇄에는 농담이 깨끗하여야 한다.

3. 글자 이외의 지면이 깨끗하여야 한다.

4. 글줄이 바르게 되어 있어야 한다.

5. 삽화는 명료하여야 한다.

〈체제〉

1. 표지는 120 이상의 厚紙를 사용하여야 한다.

2. 교과용 도서 검인정을 받은 표지를 안표지에 표시하여야 한다.
상기 표지에는 다음 각 항을 기재하여야 한다.
가) 검인정의 구별
나) 검인정 연월일
다) 사용될 교과목의 명칭, 사용 학교 및 사용 학년

〈제본〉

1. 제본은 견고하여야 한다.
2. 책면은 고르게 제본되어야 한다.[61]

이러한 사열기준에 대하여 제1차 교육과정기의 총론에 해당하는 '시간 배당 기준령'에는 다음과 같이 도의교육과 반공교육의 강화에 대해 규정하였다.

도의교육과 반공교육의 강화이다.

동방예의지국이라 칭하는 우리 한국에 해방 이후 급진적으로 들어온 서구 문명은, 일상 생활태도나 습관에 변화를 일으키게 하였으나, 이것을 바르게 받아들일 터전이 충분히 마련되지 못했었다. 한편 6·25 사변으로 인해 사회 질서가 일시나마 혼란됨과 함께 우리의 양풍미속도 흩어져 가는 느낌을 주게 되어 우리는 사회적 도의 훈련의 시급성이 요구되었다. 따라서 종래의 우리 생활 태도에 비판을 가하고, 민주적인 도의, 민주적 사고방식, 민주적인 생활태도, 예의 등에 대한 지도가 절실히 요청되었던 것이다. 그러므로 국민학교, 중학교에 있어서는 1주에 1시간 정도의 시간을 도의 교육을 위하여 특별히 설정하기로 했다. 도의교육은 물론 전 교육활동에 있어서 지도되고 생활화되어야 하지만, 또 따로 1시간을 이 부면을 위해서 쓸 수도 있는 것이다. 그러나, 고등학교, 사범학교에서는 "도덕"이라는 과목을 특설하여서 이론과 실천의 철저를 기한 것이다.

한편 문교부의 문교 정책으로써 반공 교육을 강화하여 반공 통일의 기백을 기르기로 했다.[62]

특히 1961년 5·16군사정변은 제1차 교육과정의 기능을 정지시키고 『혁명과업 완수를 위한 향토학교 교과과정 임시운영 요강』에 따라 중

---

61) 허강 외, 앞의 책, 252~253쪽.
62) 문교부, 『문교개관』, 1958, 132~135쪽(허강 외, 앞의 책, 172쪽 재인용).

고등학교의 교육이 행해졌다. 이 요강은 "현재의 교육과정의 학습내용을 개정한 것은 아니다. 현재의 교육과정의 내용은 어디까지나 그대로 두되 그 이론이나 방법을 향토개발사업에 입각하여 교육하고자 하는 것이다."[63]고 하여 제1차 교육과정을 폐지하지 않은 것으로 설명하고 있으나 "4294(1961-인용자)학년도 신학기부터 실시를 보게 된 향토학교 교육을 위하여 각급 학교의 교육과정을 운영하는 임시요강"으로서 기능하고 있었다고 판단된다. 따라서 5·16군사정변 이후의 교육과정은 이에 따라 운영되었다.

이 『혁명과업 완수를 위한 향토학교 교과과정 임시운영 요강』에 따르면 남북의 분단 상황에서 공산침략세력에 대한 방어와 독재부패정권의 비민주적 독소의 제거라는 과업이 있으므로 이러한 과업을 수행해야 할 중견인물의 육성을 고등학교 교육의 첫번째 목적으로 설정하였다.[64]

이 목적을 수행하기 위한 역사과의 운영 방향을 다음과 같이 설정하였다.

> 1. 중학교와 마찬가지로 현대사에 중점을 두어야 하겠다. 가까운 곳에 있던 문제를 정확하게 이해함으로써 현재를 옳게 파악할 수 있는 까닭이다. 특히 일제시대의 역사가 아직 잘 정리되어 있지 못한 형편이기는 하지만 너무도 피상적으로 다루고 있지 않은가 생각된다.
>   성인들이 현대라고 느끼는 시대적 감각과 고등학교 학생들이 느끼는 그것과는 거리가 멀다. 학생들에게 일제시대의 모양을 가르쳐 주려면 숫자적인 통계와 같이 구체성을 띤 자료가 아니면 이해가 가지 않는

---

63) 『혁명과업 완수를 위한 향토학교 교과과정 임시운영 요강(고등학교)』, 문교부, 1961, 1~2쪽.
64) 『혁명과업 완수를 위한 향토학교 교과과정 임시운영 요강(고등학교)』, 문교부, 1961, 3쪽.

다. 예를 들면 일본의 토지조사사업과 동양척식회사를 좀 더 두드러지게 지도, 취급하여야 하고, 새 문화를 수입하던 시대 즉 근대화 과정을 확대시켜야 할 것으로 믿는다.

2. 각 시대의 성격을 파악하도록 지도하여야 하겠다. 학생들이 개개의 사실은 잘 알고 있으면서 전체와의 관련 밑에서는 이해하지 못하고 있기 때문에 그 지식은 실용적인 가치를 상실하는 경우가 많다. 동양이나 서양을 막론하고 그 역사의 흐름을 거쳐야 할 어느 단계를 거치고 있다는 역사의 법칙성을 찾는 태도가 매우 긴요한 일이다.

3. 역사를 배우는 목표의 하나는 모든 사물을 비판하고 판단하는데 역사적으로 생각해보는 사고능력을 키우자는 데 있다고 한다. 역사적 사고력은 우리가 생활해 나가는 데 없어서는 안 될 능력이라고 하겠다. 그러므로 고등학교 학생에게는 역사의 인과 관계라든가 사례의 연구재료로서 사실을 대하는 태도와 습관을 길러주어야겠다.

4. 현 시대를 가르쳐 우리는 우주시대라고 한다. 비단 자연과학 뿐 아니라 정치, 경제, 문화가 인류생활을 도와주기도 하나 한편 파멸도 시키려 든다. 이러한 어려운 시기에 학생들에게 더욱 세계적인 이해가 요구된다. 과거 어느 시대보다도 세계에 대한 시야가 넓어야 할 때가 바로 이 때이다. 근세 조선 말기에 세계 정세에 어두웠던 까닭에 받지 않으면 아니 되었던 치욕을 되풀이하지 않도록 하기 위하여서도 더욱 세계에 대하여 관심을 갖도록 지도하여야 한다.

5. 역사에는 서로 관련되지 않는 것이 없고 포함되지 않은 분야가 없으리만큼 넓고도 깊다 이 역사 공부를 하는 동안 학생들에게 비교, 고찰하는 능력을 주도록 지도하여야 한다. 정치와 문화, 농업과 공업, 경제와 문화는 서로 불가분의 관계가 있다. 이 관계를 비교하고 분석하고 종합하는 능력을 가지도록 지도하여야 하겠다.

6. 역사는 순간이라는 과도기의 연속이고, 그 과도기는 그때그때의 역사적 계기를 이룬다. 과거의 역사는 현재와 미래에 연결될 때에만 교훈적이고 실용적인 가치를 나타내는 것이 아니라 그 시대 그 시대가 현재라는 개념으로 바꾸어짐으로써 더욱 효과가 있다. 이러한 뜻에서 과

거는 과거대로만 존재하는 것이 아니라 현재 속에 살아있게 된다는 것을 이해시켜야 한다.

7. 이와 같은 역사의 이해는 고등학교 역사교육에 새로운 부담을 주는 것이다. 역사교육은 비단 역사 그 자체에만 가치를 나타내는 것이 아니라 다른 모든 학과와 관련을 가짐은 물론 그 바탕이 된다는 점을 유의하여 지도하여야 한다.[65]

결국 5·16군사정변 이후에는 역사과 교육은 근현대사 교육의 강화, 시대별 성격 파악, 역사적 사고력의 향상, 세계사적 시야의 강조, 종합적인 사고 능력의 향상 등을 강조하였음을 알 수 있다. 여기에서 주목되는 점은 근현대사 교육 가운데서도 식민지시기에 대한 교육을 강조하였다는 것이다. 이는 식민사관의 극복을 당면과제로 하였던 역사학계의 흐름에 5·16군사정변의 주체세력이 영합하였던 것으로 판단된다. 즉 겉으로는 당시 우리 민족의 주요과제였던 식민사관의 극복을 정치적으로 내걸면서 이를 정권의 정통성 강화의 수단으로 활용했던 것이라 할 수 있을 것이다. 그리고 이러한 교육정책의 주요업적에 대해 다음과 같이 평가하였다.

　三. 혁명문교 주요업적
　（一）간첩침략의 분쇄
　　1. 반공 및 국방교육의 철저
　　　(2) 반공국방을 위한 교과서, 교사용 지도서 편찬
　　　　초등학교용 9,800부 중학교용 2,500부 고등학교용 1,650부
　　　　계 13,950부

---

65) 『혁명과업 완수를 위한 향토학교 교과과정 임시운영 요강(고등학교)』, 문교부, 1961, 71~72쪽.

(二) 인간개조
　1. 정신혁명-신인간상(신념, 건강, 기술, 단합, 자활, 개최)
　　(1) 교육과정 개정, 교과서 전면 개편(시안작성) 12월 31일
　　　(전인간상)[66]

　여기에서 볼 수 있듯이 5·16군사정변의 주체세력은 반공교육을 위한 교과서와 교사용 지도서의 편찬을 이미 1961년 12월 31일 현재 편찬하여 보급하였고, 교과서 전면 개편을 위한 시안까지도 마련하였던 것이다. 따라서 이후 이들에 의해 주도된 한국사회에서 반공은 절대적인 이념으로 자리 잡게 되었던 것이다.

2) 제2차 교육과정기

　5·16군사정변 이후 군사정권은 "종래의 교육을 재평가하고 새로운 교육과정으로 전면적인 개편을 한다 하여 63년 2월 15일 새 교육과정을 결정, 공고"[67]하였다. 그리고 1963년 1월 제2차 교육과정의 공표를 앞두고 문교부는 2개년 계획[68]으로 국정교과서 73종, 검인정 교과서 920종을 연차적으로 개편할 계획을 수립하였다.[69] 이에 따라 제1차 교육과정기에 사용하던 검인정 교과서는 그 검인정을 모두 취소하고 새로운 교과서를 편찬하기로 결정하고, 실업과는 1963년 9월 25일~30일, 중학교 각 교과서는 1963년 11월 11일~15일, 고등학교 각 교과서는 1964년 2월 11일~15일까지 검인정 신청을 제출하도록 고지하였다.[70]

---

66) 문교부,「문교사무현황 및 혁명문교 주요업적(1961.12.31)」(이혜영,『한국근대학교교육 100년사 연구(Ⅲ)』), 한국교육개발원, 1998, 79쪽에서 재인용.
67) 『조선일보』1964년 8월 21일, (사설)「중고교 검인정교과서 개편에 단안을 내리라」.
68) 『조선일보』1963년 3월 14일,「치열한 경쟁률 검인정교과서 집필자 계출에」.
69) 『조선일보』1963년 1월 26일,「초중고교 교과서 개편」.
70) 『경향신문』1963년 6월 28일,「중고교의 교과서 개편 시비」.

이러한 계획에 대해『경향신문』은 다음과 같이 사설로 비판하였다.

　　우리는 아직도 문교 당국자가 교과서의 전면적 개편이 불가피한 이유를
천명했다는 소리를 듣지 못했다. …… 교과서의 개편이 불가피하다고 전제
하여 보자. 그렇다면 미리부터 그 불가피한 소이를 천명하여 국민의 납득을
구하고 거기 따른 요목의 초안을 공개하여 사계의 학자, 일선 체험자들의
의견을 종합함으로써 중지의 結晶으로 完美를 기하는 신중성이 있어야 하
지 않을까?[71]

　또 검인정교과서발행인들은 건의서를 문교부에 제출하였다. 그 요
항은 다음과 같다.

1. 혁명정부의 교육이념을 충분히 구현할 수 있는 새 교과서를 저작, 출
   판하려는 저자와 출판사의 양식과 의욕을 시간적으로 보장하여 줄 것.
2. 혁명시책의 추진에 따라 모든 가지의 제도 개혁과 입법 조치가 있을
   것이 예상되므로 국민교육 영역에 반영되어야 할 교육소재가 서둘러
   서 집필하게 되므로 粗漏할 것이 우려되는 점.
3. 새 교육과정을 심의하는 일에 참여한 각과의 審委들은 이미 그 내용을
   알고 있으므로 미리 집필, 저작, 탈고까지 되어 있을 수 있으나 거의
   대부분의 다른 저자들로서는 그렇지 못한 점.
4. 새 교과서는 1965년도에 발행되도록 개편 조처하여 줄 것.
   그리고 출판과정의 소요기간을 다음과 같이 예시, 요청하고 있다.
   ▲ 집필기간=1년 ▲ 검인정 신청 수속=2개월 ▲ 집필내용 사열=3개월
   ▲ 조판, 인쇄, 제책=5개월 ▲ 전시, 주문=15일
   ▲ 수요량 생산, 공급=3개월 반

---

71) 『경향신문』 1963년 1월 30일, (사설)「교과서 개편에 대한 논의」.

이상의 모든 과정에 소요되는 노력과 시간량이 심대함은 물론 같은 저자가 자기 전공의 같은 계통교과서를 집필함에 있어 현행 학제와 학년 구분에서만 보더라도 최소한 3권 내지 6권의 교과서 원고를 소정기간 안에 탈고해야 될 뿐만 아니라 교과에 따라서는 같은 교과서라고 하더라도 분야 따라 분담, 집필을 요하게 되어 4, 5인의 협동노작이 불가피한 실정인 바 교과과정 공포 직후로 교과서 개편에 이행된다면 새 교육과정에 대한 신중한 연구, 검토의 시간적 여유가 없이 집필하게 되므로 저자나 출판사의 창의적 노력이 결여됨은 물론 심지어는 외국 교과서의 번안, 모식, 표절과 같은 수치스러운 과오가 본의 아니게 생기는 일까지 있게 될 것이 적이 우려된다.

이러한 이유에서 앞으로의 교과서 개편사업에 있어서는 새 교육과정의 입안정신과 구성 내용을 일선교사, 저자, 출판사에게 충분한 분석, 파악의 시간을 주지 않으면 아니 될 것[72]

또 유진오(고대총장), 최현배(연대명예교수), 이병도(서울대교수), 양주동(동국대대학원장)을 비롯한 184명의 교과서 저자들도 문교부에 다음과 같은 진정서를 제출하였다.

중고등학교 교과과정의 개정은 심의과정과 개정초안을 널리 공개하여 학계의 의견을 물은 후 최후 결정을 지음이 마땅한 것이라 생각하며 개정 교과과정을 확정 발표하게 되는 경우의 교과서 개편 시기는 저작자들의 여유 있는 집필기간을 고려에 넣고 결정해 달라.[73]

이외에도 교과서 저자들은 교과과정의 공개와 공청회 등을 통한 학계의 의견 수렴을 요구하였다. 이러한 비판에도 불구하고 문교부에서는 교과서 개편에 착수하였다. 이에 따라 1963년 2월말 현재 집필자 계

72) 『경향신문』 1963년 2월 13일, 「교과과정 개편에 연구기간 달라 전국검인정 교과서 발행인·재경저자 일동이 건의 집필기간 1년은 필요 심의과정 학계의견 참작도」.
73) 『경향신문』 1963년 2월 14일, 「집필기간 짧아 개편에 큰 곤란 교과서저자들 진정」.

출을 접수 중인데 중학교와 고등학교의 신청 건수는 각각 337건(책수 825권)과 851건 신청(책수 978권)이었고, 과목당 3~7권을 사열 예정하였다.[74] 이러한 검인정 신청 기일의 발표와 함께 문교부는 검인정 신청 교과서의 조판본을 제출하라고 출판사에 요구하였다.

이는 원고본만을 제출하면 되었던 기존의 검인정과 큰 차이가 나는 조치였다. 과목당 3~7권만 사열한다는 방침과 연결하여 보면 검인정 출원 교과서의 절반 이상이 검인정을 받지 못하여 출판사 경영에 막대한 지장을 준다는 것이다. 더욱이 조판비용 역시 막대하여 검인정을 통과하지 못할 경우 출판업자들은 약 1억 5천만원 가량의 손해를 본다는 것이다.[75] 이러한 상황 속에서 기존에 교과서를 발행하던 출판사와 새로이 교과서 시장에 진입하려는 출판사 사이에 경쟁이 생겨 사회적 논란이 되었다.[76]

이와 같이 교과서 개편을 둘러싼 이해 당사자의 반발과 용지난, 학부모 부담 가중 등을 이유로 문교부는 계획을 변경하여 국민학교, 중학교, 실업고등학교용 교과서는 계획대로 1965년 3월부터 실시하기로 하였으나 인문계 고등학교는 1966년부터 실시하기로 변경하였다.[77] 이는 교과서 출판업자와 저자들의 진정에 대한 대응이었다. 또 사열제출기

---

74) 『조선일보』 1963년 3월 14일, 「치열한 경쟁률 검인정교과서 집필자 계출에」. 과목당 3~7권으로 제한한 이유는 첫째, 과거에 지나친 경쟁을 보여 교과서의 질이 아닌 비상수단에 의해 판매량이 좌우되었고 둘째, 경제적으로 볼 때 종류가 적어야 판매부수가 많아져 싼값으로 좋은 교과서를 만들 수 있으며 셋째, 우리나라는 지역적 다양성이 그리 크지 않으므로 7가지 정도면 족하다는 것이었다(『경향신문』 1965년 6월 12일, 「교과서의 체질개선 중학교 검인정교과서의 사열 뒷이야기」).

75) 『경향신문』 1963년 2월 26일, 「집필기간도 촉박 출판사 저자들 시정토록 진정 조판본 내래서 출혈 강요」.

76) 『동아일보』 1963년 10월 24일, 「헌책이냐 새책이냐 막대한 이권 쟁탈」.

77) 『조선일보』 1963년 7월 3일, 「고교 66년부터 교과서 개편 계획을 변경」. 교과서 출판계획은 1963년 4월 2일, 7월 6일, 11월 11일의 3번의 변경하였다(『조선일보』 1964년 8월 21일, (사설)「중고교 검인정교과서 개편에 단안을 내리라」).

간도 변경하여 중학교 교과서는 1964년 2월 20일~25일, 고등학교 교과서는 1965년 2월 20일~25일로 연장하였다.[78] 그리고 1963년 11월 10일에는 중학교 교과서의 개편도 다음의 이유로 1년을 늦춰 고등학교와 함께 1966년에 개편하기로 결정하였다.

① 최근 종이 값이 50% 이상 뛰었고 교과서 개편에 따른 소요 용지 약 1천여 톤의 수요가 증가되면 용지난이 극심하게 되며 ② 펄프 수입으로 약 20여만 불의 외화가 필요한데 요즘 외화 사정으로는 이를 조달하기가 어렵고 ③ 약 1억 5천여 만 원에 달하는 학부형 부담을 덜어주기 위해 연기조치가 불가피[79]

이외에도 대부분의 교과서 출판업자들은 너무나 급작스러운 개편 일정으로 출판업계에 큰 혼란을 초래시킬 우려가 있다고 지적하였고, 교과서 집필자들은 교과서 집필에 선행되어야 할 외래어 표기법과 과학용어의 제정조차 이루어지지 않고 있으며 교과서 집필에 필요한 해설서조차 내놓지 않은 상태에서 교과서 개편은 어렵다고 비판하였다.[80] 이외에 학제 개편과의 연관성도 교과서 개편 시기를 연기한 이유 중의 하나였다.[81] 결국 교과서 개편 논란은 학제 개편과 교과서 집필과 관련한 선행 조건의 미비라는 교육 내적인 요인과 용지난과 외화

---

78) 『경향신문』1963년 7월 2일, 「교과서 개편 기정방침대로 이문교담 고교용만 66년도부터 실시」. 그런데 기존 교과서의 잘못된 서술을 그대로 학생들에게 교육할 수 없었기 때문에 문교부는 1963년 12월 9일 중고등학교 교과서의 틀린 곳만을 수정하여 공급할 것을 지시하였다. 수정지시의 골자는 ① 시대전 변천에 따라 현 실정에 맞지 않는 내용 ② 외래어 한글 표기가 틀린 것 ③ 오자, 탈자, 오식을 수정 ④ 색도판 및 삽화의 선명치 못한 부분 등이었다.(『경향신문』1963년 12월 9일, 「중고교 교과서 틀린 곳만 고쳐 공급에 지장 없도록 지시」
79) 『조선일보』1963년 11월 12일, 「교과서 개편 66년 봄부터」.
80) 『경향신문』1963년 6월 28일, 「중고교의 교과서 개편 시비」.
81) 『조선일보』1963년 10월 11일, 「중고교 교과서 66년도부터 개편」.

부족, 그리고 학부모의 부담 가중에 따른 것이었다.

그러나 『조선일보』가 사설에서 비판하였듯이 교과서 개편 논란의 배후에는 출판업자의 농간이 있었음도 명백한 것으로 보인다. 즉 『조선일보』는 1964년 8월 21일 사설에서 이러한 교과서 출판 계획의 변경이 교과서 출판업자의 농간에 따른 것이었다는 비판하였고,[82] 같은 해 10월 10일 문교부가 1966년도부터 중고등학교 교과서를 개편하겠다는 발표를 하자 10월 11일자 사설에서는 "오랜 시일을 두고 중고교교과서의 개편시기문제를 둘러싸고 벌어진 교과서 제작업자간의 이권쟁탈전은 일단락을 짓게 된 것"[83]이라 하였던 것이다.

그런데 이듬해인 1965년 6월 4일 문교부는 중고등학교 통합 5년제 학제 개편안이 확정될 때까지 고등학교 교과서의 개편을 무기한 연기한다고 발표하는 한편 검인정교과서에 대한 사열신청도 무기 연기하였다.[84] 그러나 중학교 교과서에 대한 검인정은 진행되어 1965년 6월 7일 1차 사열 결과가 발표되었으나 교과서와 저자들 간에 물의가 일어났다. 해방 이후 20년간 교과서업자로 알려진 대출판사들과 원로 저자들의 출원본이 탈락한 경우가 많았기 때문이었다.

특히 원로 저자의 탈락은 중견 저자들로의 교과서 저자의 교체를 의미하는 것으로도 이해되었다.[85] 즉 유진오(사회), 이병도(국사), 고광만(영어), 최현배, 이숭녕(문법) 등 유명 저자의 교과서가 탈락되었고, 사열요원 중 다른 학자의 이름으로 교과서를 저술한 학자가 포함되어 있었다는 소문도 있었다. 이러한 사태는 저자의 권위보다 교수요목대로

---

82) 『조선일보』 1964년 8월 21일, (사설)「중고교 검인정교과서 개편에 단안을 내리라」.
83) 『조선일보』 1964년 10월 11일, (사설)「중고 교과서 개편 단안을 환영한다」.
84) 『조선일보』 1965년 1월 5일, 「중고교 통합 5년제 거의 확실 고교 교과서 개편 무기 연기」.
85) 『동아일보』 1965년 6월 10일, 「중학교 검인정 교과서 중견저자들 대거진출」.

순서 배열 등에 이르기까지 꼬박꼬박 짜임새 있는 편집을 한 교과서가 통과되었고, 사회과목의 경우 역사, 지리, 공민을 한데 묶어 다루는데 책은 각각 저자가 다른 3권으로 되어 있기 때문에 어느 한 권이라도 통과하지 못하면 전체가 탈락하였기 때문이었다고 한다.[86]

이에 사단법인 한국검인정교과서발행인협회는 1965년 6월 9일 '교과서 검인정에 대한 건의'를 냈고, 저자들도 사열방법기준, 사열요원의 명단 공개 등을 요구하는 連書建議文과 □□狀을 문교부에 내고 행정소송까지 준비하였다. 즉 한국검인정교과서발행인협회는 ① 심사기준 및 사업 결과의 공개 ② 매년 신규 접수 여부 ③ 합격한 교과서의 명년부터의 사용 여부 ④ 문교부 정가 사정에 순응하겠으나 7종으로 제한한 종목의 제한을 철폐할 것 등을 건의하였다. 그리고 저자들은 ① 사열방법, 사열기준, 사열요원 명단의 즉시 공개 ② 사열한 채점표 및 채점 등위의 공개 ③ 학설의 차이나 그 이론적인 해명이 필요할 경우 문교부가 단독으로 처리한 처사에 대한 책임있는 답변을 할 수 있는 당무자를 즉시 선정, 공고할 것 등을 요구하는 건의서를 교과서 저자 250명의 연서로 문교부에 제출하였던 것이다.

이에 대해 문교부는 한국검인정교과서발행인협회의 건의 중 ①은 2~3차 사열이 남아있고, ②와 ④는 할 수 없으며, ③은 내년부터 사용한다고 밝혔다.[87] 그리고 사열경위에 대해서 다음과 같이 밝혔다.

이 사열을 위해 대학교수 3, 고교교사 2의 비율로 125명의 사열위원을

---

86) 64년 10월 20일부터 11월 5일에 걸쳐 검인정 출원된 교과서는 80여 출판사의 324종 724권이었고, 사열 통과 교과서는 43개사 91종, 203권으로 과목 당 7종이었다. 사열 대상 교과서는 음악, 사회부도, 서예, 수학, 문법, 한문, 사회, 미술, 영어, 가정, 체육, 작문, 과학 등 13 과목이었다(『조선일보』 1965년 6월 15일, 「중학교 검인정 교과서 사열에 말썽」).
87) 『조선일보』 1965년 6월 15일, 「중학교 검인정 교과서 사열에 말썽」.

위촉, 한문, 서예, 사회부도, 문법, 체육, 음악, 미술, 가정 등은 1개조 5명이, 영어, 수학, 사회, 과학, 작문 등은 3개조 또는 4개조로 나누어 각각 사열했다. 이 사열의 결과 과거 출판부수의 반 이상을 차지하던 최현배씨의 말본, 유진오씨의 공민, 이병도씨의 국사가 탈락되었다.[88]

문교부의 이러한 조치에 대하여 중학교 검인정 교과서의 불합격 처분을 받은 정음사 대표 崔暎海 등 30명의 출판업자와 崔鉉培 등 191명의 교과서 저자 등 총 221명이 尹天柱 문교부 장관을 상대로 서울고등법원에 '중학교 검인정 교과서에 대한 문교부의 불합격 처분을 취소하라'는 행정소송을 제기하였다. 이들이 소장에서 밝힌 행정소송 이유는 검인정 합격 교과서를 매 과목 당 7종목으로 제한한 것이 부당하다는 것이었다.[89]

이와 함께 서울지검에서도 채점 기준을 극비에 붙이고, 최모, 김모 교수 등 사회 저명인사의 저서를 불합격시킨 교과서검인정을 둘러싼 부정 의혹에 대해 수사에 착수[90]하여 8월 12일 편수국장 金承濟를 검인정교과서 사열표를 변조하였다는 혐의, 즉 공문서 변조 혐의로 입건하였다.[91] 특히 음악과 사열위원이던 金大賢은 채점표에 자신의 기억에도 없는 79개소에 정정날인이 있다고 했다가 이를 번복[92]하는 등 혼란을 가중시켰다.

이 결과 문교부 편수국장 김승제는 공문서 변조 혐의로 입건되고,[93]

88) 『동아일보』 1965년 6월 25일, 「문교부의 사열 경위」.
89) 『조선일보』 1965년 6월 26일, 「윤천주문교부장관을 걸어 행정소송 불합격한 검인정 교과서 업자와 출판사서」.
90) 『조선일보』 1965년 8월 12일, 「문교부 편수국에 메스 검인정교과서 챗점표 위조 혐의」.
91) 『조선일보』 1965년 8월 13일, 「김편수국장 입건 검인정교과서 사열표 변조 혐의」.
92) 『조선일보』 1965년 8월 14일, 「알쏭달쏭 행소에서 형사사건으로 발전된 검인정교과서 파동」.
93) 『동아일보』 1965년 8월 12일, 「문교부 편수국장을 입건 교과서 심사 부정」.

편수과 직원 李奎學, 李鍾煜이 사열총점을 이기할 때 착오를 냈으나 사열 당락에는 영향이 없었다며 파면하였다.[94] 그리고 감사원은 교과서 사열기준에 부정이 있음이 밝히고 이를 시정할 것을 문교부에 요구하였다.[95] 이와 같이 사열과정에서 부정이 발견되자 1965년 8월 13일 불합격저자대회에서 선출된 과목별 대표인 金根洙를 비롯한 24명은 8월 16일 7종목의 제한을 즉시 철폐하고 제1차 사열을 재사열하여 교육과정에 부합한 교과서는 모두 검인정하라는 건의서를 관계 요로에 제출하였다.[96]

이러한 논란이 일단락 된 후 1966년 3월 31일 문교부는 고등학교 교과서를 68년부터 개편할 것이라 발표하였다. 이는 학제 개편문제와 맞물려 연기되었던 고등학교 교과서를 학제 개편을 하지 않기로 결정함에 따라 새로이 발행하겠다는 것을 의미한다. 동시에 문교부는 감사원의 시정요구도 있고 기준에 달한 교과서가 검정 탈락하는 모순을 방지하기 위하여 7종으로 제한되었던 과목당 검인정 교과서의 제한을 풀기로 결정하였다.[97]

한편 1967년 10월 대통령 박정희는 1968년 시정연설에서 제2차 교육과정의 부분 개편을 의미하는 것으로 보이는 새로운 교과과정을 제정하겠다고 밝혔다.[98] 그리고 민족문화의 앙양과 발굴, 전통문화의 보존과 창달을 위하여 국사의 편찬, 고전의 번역, 국제문화재 보존관리의 철저를 기할 것이라고 밝혔다.[99] 이 결과 잘 알려진 바와 같이 1968년

94) 『경향신문』 1965년 8월 12일, 「편수과 두 직원 파면」.
95) 『경향신문』 1966년 2월 2일, 「중학용 사회과 부문 교과서사열에 부정 감사원 적발」.
96) 『동아일보』 1965년 8월 19일, 「인정교과서 재사열 종목제한 철폐 요구 김근수씨 등 24명」.
97) 『조선일보』 1966년 4월 1일, 「고교 교과 68년부터 개편 검인정교과서 제한해제할 방침」; 『조선일보』 1966년 6월 15일, 「검인정교과서 제한 해제」.
98) 『경향신문』 1967년 10월 16일, 「박대통령 새해 시정연설」.

교육과정이 큰 폭으로 개정되었고, 교과서도 개편되었음은 물론이다.

다른 한편 제2차 교육과정에 따른 교과서 편찬이 연기되는 과정에서 1965년 7월 15일 한일국교정상화를 앞두고 문교부는 1965년 11월 끝낼 예정이던 국민학교 5, 6학년용 교과서 개편에 '주체성의 확립'과 '국제간의 호혜평등'을 살려나가는 방향으로 교과서 내용을 바꾸어 나갈 것이라 밝혔던 것이다.[100] 이는 제2차 교육과정의 내용에서 자주성, 생산성, 유용성을 강조[101]한 것과 관련이 있다. 특히 '국제간의 호혜평등'이란 결국 일본과의 국교정상화를 앞둔 상황에서 교육과정에서 반일교육을 배제한다는 의미를 내포하고 있다.

그리하여 1966년 7월 15일 공포되고 1968년 3월 1일부터 시행될 제2차 교육과정기의 '인문계고등학교교육과정령'의 공포를 앞둔 4월 22일 역사교육연구회에서는 '개정된 교육과정과 역사교육의 제문제'라는 주제로 좌담회를 개최하였다. 이 좌담회는 개정된 교육과정에 의한 교과서의 시안이 나오면서 개최된 것으로 李瑄根, 千寬宇, 李廷仁, 康宇哲, 金蘭洙, 黃哲秀, 閔斗基, 崔泰詳 등 역사학과 역사교육의 담당자들이 참석하였다.

이 자리에서 이정인은 구교육과정, 즉 제1차 교육과정의 특징을 첫째, 민족정신의 앙양 둘째, 반공반일교육 셋째, 민족문화에 대한 육성이라 하면서 1966년 '인문계고등학교교육과정령'에서는 애국애족정신 함양, 민족문화의 계승발전, 경제자립, 민주사회 육성, 반공사상 강화, 국제간의 협조와 세계평화에 기여라는 목표가 설정[102]되어 있다고 설

99)『경향신문』1967년 10월 16일,「박대통령 새해 시정연설」.

100)『조선일보』1965년 7월 16일,「교과서에도 친일무드 문교부 국민교 5, 6년용 개편할 듯」.

101) 문교부,『고등학교 교육과정 해설』, 1968, 8~16쪽.

102)「개정된 교육과정과 역사교육의 제문제」,『역사교육』9, 역사교육연구회, 1966,

명하였다. 여기에서 주목되는 점은 제1차 교육과정기까지 강조되었던
반일교육이 배제되고 국제간의 협조와 세계평화라는 목표가 새로이
설정되었던 것이다.

이와 같은 배경에서 문교부에서는 1965년 한일국교정상화를 앞두고
교과서 내의 일본 관련 내용을 대폭적으로 수정할 방침을 수립하였다.
즉 국민학교 5, 6학년용 교과서 개편에서 倭寇의 침입, 倭食 등 일본에
대한 표현과 유관순 이야기 중 일본에 대한 과격한 표현 등 광범한 것
이었다.[103] 이에 대해 언론과 각종 사회단체에서 비판이 속출하였다.
『경향신문』은 "아직 구체적 발표가 없으나 만약 문교부가 그러한 문제
를 검토 중에 있는 것이 사실이라면 이것은 지금까지의 교육 방침이
그릇되었다는 것을 자백하는 것으로 단순한 교과서의 개정 이상의 중
대 문제라 아니할 수 없다"[104]고 반대하였다. 『동아일보』는 "교과서의
수정, 개편하는 그 자체에 반대하지 않으나 일본에 영합하려는 목적의
식에서 그것이 수정, 개편되는 일은 없기를 바란다. 역사적 사실에 어
긋나는 것이거나 과장된 것은 수정될 수 있어도 엄연한 역사적 사실이
수정될 수는 없다. 진실주의에 의하여 수정, 개편되어야 할 것이며 다
시 정치주의에 의하여 수정, 개편되어서는 안된다"[105]고 주장하였다.

이러한 흐름은 해방 20년을 맞이하는 과정에서 일제의 잔재를 일소
하여야 한다는 사회적 흐름과 맥을 같이 하는 것이라 생각된다. 특히
4·19혁명 이후 고양되었던 민족주의의 영향에서 자유로울 수 없었다.
그리하여 5·16군사정변 당시 혁명공약에서도 '민족정기', '국가자주경

164~168쪽.
103) 『동아일보』1965년 7월 15일, 「국민교 5, 6학년용 대폭 고칠듯」.
104) 『경향신문』 1965년 7월 16일, 「문교부와 친일무드-국민학교교과서 내용개정을 반
  대하며-」
105) 『동아일보』 1965년 7월 16일, 「외공와 국민학교 교과서」.

제재건', '민족적 숙원인 국토통일' 등 민족주의적 용어를 사용하여 자신들 역시 민족주의자임을 강조하였다.[106] 결국 박정희정권도 4·19혁명 이후의 민족주의적 흐름을 거스르지 못하고 이를 지속적으로 강조하였던 것이다. 그리고 이러한 민족주의적 흐름은 1960년대 역사학계와 역사교육계에서는 민족사관 확립과 교육이라는 것으로 나타났고, 여기에 군사정권과 역사학계 및 역사교육계의 교차점이 있었던 것이다.

이와 같이 4·19혁명과 5·16군사정변 이후의 흐름 속에서 국사교육은 민족자주성을 강화하는데 필수적인 것이라 인식되었고, 이를 위해 국사교과서의 개편과 역사용어의 수정은 불가피하였다. 더욱이 제1차 교육과정기의 검인정교과서의 교과서별 서술내용이나 용어의 차이는 큰 혼란을 불러일으켜 왔다. 그리하여 제2차 교육과정이 공포된 이후 문교부는 검인정교과서의 경우 교과서별로 서술 내용의 차이가 커 혼란을 빚었기 때문에 이를 통일하기 위하여 자문위원회를 구성하였다. 국사과의 경우 국사교육통일심의위원회(위원장 申奭鎬)를 설치하여 심의에 착수하였다.[107]

국사교육통일심의위원회는 중고등학교 국사 교사 6명, 문교부 직원 2명, 각 대학 국사학 교수 및 전문가 12명 등 20명으로 구성되었으며, 1963년 6월 14일 2차에 걸쳐 회의를 개최하여 국사교육내용의 문제점을 찾아내도록 9명의 전문위원을 선출하였다. 국사교육통일심의위원회는 단군조선 문제, 기자조선 문제, 위만조선 문제, 삼한의 위치, 삼국의 건국문제 등 주로 상고사와 고대사문제와 용어의 통일문제를 다룰 예정이었다.[108] 이는 단군조선이 史實인지 설화인지를 교과서에 어떻

106) 오제연, 「1960년대 초 박정희정권과 학생들의 민족주의 분화-'민족적 민주주의를 중심으로-」, 『기억과전망』 16, 민주화운동기념사업회, 2007, 293쪽.
107) 『경향신문』 1963년 6월 18일, 「교과서 피라미드식으로 11종 중 부인한 교과서도 있으나 신화기술에 논란 없을 듯」.

게 반영하는가의 문제를 중심으로 하는 것이었다. 이 위원회의 활동 결과 1963년 8월 8일 다음과 같이 결정하였다.

▲ 기자동래 운운은 교과서에서 쓰지 않으며 위만에 대해서는 민족적 소속을 밝히지 않는다.
▲ 삼한의 위치는 중학교 교육에 있어 ① 마한을 우리나라 남부의 서쪽 ② 진한은 남부의 동쪽 ③ 변한은 남부의 남쪽으로 한다.
▲ 삼국의 건국연대는 사료에 기록되어 있는 건국연대(BC 57·37·18)는 사용치 않으며 삼국이 고대국가로 발전한 것은 고구려, 백제, 신라의 순으로 한다.
▲ 신라의 삼국통일 연대는 서기 676년으로 한다.
▲ 우리나라 근대화 시기는 병자수호조약이 체결된 이후로 한다.
▲ 왕의 대수 표시는 신라통일 때까지의 왕에 대해서는 그 대수를 표시치 않고 고려 이후는 사용할 수 있다.[109]

또한 1966년 10월 15일 문교부는 민족자주성을 모독한다며 고등학교 국사 교과서의 乙巳保護條約을 乙巳條約, 광주학생사건을 광주학생운동, 6·10만세사건을 6·10만세운동, 한4군을 한의 군현, 동학란을 동학혁명, 단군신화는 건국이념으로 그 용어를 수정할 것을 지시하였다.[110] 이러한 문교부의 수정지시에 대해 역사학자들은 단군신화의 사실화와 동학란의 개칭 문제 외에는 대체로 찬성하였다.[111] 이와 함께 1968년

108) 『경향신문』 1963년 6월 15일, 「국사 내용을 통일 문교부 전문가 20명으로 심의위 구성」 :『동아일보』 1963년 6월 15일, 「단군신화 검토 국사교과 내용 통일」.
109) 『경향신문』 1963년 8월 8일, 「국사교과를 통일 단군은 민족신화로만 취급키로」.
110) 『동아일보』 1966년 10월 15일, 「을사보호조약은 을사조약으로만」. 실제 1968년 검 인정된 국사 교과서에는 동학혁명이란 용어로 기술되었다.
111) 『동아일보』 1966년 10월 22일, 「뒤늦은 수정 국사용어 문교부의 지시에 대한 학계 의견」. 참고로 해방 이후 국사교과서의 동학농민운동에 대한 용어변천은 다음과 같다.

개편될 고등학교 교과서는 다음과 같이 민족주체성 확립을 위한 교육을 기본방침으로 하였다.

▲ 국어 6 · 25동란을 상기시킴으로써 조국애의 정신을 불러일으키기 위한 단원을 설정
▲ 국사 통일독립된 민족으로서의 역사적 주체성을 지키기 위해 우리 문화가 인접국가문화에 큰 영향을 미쳤다는 사실을 중시
▲ 일반사회 추상적 이론에 치우쳤던 종래의 경향을 지양, 반공교육 내용의 보강 등 국가적, 사회적 현실과 당면과제 해결에 역점
▲ 지리 외원과 차관이 경제개발계획에 한몫을 차지하고 있다는 점을 알리고 인력수출도 하나의 지적수출임을 강조
▲ 음악 歌唱 교재에 있어 30% 이상을 우리나라 민요와 판소리 등으로 채운다.112)

① 국어엔 6 · 25 수난사로 '피어린 6백리'란 단원을 두고 우수한 고시조도 삽입했고 ② 일반사회엔 반공교육을 보강했고 ③ 국사엔 불교, 문화 등 우리 문화가 인접국가에 미친 영향을 강조했으며 ④ 지리엔 내자에 기반을 둔 국가경제의 발전상과 인력수출에 도움을 준 국군 파월의 의의를 살리고 ⑤ 음악엔 우리 민요와 가곡을 노래의 30% 이상으로 충당했다.113)

이로 보아 1968년 개편된 교과서는 민족주의적 교육과 반공교육이 강화되는 방향에서 편찬되었음을 알 수 있다. 이러한 교과서 편찬의 기본방침은 교과서에 대한 정부의 통제와 간섭이 보다 강화되었음을 보여준다. 특히 지리교과서에서 '외원과 차관이 경제개발계획에 한몫을 차지하고 있다는 점을 알리고 인력수출도 하나의 지적 수출임을 강조'하기로 한 것은 외자 도입을 통한 경제개발정책에 대한 교육임과 동

112) 『동아일보』 1966년 10월 16일, 「고교교과서 개편 새해부터 민족주체성을 강조」.
113) 『조선일보』 1968년 11월 7일, 「국민학교 교과서 내년부터 한글로」.

시에 베트남 파병에 대한 정당성을 부여하기 위한 것으로 이해된다. 이의 연장선에서 대통령 박정희는 1968년 1월 18일 문교부 연두순시에서 "구호만을 앞세운 부실한 학사행정을 지양, 국가가 당면한 문제들을 구체적으로 배울 수 있는 산교육을 실시, 교과서도 이에 따라 적절히 개편할 것을 당부"[114]하였다. 더욱이 문교부는 1968년 12월 국민교육헌장이 제정된 이후 국민교육헌장의 정신과 제2 경제의 이념을 구현시키기 위해 교과서를 개편하고자 하였다.[115] 이를 위해 문교부는 1969년도의 각종 교과서 편찬 예산으로 5,935만원을 요구하였다.[116]

　다른 한편 제2차 교육과정은 1963년 2월 공포되어 학교 급별로 연차적으로 시행되었는데 4·19혁명과 5·16군사정변에 큰 영향을 받았다. 특히 1968년 국민교육헌장의 제정과 선포에 따라 제1차 교육과정은 1969년 큰 폭으로 수정되었다. 특히 제2차 교육과정에서 가장 두드러진 점은 교육과정에 '반공'이 최초로 명시되었다는 점이다.[117] 그리하여 초등학교와 중학교에 '반공·도덕' 영역을 새로 설치하여 주당 1시간씩 교육하도록 하였고, 1969년 교육과정을 부분 개정하면서 주당 2시간으로 증가시켰다. 그리고 제1차 교육과정에 남학생들에게 필수로 부과하였던 교련이 제2차 교육과정의 편제에서 제외되었다가 1969년 교육과정 부분 개정 시 주당 12시간으로 부활되었을 뿐만 아니라 남녀 학생 모두에게 부과되었다.

　반공교육의 강화에 대해 문교부의 평가는 다음의 공문들[118]에서 확

114) 『경향신문』 1968년 1월 18일, 「교육 문화부로 분리연구 박대통령 지시 체육행정 일원화」.
115) 『경향신문』 1968년 9월 17일, 「초중고 교과서 개편 3개년차로 교육헌장정신 등 반영케」.
116) 『매일경제신문』 1968년 9월 17일, 「교과서를 전면 개편 초중고 교육과정도」.
117) 조성운, 앞의 글, 243쪽.
118) 이혜영, 『한국근대학교교육 100년사 연구(Ⅲ)』, 한국교육개발원, 1998, 86쪽에서 재

인할 수 있다.

○ 각 중·고교장 귀하
　사회과, 반공, 도덕 시간 외에는 민족 주체성 확립 지도가 부진하므로 다음 사항에 유의하여 실시에 만전을 기하기를 바람.
　가. 교사의 의욕적인 태도 요망.
　나. 민족 주체성 지도 내용을 각 교과내용에 포함하도록 함.
　다. 포착한 지도 내용은 학습지도안에 표시하고 강조하여 지도함.
　라. 장학지도 시찰시 상기 사항을 확인 지도 할 것임.

○ 문장학 1013-366 (67.7.10) 지시된 문교부 장관의 공문 이첩
　가. 반공, 도덕 생활이 전체 교육계획서의 근본이 되어 실효를 거두도록 함.
　나. 입시준비교육에 치중하는 경향으로 반공, 도덕교육이 소홀히 됨.
　다. 1968학년도 중, 고교 입시에 있어서 반공 도덕의 출제 비중을 높일 예정임.

이와 같은 반공교육의 강화는 결국 정부가 교과서와 교과서의 내용에 대해 보다 강한 통제와 간섭을 한다는 의미이다.[119] 그리하여 교과서 발행도 제3공화국 이후에는 1종 도서를 확대하는 방향으로 개편되었고, 1950년 4월 제정되었던 '교과용 도서 검인정 규정'을 폐지하고

인용.

119) 예를 들면 베트남 파병 훈련 중 사망한 姜在求 소령의 이야기를 국민학교 6학년 바른생활 교과서에 수록하기로 결정하였다(『조선일보』 1965년 10월 21일, 「故姜少領 이야기 국민교 교과서에」). 그리고 1966년 5월 17일 반공교육을 강화하기 위하여 국민학교 바른생활 교과서를 1학년부터 4학년까지는 반공과 도덕 비율을 각각 50%로, 5, 6학년 교과서는 반공 25%, 도덕 75%였던 것을 반공 75%, 도덕 25%로 편찬하기로 결정하였다(『조선일보』 1967년 5월 18일, 「반공교육을 강화 문교부 바른생활 교과서 개편」).

1967년 4월 17일 대통령령 제3018호로 다음의 '교과용 도서 저작·검인정령'을 공포, 시행하였다.

제1조(목적) 이 령은 교육법 제157조의 규정에 의하여 대학, 사범대학, 교육대학 및 실업고등전문학교를 제외한 각 학교의 교과용 도서의 저작, 검정 및 인정에 관한 사항을 규정함을 목적으로 한다.

제2조(국정 및 검인정의 대상) ① 국민학교의 교과목(문교부장관이 정하는 학습활동을 포함한다. 이하 같다)에 관한 학생용 교과용 도서 및 교사용 교과용 도서와 기타 문교부장관이 특히 필요하다고 인정하는 각 학교의 교과목에 관한 교과용 도서(이하 국정교과서라 한다)는 문교부장관이 저작한다. ② 전항의 국정교과서 이외의 각 학교의 교과목에 관한 학생용 교과용 도서(이하 검정교과서라 한다)는 문교부장관이 검정한다. ③ 국민학교를 제외한 각 학교의 교과목의 교수를 보충하거나 학습의 효과를 높이기 위한 학생용 교과용 도서(이하 인정교과서라 한다)는 문교부장관이 인정한다.

제3조(저작권과 번각 발행) ① 국정교과서의 저작권은 문교부장관에게 있다. ② 문교부장관은 인쇄시설 기타 출판능력이 있다고 인정되는 자에게 국정교과서의 번각발행을 위탁할 수 있다.

제4조(검인정신청) ① 문교부장관이 교과서의 검정 또는 인정(이하 검인정이라 한다)을 하고자 할 때는 미리 그 검인정신청기간을 정하여 공고하여야 한다. ② 교과서의 검인정을 신청하고자 하는 저작자(저작자가 2인 이상인 때에는 대표자 1인)는 전항의 신청기간 안에 교과목 별로 문교부장관이 정하는 서식에 의한 교과서검인정신청서에 이력서, 신청가격계산서 및 검인정용 도서 6부를 첨부하여 문교부장관에게 제출하여야 한다. ③ 전항의 규정에 의하여 검인정을 신청할 때에는 당해 도서의 신청가격의 100배에 해당하는 액의 검인정 수수료를 국고에 납입하고 그 납입필증을 당해 신청서에 첨부하여야 한다. ④ 전항의 규정에 의하여 납입한 검인정 수수료는 이를 반환하지 아니한다.

제5조(사열) ① 문교부장관은 검인정을 신청한 도서에 대하여 그 교과서

로서의 적부를 사열하게 하기위하여 매 교과목에 3인 내지 5인의 사열위원을 위촉한다. ② 사열위원은 문교부장관이 정하는 사열기준에 따라 사열의 위촉을 받은 교과서의 내용을 사열하여 그 의견서를 문교부장관에게 제출하여야 한다. ③ 사열위원에게는 전항 제3항의 규정에 의하여 납입된 검인정 수수료의 80%에 해당하는 액의 범위 안에서 문교부장관이 정하는 바에 의하여 사열료를 지급한다.

제6조(수정신청) ① 문교부장관은 검인정을 신청한 도서 중 사소한 수정을 가하면 검인정할 수 있다고 인정되는 교과서에 대하여는 기간을 정하여 그 저작자로 하여금 당해 부분의 수정신청을 하게 할 수 있다. ② 전항의 규정에 의하여 검인정을 수정, 신청하고자 하는 자는 문교부장관이 정하는 서식에 의한 교과서검인정수정신청서에 수정도서 6부를 첨부하여 문교부장관에게 제출하여야 한다. ③ 제1항의 규정에 의한 기간 안에 수정신청하지 아니한 자는 검인정의 신청을 포기한 것으로 본다.

제7조(가격사정) ① 검인정교과서의 가격은 문교부장관이 사정한다. ② 문교부장관은 필요하다고 인정될 때에는 발행자의 의견을 들어 가격을 다시 사정할 수 있다.

제8조(검인정 및 공고) ① 검인정은 교과목별로 행한다. ② 문교부장관이 교과서를 검인정한 때에는 관보에 교과목별로 검인정 번호, 책명, 정가, 해당학교, 검인정 연월일, 저작자명 및 발행자의 주소, 성명을 공고하여야 한다. ③ 문교부장관이 전항 제2항의 규정에 의하여 검인정 교과서의 가격을 재사 정한 때, 제11조의 규정에 의하여 수정 또는 변경검인정을 행한 때와 이동신고를 받은 때에는 이를 관보에 공고하여야 한다.

제9조(발행공급) ① 검인정교과서를 발행하는 때에는 표지 또는 내표지에 검인정번호, 검인정 연월일과 해당 학교 및 교과목명을 기재하여야 한다. ② 검인정교과서를 발행한 때에는 발행자는 지체없이 발행도서 2부를 문교부장관에게 제출하여야 한다. ③ 문교부장관이 교육상 필요하다고 인정할 때에는 발행자에게 검인정교과서의 공급에 관하여 필요한 지시를 할 수 있다.

제10조(변경) ① 이미 검인정된 교과서를 수정 또는 변경하고자 하는 저작자는 문교부장관이 정하는 서식에 의한 교과서검인정변경신청서에 변경도서 6부를 첨부하여 문교부장관에게 제출하여야 한다. ② 전항의 경우에 사열에 관하여는 제5조의 규정을 준용하며, 변경검인정 수수료에 대하여는 제4조 제3항 및 제4항의 규정을 준용하되 그 수수료는 신청가격의 50배에 해당하는 액으로 한다. ③ 검인정교과서에 서명된 저작자 또는 발행자의 이동이 있거나 성명 변경 또는 발행자의 주소의 변경이 있을 때에는 저작자는 문교부장관이 정하는 서식에 의한 검인정교과서 이동신고서를 문교부장관에게 제출하여야 한다.

제11조(수정지시) ① 문교부장관은 이미 검인정한 교과서에 수정할 부분이 있다고 인정하는 경우에는 기간을 정하여 저작자에게 그 수정을 지시할 수 있다. ② 저작자가 전항의 규정에 의한 수정지시를 받은 때에는 그 기간 안에 수정 출판한 도서를 문교부장관에게 제출하여야 한다.

제12조(교사용 지도서) 문교부장관은 검인정한 교과서의 저작, 발행자에 대하여 당해 교과서의 교사용 지도서를 저작, 발행하게 할 수 있다.

제13조(취소) 문교부장관은 검인정교과서가 다음 각호의 1에 해당한 때에는 그 검인정을 취소할 수 있다. 1. 이 령 또는 이 령에 의한 문교부장관의 지시를 위반한 때. 2. 교과서에 서명된 저작자가 검인정한 당시의 저작자와 다를 때. 3. 내용 또는 지질, 인쇄, 제본 등이 교과서로서 부적당하게 된 때. 4. 저작자, 발행자로서 반국가적 또는 비인도적 행위를 하여 학생에게 교육상 좋지 못한 영향을 미친다고 인정된 때.

제14조(벌칙) 다음 각호의 1에 해당하는 자는 교육법 제157조 제3항의 규정에 의하여 1만원 이하의 벌금에 처하고 당해 도서를 몰수한다. 1. 문교부장관의 위탁을 받지 아니하고 국정교과서를 번각발행한 자. 2. 검인정을 받지 아니한 도서나 취소된 도서에 제9조 1항의 사항 또는 그와 유사한 사항을 기재한 도서를 판매한 자. 3. 그 정을 알고 제1호의 교과서를 인쇄한 자와 제2호의 도서를 판매 할 목적으로 양수한 자.

부칙
① (시행일) 이 령은 공포한 날로부터 시행한다.

② (폐지법령) 대통령령 제337호 국정교과용도서편찬규정, 대통령령 제336호 교과용도서검인정규정은 이를 폐지하되 이 령 시행 당시 이들 법령에 의하여 행한 문교부장관의 조치는 이 령에 의하여 행한 것으로 보며, 교과용도서편찬심의회에 관한 사항은 따로 제정될 때까지 종전의 규정에 의한다.

이 '교과용 도서 저작 · 검인정령'에 따라 1950년 제정되었던 '국정교과용도서편찬규정'과 '교과용도서검인정령'은 폐지되었으나 〈표 2〉에서 볼 수 있듯이 그 내용에 큰 차이가 없이 국정교과서편찬규정과 교과용도서검인정령을 통합한 것에 불과하다고 생각된다. 이 '교과용 도서 저작 · 검인정령'은 수차 개정되었다. 1970년 8월 3일 대통령령 제5252호로 개정되어 국정과 검정의 구분을 명시하였고, 검정교과서의 실시 공고, 책수, 유효 기간(5년), 신청자의 자격, 기타 절차에 대해 세부적으로 규정하였다. 그리고 검정교과서의 사열위원 수, 사열기준, 사열방법, 개편 또는 수정 등을 명확히 하였으며 벌칙으로서 국정교과서의 발행권과 검정교과서의 검정을 취소하는 규정을 두었다.[120]

1972년 7월 11일 개정된 대통령령 제6201호에서는 교육과정이 개편되지 아니하여 교과서를 개편할 필요가 없다고 인정될 때에는 검정 교과서의 유효기간을 연장할 수 있도록 하였고 검정교과서의 내용 검토를 매년 실시하도록 하였다.[121] 특히 이른바 '10월유신' 직전에 개정된 개정령에서는 검정교과서의 내용 검토를 매년 실시하도록 의무화하여 교과서에 대한 정부의 간섭과 통제가 강화되었음을 알 수 있다. 참고로 교과용도서검인정규정(1950)과 교과용 도서 저작 · 검인정령(1967)의 차이는 〈표 2〉와 같다.

120) 『관보』 제5615호, 1970년 8월 3일.
121) 『관보』 제6201호, 1972년 7월 11일.

<표 2> 교과용도서검인정규정(1950)과 교과용 도서 저작·검인정령(1967)의 차이

	교과용도서검인정규정(1950)	교과용 도서 저작 · 검인정령(1967)
목적	대학과 사범대학을 제외한 각 학교의 교육목적에 부합하여 교과용 도서로서 적합하다고 사정	대학, 사범대학, 교육대학 및 실업고등전문학교를 제외한 각 학교의 교과용 도서의 저작, 검정 및 인정에 관한 사항을 규정
검정대상	검정은 국민학교, 공민학교 및 이에 준하는 각종 학교를 제외한 각 학교의 정규교과용도서 중 따로 국정으로 제정하지 아니하는 교과용 도서	국민학교의 교과목에 관한 학생용 교과용 도서 및 교사용 교과용 도서와 기타 문교부장관이 특히 필요하다고 인정하는 각 학교의 교과목에 관한 교과용 도서, 국정 교과서 이외의 각 학교의 교과목에 관한 학생용 교과용 도서
사열위원	교과용 도서의 검인정 출원이 있을 때마다 문교부장관이 위촉한 3~5인	문교부장관이 위촉한 교과목별 3~5인
수정요구권	문교부장관	문교부장관

이와 같이 교과서 발행에 관한 규정이 정비되면서 중학교의 사회 (Ⅱ)와 고등학교의 국사교과서도 편찬되었다. 그런데 검인정교과서의 집필은 문교부가 발표한 다음의 '집필상의 유의점'에 따라 이루어졌다.

㉠ 교육법에 명시된 교육 목적과 각 교과의 지도목표에 일치되도록 하여 교육과정의 정신과 내용을 충실히 반영시켜야 한다.

㉡ 특정한 종교, 정당 단체에 편파된 사항과 재료를 써서 선전 또는 비난 하여서는 안된다.

㉢ 내용 및 이용하는 자료는 최신의 것으로 정확하여야 한다.

㉣ 내용과 정도는 학생의 심신 발달 과정에 맞도록 배열할 것이며 기초 학력의 충실을 기하도록 하여야 한다.

ⓜ 외국 서적을 모방하거나 그 내용을 그대로 옮겨 써서는 안된다.

ⓗ 특정한 상품을 선전 또는 비난하는 표현이 되어서는 안된다.

ⓢ 지역성이 고려되어 학습 지도의 편의가 도모되어야 한다.

ⓞ 편찬의 창의성을 발휘하여 교과서로서의 특색을 가지는 것이어야 한다.

ⓩ 표기법 및 학술 용어는 정확하고 표준이 되는 것이어야 한다.

ⓒ 삽화, 사진, 도표, 통계 등은 정확, 간명하여야 한다.

ⓚ 본문 사용 활자는 5호 이상으로 아름답고 선명한 인쇄효과를 낼 수 있어야 한다. 단 주석이나 참고사항은 예외로 한다.

ⓔ 학교별 교과 종목에 별도 지시되어 있지 않는 교과서는 구판 횡서를 원칙으로 한다.[122]

그런데 '교과용 도서 저작·검인정령'이 제정된 1967년은 1961년 5·16 군사정변을 통해 권력을 잡은 박정희가 1963년 제5대 대통령에 당선된 후 두 번째로 대통령에 당선되어 제6대 대통령에 취임한 해이다. 따라서 박정희정권은 1963년 대통령 당선, 1965년 베트남 파병과 한일국교 정상화로 이어지는 정권의 연장선 속에서 이러한 정책에 대한 시민사회의 반대운동을 반공논리를 통해 극복하고자 하였던 것이다. 더욱이 1968년 1·21사태와 푸에블로호납치사건은 남북 사이의 긴장을 더욱 고조시켰고, 이에 박정희정권은 반공논리를 더욱 강화하였고, 사회적으로는 지문 날인과 주민등록증의 강제교부와 같은 주민 통제를 강화하는 한편 1968년 12월 국민교육헌장[123]을 제정하고, 1969년에는 제2차 교

---

122) 허강 외, 『한국의 검인정 교과서 변천에 관한 연구』, 한국교과서연구재단, 2002, 132~133쪽.

123) 국민교육헌장의 제정 경위는 다음과 같다.
1968년 6월 18일 대통령 박정희가 권오병 문교부장관에게 교육헌장을 제정해서 생활윤리를 확립하라고 지시→6월 20일 문교부에서 국사, 정치, 철학 등 각계 전문위원 7명으로 준비위 구성→7월 상순 朴鍾鴻, 李寅基, 柳炯鎭씨 등 기초위원이 헌장 초안에 착수→7월 23일 교육, 언론, 문화, 종교 등 각계 인사 48명으로 심의위 구성 →7월 하순~9월 31일 심의위가 7차에 걸쳐 수정안을 심의→10월 1일 최종안 확정

육과정을 큰 폭으로 개편하였다.

특히 국민교육헌장을 제정할 즈음 대통령 박정희가 발표한 다음의
담화문은 국민교육헌장의 의미와 역할을 잘 보여준다.

> 이 헌장을 '생동하고 생산적인 행동규범'으로 만드느냐 않느냐 하는 것은
> 국민의 마음과 실천에 달려 있다고 할 것입니다.
> 나는 이 헌장에 그려진 이상적인 국민상이 모든 학교교육에 있어서 지표
> 가 될 것을 기대할 뿐만 아니라, 한걸음 더 나아가서 널리 국민생활 전반에
> 걸쳐 일상생활 속에 뿌리박기를 마음 속으로부터 당부하는 바입니다.
> 특히 신문·방송 등 언론기관을 비롯하여 우리나라 성인교육, 사회교육
> 을 담당하고 있는 분들이나 각계각층의 지도자들이 앞장서서 국민교육헌장
> 의 일상적인 실천에 앞서 주시기를 진심으로 당부하는 바입니다.[124]

박정희정권은 국민교육헌장을 통해 학교교육뿐만 아니라 언론기관
을 통해 성인교육, 사회교육에까지 널리 전파할 것을 목표로 했던 것이
다. 1968년 12월 5일 시민회관에서 거행된 국민교육헌장선포식에서 대
통령 박정희는 "이 헌장에 그려진 이상적인 국민상이 모든 학교 교육에
있어서 지표가 될 것을 기대할 뿐 아니라 한걸음 더 나아가서 널리 국민
생활 전반에 걸쳐 일상생활 속에 뿌리박기를 마음속으로부터 당부"[125]
하였다. 그리하여 1969년 1월 23일 정부는 차관회의에서 '국민교육헌장
이념구현요강'을 논의하였다.[126]

→ 10월 22일 89차 국무회의에서 국회의 동의 요청 의결 → 11월 5일 국회 문공위에
서 동의 → 11월 26일 국회 본회의에서 만장일치로 동의 → 11월 28일 전체 심의위에
서 선포일을 12월 5일로 결정(『동아일보』 1968년 12월 5일, 「헌장제정경과」).
124) 박정희, 「국민교육헌장' 선포에 즈음한 담화문(1968.12.5.)」, 『박정희대통령연설문
집 3(제6대편)』, 대통령비서실, 1973, 283쪽.
125) 『경향신문』 1968년 12월 5일, 「민족중흥 사명 생활화」.
126) 국민교육헌장에 대해서는 다음의 연구가 참조된다.

이 요강에서 교육적 측면에서 국민교육헌장을 구현하기 위한 방안으로 교육과정의 개편, 장학지도, 학생생활지도, 교사 교육, 장기종합교육계획 등 5가지를 제시하였다. 그 중 교육과정 개편의 내용은 다음과 같다.

(가) 교육과정 개편
각급 학교 교육과정 속에 헌장의 이념과 내용을 적절히 반영한다.
(1) 국민교육헌장의 이념과 내용을 국민학교, 중학교, 고등학교의 전체 교육목표 및 교과별 행동목표로 구체화한다.
(2) 교과서의 내용 중에서 헌장 이념에 배치되는 내용을 제거하고 적극적으로 헌장 이념을 반영하기 위하여 교과서의 연구, 개편을 계획한다.
(3) 문교부 간행 교육과정, 교육과정 해설 및 교사용 지도서를 새로운 목표에 의하여 개정한다.
(4) 교육과정 개편에 있어서는 단기와 장기의 단계적인 고려를 하여 단기계획은 보수적인 면에 치중하고 장기계획에 있어서는 전면적인 개편을 하도록 한다.[127]

학교 교육에 한정하여 보면 정부는 교육과정과 교과서의 개편을 통해 학생들에게 이를 전파시키려 하였다. 더 나아가 이를 일반인에게까지 전파하기 위한 방안을 마련하기도 하였던 것이다. 특히 교육과정은

신주백, 「국민교육헌장의 역사(1968~1994)」, 『한국민족운동사연구』 45, 2005.
신주백, 「국민교육헌장 이념의 구현과 국사 및 도덕과 교육과정의 개편(1968~1994)」, 『역사문제연구』 15, 2005.
윤해동, 「'국체'와 '국민'의 거리」, 『역사문제연구』 15, 2005.
김석수, 「'국민교육헌장'의 사상적 배경과 철학자들의 역할」, 『역사문제연구』 15, 2005.
황병주, 「국민교육헌장과 박정희체제의 지배담론」, 『역사문제연구』 15, 2005.
김한종, 「학교교육을 통한 국민교육헌장 이념의 보급」, 『역사문제연구』 15, 2005.
127) 문교부, 「국민교육헌장이념의 구현요강」(국가기록원 소장문서).

1972년까지 연차적으로 개편하기로 하고, 당장 전면적인 개편이 어려운 현실을 고려하여 "가장 긴급을 요하는 것"부터 부분적으로 보강하기로 하였다.

그 결과 1969년 9월 교육과정을 개정하고 1970년 3월 1일부터 시행하기로 하였다. 부분 개정된 교육과정은 "오늘날 우리 사회에서 절실히 요청되는 인간상의 특징과 구현을 위해" 7가지의 일반목표를 설정하였다.128) 그 결과 중학교 국사교육을 강화하여 민족주체성 확립을 기하고, 실업교육의 진흥을 위해 중고교에 기술과목을 신설하며, 반공도덕교육을 강화하기 위해 각급 학교의 반공도덕시간을 늘리며, 인문계 고교의 한문교육을 전문화시켰다.129) 그리하여 1969년 제2차 교육과정이 큰 폭으로 개정되었던 것이라 할 수 있다. 이는 정부 혹은 정권의 논리를 일방적으로 선포하고 국민들에게 이를 따르라고 하는 독재적 발상이었던 것이었음은 물론 국가 기관을 총망라하여 국민에게 전파하려한 것임을 알 수 있다.

이러한 결과 문교부는 국민교육헌장 이념의 구현, 한글전용화, 제2경제운동 실천방안의 하나로 모든 교과서에 이 정신을 반영한 교과서를 편찬하기로 하고 국민학교용 교과서는 1969년 9월, 중고등학교용 교과서는 1970년부터 전면 개편할 것을 결정130)하는 한편 1969년 6월 4일 국사를 체계적으로 지도할 수 있도록 세계사와 국사가 통합되어 있던 교과서를 국사 위주로 개정하기 위해 중학교 사회Ⅱ 교과서를 개정할 것을 결정하였다.131) 그리고 교육과정 및 교과서 개편과 생산적 인재

---

128) 신주백, 앞의 논문, 『역사문제연구』 15, 2005, 209쪽.
129) 『매일경제신문』 1969년 9월 4일, 「각급 학교 교과서 명년부터 개편」.
130) 『매일경제신문』 1969년 4월 25일, 「초중고 교과서 개편」.
131) 『경향신문』 1969년 6월 4일, 「초중고 교과서 개편 문교부 연내로 교육내용 개선 위해」.

의 양성을 위해 문교부장관을 위원장으로 한 교학개선협의회를 설치하기로 하였다.[132] 참고로 이 시기 발행된 고등학교 국사와 중학교 역사교과서는 〈표 3〉, 〈표 4〉과 같다.

<표 3> 제1차~제2차 교육과정기 검정 국사 교과서 목록

	교과서명	저자	검정연월일	출판사	비고
제1차 교육과정 중학교 (6년제)	우리나라 역사	김상기	1956.3.31	장왕사	
	새로운 우리나라 역사	김용덕	1956.3.31	일한도서 주식회사	
	국사	신석호	1956.3.31	동국문화사	
	중등 국사	역사교육 연구회	1956.3.31	정음사	
	우리나라 역사	유홍렬	1956.3.31	탐구당	
	중등국사	이병도	1956.3.31	을유문화사	
	우리나라 역사	이홍직	1956.3.31	민교사	
	우리나라 역사	조계찬	1956.3.31	백영사	
	국사	최남선	1956.3.31	민중서관	
	우리나라 역사	한우근	1956.3.31	상문원	
제2차 교육과정기 (고등학교)	우리나라 문화사	이홍직		민교사	시기적으로는 제2차 교육과정기이지만 제1차 교육과정기의 것을 그대로 사용한 교과서
	우리나라 문화사	홍이섭		정음사	
	우리나라 문화사	조좌호		영지문화사	
	한국사	유홍렬		탐구당	
	국사	이병도		일조각	
	고등국사	최남선		사조사	
	고등국사	역사교육 연구회		교우사	
	고등국사	김상기		장왕사	
	국사	이원순	1968.1.11	교학사	제2차 교육과정에 의해 검정된 교과서
	국사	신석호	1968.1.11	광명출판사	
	국사	변태섭	1968.1.11	법문사	
	최신 국사	민영규, 정형우	1968.1.11	양문사	

132) 『매일경제신문』 1969년 6월 4일, 「교학개선협위 설치」.

새로운 국사	윤세철, 신형식	1968.1.11	정음사	
국사	김상기	1968.1.11	장왕사	
국사	한우근	1968.1.11	을유문화사	
국사	이홍직	1968.1.11	동아출판사	
최신 국사	이현희	1968.1.11	실학사	
국사	이병도	1968.1.11	일조각	
국사	이상옥, 차문섭	1968.1.11	문호사	

<표 4> 제2차 교육과정기 중학교 '역사(『사회』Ⅱ)' 교과서 목록

교과서명	저자	검정연월일	출판사
중학교 사회Ⅱ	이지호 윤태림 김성근	1965년 12월 1일	교육출판사
중학사회 2	이홍직 민영규 김성식 김기석 박일경 김준보 서석순 한기언 최홍준	1965년 12월 1일	동아출판사
중학 새사회Ⅱ	전해종 김철준 이보형 오병헌 김명윤 최복현 이정면	1965년 12월 1일	민중서관
중학교 사회Ⅱ	변태섭 문홍주 이정환 최재희 한태연 김경성	1965년 12월 1일	법문사
중학사회 2	김상기 조의설 육지수 황산덕 김경수 고승제	1965년 12월 1일	장왕사
새로운 중학사회 2	역사교육연구회 김준섭 김성희 김두희 박노식 조동규	1965년 12월 1일	정음사
새로운 사회 2	박성봉 최영희 김계숙 박덕배 이영기 강대헌 선유형순	1965년 12월 1일	홍지사
새로운 사회 2	황철수 이종항 오배근 권혁소 최정희 최병칠 노도양	1966년 12월 20일	사조사
중학 사회 2	조좌호 김증한 최문환 이찬	1966년 12월 20일	영지문화사
중학교 사회 2	한우근 고병익 민석홍 유진오 서수인	1966년 12월 20일	일조각
중학교 새사회 2	강우철 이정인 강석오 이근수 단춘배	1966년 12월 20일	탐구당

3. 중등교과서의 국정발행기(1973~2002) : 제3차~제6차 교육과정기

1) 제3차 교육과정기

　1963년 제2차 교육과정의 제정과 1968년 국민교육헌장의 선포, 1969년 제2차 교육과정의 부분 개정으로 이어지는 과정에서 국사교과서의 검인정 발행을 폐지하고 국정으로 발행하였던 시기이다. 이 시기에는 1960년대 후반 국내외 정세의 변화에 대응하는 과정에서 반공주의가 보다 강조되었고, 특히 1968년 1·21사태, 푸에블로호사건, 울진·삼척 무장공비침투사건 등 안보문제가 크게 부각되었고. 이에 대응하여 정부는 국민교육헌장을 선포하여 '국민의 정신무장'을 강조하였다. 이러한 배경 하에서 1963년 제정된 제2차 교육과정이 1969년에 큰 폭으로 부분 개정되었으며, 1972년에는 이른바 '10월유신'의 선포를 통해 '한국적 민주주의'를 정착시키고자 하였다.

　이와 같은 정부의 정책은 1960년대의 급격한 경제성장을 배경으로 한 것이었다. 그 결과 박정희정권은 국민윤리, 국민정신교육, 민족주체성 등의 교육을 강화하기에 이르렀고, 이러한 교육의 근저에는 반공주의가 자리잡고 있었다. 그러므로 2015년 정부의 한국사교과서 국정화 발표를 전후한 이른바 '국정화' 논란은 1974년 국사교과서의 국정화 배경과 그 과정에 대한 관심을 고조시키고 있는 실정이다.

　1974년 국사교과서의 국정화에 대해서는 기왕의 연구에서 비교적 자세히 밝혀졌다. 김한종은 국사교과서의 변천과정을 다루면서 언급[133]하였고, 이신철은 국사 교과서 정치도구화의 역사를 서술하면서 국정 국사교과서에 얽힌 문제들을 언급[134]하였다. 차미희는 3차 교육과정기

---

133) 김한종, 「해방 이후 국사교과서의 변천과 지배이데올로기」, 『역사비평』 17, 1991.

(1974~1981) 중등 국사과가 독립되는 과정을 서술하면서 이 부분을 다루었다.135) 장영민은 박정희 정권의 핵심 지배 이데올로기인 국가주의가 학교 국사교육에 반영되는 과정을 서술하면서 이 부분을 다루었다.136) 윤종영은 국사교육강화정책과 국사교과서발행제도에 대해 다루면서 자료적 성격의 연구를 제출하였다.137) 구경남은 제3차 교육과정기 국정 국사교과서에 나타난 애국심교육의 실체를 국가주의라는 관점에서 파악하였다.138)

미군정 하에서 '사회생활과'라는 이름으로 지리, 공민과 함께 통합된 교과과정 내에 있던 역사는 2차 교육과정기(1963~1973)까지 계속 사회과에 통합되어 있었다.139) 이 시기에는 국사와 세계사를 서로 밀접하게 연관지어 학습하는 것이 효율적이라는 취지에서 중학교 역사교과에서 국사와 세계사를 통합하여 교육하였다. 이러한 교과서 편찬의 의도는 세계사적 시야에서 한국사를 바라보자는 것으로 폭넓은 역사성찰과 역사적 판단 능력의 향상에 도움이 될 것이라는 목적이었으나 세계사를 한국사의 전개순서에 맞추어 배열한 것에 불과하여 역사의 구

---

134) 이신철, 「국사 교과서 정치도구화의 역사」, 『역사교육』 97, 2006.
135) 차미희, 「3차 교육과정기(1974~1981) 중등 국사과의 독립 배경과 국사교육 내용의 특성」, 『한국사학보』 25, 2006.
136) 장영민, 「박정희 정권의 국사교육 강화 정책에 관한 연구」, 『인문학연구』 제34권 제2호, 2007.
137) 윤종영, 「국사교과서 발행제도에 대한 고찰」, 『문명연지』 1-2, 2000. : 윤종영, 「국사교육강화정책」, 『문명연지』 2-1, 2001. : 윤종영은 1980년 문교부 역사 담당 편수관이 되어 3차례의 교육과정 개편과 3차례의 국사교과서 개편에 참여하였던 경험을 바탕으로 『국사교과서 파동』(혜안, 1999)을 저술하였다. 국사교과서가 국정화되는 과정에는 편수관이 아닌 고등학교 교사로 재직하였지만 1980년부터 편수관에 재직하면서 상당히 많은 문건들을 접했던 것으로 생각된다.
138) 구경남, 「1970년대 국정 〈국사〉 교과서에 나타난 애국심 교육과 국가주의」, 『역사교육연구』 19, 2014.
139) 차미희, 「3차 교육과정기(1974~1981) 중등 국사과의 독립 배경과 국사교육 내용의 특성」, 『한국사학보』 25, 2006, 397쪽.

조적 특징이나 각 사회의 성격을 비교하거나 체계적으로 이해하는 것에는 어려움이 있었다.[140] 또한 미군정기에 마련된 사회생활과의 흐름에서 벗어나지 못하고 있었다는 점도 지적하지 않을 수 없다.[141]

이런 상황 속에서 역사학계와 역사교육학계의 국사교육 개선을 위한 노력을 계속하였다. 다른 한편 1972년 7월 4일 7·4남북공동성명이 발표되고 10월 17일 대통령 박정희는 이른바 '10월유신'을 선포하였다. 그리고 이듬해인 1973년 1월 22일 문교부는 다음을 발표하였다.

> ① 국민학교 4, 5, 6학년의 사회와 중고등학교의 반공 교과서는 이미 전면적으로 개편되어 오는 3월 신학기부터 이 새 교과서로 공부하고 ② 국사는 초등학교용(5, 6학년)은 신편이 끝나 새 학기부터, 중고등학교용은 올해 안에 신편, 74학년도부터 실시하고 ③ 중고등학교의 사회, 국어, 도덕 등 교과서는 새 학기에 우선 일부 수정해 가르치고 내년부터는 전면 개편된 새 교과서로 교육시키게 된다고 밝혔다. (중략) 국사교과서는 '국적있는 교육을 되찾는다'는 문교부의 장학방침에 따라 학생들에게 자주의식을 고취할 수 있도록 조상들의 빛난 얼을 배우고 우리나라의 위치를 올바로 깨닫게 하는 내용을 담고 있다.[142]

결국 7·4남북공동성명에 따른 남북 관계의 변화와 유신이념의 반영을 위해 국사를 비롯한 사회와 반공 교과서의 개편을 추진하였던 것이다. 이와 같은 독재체제의 강화를 박정희정권은 한국적 민주주의, 한국

---

140) 김한종, 「해방 이후 국사교과서의 변천과 지배이데올로기」, 『역사비평』 17, 1991, 72쪽.
141) 역사과가 사회과에서 독립하는 것에 대해 현장의 사회과 교사들은 반대하는 경향이 높다. 그것은 사회과에 통합되어 있던 교과 시수에서 역사과를 독립시키면 사회과의 교과 시수가 감소하고 더 나아가 사회과의 교사수를 재조정해야 한다는 현실적인 이유 때문이다.
142) 『동아일보』 1973년 1월 22일, 「초중고 사회, 반공, 국사 교과서 개편」.

적 민족주의, 민족 주체성의 확립으로 포장하였다. 특히 한국적 민주주의는 국사교육을 통해 이루어진다는 전제 아래 대통령 박정희는 1972년 5월 초 고등학교까지만 실시되고 있는 국사교육을 강화하고 교육기회를 확대할 것과 각종 채용고시(국가, 국영기업, 일반기업체)에서 제외되고 있는 국사과목의 부과를 의무화할 것을 지시하였다.143) 이 지시를 전후하여 문교부는 국사교육강화위원회를 조직하였다. 5월 10일 국사교육강화위원회 첫 회의에서는 <표 5>와 같이 이선근을 위원장, 강우철을 부위원장으로 선출하고 사업계획을 확정하였다.144)

<표 5> 국사교육강화위원회의 구성

이름	직책/소위원회	소속 및 직책	전공분야	비고
박종홍		대통령 특별보좌관	철학	
장동환		대통령 비서관		
한기욱		대통령 비서관		
박승복		국무총리 비서관		
이선근	위원장/소위원회	영남대 총장	한국사(근대사)	
김성근		서울대 교육대학원장	서양사	
고병익		서울대 문리대학장	동양사	
강우철	부위원장/소위원회	이대 교육대학원장	역사교육	
이기백	소위원회	서강대 교수	고대사회	
이우성		성균관대 교수	고려시대	
김철준	소위원회	서울대 교수	고대사회, 고려시대	
한우근		서울대 교수	조선시대	
김용섭		서울대 교수	조선시대	
이원순	소위원회	서울대 교수	조선시대, 역사교육	
이광린	소위원회	서강대 교수	개화기	

143) 윤종영, 「국사교육강화정책」, 『문명연지』 2-1, 한국문명학회, 2001, 274~275쪽.
144) 국사교육강화위원회의 활동에 대해서는 윤종영(『문명연지』 2-1, 한국문명학회, 2001)과 장영민(「박정희정권의 국사교육 강화정책에 관한 연구」, 『인문학연구』 34-2, 충남대학교 인문과학연구소, 2007)을 참조 바람. 1972년 5월 10일의 국사교육강화위원회에서의 주요 발언은 윤종영(앞의 논문, 277~278쪽)에서 소개하고 있다.

최창규	소위원회	서울대 교수	개화기,현대사	
이현종		국사편찬위원회 실장	조선시대, 개화기	
김상기		서울대 교수	고대사회, 고려시대	추가
이홍직		서울대 교수	고대사회	추가
변태섭		서울대 교수	고려시대	추가

그리고 이튿날인 1972년 5월 11일 대통령 비서관 韓基旭은 다음의 '국사교육강화방안건의'를 대통령에게 보고하였다.

결론 및 건의

1. 각급 학교의 국사교육 실태와 각종 채용고시에서의 국사시험 부과 상황을 조사한 결과
   - 국사교육은 고등학교까지만 실시하고 있으며,
   - 각 기업체 채용시험은 물론 국가 시행 고시에 있어서도 극소수(2%)의 시험만이 국사를 시험과목에 포함시키고 있는 실정입니다.

2. 이러한 실정에 비추어 민족주체성 확립을 위한 국사교육의 강화 및 국사교육 기회 확대의 일환으로
   - 대학에서의 국사교육 및
   - 각종 고시에서의 국사과목 부과문제를 연구, 실시하도록 별첨 지시 공문과 같이 관계부처에 지시하실 것을 건의 드립니다.

현황 및 문제점

1. 학교에서의 국사교육

   대학에서 국사를 전공하는 학생을 제외하고는 대학에서 국사교육을 받을 기회가 없음.(예 : 별첨 Ⅰ과 같이 서울대 교양과정부의 필수과목 중 세계문화사[145]는 포함되어 있으나 국사과목은 없음)

---

145) 밑줄 친 세계문화사에 화살표 표시를 하여 "世界文化史를 알기 전에 제 나라 역사를 먼저 알아야 하지 않는가. 慨嘆. 慨嘆."이라 써 있다. 아마도 대통령 박정희의 필적이라 생각된다.

2. 채용시험에서의 국사시험

    가. 국가시험고시

      (1) 3급 공무원 채용시험 95개 직종 중 3개 직종(학예연구, 편사연구, 외무)

      (2) 4급 공무원 채용시험 95개 직종 중 2개 직종(학예연구, 편사연구)

      (3) 5급 공무원 채용시험 77개 직종 중 5개 직종(학예연구, 편사연구, 검찰사무, 사서, 행정)

      (4) 경찰직 3개급별 시험 중 1개(순경 채용 시험)

      (5) 사법시험 예비고사

      (6) 해외유학시험 등

      13종의 시험만이 국사를 시험과목 중에 포함시키고 있음(별첨 Ⅱ 참조)

    나. 기업체 채용시험

    국영기업체를 포함한 각 기업체, 언론기관 등의 신규사원 채용시험에서 국사를 시험과목으로 부과하는 것은 "국제관광공사의 안내원" 시험뿐임(별첨 Ⅲ 참조).[146]

이외에도 1973년도 대학입학예비고사부터 국사를 독립과목으로 출제하도록 하였다.[147] 그런데 윤종영은 1972년 5월 초 현재 고등학교까지만 실시되고 있는 국사교육을 강화하고 교육기회를 확대할 것과 각종 채용고시(국가, 국영기업체, 일반 기업체)에서 제외되고 있는 국사과목의 부과를 의무화할 것이라는 대통령의 지시가 문교부에 하달되었다고 주장하였다.[148] 그러나 위에서 본 바와 같은 1972년 5월 11일 국사교육강화위원회의 건의를 대통령이 수용하여 이를 지시한 것으로 보는 것이 옳을 것이다.

---

146) 「보고번호 제72-335호 국사교육강화방안보고」(국가기록원 소장).
147) 『동아일보』 1973년 5월 18일, 「국사교육은 근본대책부터」.
148) 윤종영, 앞의 논문, 274~275쪽.

그리고 5월 22일에는 위원장 강우철, 위원 한우근, 김철준, 이원순, 이광린, 최창규로 한 소위원회에서 역사의 주체를 민족으로 단일화시켰다. 이는 현실 문제를 해결할 민족적 철학 및 규범을 역사에서 찾고 통일 후에 생길 사관문제 등에 대비한 것이었다.[149] 이와 같은 보고가 나올 수 있었던 것은 국사교육강화위원회가 구성되기 전에 이미 대략의 방침이 서 있었기 때문이라 할 수 있다. 그리고 그 활동의 결과 1972년 7월 6일 국사교육강화위원회의 제1차 건의가 제출되었다. 이 건의에서는 국사교육을 강화해야 하는 취지를 다음과 같이 서술하였다.

> 민족이라는 주제는 우리 국사에서 유구한 개념으로 되어 왔다. 따라서 그것은 오늘의 우리가 확보하여야 할 소중한 역사 추진력의 바탕이다. 이러한 역사의 추진력은 민족의 자기 본질에 대한 인식과 역사의식이라는 규범 체계 없이는 발현될 수 없으며 영속되기도 곤란하다. 여기서 우리의 국사교육 강화라는 당연한 국민적 주장을 내세우게 된다. 이와 같은 주장은 오늘의 우리가 서 있는 해방 후 1세대라는 민족사적 상황과 직결된다.
> 우리는 해방을 계기로 역사의 실천 주체의 회복과 함께 민족의 자주역량을 길러왔고 아울러 국사 서술의 주체의 회복으로 민족사관의 확립을 위한 노력을 계속하여 왔다. 그럼에도 불구하고 오늘날 국사교육의 강화라는 주장을 새삼 내세우지 않을 수 없게 된 것은 아직도 우리 민족사에 남겨진 왜곡된 해석과 타율적인 역사관이 청산되지 못하였고 아울러 국사학 자체가 민족국가의 근대화 방향을 충분히 제시하지 못하였다는 이유 때문이다. 국사에서의 주체성은 우리 민족을 독립된 역사주체로 확인시킬 수 있는 개별성과 함께 우리 민족을 역사의 실천자로 길이 부각시키는 영속성을 아울러 가질 때 확립된다. 따라서 국사교육의 강화는 그 학문적 성과가 민족문화의 개성 발양을 폭넓게 확대시킴으로써 우리 민족을 세계사의 참된 한 단위로 참여시켜야 한다. 뿐만 아니라 역사의식의 재창조를 통하여 오늘의 우리들

149) 『경향신문』 1973년 5월 26일, 「민족을 주체로 강화된 국사교육의 큰 목표 방향」.

을 역사계승의 당당한 주체로 확인시켜야 한다.

국사학은 과학적 인식만이 민족문화의 개성과 미래상을 바로 결정해줄 수 있다는 전제에서 국사의 과학적 체계화를 요구하고 있다. 그러므로 해방 이후 우리 사학계가 쌓아온 국사연구의 업적과 성과는 과학적으로 보다 체계되어 오늘과 내일의 국사교육에 좀더 공헌할 수 있어야 한다. 여기서 <u>국사교육의 강화를 위한 교육적 요구는 민족 주체의식의 확립과 함께 자라나는 세대에 대한 자주적 민족사관의 제시</u>로 요약된다. 그것은 항상 역사의식을 통하여 계승되고 보다 어려운 상황 속에서 오히려 좀더 발전될 수 있다고 믿기 때문이다. 따라서 우리 국사교육은 체계화된 국사학의 참된 지식을 근간으로 하여 자기와 민족 사이에서 그리고 과거와 미래 사이에서 오늘의 국민생활을 승화시키며 새로운 역사를 창조할 수 있는 바탕을 이루어 준다. 나아가 투철한 민족사관의 토대 위에 민족적 주체역량을 더욱 함양하여 국가의 발전과 인류공영에 적극 참여하도록 한다.[150](밑줄은 인용자)

위의 인용문에서 확인 가능하듯이 국사교육 강화의 목적은 해방 이후 민족사적 상황, 즉 역사 왜곡과 타율사관의 청산, 그리고 근대화의 방향을 제시하기 위한 것이었다. 이러한 목적을 달성하기 위해 민족주체 의식의 확립과 자주적 민족사관을 제시해야 한다는 것이다. 그리하여 국사교육의 일반목표를 다음과 같이 제시하였다.

1. 굳건한 민족사관을 바탕으로 현재의 삶을 역사적으로 의식하고 국가 사회 발전에 주체의식을 가지고 참여하도록 한다.
2. 민족의 발전 과정과 각 시대의 특성을 이해하고 정치, 사회, 경제, 사상 등의 상호 기능관계를 파악한다.
3. 민족중흥의 이념을 구현하기 위하여 선조들의 노력과 그 업적을 이해하고 스스로 국가에 헌신하는 태도를 기른다.

---

150) 윤종영, 앞의 논문, 279~280쪽.

4. 한국의 문화유산을 계승 발전시켜 온 민족적 역량을 이해하고 외래문화 수용에 대한 바람직한 태도를 길러 민족문화 발전에 기여하게 한다.
5. 개인의 가치관과 민족의 가치체계와의 조화를 이루고 자신과 국가를 동일시하는 국민의 자세를 이룩하며 민족적 생활규범을 심화시킨다.
6. 국사학습을 통하여 습득한 해석력과 판단력을 민족의 미래에 대한 통찰력으로 발전시킨다.[151]

결국 국사교육을 통하여 민족주체성을 강화시키고 '자신과 국가를 동일시하는 국민의 자세'를 확립하는 것을 목표로 하였던 것이다. 이는 1974년 12월 31일 문교부령 제350호로 공포된 인문계 고등학교 교육과정의 기본방침에 그대로 반영되어 있다. 기본방침은 국민적 자질 함양, 인간 교육의 강화, 지식기술교육의 쇄신의 3항목으로 이루어졌는데, 그 중 '(가) 국민적 자질의 함양'의 '(3) 개인의 발전과 국가의 융성과의 조화'에 "민주주의의 이상은 개인의 발전과 국가의 융성과의 조화 속에서 실현되며, 개인의 발전과 국가의 융성은 국민의 총화로서 이루어진다는 점을 깨닫게 한다."고 명시되어 있는 것이다.

그리고 교육과정의 구조를 다음과 같이 설정하였다.

○ 대학 및 교육대학 : 국사를 교양 필수과목으로 설정한다(이수단위는 3~4단위).
○ 고등학교 : 국사과를 설정한다(이수단위는 6단위)
○ 중학교 : 국사교과를 설정하고 2~3학년에 걸쳐 주당 2시간씩 부과한다.
○ 국민학교(초등) : 6학년에는 체계있는 국사를, 5학년에는 산업사, 생활사 내용을 부과하고, 4학년은 사회과의 1/3을 국사 내용으로 한다. 1, 2, 3학년은 사회과의 1/4을 국사내용으로 한다.[152]

---

151) 윤종영, 앞의 논문, 280~281쪽.
152) 윤종영, 앞의 논문, 281쪽.

이러한 국사교육강화위원회의 건의는 거의 수용되어 대학에서는 교양필수과목이 되었고, 중고등학교에서는 국사과는 교과로서 독립하였으며, 초등학교에서도 전 학년을 통해 국사를 배우게 되었다. 이 국사교육강화위원회의 건의에 따라 각급 학교에서의 국사교육은 다음과 같이 이루어지게 되었다.

국민학교에서는 ① 국민의 기본교양으로서의 국사인식과 국가와 민족에 대한 애정을 갖게 하고 ② 국가의식과 역사인식의 점차적인 성장을 도모하며 ③ 생활사에 대한 인식을 깨우치게 하고 ④ 우리 역사의 전체 흐름의 파악과 민족사 발전에 이바지하는 태도를 기르도록 했다.

중학교의 경우는 ① 국사인식의 심화와 민족사에 대한 자부심을 기르고 ② 역사의식의 성장을 촉구하며 ③ 근대 이후의 민족사를 다각적으로 성찰하여 민족적 과제의 역사적 배경을 파악하고 ④ 세계사적 시야에서 민족사를 인식하게 하는데 중점을 두었다.

고등학교에서는 ① 문화사적 접근을 통한 민족문화의 발전과정에 대한 인식을 기르고 ② 역사적 해석력의 함양을 통해 미래로의 발전을 지향하며 ③ 비판적 정신으로 주체적인 민족사적 의의를 찾도록 했다.

대학교에서는 ① 주체적인 민족사관에 입각한 전통문화를 이해하고 ② 국사의 인식을 확대, 심화하고 ③ 민족적 위기를 극복할 수 있는 역량을 기르고 ④ 민족문화의 잠재 능력 개발과 민족 장래에 대한 신뢰와 희망을 갖도록 했다.[153]

국사교육강화위원회는 제1차 건의서 제출 이후 제2차 건의서를 또 제출하여 '국사교과서 내용 준거 제시의 관점'을 다음과 같이 제시하였다.

153) 『매일경제신문』 1973년 7월 5일, 「민족사관 주체의식 확립 중고교 사회과서 분리 대학 3~4학점 이수」.

1. 본 준거는 국사의 전 내용을 망라하여 제시한 것이 아니라 중심 개념에 따라 중·고등학교별로 내용전개의 기본 관점만을 예시적으로 제시한 것이다.

2. 중·고등학교의 국사교육 내용 전개에 있어 그 차이점을 제시하는 데 중점을 두었으며, 중학교에서 취급되는 내용으로 고등학교에서 취급할 수 있는 것은 중복 표기하지 않았다.

3. 중학교에서는 정치사 중심으로 국민의 국사 교양을 보다 심화하고, 주체의식을 확립하고 자기 역사의식을 가지도록 하는 내용을 준거적으로 제시하는 데 힘썼다.

4. 고등학교에서는 문화사적 접근을 통하여 가능한 한 오늘날의 국사학계의 성과를 반영함으로써 자기 문화 의식을 투철히 하고 창조적 문화 능력을 배양하는 목적에서 내용을 준거적으로 제시하였다.[154]

이에 따르면 중학교에서는 정치사 중심, 고등학교에서는 문화사 중심으로 교과서의 내용을 구성할 것을 제안하였다. 이 건의가 1974년 발간된 중고등학교의 국사교과서 편찬에 실제 반영되었는가는 교과서 분석을 통하여 밝혀야 할 것이다.

한편 1973년과 1974년에 각각 공포된 제3차 교육과정에서는 이 건의와 10월유신의 이념을 반영하여 중고등학교 국사교육의 목표를 〈표 6〉와 같이 설정하였다.

〈표 6〉 제3차 교육과정기 중고등학교 국사과 교육목표

중학교 국사과 교육목표	고등학교 국사과 교육목표
(가) 우리 민족의 발전 과정을 주체적인 입장에서 파악시키고, 민족사의 정통성에 대한 인식을 깊게 하며, 문화 민족의 후예로서의 자랑을 깊이 하게 한다.	(가) 국사 교육을 통하여 올바른 민족사관을 확립시키고 민족적 자부심을 키워서, 민족 중흥에 이바지하게 한다.

154) 장신, 「해제『국사교육강화를 위한 건의내용(제2차)』」, 『역사문제연구』 37, 역사문제연구소, 2017, 586쪽.

(나) 우리 민족사의 각 시대의 특성을 종합적으로 파악시키고, 현재적 관점에서 이를 살필 수 있게 하여 민족사의 특색에 대한 인식을 깊이 하게 한다.	(나) 각 시대의 특성을 그 시대의 규범 체제와 문화 현상을 통하여 종합적, 발전적으로 파악시킴으로써 현재를 바로 알고 미래를 내다보는 능력을 기른다.
(다) 우리 민족사를 세계사적 차원에서 인식하여, 우리 민족사의 특징을 찾도록 한다.	(다) 국사의 특수성과 세계사적 보편성을 인식시켜서, 민족사에 대한 긍지를 가지게 하고, 우리나라 발전에 기여하게 한다.
(라) 우수한 민족 문화를 창조한 우리 민족의 역량을 이해시키고, 민족 문화의 계승, 발전에 힘쓰려는 태도를 기른다.	(라) 전통 문화를 역사의식을 가지고 인식하게 하여서, 외래문화를 수용하는 바른 자세와 새 문화 창조에 이바지하는 태도를 가지게 한다.
(마) 역사적 사실을 실증적으로 탐구하고, 민족적 가치관에 입각하여 체계화하는 능력을 기른다.	(마) 전통적 가치를 비판적으로 파악하게 하여서, 투철한 역사의식을 가지고 당면한 국가 문제 해결에 적극 참여하는 자세를 키운다.

〈표 6〉에 따르면 제3차 교육과정기 중학교와 고등학교의 국사과 교육목표는 연령에 따라 차이는 있으나 기본적인 골격은 민족사관의 강조, 보편성과 특수성의 조화, 민족문화를 바탕으로 한 외래문화의 수용 등 민족주체성의 강조라는 것으로 이해된다. 특히 고등학교 국사과 교육목표에서는 '민족중흥에 이바지'할 것을 규정하였다.

이는 박정희정권의 근대화정책에 국사교육이 기여해야 한다는 것을 명확히 한 것이며, 민족중흥은 민족사관의 확립에 근거하도록 하여 독재를 민족이라는 용어로 포장하려 하였다. 예를 들면 1974년판 고등학교 국사교과서 'Ⅴ. 현대사회'를 〈표 7〉과 같이 구성하였다.

〈표 7〉 1974년판 고등학교 국사교과서 'Ⅴ. 현대사회' 구성

1. 대한민국의 정통성	(1) 대한민국의 성립 8.15민족해방과 국토분단 대한민국의 수립 (2) 6·25의 민족시련 북한의 공산화 6·25의 민족시련

2. 민족 중흥의 새 전기	(1) 민주주의의 성장 4월학생의거 5월혁명 (2) 대한민국의 발전 경제성장 새마을운동 10월유신

〈표 5〉에 따르면 현대사회는 대한민국의 성립과 6·25전쟁으로 나누어 설명하면서 식민지시기 독립운동과 제2차 세계대전의 연합국 승리, UN에 의한 합법정부 수립 등으로 남한이 우리 역사의 정통성을 계승하였음을 서술하였고, 북한에 대해서는 공산독재와 6·25 남침에 따른 민족 분단의 책임에 대해 서술하였다. 그리고 제2장에서는 민족중흥의 새 전기로 '민주주의의 성장'을 꼽으면서 5·16군사정변을 '5월혁명'이라는 용어를 사용하면서 다음과 같이 서술하였다.

> 박정희장군을 중심으로 하여 일어난 혁명군은 대한민국을 공산주의자들의 침략 위협으로부터 구출하고 국민을 부정부패와 불안에서 해방시켜 올바른 민주주의국가를 건설하기 위하여 1961년 5월 16일 혁명을 감행하여 정권을 장악하였다.[155]

5·16군사정변은 무능한 정권으로부터 국민을 해방시키고 북한으로부터의 위협을 제거하기 위한 구국의 영단이었다는 것이다. 이러한 제3차 교육과정기 국사교과서의 마지막은 '오늘의 역사적 사명'이라는 1쪽 분량의 결론에서 찾을 수 있다.

한편 앞에서 언급하였듯이 1972년 국사교육강화위원회가 조직되어 국사교육강화 방안을 건의하였다. 그리고 1973년 6월 9일 문교부는 '국

---

[155] 『국사』, 문교부, 1974, 229쪽.

사교과서의 국정화 방안 보고'라는 보고서를 대통령에게 제출하였다.
그 요지는 다음과 같다.

> 1. 문교부는 민족주체성의 확립을 위한 국사교육강화방침에 따라 작년 5
>   월 이후 교육과정의 개편을 통한 초중고등학교 <u>국사과목의 독립</u>, 강화
>   및 시간 배당의 조정, 각종 시험에서의 국사과목 부과, 기타 국사교육
>   강화위원회의 연구 결과에 따른 교과서 개편 작업 등을 추진해오고 있
>   었던 바,
> 2. 이번에 그 일환책으로 <u>중고등학교 국사교과서를 국정화</u>하는 방안을
>   수립, 보고하여 왔습니다.[156]

이에 따르면 국사교과서의 국정화는 민족주체성 확립이라는 정책의
연장선에서 교육과정 개정을 통해 국사과목을 독립시키고 시간 배당
을 조정하는 한편 각종 시험에 국사과목을 부과하고 국사교육강화위
원회의 건의를 수용하여 국정화 방안을 수립하였음을 알 수 있다. 그
런데 앞에서 언급하였듯이 국사교육강화위원회는 국정화를 건의한 적
은 없었으므로 국정화 방안은 정부의 의도가 전적으로 반영된 것으로
보인다.

이 문건에서 지적하고 있는 국사교과서 국정화의 필요성, 문제점 및
대책은 다음과 같다.

국사교과서 국정화의 필요성
1. 일본의 식민지정책이나 우리의 의타성에 의하여 다분히 왜곡되고 타
   율적인 이제까지의 역사관은 시급히 청산되어야 하며,
2. 주체적인 민족의식에 투철하고 민족중흥의 의욕에 충만한 후세국민을

---

156) 문교부, 「국사교과서의 국정화 방안 보고」(국가기록원 소장).

길러낸다는 관점에서 볼 때 현행 국사교과서의 내용은 상당 부분의 개편이 필요한 바

3. 현재의 검정교과서(중고교 각 11종) 저자들이 개별적으로 이러한 개편 작업을 감당하는 것은 불가능한 일임.

4. 사학자들의 폭넓은 참여에 의한 국사교과서의 단일화로 복잡다기한 주관적 학설을 지양하여 해방 이후 사학계가 쌓아온 역사연구의 업적과 성과를 보다 체계화하고, 신빙도 높은 풍부한 사료에 입각한 민족사관의 통일과 객관화를 기함.

5. 새로운 가치관 확립을 위한 일관성 있는 교육을 위하여 현재 국정으로 되어 있는 도덕, 국어과목과 함께 가치관 교육의 중핵이 되는 국사과목도 국정화가 요청됨.

6. 교과서의 국정화로 내용의 충실화를 기하고 권위를 높임.

  * 현행 11종의 국사교과서 발행자, 저자들도 지난 3월 유사한 이유로 문교부에 중학교 국사교과서의 단일본 발행을 건의하여 문교부가 동 건의를 수리함으로써 현재 공동집필의 단일교과서 발행을 위한 편찬 작업이 진행 중임.

문제점 및 대책

1. 문제점

  가. 현행 검정교과서 저자 및 발행업자의 반발 예상(이유는 연간총계 750만원에 달하는 저자들의 저작인세 및 출판사의 수입 때문임).

  나. 집필진의 선정 및 확보 문제

2. 대책

  가. (가)의 문제점은 저자들에 대한 설득과 인세 상당액의 학술연구 조성비 지급으로 대치하며

  나. (나)의 문제는 국사편찬위원회 및 국사교육강화위원회와 협의하여 결정할 것임.157)

---

157) 문교부, 「국사교과서의 국정화 방안 보고」(국가기록원 소장).

위의 인용문을 통해 보면 국사교과서의 국정화 필요성은 식민사관의 탈피와 민족사관의 형성에 근본적인 목적이 있으며, 이러한 목적을 검정교과서를 통해 달성하기에 어려우므로 사학계의 성과를 체계화하고, 풍부한 사료를 이용하여 새로운 가치관 확립을 위한 일관성 있는 교육을 위하여 국사과목의 국정화가 필요하다는 것이다. 이러한 국정화 추진 과정에서 정부는 연간 750만원에 달하는 인세와 출판사의 손실 때문에 검정교과서의 저자와 발행업자들이 반발할 것을 예상하여 집필진 선정에 문제가 있을 것으로 판단하였다. 따라서 이러한 문제점을 극복하기 위하여 학술연구조성비를 지급하여 저자들의 반발을 무마하려 하였고, 집필진 선정은 국사편찬위원회 및 국사교육강화위원회와 협의, 결정할 것을 결정하였던 것이다.

국사교과서 국정화 추진 보고 이후 1973년 6월 23일 문교부는 다음의 이유로 국사교과서의 국정화를 발표하였다.

> 문교부는 이같이 국사교과서를 국가가 직접 편찬키로 한 것은 ① 일제 침략기에 이루어진 왜곡된 역사관을 청산하고 ② 광복 이후 우리 국사학계에서 쌓아온 업적을 체계화하며 ③ 학생들에게 객관적이고 일관성 있는 국사교육을 실시, 국적 있는 교육을 강력히 뒷받침하기 위한 것이라고 덧붙였다. 내년에 국정으로 편찬될 새로운 국사교과서는 국사편찬위원회와 문교부 편수국 관장 하에 있는 권위 있는 학자들을 위원으로 위촉, 각 학년별로 1권의 책으로 집필케 할 계획인데 새 교과서 내용에는 주체적 민족사관 정립, 새한국인 형성, 한국민주주의 토착화 등 문교부의 국사교육 방침을 반영시킬 방침이다.[158]

이러한 문교부의 방침은 '국사교과서의 국정화 방안 보고'의 내용과

158)『경향신문』1973년 6월 23일, 「국사교과서 국정으로 검정제 폐지 국적있는 교육 강화」.

큰 차이가 없는 것으로 이 보고서의 내용이 대부분 수용되었음을 의미하는 것이라 할 수 있다. 결국 국사교과서의 국정화는 민족사관의 확립을 표방하면서 국민교육헌장과 10월유신의 선포로 강화된 반공주의, 국가주의를 교과서에 반영시키는 것이었다고도 할 수 있을 것이다.

그런데 이와 같은 국사교과서의 국정화 방침은 1973년 1월 22일 대통령 박정희의 문교부에 대한 연두순시에서 김현옥 문교부장관은 "국민교육헌장 이념 구현과 한국적 가치관의 교육 강화"[159]를 보고하였던 것으로 보아 이 무렵에는 이미 결정되었던 것으로 판단된다. 그리고 1974년 1월 29일 연두순시에서도 민관식 문교부장관은 "국적있는 교육 신장, 교육체제의 교육력 강화, 경제성장을 촉진하는 교육으로 유신교육을 심화하기 위해 각급 학교 교과서를 개편"[160]하겠다는 보고를 하였다. 1975년에도 류기춘 문교부장관은 대통령 박정희의 初度巡視에서 1975년도 문교정책의 중점을 교육유신체제의 확립, 국민정신교육 강화, 교육의 내실화와 사회화, 장기적 체육진흥정책 수립, 해외교포교육 강화[161]에 두겠다고 밝히면서 교육유신체제의 확립을 위한 방안으로 다음을 보고하였다.

① 민주주의 교육 내용을 쇄신, 한국민주주의 발전과정에 대한 신념을 배양토록 37책의 교과서를 보완하고 ② 현재 59개 대학에 있는 기존 반공서클의 회원 2242명을 3천명으로 확대하는 등 반공교육을 강화하고 ③ 올바른 시국관 확립을 위해 국가안보 교육을 강화하며 ④ 덕성교육 강화를 위해 도덕교과서를 개편[162]

159) 『매일경제신문』 1973년 1월 22일, 「박대통령 "유신저해 요인 제거"」.
160) 『경향신문』 1974년 1월 29일, 「박대통령에 문교부 보고 기술인력 백만 양성 81년까지」.
161) 『동아일보』 1975년 2월 7일, 「대학생성적학습과제포함 교사들 교직관을 평정요소로 반영」.
162) 『매일경제신문』 1975년 2월 7일, 「교육유신'을 강화」.

이로 보아 '10월유신' 이후 '국적있는 교육'이라는 명목 하에 유신교육이 강화되었고, 이 과정에서 국사교과서의 국정화가 진행되었던 것이다. 그리하여 1974년 2월 22일 문교부는 민족사상 확립 위주로 개편된 초중고등학교 국사교과서를 1974년 신학기부터 사용하기로 했다고 발표하였다. 개편된 "인문계 고교의 국사교과서는 고고학적 새 사실의 반영, 백제의 국제적 역할 강조, 신라의 대당항쟁사 부각, 불교사상의 설명, 조선시대의 정치사상에 대한 새 평가, 항일사와 일제사의 상세한 설명 등에 역점을 두었으며, 중학교 교과서는 대체적으로 고교용에 동조하면서 새마을운동을 비롯한 시사성을 반영하였다. 또한 초등학교 5학년용은 전쟁사에서 생활사 중시로 바꾸고, 실학을 부각시켰으며 6학년용은 역사의 발전적 선형을 강조하며 생활사, 전통문화의 계승 발전을 강조"163)하였다.

이에 대해 역사교육연구회장 이원순은 "보편성과의 연관에서의 개별성의 창조 전개라는 역사 파악을 유도할 내용의 교재화를 연구"해야 한다고 주장하였다. 이는 민족주체성의 지나친 강조로 세계사의 보편성에 대한 교육이 이루어지지 못할 수 있다는 우려를 표시한 것이었다. 또한 국정교과서이므로 교과서에서 배제된 이설이 교과서 내에 수용되지 않아 국사교육이 왜곡될 수 있다는 점과 최근 10여 년을 지나치게 중시, 강조하였다는 점도 지적하였다. 이는 경제개발이나 새마을운동을 지나치게 강조하고 있다는 점을 비판한 것으로 보인다.164)

그런데 이러한 국정 국사교과서에서 사용한 동학혁명이라는 용어에 대한 논란이 의외로 발생하였다. 서울대학교 음악대학 교수 朴時仁은

---

163) 『동아일보』 1974년 2월 27일, 「초중고교 국정 국사교과서의 문제점 생활사 중심의 주체의식 강조」.
164) 『동아일보』 1974년 2월 27일, 「초중고교 국정 국사교과서의 문제점 생활사 중심의 주체의식 강조」.

국사교과서 개편에 대해 대학신문에 기고한 글에서 "우리나라 왕정말기에 외세가 집중 내습한 위기에 청나라 홍수전의 난리를 모방한 반란을 남도에서 일으켜서 일본군이 침입할 기회를 만들어 나라를 망하게 한 동학란을 동학혁명이라 찬양하는 것은 부당하며 이러한 태도는 일제 때 어용학자들보다 심하다"고 주장하였던 것이다.

이에 대해 국사편찬위원회 조사실장 尹炳奭은 "박씨의 논리는 왕조말기의 부패한 지배계층과 일제 관학자들의 주장과 비슷하다"고 지적하고 "전근대 사회를 탈피하고 근대사회로 옮아가는데 중요한 역할을 한 동학농민봉기는 국민 속에서 대내적 모순 해결을 모색했다는 점과 아울러 농민이 참여한 최초의 항일운동으로 한국근대의식의 기점으로 높이 평가된다."고 반박하였다. 이외에도 김상기, 한우근, 이선근, 최창규 교수 등도 같은 논리로 박시인의 주장을 비판하였다.

단군조선을 신화로만 서술한 내용에 대해서도 안호상, 이병도, 김상기, 이선근, 金玉吉, 韓景職 등 74명은 1974년 7월 25일 "올해 새로 나온 초중고 교과서에서 국조 단군을 완전히 신화로만 돌린 것은 일제 식민사관을 그대로 흉내낸 것"이라는 성명을 발표하여 비판하였고,[165] 26일에는 재건국민운동 중앙본부에서 '국사교과서평가회'를 개최하여 단군조선을 완전히 신화로 규정한 것은 식민사관에 입각한 것이라고 비판하였다.[166] 이러한 서술은 국사교육에서 민족사관을 강조하는 것과는 방향이 다르다는 것이었다. 이에 대해 정부는 앞에서 서술했듯이 1963년 학계의 의견을 종합하여 초중고 교과서에서 단군을 신화로만 취급하였다는 점을 밝혔다.

165) 『경향신문』 1974년 7월 26일, 「역사교과서 신화로 취급 단군조선을 부정」.
166) 『동아일보』 1974년 7월 27일, 「치열해진 단군개국 논쟁, 신화냐 사실이냐」. 이 재건국민운동 중앙본부에서 개최한 '국사교과서평가회'에서 발표한 인물은 이병도, 김상기, 이선근이었다(『동아일보』 1974년 7월 26일, 「문화단신」).

또한 문교부는 112개의 학교를 선정하여 국정 국사교과서를 포함한 전 교과서에 대해 오탈자와 삽화의 잘못 등을 보고하라고 지시하였다.[167] 이는 국정 교과서의 내용과 체제, 그리고 편수과정에 상당한 문제가 있었다는 것을 의미한다. 그리하여 『경향신문』은 1974년 4월 15일 사설에서 "도대체 국정교과서가 어떻게 편찬되고 어떠한 감수를 거쳐서 발행되었기에 이토록 어수룩한 것이 되었는가"[168]라고 비판하였던 것이다.

그리고 『동아일보』도 같은 해 6월 18일 사설에서 첫째, 국정 국사교과서는 학계에서 일반적으로 定說로 받아들여지고 있는 범위 안에서 서술되어야 하며 정설이 아닌 어느 학자 개인이나 소수 학설을 자의로 발표하지 말아야 하며, 둘째, 중학교용 교과서와 고등학교용 교과서는 그 내용이 균형있게 연관적으로 서술되어야 하며, 셋째, 국정 국사교과서는 새 세대에 대한 국사 이해를 통일시킨다는 이점이 있으나 역사란 사관과 학자의 자세에 따라 해석과 서술이 다를 수 있으므로 관료적 규제로 획일화시키기보다 검인정으로 발행하는 것이 바람직하다고 주장하였다.[169]

이와 같은 논란 속에서나 국정 국사교과서는 1974년 신학기부터 사용되었으나 이 논란은 1975년 문교부가 수행한 「현행 인문계 고교 및 초중고교 국사교과서의 분석연구」에서 50개 항목이 일부 또는 전면 보완 및 수정이 불가피한 것으로 분석되었다. 특히 인문계 고등학교 국사교과서에서 319개, 중학교 국사교과서에서 229개소가 수정되어야 한다고 〈표 8〉와 같이 지적하였다.

---

167) 『경향신문』1974년 4월 13일, 「문교부 국정 교과서 전면 재검토」.
168) 『경향신문』1974년 4월 15일, 「교과서와 교육현장의 갭」.
169) 『동아일보』1974년 6월 18일, (사설) 「국사교과서의 문제점」.

<표 8> 「현행 인문계 고교 및 초중고교 국사교과서의 분석연구」의 주요 내용

내용 불일치	해석의 차이	초중고교간 불일관성
① 장군총의 높이, ② 민족의 기원, ③ 청동기 시대의 상한, ④ 삼한성립 과정에 대한 용어의 불일치(부족국가, 연맹체), ⑤ 초기 신라에 대한 설명 불일치, ⑥ 화랑도의 기원을 중학교에서는 귀족사회로 고등학교에서는 씨족공동사회로 설명, ⑦ 상수리제도의 인질을 중학교는 지방관리, 고등학교는 지방호족으로 표기, ⑧ 신라의 도참설은 중학교는 과학기술로, 고등학교는 인문지리학으로 설명, ⑨ 이조통치체제를 중고등학교는 재상중심, 국민학교는 국왕중심 체제로 설명	① 고려 崔冲의 사학에 대해 초중학교는 긍정적이나 고등학교는 부정적으로 해석, ② 동학의 성격 규정, ③ 갑오경장과 대한제국 형성의 성격을 초중학교는 주체적으로 고등학교는 타율적으로 해석, ④ 3·1운동의 배경에 대해 중학교는 국제 정세 등 해외 요소를 강조한 반면 고등학교는 국내적 요소를 강조, ⑤ 해방에 대해서는 초중학교는 내적 요소를 강조한 반면 고등학교는 외적 요소를 강조, ⑥ 새마을운동에 대해서 국민학교와 고등학교는 농촌지역으로 한정했으나 중학교는 범국민적운동으로 해석	① 중학교에서 크게 다른 가야사회가 국민학교에는 전혀 없음 ② 조선시대의 신분제를 초중학교에서는 4신분체제로 고등학교에서는 양반과 상놈의 2신분 체제로 서술

특히 이 연구에서는 최충헌은 왕을 폐립한 반역자이며 백성의 요구를 짓밟은 국민의 반역자인데도 중학교 교과서에서는 정치적 능력이 뛰어난 장군이라며 영웅적으로 평가했고, 고등학교 국사교과서는 대원군을 지나치게 미화하여 쇄국정책, 천주교 탄압까지도 시대적 요청과 전통문화의 자부심에 의한 것이라 한 서술을 역사 해석의 차이를 보여주는 대표적인 사례로 들었다. 이에 대해『경향신문』은 사설로 비판하였으며,170) 국무총리 기획조정실에서 수행한 초중고등학교의 국어, 국사, 사회, 도덕 등 4개 교과서를 분석한 「국적있는 교육의 충실화」라는

---

170)『경향신문』1975년 9월 9일, (사설)「국정 국사교과서의 난맥」.

보고서에서 주체성의 강조가 지나쳐 역사적 사실에 대한 해석이 너무 주관적인 경우가 있으며 한국민주주의에 대한 역사적 상황 묘사와 이론적 뒷받침이 다소 미흡하다는 것 등 4개 항목을 지적하였다.[171] 특히 국사교과서에 대해서는 왕조 흥망 등 개별 사건의 나열에 치중한 나머지 역사의 흐름을 서술하는데 등한히 했으며, 지나치게 전문적이고 내용이 세부적이어서 학생 부담이 과중하고 일부 역사적인 사실에 대해서는 주관적 해석이 들어 있고 '토요토미', '투쿠카와'와 같은 표기법에도 문제가 있다. 또 중학교 교과서의 경우 고려청자는 삽화가 선명하지 못해 식별하기조차 어렵다고 지적하였다.[172]

이와 같은 일련의 지적에 대해 1976년 문교부는 국사교과서를 '주체성에 입각한 민족사관을 심화시키는' 방향에서 부분 개편할 것을 검토하였다.[173] 그런데 "문교부는 내년(1978년-인용자)에 개편하려고 했던 중고교 교과서 내용을 1년 연기, 79년도에 개편할 계획"으로 변경하였다. 이는 1977년 '검인정 교과서 파동'에 따라 19명의 편수관 가운데 18명이 면직되어 9명이 충원되었으나 교과서를 개편하기에는 인원이 부족하였기 때문이다.[174] 이에 따라 국사교과서도 1979년에 개편되어 1974년판과는 다른 새로운 내용의 교과서가 초판으로 발행되었다.

이 교과서 분석의 기준은 〈표 9〉과 같았을 것으로 보인다.

---

171) 『경향신문』 1975년 9월 11일, 「국적있는 교육에 충실」.
172) 『동아일보』 1975년 9월 12일, 「초중고 주요 교과서에 문제점 많다-평가교수단의 시정 건의」.
173) 『동아일보』 1976년 3월 29일, 「바른생활(국교) 민주생활(중학) 등 금년내에 교과서 개편」.
174) 『매일경제신문』 1977년 6월 22일, 「79년에 개편 계획 중고등교 교과서」.

<표 9> 교과서 분석 기준

1. 편찬의 기본 방침	1. 편찬의 기본 방침		
2. 조국의 근대화	1. 근대화 2. 국력배양 3. 국토개발 4. 경제발전 5. 생산기술의 연마 6. 중화학 공업 육성 7. 저축 8. 수출증대 9. 국민의 과학화 10. 생활합리화	5. 유신이념의 구현	1. 유신체제 2. 국민총화 3. 민족주체성 4. 민족적 긍지와 사명감 5. 애국심 6. 국가관 7. 민족사관 8. 민족사적 정통성 9. 한국민주주의 10. 비능률, 비생산성 제거
3. 새마을운동	1. 새마을운동 2. 근면 3. 자조 4. 협동 5. 소득증대 6. 생산증강 7. 향토애 8. 환경개선 9. 생활개선	6. 국민적 자질 함양	1. 전통계승 2. 경애·신의 3. 근검 절약 4. 책임완수(국민의 의무) 5. 창의성 6. 국토자원의 보전 7. 공익질서 8. 문화애호
4. 총력안보 체제의 확립	1. 안보태세 강화 2. 국방 3. 반공 4. 국토통일 5. 군경원효	7. 기타	1. 각 교과의 특성

(자료) 문교부 편수국,「국가 중요 시책의 반영면에서 본 신구 교과서 내용 분석-국민학교·중학교분」, 유인물, 1974.5 및 문교부 편수국,『편수업무현황』, '교육내용의 개선을 중심으로' 17쪽, 유인물, 1974.5.

　〈표 9〉에서도 확인할 수 있듯이 이 시기 국사교과서를 포함한 교과서의 분석 기준은 박정희정권과 유신체제를 수호하고 홍보하는데 있었음을 알 수 있다. 그런데 1979년 10월 26일 대통령 박정희가 사망한 직후인 12월 12일 문교부는 초중고 교과서 684책 중 유신이념이 반영된

초등학교 교과서 5책, 중학교 교과서 6책, 고등학교 교과서 7책 등 18책 23개 단원을 학생들에게 교수하지 말라는 지침을 내리고 교사용 지침서를 고쳐 학생들에게 교수하도록 하였다.[175] 국사교과서는 초중고등학교 모두에 해당하여 유신이념을 선전, 홍보하는 중요한 수단이었음이 다시 한 번 확인되었다. 이에 대해 고려대 교수 김정배는 다음과 같이 말하였다.

> 현실적으로 유신 내용을 담고 있는 교과서는 도덕, 사회, 국사, 국어, 한문, 국민윤리, 미술 등의 분야에까지 이르고 있다. 우리가 안타깝게 생각하고 깊은 우려를 나타내지 않을 수 없는 것은 순진한 이들 청소년들에게 진실이라고 외쳐댄 사실이 하루아침에 사라져 버렸다는 내용을 가르친 그 사실에 있다. 뿐만 아니라 이제 와서는 엄연히 교과서에 있는 내용을 가능한한 피해야 할 교사의 입장과 알든 모르든 간에 이를 지켜보게 되는 초중고 교생들의 처지를 비교할 때 우리는 교과서의 내용이 두 번 다시 이 같은 과오를 범하지 않도록 정책입안자들이 반성할 것을 촉구하지 않을 수 없다.[176]

한편 1974년 12월 31일 인문계 고등학교 교육과정이 공포되었다. 제3차 교육과정은 앞에서 언급한 바와 같이 1960년대 후반 북한의 도발과 그에 대한 박정희정권의 대응, 그리고 10월유신으로 이어지는 과정에서 마련되었다. 그러나 문교부는 1973~74년에 걸쳐 개정된 중고등학교 교육과정에 의한 교과서의 검정을 공고하지 못하였을 뿐만 아니라 단일화본정책으로 인하여 명확한 교과서 정책을 수립하지 못하였다. 이러할 때에 1977년 이른바 '검인정 교과서 파동'을 겪은 후 '교과용 도서 검인정 규정'을 폐지하고 1977년 8월 22일 대통령령 제8660호로 '교과용

---

175)『동아일보』1979년 12월 12일,「초중고교 교과서 유신 내용 빼기로」.
176)『동아일보』1979년 12월 18일,「교과서와 교육과…」.

도서에 관한 규정'을 제정, 공포하여 새로운 교과서 정책이 비로소 수립되었다.

'교과용 도서에 관한 규정'의 주요 내용은 문교부가 저작권을 가진 도서는 1종교과서, 문교부장관의 검정을 받은 교과서는 2종교과서로 구분(제2조 3항)하여 국정교과서와 검정교과서라는 용어를 사용하지 않았다. 그리고 학교의 장은 1종도서가 있는 경우는 이를 사용하도록 하였고, 1종도서가 없을 경우 2종도서를 사용(제3조)하도록 하여 교과서의 선택의 자율성을 제한하였다.

그런데 이 규정의 제4조에 따르면 1종도서는 국민학교의 교과서 및 지도서, 중학교의 교과서 및 지도서, 실업계 고등학교의 교과서 및 지도서, 인문계 고등학교의 교과목 중 국어(독본), 국민윤리, 국사와 문교부 장관이 특히 필요하다고 인정하는 교과목의 교과서 및 지도서 등을 규정하여 국민학교, 중학교, 실업계 고등학교의 전 교과와 인문계 고등학교의 한국학 관련 교과서는 1종을 사용하도록 강제하였다. 따라서 국사교과서는 1종 즉 국정교과서를 사용할 수밖에 없었다. 그리고 문교부장관은 교과서의 발행을 목적으로 설립된 정부투자기관 또는 인쇄, 제본 및 발행 능력이 있다고 인정되는 자에게 1종도서의 발행권을 부여하였다(제28조). 이 점이 1967년 '교과용 도서 저작·검인정령'과 1977년 제정된 '교과용 도서에 관한 규정'의 가장 큰 차이점이라 할 수 있다. 즉 '교과용 도서 저작·검인정령' 시기에는 문교부, 즉 국가가 직접 교과서를 제작하였으나 '교과용 도서에 관한 규정' 시기에는 문교부는 교과서 제작의 기획·감독 기능만을 맡고 집필, 교정 등은 연구기관이나 대학 등에 위임하였던 것이다. 이에 따라 국사교과서는 국사편찬위원회 1종교과서개발위원회에 위임되었다.

2) 제4차 교육과정~제6차 교육과정기

1979년 10월 26일 대통령 박정희가 중앙정보부장 김재규에 의해 시해된 이른바 '10·26사태'가 발생하면서 유신체제는 종말을 고하고, 1980년 제5공화국이 성립하였다. 이에 따라 유신체제에 입각한 교육도 변화하지 않으면 안되었고, 제4차 교육과정이 마련되었다. 제4차 교육과정을 마련하기 위한 움직임은 1978년부터 있었다.[177] 이에 따라 국민정신교육, 전인교육, 과학기술교육을 기본정신으로 한 제4차 교육과정이 1981년 12월 31일 공포되어 유치원, 국민학교, 중학교, 고등학교의 교육과정이 대폭 개정되었다.

제4차 교육과정은 학교 급별로 단계적으로 유치원과 국민학교 1~3학년, 그리고 4~6학년의 도덕, 사회, 중학교의 도덕과 국사, 고등학교의 국민윤리 및 국사는 1982년 3월 1일부터, 중학교의 전학년과 고등학교의 신입생은 1984년 3월 1일부터 전국의 각급 학교에 적용되었다.[178] 즉 제4차 교육과정의 공포와 동시에 국사교과서는 중고등학교에서 즉시 적용되어 신교과서를 사용하였던 것이다. 특히 교과서 집필의 일반 지침으로 "새 교과서 내용이 교육목적과 목표, 국시·국책과 일치하여야 한다"[179]고 규정하여 정부의 의도에 맞도록 교과서의 내용과 구성을 강제하였다. 그러나 1979년 박정희의 서거 이후 교과서의 일부를 검인정화하는 방안이 검토되기도 하였다.[180]

제4차 교육과정에서도 제3차 교육과정기에서와 마찬가지로 국사교

177) 이병희, 「국사교과서 국정제도의 검토」, 『역사교육』 91, 역사교육연구회, 2004, 77쪽.
178) 허강 외, 『한국편수사연구 (1)』, 한국교과서연구재단, 2001, 12쪽.
179) 박용전, 「새 교과용도서 편찬의 개요」, 『수도교육』 44, 서울특별시 교육연수원, 1977, 2쪽(김한종, 「해방 이후 국사교과서의 변천」, 『역사교육과정과 교과서 연구』, 선인, 2006, 49쪽, 주)55 재인용).
180) 『동아일보』 1980년 2월 28일, 「중고교 교과서 점차 개편 국정일색서 검인정으로 교육내용 획일화 문제점 많아」.

과서는 1종, 즉 국정으로 편찬되었으나 지금까지와는 달리 중고등학교 모두 상·하의 2권으로 발행되었다는 점이 가장 두드러진 변화라 할 수 있다. 상권은 선사시기부터 조선전기까지 수록하였고, 하권은 실학 시기부터 제5공화국까지 수록하였다. 이와 같이 2권으로 편찬한 것은 한국 현대 문화가 안고 있는 역사적 과제를 해명하기 위하여 근대 이후 내용을 보강하기 위한 것이었다.[181] 특히 제5공화국의 역사까지 서술한 것은 1979년 12·12사태와 1980년의 광주민주화운동을 탄압하면서 집권한 정권의 정당성을 교과서에 수록하기 위한 것이었다고 판단된다. 또한 제3차 교육과정기의 국사교과서를 식민사관에 입각한 것이라 비판한 재야사학자의 요구를 일정부분 수용하여 민족의 기원, 단군, 고대 삼국의 대외 관계 등 고대사 부분과 조선후기의 실학, 독립운동 등 민족문화의 수호 등이 보다 상세하게 서술되었다. 이를 구체적으로 보면 다음과 같다.

(가) 고등학교
　고대사회의 발전 : 민족의 기원과 발전과정 강조, 단군을 항목으로 설정, 삼국의 대외관계를 민족의 통일과정으로 연결시켜 서술, 화백제도와 화랑도를 신라사회에 통합하여 연결시킴.
　중세사회의 성장 : 고려사회를 중세사회로 시대구분, 후삼국의 분열에서 고려초의 통일과정을 연결시킴.
　근세사회의 발전 : 조선전기를 근세사회로 시대구분, 조선초기 대외관계를 국토 확장의 입장에서 서술, 조선초기 과학기술에서 국방과 관련된 내용 서술.

---

181) 『경향신문』 1982년 1월 19일, 「국사교과서 현대사 대폭 보강」. 제4차 교육과정기 국사교과서의 집필진은 다음과 같다. 고등학교 : 하현강(연세대), 차문섭(단국대), 이현희(성신여대), 박용옥(성신여대). 중학교 : 이현종(국사편찬위원회), 신형식(이화여대), 이원순(서울대), 박영석(건국대). 국민학교 : 강우철(이화여대), 최완기(서울산업대), 이존희(서울산업대), 김여질(서울교대).

근대사회의 태동 : 조선후기를 <u>근대사회 태동</u>으로 시대구분, 대원군의 정치를 전제왕권 강화의 입장에서 서술, 동학혁명운동을 동학운동으로, 일제 국권 침탈과 독도 설명, 만주의 독립군 활동 강조, 광복군의 대일선 전포고와 국내진입작전 계획 상술.

현대사회의 발달 : 광복과 분단과정 상술, 경제개발계획의 성과 상술, 국력신장 상술, <u>제5공화국 성립의 의의와 발전 강조.</u>

(나) 중학교

우리나라 역사의 여명 : 고조선의 발전을 역사발전과정에서 설명, 부족국가 성립, 발전과정 상술

삼국의 형성과 발전 : 진흥왕의 적성비 내용 기록, 고구려, 백제의 대외진출 상술.

통일신라와 발해 : 발해의 만주지배 강조

고구려시대의 생활 : 거란과 여진과의 관계 서술, 고려청자의 우수성 강조, 고려회화의 일본에의 영향.

조선의 발전 : 초기 대외관계와 영토수복 내용 서술, 국가의 경제정책 강조.

조선사회의 새 동향 : 정치 안정을 위한 노력, 실학 강조, 서양문물의 전래와 서학연구 내용 서술, 농업기술의 진전 내용 상술.

근대화의 시련과 자주운동 : 흥선대원군의 정치 내용, 위정척사운동의 성격, 일본의 경제적 침투에 반발한 농민의 활동 서술, 동학농민혁명운동 과정 상술, 갑오경장을 단원명으로 세움.

일제의 침략과 민족의 독립투쟁 : 국민저항운동, 민족교육운동, 국채보상운동, 의병과 의사 활동 강조.[182]

제4차 교육과정기 국사교육과정에서 주목되는 점은 계열성을 고려하여 중학교 국사교과서는 시대사적 입장에서 정치사 중심으로 편찬

182) 『경향신문』 1982년 1월 19일, 「새 중고교 국사교과서 중요 내용」.

하였으며, 고등학교 국사교과서는 문화사와 사상사를 중심으로 편찬한 것과 고대사회, 고려사회, 조선사회, 근대사회, 현대사회로 구분하였던 제3차 교육과정기의 국사교과서의 시대구분과는 달리 고대, 중세, 근세, 근대, 현대의 5시기로 구분한 것이었다.[183] 이는 역사를 발전적으로 파악하려는 시도였다는 점에서 긍정적인 변화로 판단된다. 이러한 변화는 국정화 이후 국사교과서가 학계의 연구 성과를 보다 적극적으로 수용하고 있음을 보여준다고도 할 수 있다.

이러한 긍정적인 측면이 있음에도 불구하고 앞에서 본 바와 같이 국사교과서의 내용이 국시·국책과 일치해야 한다는 일반지침이 반영됨으로써 제4차 교육과정기 국사교과서 역시 이데올로기적 편향성에서 자유로울 수 없다는 점도 명확하다고 할 수 있다. 특히 현대사회를 다루면서 '제5공화국의 의의와 발전을 강조'한 것은 비정상적인 방법에 의해 권력을 장악한 세력이 자신들의 정통성을 강조하기 위한 것이었다고 판단된다. 그런데 제4차 교육과정이 고시되기도 전에 이미 국사교과서 개발이 이루어지고 있었다.[184] 이는 재야사학자들에 의하여 제기된 이른바 '국사교과서의 식민사관 논란'과 이에 영합한 제5공화국의 젊은 영관급 장교의 문제제기에 기인한 것이었다.[185] 그리하여 1981년 9월 26~27일 국사찾기협의회의 안호상 박사가 청원한 국사교과서 주요 내용 시정 청원에 대한 공청회가 국회 주최로 개최되었다. 문제를 제기한 측과 이에 대한 문교부의 답변은 〈표 10〉과 같다.

---

183) 김한종, 앞의 책, 47~49쪽.
184) 윤종영, 『국사교과서 파동』, 혜안, 1999, 18~19쪽.
185) 윤종영, 「식민주의사관 논쟁에 휘말렸던 국사 교과서」, 『교과서연구』 39, 2002, 74 ~75쪽. 이들이 제기한 문제는 단군의 실존 문제, 고조선의 영역 문제, 한사군의 위치 문제, 백제의 중국지배 문제, 통일신라의 영토 문제 등 주로 고대사와 관련된 것이었다.

<표 10> 국사교과서 주요내용 시정 청원 및 답변 요지[186]

청원 내용	문교부 답변요지
단군은 고조선의 건국자이다. 건국연대는 서기전 2333년이다.	단순한 건국설화로만 취급하지 않고 역사적 사실이 담겨져 있는 건국설화로 수록하였음
기자조선은 실재하였다.	대부분의 사학자들은 기자의 동래설은 사대주의의 결과로 이루어진 것이라고 기자조선을 부인하고 있다.
고조선과 진번, 임둔, 낙랑, 현도는 다 같이 연나라 동쪽, 즉 북경 부근에 있었다.	낙랑군의 위치가 대동강 유역임은 유물, 유적 및 문헌에 의해 입증되고 있음
고구려가 대무신왕 20년(서기 37년) 낙랑을 멸하였다.	고구려의 낙랑군 퇴치는 미천왕 14년(313년)임. 대무신왕이 멸망시킨 것은 낙랑의 속국임
백제가 3~7세기 동안 북경에서 상해까지 통치하였다.	백제의 요서지방, 산동지방에 대한 지배는 교과서에 서술하였으나 상해까지의 400년(3~7세기) 지배설은 학계의 연구성과를 좀 더 기다려야 함
신라의 처음 강역이 동부 만주 전체고 통일신라의 국경이 한때 북경까지였음.	신라의 처음 강역은 경주 일원이고 통일 후 대동강까지 북상됨
고구려, 신라와 특히 백제에서 많은 사람이 일본에 가서 일본국과 일본문화의 기틀을 이루었다.	삼국 특히 백제의 문화가 일본문화의 기틀이 되었음은 중학교 교과서 45면, 고등학교 44면에 구체적으로 서술되어 있음
1894년 민란이 일어났다. 반란자 중에는 동학교도도 있었다. 이것을 동학혁명이라고 말하는 것은 반란사건을 혁명이라고 찬양함이다.	1894년의 민중봉기를 민란으로 보는 것은 왕조사관이고 '소요사태 찬양' 운운은 부당함

이러한 과정에서 1981년 배부한 교과서에서 해방 이후 교과서를 비롯한 사회 전반에서 통용되던 '일제 36년'을 '일제 35년'으로 변경할 것을 결정하였다. 이는 역사교육연구회의 일부 회원의 주장을 수용한 것이었다.[187]

한편 1981년 언론사의 보도에 의해 일본 역사교과서의 한국사 왜곡 파동이 발생하였다. 이에 근대사를 중심으로 한 일제의 침략과 약탈에 대한 내용을 교과서에 수록하는 것을 중심으로 국사교과서의 내용이 일부 수정, 보완되었다. 그리하여 1982년 개편된 국사교과서는 한국사 정체성론을 부인하면서 우리 민족사의 발전은 우리 민족이 자생적이며 자주적인 노력에 의해 이루어졌음을 강조하는 이른바 '자본주의 맹아론'에 입각하여 서술되었다. 그러나 이광수와 최남선의 변절, 즉 친일과 관련된 행적을 등 시비와 논쟁이 붙은 내용들은 대부분 제외하고 '긍정적인 내용'으로 대체시켰다.[188]

187) 『동아일보』 1981년 4월 11일, 「일제 35년' 교과서 수정」.
188) 『경향신문』 1982년 1월 19일, 「민족을 역사발전의 주체로 국사교과서 개편의 배경과 의의」.

2장__ 국사교과서 저자의 성격

1. 교수요목기의 국사교육론(1945~1955)

해방 이후 우리나라의 교육계가 당면한 가장 중요한 과제는 민족 정체성을 회복하는 것이었다. 이러한 필요에 따라 국어교육과 국사교육이 강조되었다. 따라서 일제의 식민지 지배 하에서 위축되었던 국어와 국사에 대한 연구와 관심은 대중적으로도 매우 컸다고 할 수 있다. 이시기 식민지시기에 발간되었던 국사 관련 서적이 재간행되거나 새로이 출간된 것은 이러한 사정을 반영한 것이라 할 수 있다.

미군정 역시 한국민의 열망과 미군정의 목표를 달성하기 위하여 역사교육을 위한 일련의 사업을 실행하였다. 그 대표적인 것이 최초의 국사교과서라 일컬어지는 『국사교본』의 출간이었다. 그러나 미군정의 역사교육은 한국사 중심이 아니라 세계사 중심이었고, 국사과를 독립시킨 것이 아니라 사회생활과 내에 속하게 하는 것이었다. 또한 국어, 국사, 공민과목을 대상으로 전국의 초중등교원 대표자들에게 교육이념, 교육제도, 교과내용 및 각 교과서의 편찬 취지와 취급법 등에 대해 장지영, 황의돈, 최재희, 이호성 등이 교육을 실시하였다. 또한 조선어학회에서도 중학교원을 대상으로 최현배, 이극로, 김윤경, 장지영(이상 국어과), 황의돈, 신석호(이상 국사과), 안호상, 김두헌, 유진오, 최재희

(이상 공민과)를 강사로 한 한글강습회를 개최하였다.[189] 특히 한글강습회 강사로 참여한 황의돈과 신석호는 문교부 편수국에 근무하였던 한국사학자였으므로 이 강습회는 단순히 한글만을 강습하는 것이 아니라 중등교원에게 한국사도 강습하였던 것으로 판단된다. 이는 국어와 국사교육을 담당할 교사들이 식민지시기 국어와 국사교육을 받지 못한 상황을 극복하기 위한 것이었다. 따라서 이러한 교사교육은 학교교육을 정상화하기 위해서는 필수적인 일이었다고 할 수 있다.

이와 함께 1945년 11월 미군정은 황의돈과 신동엽을 각각 역사과 편수관과 편수관보로 임명하였고,[190] 1945년 12월 미군정 문교부 학무국은 각계 인사를 망라하여 교과서편찬위원회를 조직하고 편찬위원을 다음과 같이 선임하여 역사교과서 편찬에 관한 업무를 정리하였다.

> 국어과(李熙昇, 李崇寧, 趙潤濟, 李浩盛)
> 공민교육과(鄭烈模, 白樂清, 玄相允, 安浩相, 張德秀)
> 국사과(李重華, 李丙燾, 金庠基, 李瑄根, 司空桓, 玄相允)
> 수학과(崔宗煥, 金志政, 蔡台星, 任呂淳, 金東旭)
> 이과(羅益榮, 方聖熙, 孟元永, 尹在千, 崔秉鎔)
> 지리과(金道泰, 盧道陽, 朴周燮, 陸芝修, 崔福鉉, 朱在中)[191]

국정교과서는 "편찬 시 편수 담당자가 초고를 완성하여 이것을 교과서편찬위원회를 거치어 인쇄에 부"[192]쳤다고 한다. 따라서 교과서 편

189) 조성운, 「반공주의적 한국사 교육의 성립과 강화-미군정기~제4차 교육과정기를 중심으로-」, 『한국민족운동사연구』 82, 한국민족운동사학회, 2015, 232~233쪽.
190) 「임명사령 제28호」, 1945년 11월 6일, 『미군정청관보』 2, 원주문화사, 1991, 48~51쪽.
191) 『중앙신문』 1945년 11월 10일, 「중요과목은 학무국서 교과서 편찬위원 선정」.
192) 배희성, 「국정 및 검인정 도서에 대하여」, 『편수시보』 제1호, 조선서적인쇄주식회사, 1950, 8~9쪽.

찬위원은 교과서 검정과정에서 그 내용의 검토를 담당하는 것이 주요
임무였던 것으로 볼 수 있다. 다만 검인정교과서의 편찬 시에도 이 역
할을 하는가에 대해서는 검토가 요구된다.

이들 중 국사과 편찬위원의 경력은 〈표 1〉과 같다.

〈표 1〉 교과서편찬위원회 국사과 편찬위원 약력

이름	주요 경력	대표 저서
이중화 (1881~?)	홍화학교 교사, 배재학당 교사, 조선어사전 편찬집행위원, 조선어사전 전임집필위원, 조 선어표준말 사정위원, 국학대학장, 한글학회 대표이사, 조선어학회 이사	『경성기략』, 『조선의 궁술』
이병도 (1896~1989)	중동학교 졸업, 와세다대학 졸업, 중앙학교 교사, 잡지 『폐허』 동인, 조선사편수회 수사 관보, 조선사편수회 촉탁, 진단학회 창립, 서 지학회 창립, 경성제대 교수, 청구학회 위원, 조선유도연합회 평의원, 서울대학교 교수, 국 방부 전사편찬위원장, 대한민국학술원 회원, 성균관대학교 교수, 문교부장관, 민족문화추 진회 이사장	『조선사대관』, 『고려시대의 연구』, 『한국고대사연구』, 『국역 삼국사기』, 『자료한국유학사초고』, 『한국유학사략』, 『한국유학사』, 『두계잡필』
김상기 (1901~1977)	협성학교 입학(1921), 동광학교 2학년 입학 (1922), 보성고보 졸업(1926), 와세다대학 사 학과 졸업(1931), 진단학회 창립(1934), 서지 학회 창립, 한국고고학협회 회장(1967), 중앙 기독교청년회 교유, 중앙고보 교유, 이화여자 전문학교 강사, 경성제대 법문학부 교수, 서 울대 문리대 교수, 고등고시 위원, 국방부 전 사편찬위원회 부위원장, 순국선열유족심사위 원회 위원, 학술원 회원, 국사편찬위원회 위 원, 교수요목제정위원회 위원(1957), 도서번 역심의위원회 위원, 교수자격심사위원, 문화 재보존위원회 부위원장, 혁명재판사편찬위원 회 위원, 문화재위원회 위원장, 중국학회 회 장, 동아대학교 초빙교수, 관광정책심의위원 회 위원, 백산학회 회장, 안중근의사숭모회 부이사장, 韓瑞협회 이사	『동학과 동학란』, 『중국고대사강요』, 『동방문화교류사논고』, 『고려시대사』, 『동방문화사논고』

이선근 (1905~1983)	휘문고보 졸업, 와세다대학 졸업, 신간회 동경지회, 조선일보 편집국장, 고려시보사 주간, 한성도서주식회사 상무취체역, 만주국협화회 위원, 건국준비위원, 조선청년동맹 위원장, 조선청년당 최고위원, 반탁학생총연맹 고문, 한성일보사 주필, 대동청년당준비위 부위원장·부단장 겸 훈련원장, 대동시보사 부사장, 학술원 회원, 서울대학교 교수, 국방부 정훈국장, 문교부장관, 국사편찬위원장, 한국정신문화연구원 원장, 성균관대학교 총장, 영남대학교 총장, 동국대학교 총장	『조선최근세사』, 『화랑도연구』, 『한국독립운동사』, 『한국사 최근세편·현대편』, 『민족의 섬광』, 『대한국사』, 『국난극복사』
사공환	대구고보 졸업, 관비유학생으로 선발(1921)되어 히로시마고등사범학교 졸업, 勞友會 조직(히로시마), 중동학교 교사, 조선교육연합회, 조선교육심의회 제3분과(교육행정) 위원, 군정청 학무국 고등교육 교원교육과장, 미군정청 문교부 사범교육과장, 군정청 문교부 차장, 문교부 고등교육국장, 1950년 국회의선선거 출마	『중등서양사』 (이동윤 공저)
현상윤 (1893~?)	보성학교 졸업, 와세다대학 졸업, 『학지광』 편집인 및 발행인, 중앙학교 교사, 교장, 조선민립대학기성회 중앙집행위원, 경성교육회 평의원, 보성전문학교 교장, 국민정신총동원조선연맹 비상시국민생활개선위원회 제2부 위원, 국민정신총동원조선연맹 참사, 녹기연맹 참여, 조선임전보국단 발기인, 한국교육위원회 위원(1945), 조선교육심의회 제3분과(교육행정) 위원, 고려대학교 총장, 중앙선거위원회 위원(1948), 납북	『한국유학사』, 『홍경래전』, 『조선사상사』, 『기당문집』

〈표 1〉을 통해 볼 때 국사과 편찬위원은 이병도, 김상기, 이선근, 현상윤 등 와세다 대학 출신의 인물들이 중심이 되었음을 알 수 있다. 그리고 이병도, 이선근, 현상윤은 각각 조선사편수회, 만주국협화회, 국민정신총동원조선연맹 등 친일 단체에서 활동한 경력이 확인된다. 따라서 국사과 편찬위원은 민족주의적 성향의 인물과 일본의 대학에서 사학을 전공한 전문가 그룹으로서 친일적 활동을 한 인물들로 이루어

졌음을 알 수 있다.

그런데 이들 중 국사교육론과 관련하여 글을 남긴 사람은 사공환 이외에 발견되지 않으므로 사공환의 주장을 중심으로 이들의 국사교육론을 살펴보고자 한다. 사공환은 1921년 대구고보를 졸업한 이후 조선총독부 관비유학생으로 선발[193]되어 히로시마고등사범학교에 입학하여 1925년 졸업하였다. 히로시마에서는 학업과 병행하여 노우회를 조직하여 야학 활동을 하면서 위생문제 등에 대한 교양을 하였다.[194]

귀국 이후 그는 조선총독부 학무국에서 근무한 것으로 보인다.[195] 또한 대종교가 발행하는 『한빛(大光)』의 집필진으로 선정[196]되고 1936년 조선일보사에서 주최한 백두산탐험대의 일원으로 백두산을 탐험한 이후 「백두산 탐험의 과학적 성과, 백두산의 역사적 고찰 사화와 전설에서 보이는 그 전모」를 6회에 걸쳐 연재하였다. 이 연재물의 첫 번째 글을 그는 단군신화로 시작하였다.[197] 이로 보아 그는 조선총독부의 관비 유학생으로 히로시마사범대학에 유학하고, 졸업 이후 조선총독부에서 근무하면서 항일운동을 전개하지는 않았으나 역사학자로서의 소양을 갖추고 있었음을 알 수 있다.

따라서 그가 해방 이후 미군정청 문교부 사범교육과장으로 근무하였고, 정부 수립 이후에도 문교부 고등국장으로 근무하는 등 해방 직후 문교정책의 실무책임자급으로 활동하면서 홍익인간 교육이념을 채택하는데 기여했을 것이라 생각된다. 또한 그는 1950년 국회의원 선거에

---

193) 『매일신보』 1921년 4월 7일, 「관비유학생 결정 본년도 졸업생」.
194) 『매일신보』 1925년 2월 11일, 「司君惜別宴 16일 광도에서」.
195) 박정옥, 「교수요목기 '우리나라 생활'의 내용구성과 국사교육론」, 한국교원대학교 교육대학원 석사학위논문, 2011, 54쪽.
196) 『조선일보』 1927년 11월 25일, 「한빛誌 創刊」.
197) 『조선일보』 1936년 9월 30일, 「백두산 탐험의 과학적 성과, 백두산의 역사적 고찰 사화와 전설에서 보이는 그 전모」 (1).

서 무소속으로 경북 군위군에 출마한 것으로 보인다.[198]

이는 다음에서 서술한 바와 같은 그의 국사교육론에서도 확인할 수 있다. 사공환은 많은 글을 남기지는 않았으나 해방 직후 발행된 『새교육』(조선교육연합회)과 『조선교육』(조선교육연구회)에 국사교육과 관련한 몇 편의 글을 남겼다. 그는 북조선주재소련사령장관이 인민위원회의 간부에게 한 말을 예로 들면서 국사교육의 사명에 대해 다음과 같이 말하였다.

> "今次 大戰에 蘇聯은 德兵의 大威脅을 받아서 스탈린그라드가 거의 陷落의 危機에 있고 莫斯科首都가 急迫을 告하게 될 때에 스탈린원수는 백만장병에게 祖國愛에 呼訴하여 슬라브민족의 存亡은 在此一戰이란 大激勵의 熱辭을 吐한 것이 莫大한 힘을 주어서 乘勝長驅, 伯林의 白旗를 보게 된 것이다. 朝鮮有志도 祖國愛를 鼓吹함이 自主獨立의 建設에 가장 捷徑일까 한다"고 懇曲한 諷辭를 보냈다한다. 이럼에도 불구하고 조국 소련을 찾는 놈이 있다면 正義人道를 알지 못한 禽獸의 心理라 아니할 수 없다. 진정한 조국애는 弘益人間의 建國理想에 基하여 共存共榮, 友好相助의 자주독립적 公民으로서의 완전한 인간이 되어야 할 것이다. 그런데 우리 조선사람의 일부분은 異國他民에 의존한 근성이 남아있고 抵抗力과 自活力이 빈약하고 권리와 의무가 同一分量인 것을 忘却하고 근로를 싫어(厭)하고 그 중에는 사상적 불건전한 자까지 있으니 이래서 조국재건에 막대한 支障이 없을까. 이 점을 우려하고 한심만 하고 말 것인가. 우국지사는 우리의 결함을 제거하려고 노력하는 모양이나 앉은뱅이 勇쓰기를 깨끗이 혼자 방정만 떨고 있는 현상이 아닌가. 이 점에서 나는 교육총동원을 再唱한다. 교육이란 良藥 없이는 痼疾을 退治할 수 없다. 교육으로써 조국애를 부르짖지 않고는 새나라의 주인의 자격을 얻지 못할 것이다. 조국애는 국사교육의 철저에 한하여서만 함양할 것이다.[199]

198) 『경향신문』 1950년 4월 28일, 「選擧運動 現地踏査」.

이 글에서 그는 반공주의와 홍익인간의 건국이념에 근거한 국사교육을 주장하고 있다. 반공주의는 그가 봉직하고 있는 미군정청의 기본정신이며 홍익인간은 손진태, 안재홍 등 신민족주의사학자들의 주장을 반영한 것으로 보인다. 따라서 그는 홍익인간이념에 근거한 교육이념의 채택을 통하여 국사교육을 전개할 것을 주장한 것으로 보인다. 그는 조국애는 단군으로 상징되는 민족의식을 통해 달성되는 것으로 이해하였다. 미군정청에서 근무하면서 미군정이 민족주의적 성향에 대해 긍정적이지 않다는 것을 잘 알고 있던 사공환이 민족주의를 강조한 것은 당시 한국 사회에 널리 퍼져있던 민족주의적 경향성을 반영한 것이라 생각된다.

이러한 생각에서 그는 조선적 민주주의국가의 건설을 위해 당대의 교사들에게 두 가지 요구를 하였다. 즉 교사 대부분은 민주주의 교육 제1학년 입학생이라고 하면서 오천석의『민주주의교육의 건설』이란 한 책만이라도 熱讀達通한 후에 교단에 설 것과 건국은 조국애로부터, 조국애는 국사교육을 통하여 달성될 것이라는 관점에서 국사에 관한 서적을 一讀할 것을 권하였던 것이다.[200] 특히 오천석의 저서를 熱讀達通하라 한 것은 이들이 미국식 민주주의를 도입하고자 했기 때문이었다. 미군정이 실시되던 상황에서 미국식 민주주의의 도입은 미군정의 기본 입장이기도 하였으나 오천석은 제2차 대전에서 미국의 승리는 "결코 힘의 승리가 아니다. 열등한 무력의 승리가 아니다. 이것은 사람의 가치를 무시하는 전제주의에 대한 사람의 가치를 지상가치로 하는 민주주의의 개선"[201]이라고까지 하면서 미국식 민주주의의 우수성을

199) 사공환,「조국 재건하 국사교육의 새 사명」,『조선교육』3, 조선교육연구회, 1947년 7월, 60쪽.
200) 사공환, 앞의 글,『조선교육』3, 조선교육연구회, 1947년 7월, 59쪽.
201) 오천석,『민주주의 교육의 건설』, 국제문화공회, 1946, 1쪽.

찬양하였던 것이다.

그리고 사공환은 국사교육의 의의로 다음의 7가지를 꼽았다.

1. 우리들이 오늘날 소유한 문화재 즉 과학, 도덕, 예술, 종교, 정치, 산업 등 전부는 역사적으로 발전하여 온 것이다. 다시 바꾸어 말하면 '전부는 역사의 아들'이다. 아들로서의 역사가 부친이 가진 문화 이상으로 좀 더 잘하려 함은 당연한 것이며 이에 <u>국사의 興國的 발전성이 존재</u>한다.

2. 역사를 과거로 볼 때에 그 역사는 죽(死)고 현재를 볼 때에 그 역사는 산(生)다. 그래서 역사는 미래를 건설하며 일층 고도문화를 창조한다고 볼 때에 그 국사는 長生한다.

3. 史實을 해득시키는 것은 국사교육의 최후의 목적이 아니다. 史實을 통하여 문화발전의 理法을 해득시키고 다시 나아가 문화창조의 힘을 涵養하지 않으면 안된다. 그러므로 역사는 알게 하는 교과가 아니라 창조시키는 교과라 한 것이다. <u>문화창조의 힘을 양성</u>하는 그 자체와 풍부한 興國的 정신이 쌓여있지 아니한가.

4. 문화발전은 반드시 민족적인 특색을 가졌다. 구체적인 민족적 정신을 떠나서 문화가 어데 있는가. 참으로 문화는 민족정신의 반영이며, 상징이다. 이런 의미에서 문화발전의 理法을 구명하여 문화를 所産하려는 국사교육의 민족적 또는 국민적 처지에 서지 않으면 안된다. 여기에 국사교육의 <u>國本的 의의</u>를 찾을 수 있다.

5. 역사는 과거에 그친 것이 아니고 실로 과거에서 현재에 , 현재에서 미래에 생존한다. 역사는 長生하여 문화를 창조한다. 이런 의미에서 민족의 생활, 문화를 떠나서는 국사의 의의를 상실한다. 해방 후 역사지리공민에 관한 교과를 社會生活科로 개칭한 것도 이런 광대한 뜻을 포함한 것이다. 미국제도를 참고한 것도 사실이지만은 맹목적으로 미국제를 모방하여 국사교육을 경시하려 한 것이 아니다. 지리공민을 역사에 포함시켜서 사회생활에 가장 적합하게 지도하려는 정신이며 산(生) 역사를 아동에게 고취함양하려는 취지이다. 또 사회생활과란 이

름에 3교과의 교과서를 (중등학교에 있어서) 개별 검정 인가함은 부득이한 사정이라. 敎授者가 이 취지를 충분 음미하여 삼위일체의 교수 지도에 유의함이 가장 중요한 점이다.

6. 국사교육은 자국 과거의 事象에 대하여 정확한 지식을 줄 것. 동시에 현재 事象의 자유를 解得시키며 다시 나아가 현재 및 장래에 대한 각오를 줄 것이다. 국사교육은 교육자의 굳은 신념에서 자연이 불타오른 열성에 의하여 아동을 感化感銘시켜 가지 않으면 안된다. 이런 의미에서 국사교육은 감화교육이며 또 신념, 열성 위에 수립한 교과이다. 그러므로 <u>국민의 思想善導</u>에는 국사교육의 힘을 기다리지 않으면 안된다.

7. 구시대의 국사교육과 같이 투쟁이야기, 세력의 추이 등을 여하히 力說하더라도 興國的 기분이 나지않는다. 물론 전시의 충신열사, 수난기의 망명지사를 역설하여 국가에 이바지하는 충성의 念을 함양함은 좋다. 그러나 금일은 구시대가 아니다. 鎖國的 단일국가로는 성립되지 못한다. 국제적 龍虎爭鬪에 저항하며 세계적 자유시장에 경쟁하지 않으면 안될 조선이다. 이에 唯心的 史觀 대 唯物的 史觀의 투쟁도 일어나고 조국정신자주독립의 戰取問題 한편 물질적 생활문제도 일어났다. 心과 物, 情神과 經濟와는 결코 영구대립할 것이 아니다. 결국은 하나이다. 두 가지는 一이다. 그 이자 중 單其一이 끝인 것이 구시대의 국사교육이었었다. 유심유물 2자가 하나란 것은 단 유심적 유물적 일방에 기울어진 그 하나와는 매우 의미가 다르(異)다. 지금까지의 국사교육은 심과 물, 정신과 물질, 이것이다 하면서도 주로 정신방면에 向走하였던 것이다. 그 정신방면의 내용은 실로 복잡하다. 정신방면에는 종교심도 있고 美를 感受하는 예술심도 있다. 참된 興國의 의의는 물질적, 경제적 방면에만 한한 것이 아니다. 마찬가지로 정신적 흥국의 의의에도 국민지조, 민족의식, 국가관념에만 기울어진 것이 아니다. 결국은 하나인데 그 과정, 방법이 잡다하다.[202]

202) 사공환, 앞의 글, 『조선교육』 3, 조선교육연구회, 1947년 7월, 61~62쪽.

그에 따르면 국사교육은 흥국적 발전, 문화창조, 국민의 사상선도 등에 유용한 의의가 있으며, 문화발전의 민족적 특색은 국본적 의의를 갖는 것이었다. 이를 바탕으로 그는 국사교육의 흥국적 원리를 ① 체험의 원리 : 과거 생활을 자기의 생활로 체험시키는 것 ② 생명의 파악 : 역사정신, 역사이념을 파악하는 것 ③ 부활의 원리 : 과거의 정신을 현재화하고 실천화하는 것 ④ 장생의 원리 : 과거의 것을 바탕으로 미래의 삶을 창조 ⑤ 동화작용 : 교류를 통한 문화의 수용과 발전 ⑥ 공생의 원리 등을 제시하였다.[203]

그런데 사공환은 교육의 목적을 성실유능한 국민양성이라 파악하였고,[204] 사회생활과는 사회생활을 중심으로 개인의 요구와 사회의 요구를 해결 짓도록 하는 것이라 규정하였다.[205] 사회생활과는 나날의 생활을 어떻게 할 것이며 또 나날의 생활에서 부딪치는 문제를 어떻게 해결할 것인가를 연구, 이해, 체득시키는 것이 그 근본이라며 사회생활과의 목적을 달성하기 위한 교수방법으로서 다음의 6가지를 제시하였다.

1. 단체생활에 필요한 정신, 태도, 기술, 습관을 양성함(사회에 대한 적응성의 신장).
2. 단체생활에 모든 관계를 이해케 하며 책임감 자기부담을 함양함.
3. 사람과 환경과의 관계를 지식적으로 이해하게 함.
4. 우리나라의 역사와 제도에 관한 지식을 얻게 함.
5. 우리나라의 적의한 민주주의적 생활방법에 관한 지식을 체득케 하며 공동사회에서 행복스럽게 생활할 수 있게 함.
6. 실천을 통하여 근로정신을 체득케 함.[206]

203) 사공환, 앞의 글, 『조선교육』 3, 조선교육연구회, 1947년 7월, 62~63쪽.
204) 사공환, 「사회생활과로 본 국사교육」, 『조선교육』 5, 조선교육연구회, 1947년 9월, 70쪽.
205) 사공환, 「사회생활과로 본 국사교육」, 『조선교육』 5, 조선교육연구회, 1947년 9월, 70쪽.

결국 그에게 국사교육은 사회생활과의 목적을 달성하기 위한 하나의 도구였던 것으로 보인다. 그는 국사교육의 사명과 의의를 서술하기전에 '민주주의 교육은 시작되었다'는 장을 설정하여 국사교육을 민주주의 교육의 하위개념으로 설정한 것으로 보인다. 이는 그가 미군정청의 사범교육과장으로서 사회생활과의 도입에 대해 긍정적으로 판단하고 있었음을 보여주는 것이라 생각된다. 이는 기존의 반공주의적 국사교육에 대한 연구에서도 확인된 바 있다.[207] 그리하여 그는 사회생활과의 지리, 역사, 공민의 관계를 다음과 같이 규정하여 이들 과목이 유기적으로 연관을 갖고 있음을 주장하였다.

> 이 과목(사회생활과-인용자)은 모든 교과목의 요소의 중심되는 종합적인 학과목이나 특히 지리적 요소, 역사적 요소, 공민적 요소를 중심으로 취급하는 과목이다. 우리는 무기, 유기의 세상에서 생활한다. 이것이 구체적으로 우리에게 환경화하여 나아가는 것이 지구, 즉 과목상으로 지리공부이다. 지리적 환경에 작용 반작용하여 인간이 만들이는 것이 문화이다. 이 문화는 우리 생명에 관계가 있는 사물로서 그 사물의 기원, 발달의 과정으로 역사가 우리와 어떠한 관계가 있는 것을 이해하여서 전통적인 문물제도에 관하여 정확한 판단과 적도를 함양하여야 할 것이다. 이것이 즉 공민이 될 것이다.[208]

앞에서 보았듯이 사공환에게 역사는 장생하여 문화를 창조하는 것이었고, "민족의 생활, 문화를 떠나서는 국사의 의의를 상실"[209]하는 것

---

206) 사공환, 「사회생활과로 본 국사교육」, 『조선교육』 5, 조선교육연구회, 1947년 9월, 71쪽.
207) 조성운, 「반공주의적 한국사 교육의 형성과 전개」, 『한국민족운동사연구』 82, 2015 참조 바람.
208) 사공환, 「사회생활과로 본 국사교육」, 『조선교육』 5, 조선교육연구회, 1947년 9월, 72쪽.
209) 사공환, 「國史敎育 再建에 關한 瞥見」, 『새교육』 1-1, 조선교육연합회, 1948년 7월,

이었다. 따라서 그는 "전 민족은 정치적으로 경제적으로 완전히 평등하여야 할 것이다. 이것이 신민족주의의 기본이념이다. 이 기본이념이 확립된다면 역사교육의 방향은 저절로 결정될 것이니 모든 사료의 취급과 비판은 이 부동한 입지에서 행해져야"[210] 할 것이라 파악하여 민족을 역사의 주체로 파악한 손진태와 같은 관점에 서있다고 할 수 있다.

따라서 사공환의 국사교육론 역시 손진태의 그것과 다름 없다고 할 수 있다. 앞에서 살핀 바와 같이 사공환이 국본적 의의를 갖는다고 한 문화발전의 민족적 특색은 결국 손진태의 신민족주의와 일치하는 것으로 이해되는 것이다. 이러한 바탕에서 林泰壽는 역사교육은 역사적 근거, 현실적 근거, 장래적 근거를 가지도록 해야 한다고 주장하였다. 그리하여 그는 역사적 근거를 갖기 위한 방법으로서 지식으로서의 역사교육, 현실적 근거로서 역사교육을 통해 얻은 역사지식을 사회생활 일상에 활용시켜야 한다고 주장하였다. 또 장래적 근거로서 역사교육을 통해 민족적 교훈을 체득한 후 현재 事象에 대하여 정확한 판단능력을 키워 현재에서 장래로 건설적인 열렬한 조국애를 일으켜 민족적 각오를 하도록 해야 한다는 것이다.[211]

이와 같은 신민족주의적 국사교육의 흐름은 미군정기부터 1949년 신민족주의자인 손진태와 이인영이 각각 편수국장과 고등교육국장으로 임명되고, 그가 고등교육국의 사범교육과장으로 임명[212]된 이후에까지 지속된 것으로 보인다. 특히 신민족주의자로 잘 알려져 있는 손진

28쪽.
210) 손진태, 「국사교육의 기본적 제문제」, 『조선교육』 2, 조선교육연구회, 1947년 6월, 19쪽.
211) 임태수, 「국사교육의 기본적 제문제」, 『조선교육』 5, 조선교육연구회, 1947년 9월, 쪽수 불명.
212) 사공환, 「문교부소식」, 『새교육』 2-1, 조선교육연합회, 1949년 2월, 126쪽.

태는 자신의 국사교육론을 '신민주주의 국사교육'이라 주장하였다. 그에 따르면 우리나라의 민주주의는 소련식 민주주의나 영·미적 민주주의가 아니라 조선민족에게 적절하고 유리한 민주주의 이념을 창건하여야 한다고 주장하였고, 그것을 민주주의적 민족주의, 즉 신민주주의라 하였다. 신민주주의란 국제적으로 모든 민족의 평등과 친화와 자주독립이 보장되며, 국내적으로는 모든 국민의 정치적, 경제적, 교육적 균등과 그에 따른 약소민족의 단결과 발전이 보장되는 것을 의미한다. 이와 같은 주장은 소련의 국사교육은 계급투쟁에 입각한 것이므로 민족을 부인할 우려가 있으며, 영·미식 국사교육은 자본주의에 바탕하므로 약소자를 더욱 약소하게 하여 민족 자체의 발전을 꾀할 수 없기 때문이라는 것이다.[213]

한편 편수국장 손진태와 함께 『중등문화사』(정음사, 1949)를 저술한 오장환도 1949년 문교부 편수관이었다.[214] 그런데 오장환은 교과서의 저자 소개에서 자신의 소속을 서울사범대학으로 기재하여 자신이 문교부 편수관임을 감추고 있다. 이는 아마도 그가 교과서 사열과 관련한 일을 담당하면서 교과서를 저술한 것을 감추고자 한 것이 아닌가 생각된다. 그리고 다음에서 볼 수 있듯이 그 역시 신민족주의자로서의 면모를 보인다.

---

213) 손진태, 「국사교육 건설에 대한 구상 -신민주주의 국사교육의 제창-」, 『새교육』 1-2, 조선교육연합회, 1948년 9월, 49쪽.
214) 오장환, 「國史指導上의 難問題 몇가지」 (1), 『새교육』 2-1, 조선교육연합회, 1949. 2 (이 문건은 『새교육』 2에 중이, 3·4집에 하가 수록되어 있다). 김정인은 오장환이 1949년 6월 10일부터 1950년 2월 8일까지 문교부 편수국 편수과에서 부편수관으로 근무하였다(「오장환 저, 『중등문화사-우리나라의 문화』」, 『한국사학사학보』 1, 한국사학사학회, 2000, 288쪽)고 하였으나 오장환은 이 글에서 자신을 문교부 편수관으로 밝히고 있어 그가 이미 1949년 2월에 편수관의 직위에 있었음을 알 수 있다.

(ㄱ) 문화사는 언제든지 민족 중심으로 형성되어야 한다. 한 민족은 언제든지 그 민족 자체의 독자적인 기초문화를 가지는 것이기 때문에 문화사는 그 민족 자체의 문화를 기초로 삼아 인식되어야 한다.

(ㄴ) 문화사는 또 언제든지 세계사적으로 인식되어야 한다. 민족문화도 큰 의미에서 보면 인류문화의 일부인 것인 즉 인류의 문화 전체를 알기 위하여 민족문화를 알아야 하고 민족문화를 알기 위하여 인류의 문화 전체를 알아야 한다.

(ㄷ) 문화사의 내용은 언제든지 현재와 연결되는 것이라야 한다. 현재와 연결되지 못하는 문화의 내용은 우리의 현재의 생활을 북돋우고 개척하여 나아갈 수는 없다. 그러므로 문화사를 배우는 목적도 현재의 민족생활을 돕는 데 있는 것이다.[215]

오장환의 이러한 견해는 손진태, 사공환과 일맥상통하는 것이었다. 이렇게 보면 1950년 한국전쟁 발발 이전까지 우리나라의 국사교육은 이인영, 손진태, 사공환, 오장환 등과 1945년 11월 6일 문교부 역사과 편수관으로 임명된 황의돈, 신동엽[216] 등 신민족주의자들의 주도 하에 그 기본방향이 정해진 것으로 판단된다. 다만 조선사편수회 촉탁과 수사관보로 활동하던 신석호가 미군정기인 1947년 국민학교 및 중고등학교 사회과 교수요목 제정위원과 정부 수립 이후인 1949년 문교부 편수국장으로 활동한 것은 특이한 일이라 생각된다. 따라서 정부 수립 이후 신민족주의자들의 활동 폭은 축소되기 시작한 것으로 보인다.

그런데 오장환은 편수관으로서 국사교과서의 집필 시 어려운 문제로서 건국설화와 해석문제, 건국 기원과 삼국의 건국 연대 문제, 시대구분 문제, 인물비판 문제, 용어와 儀式 문제, 남북조 문제, 왕호문제, 紀年문제, 민족문화 비판의 태도, 외민족에 대한 태도 등을 꼽았다.[217]

215) 오장환,『중등문화사』, 정음사, 1949, 10쪽.
216) 홍웅선,「편수국의 위상(1945~1955)」,『교과서연구』 26, 1996, 37쪽.

이는 문교부에서 국사교과서를 편찬하면서 제기된 문제였을 가능성이 높다. 따라서 편수관으로서 그는 문교부의 입장에 서서 고급중학교 5학년용으로『중등문화사』를 저술하여 다른 교과서의 저자들에게 제시한 것이라 생각된다. 그가 저술한『중등문화사』의 목차는 다음과 같다.

<표 2> 오장환,『중등문화사』의 목차

장	절	쪽수
제1장 민족의 유래와 선사시대의 문화	제1절 문화사를 배우는 목적과 태도 제2절 자연환경과 민족문화와의 관계 제3절 우리 민족의 기원과 분포 제4절 선사시대의 문화	9 10 12 13
제2장 고대의 문화	제1절 고조선의 문화 제2절 삼한의 문화 제3절 동북 여러 부족국가의 문화 제4절 한 문화의 전래	18 19 21 25
제3장 삼국시대의 문화	제1절 고구려의 문화 제2절 백제의 문화 제3절 신라의 문화 제4절 발해의 문화	28 36 48 69
제4장 고려시대의 문화	제1절 고려조의 시대적 개관 제2절 경사의 시설 제3절 정치제도의 변천 제4절 경제생활 제5절 사회정책과 시설 제6절 학문의 발달 제7절 과학의 발달 제8절 불교의 발달 제9절 예술의 발달 제10절 사회생활	73 75 76 80 87 88 94 98 101 106
제5장 근세 조선 초기의 문화	제1절 근세 조선시대의 시대적 개관 제2절 초기 문화의 특색	111 115

217) 오장환,「國史指導上의 難問題 몇가지」(1)~(하),『새교육』2-1, 2-2, 2-3·4, 조선교육연합회, 1949. 2월, 3월, 6월.

제2부 국사교과서의 편찬과 발행제도의 변천 193

그러나 이러한 신민족주의적 국사교육론은 한국전쟁을 겪으면서 반공주의적인 국사교육론으로 전변하였다. 이는 손진태, 오장환, 안재홍 등 신민족주의자들이 전쟁 중 납북되거나 월북하여 그 맥이 끊어졌을 뿐만 아니라 이병도, 신석호 등 과거 친일적 활동을 했던 인물들이 교과서의 집필이나 문교부 편수국을 장악한 사정과도 관련이 있다고 판단된다.

신석호는 일제시기 조선사편수회의 촉탁과 수사관보를 역임하면서 친일적 활동을 한 인물로 1946년 문교부 중등교원양성소 강사, 1947년 국민학교 및 중고등학교 사회과교수요목 제정위원, 국정교과서 편찬심의위원장, 1949년 문교부 편수국장으로 활동하면서 해방 직후 국사교육과 관련된 제반 활동에 종사하였다. 신민족주의자들에 의해 주도 되던 이 시기 국사교육계에서 그의 이력은 특이한 것이라 할 수 있다. 이병도의 경우도 마찬가지겠지만 대학에서 사학을 전공한 전문가로서의 역할을 인정받은 것이라 생각된다. 이는 사공환이 지적한 바와 같이 "오랫동안 이민족의 압박과 사대사상에 얽매이어서 국사연구는 거의 거부되었던 탓으로 이것을 뜻하는 학자도 많지 않거니와 일부 역사학도 중에는 국사 연구의 근본이 되는 방법론에 있어서 현대과학으로부터 멀리 뒤떨어진"[218] 국사학계와 국사교육계의 사정을 반영하는 것이었다.

따라서 교수요목기 국사교과서의 저자들 가운데 신민족주의자로 꼽을 수 있는 사람은 오장환, 손진태, 이인영, 홍이섭 정도이며, 나머지 인물들은 대학에서 역사학을 전공한 인물들이었다. 특히 이들 가운데 최남선, 이병도, 신석호는 친일활동을 한 전력이 있었다. 그런데 이들 3인이 저술한 국사교과서는 교수요목기 전체 국사교과서 16종 가운데 7종으로 43%에 달하였던 것이다.

---

218) 사공환, 「國史指導再建에 關한 瞥見」, 『새교육』 1-1, 조선교육연합회, 1948. 7월, 28쪽.

2. 국사교과서 저자의 성격

앞절에서 서술했듯이 미군정청 사범교육과장으로 근무했던 사공환은 미군정의 사회생활과를 인정하는 바탕에서 국사교육론을 전개하였다. 그리고 그의 국사교육론은 손진태의 신민족주의적 국사교육론과 같은 맥락에 있다는 것을 확인하였다. 그러나 이 시기 국사 교과서 집필자들이 남긴 국사교육론은 찾을 수 없었다.

이러한 상황 하에서 교수요목기~제2차 교육과정기까지의 국사교과서 저자들의 국사교육론을 확인하기 위해서는 그들이 저술한 국사교과서의 내용을 분석하지 않으면 안될 것이라 판단된다. 교수요목기~제2차 교육과정기까지의 국사교과서의 저자들은 〈표 3〉에서 볼 수 있듯이 대부분 대학에서 사학을 전공한 전문가들이었으며, 이들 중 주요 저자들의 약력을 도표화 한 것이 〈표 4〉이다.

〈표 3〉 교수요목기~제2차 교육과정기 국사교과서 저자

교육과정	저자	출판사	서명
교수요목기	최남선	동명사	중등국사
	신석호	동방문화사	우리나라의 생활(국사부분)
	유홍렬	조문사	우리나라의 역사
	오장환	정음사	(中等)文化史: 우리나라의 문화
	이병도	동지사	우리나라의 생활(역사)
	금룡도서	금룡도서	우리나라 생활 (역사부분)
	손진태	을유문화사	우리나라 생활(대한민족사)
	이인영	우리나라생활	금룡도서주식회사
	이홍직	우리나라생활	민교사
	김성칠	정음사	우리나라 역사: 사회생활과
	최남선	동국문화사	우리나라 역사
	최남선	우리나라생활	민중서관

	이병도	을유문화사	중등국사
	유홍렬	양문사	한국문화사
	이병도 · 김정학	백영사	우리나라 문화의 발달(상)
	홍이섭	정음사	(우리나라)문화사
제1차 교육과정	김상기	장왕사	우리나라 역사
	김용덕	일한도서 주식회사	새로운 우리나라 역사
	신석호	동국문화사	국사
	역사교육연구회	정음사	중등 국사
	유홍렬	탐구당	우리나라 역사
	이병도	을유문화사	중등국사
	이홍직	민교사	우리나라 역사
	조계찬	백영사	우리나라 역사
	최남선	민중서관	국사
	한우근	상문원	우리나라 역사
제2차 교육과정	이홍직	민교사	우리나라 문화사
	홍이섭	정음사	우리나라 문화사
	조좌호	영지문화사	우리나라 문화사
	유홍렬	탐구당	한국사
	이병도	일조각	국사
	최남선	사조사	고등국사
	역사교육연구회	교우사	고등국사
	김상기	장왕사	고등국사
	이원순	교학사	국사
	신석호	광명출판사	국사
	변태섭	법문사	국사
	민영규 · 정형우	양문사	최신 국사
	윤세철 · 신형식	정음사	새로운 국사
	김상기	장왕사	국사
	한우근	을유문화사	국사
	이홍직	동아출판사	국사
	이현희	실학사	최신 국사
	이병도	일조각	국사
	이상옥 · 차문섭	문호사	국사

<표 4> 교수요목기~제2차 교육과정기 국사교과서 저자의 주요 경력

저자	학력	주요 경력	주요 저서
최남선 (1890~ 1957)	경성학당(1902), 동경부립제일중학 교 중퇴(1904), 와 세다대학 역사지 리과 중퇴(1906)	대한유학생회학보 편집인, 신문관 설립(1907), 대한학회 평의원(1908), 『소년』창간(1908), 청년학우회 평사원 및 변론과장(1910), 조선광문회 설립(1910), 「독립선언서」작성(1919), 동명사 설립(1922), 『시대일보』창간(1923), 계명구락부 참여(1925), 조선불교소년회 고문(1927), 조선사편수회 촉탁, 위원(1928), 경성제대 법문학부 교수(1930), 청구학회 평의원(1932), 조선총독부 보물고적명승천연기념물보존회 위원(1933), 조선미소기회(朝鮮禊會) 고문(1935), 중추원 참의(1936), 『만몽일보』고문(1938), 『만선일보』고문(1938), 만주건국대학 교수(1938), 조선임전보국단 발기인(1941), 학도병일본권설대 활동(1943)	『조선역사』, 『삼국유사해제』, 『조선유람기』, 『고사통』, 『조선 독립운동사』
이병도 (1896~ 1989)	보광학교 졸업(1909), 중동학교 졸업(1910), 불교고등학원 예비과 수료(1912), 보성전문 법률과 졸업(1915), 와세다대학 문학부 사학급사회학과 졸업(1919)	중앙고보 교사(1919), 『폐허』동인, 문인회 창립(1922), 조선사편수회 수사관보(1925), 조선사편수회 촉탁(1927~1938), 조선사학동고회 편찬원, 경성제대 법문학부 교수((1930), 청구학회 위원, 진단학회 발기인(1934), 조선유도연합회 평의원(1939), 조선학술원 역사철학부 학부장(1945.8), 경성대학 법문학부 조선사 교수(1945), 서울대 교수(1946), 한국사료연구회 고문(1949), 서울시 문화위원회 학술부 위원(1949), 국방부 정훈국 전사편찬위원회 위원장(1950), 국사편찬위원회 위원, 위원장(1955, 1960), 사회과학연구회 회장(1957), 문교부장관(1960), 대한민국학술원 회장(1960), 중앙교육위원회 의장(1960), 국민대학교 학장(1961), 민족문화추진회 발기인, 이사, 부회장, 이사장(1965, 1982), 성균관대학 교수	『역주삼국사기』, 『조선사대관』, 『고려시대의 연구』, 『국사와 지도이념』, 『역주삼국유사』, 『한국고대사회와 그 문화』, 『율곡의 생애와 사상』, 『한국고대사연구』, 『한국사의 이해』, 『조선유학사략』

신석호 (1904~ 1981)	봉화공보 중퇴(19 19), 정칙영어학교 수학(1920), 중동 학교 졸업(1924), 경성제대 법문학 부 졸업(1929)	조선사편수회 촉탁(1929), 조선사편수 회 수사관보(1930), 중추원 조사과 속 (1937), 조선사편수회 수사관(1937), 청 구학회 위원(1930), 진단학회 발기인 (1934), 조선역사협회 부회장(1945.10), 조선사연구회 부회장(1945.12), 임시 중등교원양성소 강사(1946), 국사관 사무국장(1946), 고려대 교수(1946), 국 민학교 및 중고등학교 사회과 교수 요목 제정위원(1947), 문교부 편수국 장(1949), 국사편찬위원회 사무국장 (1951), 성균관대 교수(1951), 학술원 회원(1954), 한국사학회 이사장(1958), 혁명재판사편찬위원회 위원(1961), 국 가재건최고회의 한국군사혁명사편찬 위원회 고문(1962), 민족문화추진위원 회 발기인, 이사(1965), 한국사연구회 회장(1967), 중동학원 이사(1970), 성균 관고문(1970), 성균관대학 이사(1972), 영남대 교수(1972)	『국사신강』, 『조선사료해설집』, 『홍의장군』, 『국사개요』
유홍렬 (1911~ 1995)	장단공보, 경성제 일공보, 경성제대 사학과 졸업(1935)	동성상업학교 교사(1938), 서울대 교 수(1945), 대구대 학장(1966), 성균관 대 교수(1968), 진단학회 이사, 한국 사학회 회장, 백산학회 이사	『朝鮮獨立思想史攷』 ·『韓國文化史』·『韓 國天主敎會史』·『高 宗治下 西學受難의 硏 究』·『나의 人生觀』· 『韓國社會思想史論攷』
이홍직 (1909~ 1970)	일본에서 소학교 졸업, 동경부립제 일중학교 졸업(19 27), 우라와고등학 교 졸업(1931), 동 경제대 문학부 국 사학과 졸업(1935)	이왕직국조보감 찬집위원회 촉탁(1936), 국립박물관 박물감(1945), 연희대학 교 사학과 교수(1953), 고려대 사학과 교수(1958), 국보고적·명승·천연기념 물보존회 제1부위원, 국사편찬위원회 위원, 문화재위원회 제1분과위원회위 원장, 한일회담 대표	『西伯利亞諸民族- 原始宗敎』(번역서, 니오라제 저) 대표 적인 저서는『한국 고문화논고』·『삼 국사기색인』(공동)· 『국사신강』(공저)· 『독사여적』·『고려 사색인』(공동)·『國 史大事典』·『한국고 대사의 연구』·『한 史家의 유훈流薰』

		진단학회 창립(1934), 서지학회 창립, 한국고고학협회 회장(1967), 중앙기독교청년회 교유, 중앙고보 교유, 이화여자전문학교 강사, 경성제대 법문학부 교수, 서울대 문리대 교수, 고등고시 위원, 국방부 전사편찬위원회 부위원장, 순국선열유족심사위원회 위원, 학술원 회원, 국사편찬위원회 위원, 교수요목제정위원회 위원(1957), 도서번역심의위원회 위원, 교수자격심사위원, 문화재보존위원회 부위원장, 혁명재판사편찬위원회 위원, 문화재위원회 위원장, 중국학회 회장, 동아대학교 초빙교수, 관광정책심의위원회 위원, 백산학회 회장, 안중근의사숭모회 부이사장, 韓瑞협회 이사	『동학과 동학란』·『中國古代史綱要』·『동방문화교류사논고』·『고려시대사』·『역주 고려사』(11책, 감수)·『동방문화사논고』, 『중등국사』(장왕사), 『고등국사』(장왕사), 『세계사』(민석홍 공저, 을유문화사)
김상기 (1901~ 1977)	협성학교 입학(1921), 동광학교 2학년 입학(1922), 보성고보 졸업(1926), 와세다대학 사학과 졸업(1931)		
홍이섭 (1914~ 1974)	죽첨보통학교 졸업(1928), 배재고보 졸업(1933), 연희전문 졸업(1938)	서울기독교청년회학교 교사, 경신학교 교사, 배재학교 교사, 국학대학, 고려대학교, 숙명여대 교수, 연세대학교 교수, 서울특별시 문화위원회 학술부 위원·해군본부 전사편찬실 편수관·역사학회 회장·고시위원회 보통고시위원·문교부 국사편찬위원회 위원·국제연합교육과학문화기구(UNESCO) 한국위원회 위원·국민사상연구원 전문위원회 위원·사법고등고시위원·민족문화추진위원회 이사·대한기독교청년회연맹(YMCA) 이사·민족문화협의회 위원·문화공보부 문화재보존위원회 위원·원호처 독립운동사편찬위원회 위원·재단법인 외솔회 이사장·세종대왕기념사업회 상임이사, 학술원 회원(1967)	『朝鮮科學史』·『세계사와 대조한 조선사 도해표』·『韓國海洋史』(공저)·『정약용의 정치경제사상연구』·『한국사의 방법』·『The History of Korea』(공저)·『세종대왕 전기』·『Korea's Self—Identity』·『한국근대사』·『한국정신사서설』

〈표 3〉에서 보면 교수요목기~제2차 교육과정기에 발행한 교과서는 45종인데 이를 교과서 저자 별로 교수요목기, 제1차 교육과정기, 제2차 교육과정기별로 분류하면 최남선은 각각 3종, 1종, 1종으로 5종, 이병

도는 3종, 1종, 2종으로 6종, 신석호와 이홍직은 각각 1종, 1종, 1종으로 3종, 유홍렬은 2종, 1종, 1종으로 4종, 김상기는 제1차 교육과정과 제2차 교육과정에 각각 1종으로 2종이었다. 최남선, 이병도, 김상기는 와세대대학 사학급사회학과 출신이며, 이홍직은 도쿄대학 출신으로서 일본 유학 경험이 있으며, 신석호와 유홍렬은 경성제대 법문학부 출신이었다. 따라서 이들은 대학에서 역사학을 전공한 전문학자라는 점에서 손진태, 오장환 등 신민족주의사학자들이 납북 혹은 월북하면서 그들의 공백을 메웠던 것으로 파악된다. 따라서 제1차 교육과정과 제2차 교육과정기의 국사교과서 저자들의 학맥을 보면 김상기는 와세다대학, 신석호, 유홍렬, 김용덕은 경성제대 법문학부, 한우근, 변태섭은 서울사대, 홍이섭은 연희전문, 조좌호는 도쿄대학, 민영규는 다이쇼(大正)대학 등을 졸업하였다.

그러므로 제1차 교육과정기 이후 국사교과서 집필은 기존의 와세대대학 출신의 인물들과 새로이 교과서 집필에 뛰어든 서울사대 출신의 인물들, 그리고 경성제대, 연희대, 다이쇼대 출신들이 있었다. 다만 다이쇼대학 출신인 민영규는 연희전문을 졸업하였으므로 연희대학 출신으로 보아도 무방하다고 할 것이다. 이렇게 보면 제1차 교육과정부터 제2차 교육과정기의 국사교과서는 크게 일본 유학 출신, 경성제대 법문학부 출신, 서울사대 출신, 연희대 출신 등으로 크게 나누어진다고 할 수 있다.

식민지시기의 활동을 보면 최남선, 이병도, 신석호는 조선사편수회 관련자이고, 이홍직은 1936년부터 해방될 때까지 이왕직에 근무하면서 국조보감 편집위원, 도서관 주임 등으로 근무[219]한 것으로 보아 친일

219) 편집부, 「남운 이홍직박사 약력」, 『미술사학연구(구 고고미술)』 1-2, 한국미술사학회, 한국미술사학회, 1972.

적 활동을 하였다고 볼 수 있다.

이와 같은 인물들에 의해 주도되던 국사교과서 집필에 한우근, 변태섭, 민영규, 홍이섭 등 국내 대학에서 수학한 젊은 학자들이 참여하면서 국사교과서 저자에 변화가 오기 시작하였다. 이들은 기존의 일본 유학 출신이나 경성제대 출신 교수의 제자라는 점에서 국사교과서 저자의 성격이 크게 변하지 않았다고도 할 수 있으나 해방 이후 민족주의적 경향이 점증하는 상황에서 기존의 식민사학적 역사인식에 대해 비판적인 태도를 취하지 않으면 안 되었다. 동시에 한국전쟁에 따른 반공주의의 강화는 미군정기 이래 일관된 입장이었고, 특히 1950년 한국전쟁은 이를 더욱 강화하였다.

한편 해방 이후 최초의 국사교과서라 할 수 있는 『국사교본』은 상고와 중고사 부분은 김상기, 근세와 최근세 부분은 이병도가 집필하였다. 이 『국사교본』은 하야시 다이스케(林泰輔)의 『朝鮮史』의 체제를 그대로 모방[220]했다는 점에서 식민사관의 모습을 볼 수 있을 뿐만 아니라 이후 우리나라 국사교과서의 기본 틀을 형성했다는 평가를 받는다.[221] 특히 진단학회를 주도한 이병도는 자신의 학문에 영향을 준 인물로 모교인 와세다 대학의 쓰다 소기치(津田左右吉)와 이케우치 히로시(池內宏)를 들어[222] 자신이 식민사학자의 제자임을 부정하지 않았다. 특히 김상기 역시 쓰다 소기치의 학문적 영향을 강하게 받았다고 하므로[223] 해방 이후 최초의 국사교과서의 저자들은 일본의 식민사학자들의 학문적 영향을 강하게 받았음을 알 수 있다.

220) 김용선, 「일본·한국에 있어서의 한국사 서술」, 『역사학보』 31, 1966, 129쪽.
221) 이홍자, 「일제시대의 진단학회의 형성」, 서울시립대학교 석사학위논문, 2005, 2쪽.
222) 진단학회, 『역사가의 遺香』, 일조각, 1991, 265쪽.
223) 진단학회, 『역사가의 遺香』, 일조각, 1991, 265쪽.

이 중 중고등학교에서 교편을 잡아 학생들을 가르쳤던 인물은 이병도이다. 그의 연보에 따르면 와세다대학을 졸업한 1919년 중앙학교의 교원으로 부임하여 7년간 재직하였으며, 그 기간 동안 경신학교, 중동야학교의 강사로서 역사, 지리, 영어 등을 가르쳤다고 한다.[224] 그리고 그는 해방 이후 진단학회를 재창립한 후 임시중등교원양성소를 개최하여 교원들을 대상으로 국사와 국어를 교육하였고, 미군정청의 위탁을 받아 『국사교본』을 간행하여 중등학교 최초의 국사교과서를 집필하였던 것이다.[225] 이후 국사교과서의 집필과 편찬 과정에서 이병도는 중추적인 역할을 하였다. 그러함에도 불구하고 그는 역사교육에 관한 글을 거의 쓰지 않아 역사교육에 관한 그의 견해를 제대로 알 수 없는 형편이다.

한편 1973년에 출판된 중학교 국사교과서는 임병태, 강진철, 차문섭, 이현종이 집필하였으며, 1974년 출판된 고등학교 국사교과서는 김철준, 한영우, 윤병석이 집필[226]하였으나 교과서에는 명기하지 않았으며, 1979년판부터 제7차 교육과정기 국사교과서에는 집필자와 연구진이 명기되어 있다. 참고로 제3차 교육과정기~제7차 교육과정기의 국사교과서의 저자는 〈표 5〉와 같다.

제3차 교육과정 1974년판 집필자인 김철준, 한영우, 윤병석은 제2차 교육과정기까지 교과서를 저술한 경험이 없는 인물이었다. 따라서 1974년판 국사교과서의 집필부터는 문교부에 의해 교과서 저자의 세대 교체가 이루어진 것으로 판단된다. 다만 연구진에는 제2차 교육과정기까지 교과서를 집필하였던 인물들이 다수 참여하고 있어 이들의 경험

---

224) 진단학회, 『역사가의 遺香』, 일조각, 1991, 325쪽.
225) 진단학회, 『역사가의 遺香』, 일조각, 1991, 283쪽.
226) 『국사편찬위원회65년사』, 국사편찬위원회, 2012, 300쪽.

<표 5> 제3차 교육과정기~제7차 교육과정기 국사교과서의 저자

교육과정	고등학교		중학교	
	집필진	연구진	집필진	연구진
제3차 교육과정	1974년판 : 김철준, 한영우, 윤병석 1979년판 : 김철준 (고대 · 고려), 한영우, 윤병석 (근대 · 현대)	1979년판 : 최영희, 강우철, 고병익, 김도연, 김원룡, 백낙준, 신석호, 신지현, 유홍렬, 이광린, 이기백, 이병도, 이선근, 이현종, 전해종, 조기준, 최문형, 최순우, 최완기, 한우근	1973년판 : 임병태, 강진철, 차문섭, 이현종 1979년판 : 이만열(고대 · 고려) 이원순(조선) 이현종(근대 · 현대)	1979년판 : 최영희, 강우철, 고병익, 김도연, 김원룡, 백낙준, 신석호, 신지현, 유홍렬, 이광린, 이기백, 이병도, 이선근, 이현종, 전해종, 조기준, 최문형, 최순우, 최완기, 한우근
제4차 교육과정	하현강(고대 · 고려), 차문섭(조선), 박용옥(근대), 이현희(근대 · 현대)	이현종, 고병익, 김두원, 김원룡, 김철준, 민석홍, 변태섭, 손보기, 유원동, 이광린, 전해종, 천관우, 최정호, 강우철, 김홍수, 박성수, 박용운, 유영익, 윤종영, 이재룡, 최문형, 최완기	신형식(고대 · 고려) 이원순(조선) 이현종(근대) 박영석(근대 · 현대)	이현종, 고병익, 김두원, 김원룡, 김철준, 민석홍, 변태섭, 손보기, 유원동, 이광린, 전해종, 천관우, 최정호, 강우철, 김홍수, 박성수, 박용운, 유영익, 윤종영, 이재룡, 최문형, 최완기
제5차 교육과정	최몽룡(고대), 안승주(고대), 김두진(고대), 박한설(중세), 박천식(중세), 이수건(근세), 최완기(근대), 유영렬(근대), 신재홍(근대 · 현대)	박영석, 김정배, 김창수, 김홍수, 변태섭, 신형식, 원유한, 이존희, 이희덕, 김광남, 최근영, 윤종영	김정배(고대), 신형식(고대), 이희덕(고려), 이존희(조선), 원유한(조선), 김홍수(근대), 김창수(근대 · 현대)	박영석, 강우철, 박용운, 변태섭, 손보기, 유영익, 이광린, 이기동, 이재룡, 최완기, 김광남, 신재홍, 윤종영
제6차 교육과정	김두진, 신재홍, 유영렬, 이범직, 진덕규, 최구성, 최몽룡, 최완기, 최용규	이원순, 김동운, 김홍수, 심지연, 양기석, 이존희, 이희덕, 임병태, 전형택, 최병도, 김광남, 변승웅, 신영범	김홍수, 심지연, 양기석, 이존희, 이희덕, 임병태, 전형택, 최용규	이원순, 김두진, 김홍섭, 유영렬, 이범직, 이서희, 진덕규, 최구성, 최몽룡, 최완기, 김광남, 변승웅, 신재홍, 신영범

| 제7차 교육과정 | 이명희(Ⅰ단원), 최몽룡·최상훈(Ⅱ단원), 정만조·구덕회·김도형·유동훈(Ⅲ단원), 최완기·김종철·류승렬·김육훈(Ⅳ단원), 신영우·김병규·박찬승·이경찬(Ⅴ단원), 고영진·정병삼·최병도·신병철·허동현·서인원(Ⅵ단원) | 곽원규, 구난희, 김동운, 김정수, 박덕호, 박종기, 박진동, 승용기, 신선호, 양기석, 이승준, 이존희, 이충호, 전형택, 최성락, 조철수, 김용곤, 김율리, 이원환, 장득진 | 최성락(Ⅰ단원), 양기석(Ⅱ~Ⅲ단원), 박종기(Ⅳ단원), 이존희(Ⅴ단원), 전형택(Ⅵ단원), 김흥수(Ⅶ~Ⅸ단원), 심지연(Ⅹ단원) | 정옥자, 김광남, 김동운, 김환길, 승용기, 신영범, 이해준, 장종근, 정재정, 조상제, 장득진, 이충호, 조철수, 구난희, 신선호, 김용곤, 곽원규, 이원환, 박덕호, 김율리 |

* 굵은 글씨는 중등학교 교사.

을 교과서 제작에 반영하려 하였다는 것도 확인할 수 있으나 이들 연구진의 역할이 무엇인가에 대해서는 제대로 알려진 바가 없다. 교과서 집필은 주로 대학교수 등 전문학자들이었으나 제6차 교육과정기부터는 연구진에 중등학교 교사가 참여하였고, 제7차 교육과정기에는 중등학교 교사들이 집필진에 참여하였음을 알 수 있다.

제3부

단원 전개과정과
서술 용어의 변천

1장__ 교과서의 단원 전개과정

서술체제는 교과서의 단원이 어떠한 내용으로 전개되고 있는가를 파악할 수 있는 뼈대와 같은 역할을 하는 교과서의 중요한 구성요소이다. 그러므로 각 교과서의 목차를 비교함으로써 각 교과서의 체제와 구성 내용을 한눈에 파악할 수 있다. 여기에서는 교수요목기부터 제6차 교육과정기까지의 국사교과서의 서술체제를 살펴보고자 한다.

1. 교수요목기~제2차 교육과정기의 서술체제

1) 교수요목기

교수요목기 국사교과서의 단원 전개는 〈표 1〉, 〈표 2〉, 〈표 3〉, 〈표 4〉와 같다.

<표 1> 국사교본(진단학회)의 단원전개

대단원		중단원	쪽수
제1편	상고의 전기	제1장 여명기의 동태 제2장 조국의 유구	1 2
	상고의 후기	제1장 삼국의 발흥과 발전 제2장 신라의 융성과 고구려의 무위 제3장 삼국의 통일과 문화	7 11 15
제2편	중고의 전기	제1장 민족과 문화의 통일 제2장 신라와 고려의 대체	21 26

<표 2> 오장환, 『중등문화사』목차

<표 3> 이병도, 『우리나라 생활』(동지사, 1949)

<표 4> 신석호, 우리나라의 생활(국사부분), 1952

아홉째 가름 양차 세계대전과 우리나라와의 관계	첫째 조각 세계대전과 우리의 독립운동은 어떠하였는가?	206
	둘째 조각 둘째번 세계대전의 시말은 어떠하였으며 우리나라는 어떻게 해방되었는가?	210
	셋째 조각 대한민국은 어떻게 건국하였으며, 6·25 사변은 왜 일어났는가?	215

〈표 1〉~〈표 4〉를 통해 알 수 있는 교수요목기 국사교과서의 단원 전개의 가장 큰 특징은 저자에 따라 단원 구성이 다르다는 점이다. 이러한 차이점은 교수요목기의 각 교과서와 이병도의 『조선사대관』의 시대구분을 비교한 〈표 5〉에서 보는 바와 같다.

<표 5> 교수요목기 국사교과서의 시대구분

국사교본 (진단학회)	중등문화사 – 우리나라의 문화 – (오장환)	우리나라 생활 (이병도)	우리나라의 생활 (국사부분) (신석호)	조선사대관 (이병도)
제1편(상고의 전기, 상고의 후기) 제2편(중고의 전기, 중고의 후기) 제3편(근세의 전기, 근세의 중기, 근세의 후기) 제4편(최근)	민족의 유래와 선사시대의 문화 고대의 문화 삼국시대의 문화 고려시대의 문화 근세 조선 초기의 문화 근세 조선 중기의 문화 근세 조선 후기의 문화 최근세의 문화	원시시대 상대 중세사 근세사	원시시대 고조선 삼국 신라와 발해 고려 근세 조선 최근세 현대	총설 상대사 (고조선~신라말) 중세사(고려조) 근세사(이씨조선) 최근 (1910~1945)

〈표 5〉를 통해 알 수 있는 것은 이병도가 저술한 『국사교본』(진단학회)과 『우리나라 생활』은 이병도의 『조선사대관』의 시대구분을 따랐으며, 이와는 달리 『중등문화사』는 선사, 고대, 삼국, 고려, 근세, 최근세로, 『우리나라의 생활』은 원시, 고조선, 삼국, 신라와 발해, 고려, 근세, 최근세, 현대로 구분하여 유사한 시대구분을 보이고 있다. 이로 보아

『중등문화사』와『우리나라의 생활』은『국사교본』(진단학회)과『우리나라 생활』과는 다른 역사인식을 보이고 있음을 알 수 있다.

그런데『국사교본』은 일본의 식민사학자 하야시 다이스케(林泰輔)의『朝鮮史』의 체제를 그대로 모방[1]한 것이었으므로 결국『조선사대관』역시 하야시의『朝鮮史』의 영향을 강하게 받았다고 할 수 있다. 최초의 중등학교 국사교과서와 해방 이후 한국통사의 전범이 된『조선사대관』이 식민사학자의 영향을 강하게 받았음을 알 수 있는 것이다. 그리고 교수요목 발표 이후 검정 통과한『우리나라 생활』(동지사)도『국사교본』의 체제와 크게 다르지 않은 것으로 보아 교수요목의 편제를 따르지 않았음을 알 수 있다.

그러나『우리나라 생활』(이병도)과는 달리 미군정 문교부 편수국에 근무하였던 오장환의『중등문화사』(1949)와 정부 수립 이후 편수국장을 역임한 신석호의『우리나라의 생활(국사 부분)』(1952)은 〈표 6〉에서 보는 바와 같이 1948년 고시된 역사과 교수요목에 따랐음을 알 수 있다. 그러나 오장환의 경우 기본 틀은 교수요목의 편제에 따랐으나 그 구성을 변형시켜 교수요목과 다른 대단원의 구성을 보여주고 있다. 즉『중등문화사』의 대단원에는 교수요목의 편제상에 없는 '민족의 유래와 선사시대의 문화'가 들어가 있는 반면 교수요목의 편제에 들어있는 '신라 및 발해의 문화'는 삭제하였으며, 교수요목상의 '근세 조선의 문화'를 '근세 조선 초기의 문화', '근세 조선 중기의 문화', '근세 조선 후기의 문화'로 세분하여 구성하였다. 그리고 '민족성'과 '조선문화와 세계문화'라는 장을 삭제하였음을 알 수 있다.『우리나라의 생활』(신석호)은 교수요목의 편제를 거의 그대로 따랐으나, 아홉째 가름에 교수요목의 편제에는 없는 '양차 세계대전과 우리나라와의 관계'를 추가하여 대한민

---

1) 김용섭,「일본·한국에 있어서의 한국사 서술」,『역사학보』31, 1966, 129쪽.

국 정부의 수립과 6·25전쟁까지 서술하였다.

이처럼 이 시기 국사교과서의 검정은 교수요목의 편제를 따르지 않아도 되는 것이었다고 할 수 있다. 그러나 오장환과 신석호의 경우에서와 마찬가지로 교수요목의 편제에 따른 교과서 서술이 서서히 자리를 잡아가고 있다고 판단된다.

<표 6> 교수요목상의 『우리나라 생활』과 『우리나라 문화』의 목차

우리나라 생활	우리나라 문화
(1) 우리나라의 자연환경은 어떠하며 민족의 유래와 발전은 대략 어떠하였는가? (2) 역사 있기 이전의 생활은 어떠하였는가? (3) 고조선과 그 생활 상태는 어떠하였는가? (4) 삼국의 흥망 및 그 사회생활은 어떠하였는가? (5) 신라 및 발해의 변천과 그 사회생활은 어떠하였는가? (6) 고려의 정치와 다른 민족과의 관계는 어떠하였으며 그 사회생활은 어떠하였는가? (7) 근세 조선은 어떻게 성쇠하였으며 그 사회생활은 어떠하였는가? (8) 최근세와 그 사회생활은 어떠하였는가?	고대의 문화 삼국의 문화 신라 및 발해의 문화 고려조의 문화 근세 조선의 문화 최근세의 문화 민족성 조선문화와 세계문화

한편 이 시기 국사교과서별 시대별 서술 분량은 〈표 7〉과 같다.

<표 7> 교수요목기 국사교과서의 시대별 서술 분량(단위 쪽)

구분	국사교본 (쪽수/비율)	중등문화사 (쪽수/비율)	우리나라생활 (쪽수/비율)	우리나라의 생활 (쪽수/비율)
선사	1.5(0.8)	9(4.6)	6(2.6)	10(4.6)
고대	28(15.8)	55(28)	60(26)	59(27.1)
중세	47(26.6)	37(18.8)	58(25.1)	39(17.9)
근세	63(35.6)	67(34.1)	68(29.4)	64(29.4)
근대	29(16.4)	17(8.7)	35(15.2)	31(14.2)
현대	1.5(0.8)	0	2(0.9)	12(5.6)

〈표 7〉에 따르면『국사교본』78.8%,『중등문화사』85.5%,『우리나라 생활』83.1%,『우리나라의 생활』79%, 평균 81.1%의 비율로 전근대사의 비중이 압도적으로 높으며, 근현대사의 비중은 15.4%에 불과하다. 따라서 교수요목기 국사교과서는 전근대사 중심으로 서술되었음을 알 수 있다. 특히『중등문화사』는 현대사 서술이 전혀 없다. 이는 문화사라는 한계에 기인한 것으로 보인다. 그리고 전근대사 중에도 고대사가 24.2%, 중세사가 22.1%, 근세사가 32.1%의 비중을 차지하여 근세사(조선시대), 고대사(삼국~통일신라), 중세사(고려)의 순으로 비중이 높음을 알 수 있다.

이와 같이 전근대사 중심으로 국사교과서가 서술된 것은 교과서 저자들이 식민지시기에 교육을 받은 인물들이며, 식민지 시기라는 특성상 당대사의 연구가 거의 없을 뿐만 아니라 식민지인으로서 당대사 연구가 금기시되었던 상황과 관련이 있을 것이라 생각된다. 더욱이 저자인 이병도, 김상기, 신석호는 와세다대학과 경성제대에서 역사학을 공부한 이른바 '정통 사학자'들이지만 이들이 학교에서 배운 것은 식민사학이었고, 이병도와 신석호는 조선사편수회에서 근무하였기 때문에 식민사학으로부터 자유로울 수 없는 인물이었다.

『중등문화사』를 저술한 오장환은 식민지 시기의 학력이나 경력 등이 거의 알려져 있지 않다. 다만 정부 수립 이후 문교부 편수관으로 근무하고 있는 것이 확인될 뿐이다. 그럼에도 불구하고 그는『중등문화사』에서 자신을 서울사범대학 소속으로 밝히고 있다. 그리고 1947년 H.G 웰스의『세계문화발달사 : 서력편』을 건국사에서 번역, 출간한 사실이 확인되며, 1949년『새교육』에「국사 지도상의 난문제 몇 가지」(1, 중, 하)를 3회에 걸쳐 연재하였다. 그리고 이 논문 (1)에『건국설화의 재검토』를 저술했다고 밝히고 있어 고대사를 전공한 것으로 추측되며,

한국사의 시대구분을 다음과 같이 할 것으로 제안한 것으로 보아 신민족주의사관을 가졌을 것으로 파악된다.

원시국가시대(민족형성시대)
삼국시대(민족소통일시대)
통일신라시대(민족통일시대)
고려시대(민족통일시대)
李期時代(민족통일시대, 이조시대의 오기로 보임)
일제시대(민족수난시대)
현대(민족갱생시대)[2]

한편 조선시대사의 서술에서 강조된 것은 사화와 당쟁 등 우리 역사의 분열을 강조하는 것이었다. 특히 목차에서도 볼 수 있듯이 조선시대의 붕당정치를 당쟁 혹은 당파싸움이라 표현하여 식민사관이 강조하였던 측면을 무비판적으로 수용하고 있음을 확인할 수 있다. 이러한 서술은 역사교육이 후대에 미치는 영향을 고려할 때 비판적으로 접근하지 않을 수 없는 것이라 생각된다.

2) 제1차 교육과정기

1954년과 1955년에 각각 제정된 제1차 교육과정에 따라 검정 통과한 역사교과서는 〈표 8〉과 같다.

---

2) 오장환, 「국사 지도상의 난문제 몇 가지」 (1), 『새교육』 2-1, 조선교육연합회, 1949. 6, 79쪽.

<표 8> 제1차 교육과정기 검정 통과 역사교과서[3]

교과서 제목	과정	저자	출판사
우리나라역사	중	유홍렬	탐구당
우리나라역사	중	김상기	장왕사
우리나라역사	중	조계찬	백영사
국사	고	이병도	일조각
고등국사	고	이홍직	민교사
한국사	고	유홍렬	탐구당
우리나라문화사	고	홍이섭	정음사
우리나라문화사	고	조좌호	영지문화사
고등국사	고	서울대학교 사범대학 역사교육연구회	교우회
고등국사	고	김상기	장왕사
중학국사	중	조좌호	영지문화사
세계사	중	김성근	을유문화사
세계역사	중	정재각 외 1인	동국문화사
세계의 역사	중	이성수 외 2인	민교사
세계사	중	민석홍 외 1인	상문사
중등세계사(상, 하)	중	채희순	창인사
세계사	중	백낙준	정음사
중등세계사	중	이해남	탐구당
세계역사(상, 하)	중	조의설	장왕사
중등세계사	중	최남선	민중서관
세계문화사	고	정중환	양문사
세계사	고	조좌호	일조각
고등세계사	고	김상기 외 1인	을유문화사
고등세계사	고	이성수 외 2인	민교사
고등세계사	고	채희순	창인사
세계문화사	고	백낙준	정음사
세계사	고	김성근	교우사
고등세계사	고	이해남	탐구당
세계사	고	조의설	장왕사

---

3) 「문교부공고 106호」, 『관보』 제1639호, 1956년 9월 12일 ; 「문교부공고 138호」, 『관보』 제823호, 1957년 7월 5일.

〈표 8〉을 통해 보면 중학교 교과서인 『우리나라역사』는 4종, 고등학교 교과서인 『국사』는 5종, 『우리나라문화사』는 2종이 검정 통과되었음을 확인할 수 있다. 그리고 일시검정이라 하였으나 검정 역시 1956년 3월 16일~8월31일 사이에 검정되어 동시에 검정된 것은 아니었다. 그리고 검정된 교과서 대부분이 1권으로 구성되었으나 채희순과 조의설이 저술한 중학교 세계사교과서의 경우 상, 하 2권으로 구성되었음을 알 수 있다.

1954년과 1955년에 각각 제정된 중고등학교 제1차 교육과정에 따르면 중학교 『우리나라역사』는 부족국가생활, 세 나라로 뭉친 사회, 신라 통일 사회, 고려의 재통일 사회, 유교 중심의 조선 사회, 근대화하여 가는 조선 사회, 민주 대한의 7개의 대단원으로 구성되었으며, 고등학교 『국사』는 선사시대의 문화, 부족국가시대의 문화, 삼국시대의 문화, 통일신라와 발해의 문화, 고려의 문화, 조선전기의 문화, 조선중기의 문화, 조선후기의 문화, 현대문화와 우리의 사명의 9단원의 대단원으로 구성되어 있으나 교과서 서술에서는 〈표 9〉~〈표 11〉에서 보는 바와 같이 대단원명과 그 구성이 다른 경우도 있다.

이 시기 국사교과서의 목차는 〈표 9〉~〈표 11〉과 같다.

<표 9> 김상기, 『우리나라역사』(1956)

대단원	중단원	쪽수
국토와 자연환경		1
1. 부족국가생활	(1) 우리 겨레의 내력과 원시사회	4
	(2) 부족국가	5
	(3) 고조선	7
	(4) 한 세력의 뻗어듬과 그 영향	10
	(5) 남북 여러 부족국가의 생활 상태	12
2. 세 나라로 뭉친 사회	(1) 삼국의 일어남과 육가야의 변천	16
	(2) 삼국의 발전과 쟁패	18

<표 10> 이병도, 『고등학교 국사』(1957)

<표 11> 역사교육연구회, 『고등국사』(1962)

대단원	중단원	소단원	쪽수
제1편 원시시대와 부족국가시대	Ⅰ. 원시시대의 사회생활	원시시대의 유물과 유적 원시사회의 경제생활 원시시대의 사회생활과 신앙	3
	Ⅱ. 부족국가의 성립	금속문화의 수입 부족국가의 분포	8
	Ⅲ. 고조선의 변천과 한군현의 영향	고조선의 변천과 그 문화 한군현의 문화와 그 영향	12

		국어국문학의 발달 편찬사업 예술의 발달	
	Ⅲ. 종교계의 신기운	침체된 유불교 천주교의 전래와 박해 동학	158
	Ⅳ. 정치의 문란	당쟁의 발전 세도정치 삼정의 문란 민란의 발생	163
	Ⅰ. 쇄국에서 개국으로	대원군의 혁신정치 쇄국과 양요 나라의 개방	169
제7편 이씨조선의 후기	Ⅱ. 근대화의 전통	개화와 보수 동학란 갑오경장	174
	Ⅲ. 제국주의의 침략	청로일의 각축 대한제국의 말로	179
	Ⅳ. 신사물과 신문화	과학문명의 수입 신교육 민족의 계몽운동 문예활동의 근대화	184
제8편 민주대한	Ⅰ. 일제에 대한 민족의 항쟁	일본의 무단정치 3·1운동 이후의 독립운동	190
	Ⅱ. 해방과 독립	해방 독립 6·25사변	194
	Ⅲ. 우리의 사명		196

　　제1차 교육과정기 국사교과서는 역사과 교육과정에 맞추어 편찬되었다. 앞에서 서술했듯이 중고등학교 역사과 교육과정은 각각 7개와 9개의 대단원으로 구성되어 있었으나 이병도와 역사교육연구회가 저술한 교과서는 이들 대단원의 구성과는 일정한 차이를 보이고 있다. 다만 중단원에서 이를 반영하고 있는 것으로 보인다.

　　그리고 〈표 12〉는 『우리나라역사』(김상기)와 『고등국사』, 『국사』와 중고등학교 역사과 교육과정을 비교한 것이다.

<표 12> 중고등학교 교육과정과 『우리나라역사』·『고등국사』의 대단원 비교

중학교 교육과정	부족국가생활 세 나라로 뭉친 사회 신라 통일 사회 고려의 재통일 사회 유교 중심의 조선 사회 근대화하여 가는 조선 사회 민주 대한
우리나라역사	부족국가생활 세 나라로 뭉친 사회 신라의 통일 사회와 발해의 흥망 고려의 재통일 사회 근세 조선 사회 근대화하여 가는 조선 사회 민주 대한
고등학교 교육과정	선사시대의 문화 부족국가시대의 문화 삼국시대의 문화 통일신라와 발해의 문화 고려의 문화 조선전기의 문화 조선중기의 문화 조선후기의 문화 현대문화와 우리의 사명
고등국사 (역사교육연구회)	원시시대와 부족국가시대 3국시대 통일신라시대 고려시대 이씨조선의 전기 이씨조선의 중기 이씨조선의 후기 민주 대한
국사(이병도)	우리나라문화와 문화사 선사시대의 문화 부족국가의 대두와 그 문화

	3국 문화의 성립과 그 발달
	통일신라의 발전과 그 문화
	고려문화의 발달
	근조선의 유교문화의 확립
	사회의 동요와 새 학풍의 대두
	쇄국정책과 개국 후의 혼란
	수난기의 민족문화
	민족의 해방과 대한민국의 수립

〈표 12〉에 따르면 고등학교 교육과정에서는 중학교 교육과정에서 빠진 선사시대의 문화와 발해의 문화를 추가하였고, 중학교 교육과정에서 유교 중심의 조선 사회의 한 장으로 구성되었던 조선시대를 고등학교 교육과정에서는 조선 전기, 중기, 후기의 3장으로 구분하였다. 이병도의『국사』는 우리나라문화와 문화사라는 장을 설정하여 문화사에 대한 이해를 도왔으며, 조선시대를 전기, 중기, 후기로 구분한 교육과정과는 달리 조선 전기와 중기의 근조선과 사회의 동요와 새학풍의 대두라는 조선 후기의 두 시기로 구분한 것이 특징적이다. 그러나 이들 교과서는 구조상 중고등학교 역사과 교육과정은 큰 차이가 없음을 확인할 수 있다.

그런데 주목할 것은『우리나라역사』의 제6장 '근대화하여 가는 조선 사회'는 '흥선대원군의 집정', '국제 관계의 성립', '동학란과 그 여파', '아일전쟁과 을사보호조약 및 국권회복운동', '한국이 일본에 점령됨', '근대화의 문물'의 6절로 구분하여 일제의 조선 침략 과정을 '근대화'의 과정으로 파악하였다는 점이다. 그러나 중학교 역사과 교육과정에서는 1. 조선은 어떻게 하여 국제 무대로 나서게 되었는가?, 2. 제국주의의 침략은 어떠하였으며, 대한제국은 어떻게 쇠망하여 갔나?, 3. 근대적 정치와 문화 시설은 어떠하였는가?를 내용으로 서술할 것을 제시하였다. 이는 한국 근대사를 자주적인 관점에서 파악, 서술할 것을 제시한

것이었다고 판단된다. 그러함에도 불구하고『우리나라역사』의 집필자
는 한국근대사 서술의 주체를 우리 민족으로 파악하지 못한 우를 범한
것으로 평가할 수 있다.

이러한 차이는 교과서의 내용을 검토해야 보다 명확해지겠으나 한국
근대사에 대한 연구가 미진하였던 당대의 연구 수준과 역사인식 수준을
보여주는 것으로 이해할 수 있을 것이다. 이러한 현실에서 당대의 역사
교육의 문제는 식민사관의 극복에 있었다는 것을 다시 한 번 확인할 수
있다. 그리하여 후술하듯이 제2차 교육과정을 마련하는 과정에서 민족
사관의 정립이 강하게 요구되었던 것이다.

다음으로 제1차 교육과정기 국사교과서의 시대별 서술 분량을 〈표
13〉에서 살펴보자.

<표 13> 제1차 교육과정기 국사교과서의 시대별 서술 분량

구분	우리나라역사 (쪽수/비율)	고등국사 (쪽수/비율)	국사 (쪽수/비율)	평균 (쪽수/비율)
선사	2(0.8)	5(2.5)	20(10.2)	9(4.5)
고대	57(22.8)	68(34.3)	33(16.8)	53(24.6)
중세	74(29.6)	37(18.7)	31(15.7)	47(21.3)
근세	70(28)	56(28.3)	66(33.5)	64(30)
근대	30(12)	21(10.6)	32((16.2)	83(12.9)
현대	10(4)	6(3)	3(1.5)	19(2.8)

〈표 13〉에 따르면 시대별 서술 분량은 선사시대 4.5%, 고대 24.6%,
중세 21.3%, 근세 29.9%, 근대 12.9%, 현대 2.8%임을 알 수 있다. 고대~
근세, 즉 삼국시대부터 조선시대까지의 역사 서술이 75.8%에 해당하는
분량이며, 여기에 선사시대 4.5%를 합하면 약 80%의 비중으로 전근대
사의 서술 비중이 압도적임을 알 수 있다. 이는 근세사(조선시대), 고대
사(삼국~통일신라), 중세사(고려)의 순으로 서술 분량이 높았던 교수요
목기와 같은 경향을 보인 것이었다. 또한 이병도는 조선 전기~중기를

근조선이라 시대구분하여 교육과정과 차이를 보였다. 이는 그가 교수
요목기『우리나라의 생활』에서 대원군 집권 이전의 조선시대를 근세
제1기~제3기로 구분하고 개항 이후를 근세 제4기, 해방 이후를 최근세
로 구분한 것과 차이가 나는 것이다. 이와 같은 용어의 변화는 조선시
대를 조선 전기, 중기, 후기로 나눈 교육과정에 따른 것도 아니었다. 따
라서 그가 근조선이라는 개념을 사용한 이유는 그의 사관에 따른 것이
라 판단된다.

3) 제2차 교육과정기

제2차 교육과정에 따른 교과서의 검정은 1968년 1월 11일에 이루어
졌고, 1월 25일에『관보』에 공고되었다. 이 때 검정에 통과한 국사교과
서는 〈표 14〉와 같다. 다만 제1차 교육과정기까지는 교과서의 출판사
까지 공개되었으나 제2차 교육과정기에는 출판사명이 공개되지 않아
필자가 확인 가능한 교과서의 출판사만을 표기하였다.

<표 14> 제2차 교육과정기 검정 통과 인문계 고등학교 국사교과서[4]

교과서명	저자	출판사
국사	이원순	교학사
국사	신석호	광명출판사
국사	변태섭	법문사
최신국사	민영규, 정형우	양문사
새로운국사	윤세철, 신형식	정음사
국사	김상기	장왕사
국사	한우근	을유문화사
국사	이홍직	동아출판사
최신국사	이현희	실학사
국사	이병도	일조각
국사	이상옥, 차문섭	문호사

4)『관보』제4855호, 1968년 1월 25일, 「문교부공고 제1054호」.

세계사	최문형	교학사
세계사	강동진	장원사
세계사	홍순창	
세계사	채희순, 노명식	법문사
세계사	조의설	장왕사
새로운세계사	최정희	사조사
세계사	김상기, 민석홍	장왕사
세계사	고병익, 길현모	향학사
세계사	박성수, 신석호	광명출판사
세계사	조좌호	일조각

〈표 14〉에 따르면 이 때 검정 통과한 역사교과서는 역사부도를 제외하고 국사교과서가 11종, 세계사 교과서가 10종으로 모두 21종이었다. 〈표 8〉과 〈표 14〉를 비교하면 국사교과서의 집필자가 대폭 교체되었음을 알 수 있다. 즉 제1차 교육과정과 제2차 교육과정기의 국사교과서를 모두 집필한 인물은 김상기, 이홍직, 이병도의 3명이며, 교수요목기에 국사교과서를 집필한 신석호를 제외한 이원순, 변태섭, 민영규, 정형우, 윤세철, 신형식, 한우근, 이현희, 이상옥, 차문섭 등 제2차 교육과정기의 국사교과서 집필자들은 새로이 등장한 인물이다. 이러한 교과서 필자의 변화는 이미 1965년 교과서 검정에서 당대의 유명 필자들의 교과서가 탈락한 사실에서 정부의 의도를 엿볼 수 있는 것이다.[5]

한편 제2차 교육과정에 따른 국사교과서의 단원 전개는 〈표 15〉와 같다. 광명출판사에서 간행한 『국사』(신석호)의 사례이지만 제2차 교육과정기에는 이전 시기와는 달리 교육과정의 준수가 강조되어 대단원은 모두 동일하며, 중단원 이하에서 약간의 차이가 있을 뿐이다.

5) 이에 대해서는 조성운의 연구(「제2차 교육과정의 제정과 국사교과서의 편찬」, 『한국사학보』 66, 고려사학회, 2017, 349~352쪽)를 참조 바람.

〈표 15〉신석호, 국사(광명출판사, 1968)의 단원 전개

대단원	중단원	소단원	쪽수
I. 역사의 시작	1. 우리 민족의 내력과 국토	1. 우리 민족의 내력	2
		2. 아름다운 우리 국토	2
	2. 원시시대의 생활	1. 원시시대의 시대구분	4
		2. 원시시대의 유물·유적	5
		3. 원시인의 생활	7
		4. 원시시대의 사회조직	8
		5. 원시인의 신앙	9
II. 부족국가시대의 생활	1. 고조선과 그 문화	1. 고조선의 성립	12
		2. 고조선의 변천	13
		3. 고조선의 문화	14
	2. 한의 군현과 그 문화의 영향	1. 한 군현의 변천	16
		2. 낙랑의 문화	17
		3. 한 문화의 섭취와 그 영향	18
	3. 남북 여러 부족국가의 형성과 그 문화	1. 남북 여러 부족국가의 형성	20
		2. 산업과 경제	22
		3. 신앙과 풍속	23
III. 삼국시대의 생활	1. 삼국의 성립과 변천	1. 삼국의 성립	26
		2. 가야 제국의 변천	28
		3. 고구려의 강성	28
		4. 백제의 남천	30
		5 신라의 흥기	31
	2. 삼국의 대외관계	1. 삼국과 중국과의 교통	33
		2. 고구려의 수·당 침입군의 격퇴	34
		3. 삼국과 일본과의 관계	35
	3. 삼국의 사회와 경제	1. 고구려의 정치와 사회	37
		2. 백제의 정치와 사회	38
		3. 신라의 정치와 사회	39
		4. 화랑제도	42
		5. 삼국의 산업과 경제	43
	4. 삼국의 문화	1. 삼국의 신앙과 불교의 전파	45
		2. 한학의 발전과 국사의 편찬	47
		3. 삼국의 예술	48
		4. 삼국의 가무와 음악	52
		5. 의식주와 풍속	53
IV. 통일신라시대의 생활	1. 신라의 삼국통일과 민족통합정책	1. 나·당연합	56
		2. 백제의 패망	57
		3. 고구려의 패망	58
		4. 당군의 구축과 삼국통일의 달성	59
		5. 신라의 민족통합정책	59

〈표 15〉의 대단원은 교육과정의 지도내용과 완전히 일치하며, 중단원은 차이가 있다. 필자가 확인한 제2차 교육과정기 국사교과서 중 『국사』(이원순, 교학사, 1968)를 제외한 『국사』(이흥직, 동아출판사, 1967),

『국사』(이현희, 실학사, 1968) 등 다른 출판사의 국사교과서의 상당수
도 교육과정과 대단원이 같았다.[6] 교수요목기와 제1차 교육과정기의
경우 대부분이 교과서 대단원과 교육과정 상의 대단원이 일치하지 않
은 것과 비교하면 큰 변화라 할 수 있다. 이는 검정 당국이나 교과서
집필자들 사이에서 교육과정을 준수해야 한다는 인식이 자리 잡았음
을 보여준다고 할 것이나 여전히 집필자에 의해 대단원의 설정이 변동
될 수 있다는 것을 보여준다. 그리고 한국사의 시대구분은 교수요목기
와 제1차 교육과정과 같이 여전히 왕조 중심으로 되어 있다.

시대별 서술 분량은 선사시대 9쪽(3.6%), 고대 58쪽(23.2%), 중세 50
쪽(20%), 근세 60쪽(24%), 근대 49쪽(19.6%), 현대 11쪽(4.4%)으로 구성
되었다. 제1차 교육과정기와 비교하면 근현대의 분량에서 큰 차이를
보였다. 즉 제1차 교육과정기의 근현대사 서술 분량은 15.7%였으나 제
2차 교육과정기에는 24%로 9.3%나 비중이 증가한 것이었다. 이는
5·16군사정변 이후 근현대사 교육의 강화를 고등학교 역사교육의 주
요한 목표로 설정하였던 당시 정부의 의도에 부합하는 것이었다.[7] 특
히 1966년 문교부는 제2차 교육과정기의 국사교과서는 민족주체성 확
립을 기본방침으로 하였다. 따라서 앞장에서 서술하였듯이 교과서의
서술 용어도 변경하였던 것이다.

그러나 5·16군사정변 이후 민족주의적 역사교육이 강화되고 있음
에도 불구하고 국사교과서의 근대사 서술에서는 여전히 식민주의적
잔재가 남았음도 확인된다. 〈표 15〉에서 볼 수 있듯이 개항 이후 일제

---

6) 『국사』(이원순, 교학사, 1968)의 대단원은 제1편 우리 역사의 시작, 제2편 삼국시대
   와 통일신라시대, 제3편 고려시대의 생활, 제4편 조선시대의 생활, 제5편 조선의 근
   대화운동, 제6편 민주대한의 발달로 교육과정 상의 '부족국가시대의 생활'이 '역사의
   시작'에 포함되었고, 삼국시대와 통일신라시대로 나뉘어 있던 교육과정상의 목차가
   '삼국시대와 통일신라시대'의 항목으로 합쳐져 있다.
7) 『혁명과업 완수를 위한 향토학교 교과과정 임시운영 요강(고등학교)』, 문교부, 1961,
   71~72쪽.

의 조선 강점까지의 시기를 다룬 'Ⅶ. 조선의 근대화운동'의 4절 '4. 일본의 진출과 민족의 수난'에서 보이듯이 일본의 '침략' 과정을 '진출'이라 표현함으로써 마치 일본의 침략이 합법적으로 이루어진 것과 같이 서술하였기 때문이다. 이는 여전히 한국근대사에 대한 연구가 미진하였다는 것을 의미한다. 따라서 교과서의 수준은 당대의 연구 수준을 뛰어넘을 수 없다는 것을 보여준다고 할 수 있다.

2. 제3차 교육과정~제6차 교육과정기의 서술체제

1) 제3차 교육과정기

제3차 교육과정기의 국사교과서는 정부에 의해 국정으로 발행되었음은 잘 알려진 사실이다. 국사교과서의 국정화 과정에서 대해서는 앞장에서 서술한 바와 같으므로 서술을 생략하고 교과서의 단원전개에 국한해서 살펴보자.

제3차 교육과정기의 국사교과서는 1974년판과 1979년판의 2종이 있다. 1974년판은 지금까지의 왕조사 중심의 구조에서 탈피하여 고대, 고려, 조선, 근대, 현대의 시대사 구분을 최초로 시도하였고, 이 결과 제4차 교육과정기에는 고대, 중세, 근대, 현대의 시대구분을 채용하게 되었던 것이라 할 수 있다. 이러한 시대구분은 국사교육강화위원회의「학교교육을 중심으로 한 국사의 중심 개념」의 시대구분을 채용한 것이라 할 수 있다.[8] 이러한 시대구분의 채용은 1960년대 이래 한국사 전공자가

---

8) 국사교육강화위원회에서 이 시안을 작성한 학자는 이선근, 강우철, 김철준, 이기백, 이광린, 이원순, 최창규로서 국사교육강화위원회의 시안은 다음과 같다(강우철, 『歷史의 敎育』, 교학사, 1980, 296~297쪽).

대단원	중단원
고대	Ⅰ. 원시사회 Ⅱ. 청동기 문화와 고조선

증가하고 연구 수준이 크게 높아진 결과가 반영된 것이라 할 수 있다. 제3차 교육과정기 국사교과서의 단원전개는 〈표 16〉, 〈표 17〉과 같다.

<표 16> 1974년판 국정 국사 교과서의 단원 전개

대단원	중단원	쪽수
Ⅰ. 고대사회	1. 선사시대의 문화	3
	2. 부족국가의 성장	9
	3. 삼국시대의 발전	17
	4. 삼국시대의 사회와 문화	27
	5. 통일신라와 발해의 발전	42
	6. 통일신라의 문화	48

	Ⅲ. 고대국가의 성립	
	Ⅳ. 삼국의 문화	
	Ⅴ. 신라의 삼국통일과 그 사회	
	Ⅵ. 통일기의 신라 문화	
	Ⅶ. 발해와 그 문화	
	Ⅷ. 고대 귀족 국가의 붕괴	
고려시대	Ⅰ. 귀족 관료 국가의 형성	
	Ⅱ. 귀족 관료 국가의 구조	
	Ⅲ. 고려의 귀족 문화	
	Ⅳ. 무신정권과 대몽항쟁	
	Ⅴ. 고려 후기의 사회와 문화	
조선시대	Ⅰ. 양반 관료 국가의 성립	
	Ⅱ. 양반사회의 구조	
	Ⅲ. 민족문화의 융성	
	Ⅳ. 양반사회의 발전과 대외항쟁	
	Ⅴ. 양반사회의 변동	
	Ⅵ. 근대적 사회의 맹아	
	Ⅶ. 양반정치의 동요	
근대	Ⅰ. 개화 · 척사운동	
	Ⅱ. 동학농민혁명과 갑오개혁	
	Ⅲ. 독립협회의 활동	
	Ⅳ. 근대사회의 성장	
	Ⅴ. 일제의 침략과 독립투쟁	
근대민족국가의 발전	Ⅰ. 8 · 15 민족의 해방	
	Ⅱ. 대한민국의 수립	
	Ⅲ. 6 · 25사변과 민족의 시련	
	Ⅳ. 4월 의거와 민주주의의 성장	
	Ⅴ. 5월 혁명과 제3공화국	

II. 고려사회	1. 고려의 건국과 국가체제의 정비과정	59
	2. 귀족사회의 발달과 문화의 성장	71
	3. 여진족의 압력과 고려 귀족사회의 모순	80
	4. 몽고 침략에 대한 항쟁과 고려의 붕괴 과정	86
III. 조선사회	1. 조선왕조의 성립과 제도의 정비	105
	2. 민족문화의 발달	120
	3. 양반문벌사회의 형성과 민족의 시련	131
	4. 민본·민족의식의 부활과 제도의 개혁	142
	5. 정치기강의 문란과 개혁운동	158
IV. 근대사회	1. 민주적 자각과 근대문화의 수용	169
	2. 민족의 독립운동과 민족문화의 계승	202
V. 현대사회	1. 대한민국의 정통성	223
	2. 민족중흥의 새전기	229

<표 17> 1979년판 국정 국사 교과서의 단원 전개

대단원	중단원		쪽수
I. 고대사회	1. 선사시대의 문화	(1) 구석기문화와 신석기문화	4
		(2) 한국청동기 문화의 발달	6
	2. 부족국가의 성장과 그 문화	(1) 고조선의 성장과 그 문화	10
		(2) 철기문화와 부족국가의 성장	12
	3. 삼국시대의 발전	(1) 고대국가의 성립	20
		(2) 철기문화와 부족국가의 성장	23
	4. 삼국시대의 사회와 문화	(1) 삼국시대의 사회	30
		(2) 삼국시대의 종교와 사상	36
		(3) 삼국시대의 예술	39
	5. 통일신라와 발해의 발전	(1) 통일신라의 발전	46
		(2) 발해의 건국과 발전	49
	6. 통일신라의 문화	(1) 학술의 발달과 불교철학의 확립	54
		(2) 통일신라의 예술	57
		(3) 신라말의 사회변동	60
II. 고려사회	1. 고려의 건국과 국가체제의 정비	(1) 호족연합세력의 성립과 민족의 재통일	66
		(2) 제도의 정비	70
		(3) 고려 초기의 국제관계	75
	2. 귀족사회의 발달과 문화의 성장	(1) 고려 전기의 사회 발전	79
		(2) 고려문화의 성장	83
	3. 고려 귀족사회의 동요	(1) 윤관의 여진 정벌과 귀족사회의 동요	94 96

〈표 16〉, 〈표 17〉에서 알 수 있듯이 1974년판과 1979년판의 대단원 구성은 동일하지만 중단원의 구성에는 약간의 차이가 있다. 즉 Ⅰ, Ⅱ 단원은 중단원의 구성이 대동소이하지만 Ⅲ단원은 많은 차이를 보이고 있다. 즉 1974년판은 중단원이 5개의 절로 구성되었으나 1979년판은 1개의 절이 많은 6개의 절로 구성되었다. 더욱이 중단원의 제목도 3절부터 차이가 난다. 1974년판의 '3. 양반문벌사회의 형성과 민족의 시련'이 1979년판에는 '3. 사림의 성장과 그 문화'와 '4. 왜란과 호란'으로 나뉘었고, 1974년판의 '4. 민본·민족의식의 부활과 제도의 개혁'에서 실학을 포함한 문화사를 따로 떼어내어 1979년판에서는 '6. 문화의 새 기운'으로 편성하였다고 판단된다. 이는 1976년 국사교과서를 '주체성에 입각한 민족사관을 심화시키는' 방향으로의 부분 개편9)을 결정하고 이를 1978년부터 적용하려 하였던 결정에 따른 것이었다. 그러나 앞 장에서 서술하였듯이 1977년 검인정 교과서 파동에 따라 1년 연기된 1979년에야 교과서 개편이 이루어졌던 것이다.

1974년판과 1979년판의 시대별 서술 분량은 〈표 18〉과 같다.

<표 18> 1974년판과 1979년판 국사교과서의 시대별 서술 분량

구분	1974년판(쪽수/비율)	1979년판(쪽수/비율)	평균(쪽수/비율)
선사	6(2.6%)	6(2%)	6(2.3)
고대	50(21.6%)	56(18.5%)	53(20)
중세	46(19.8%)	48(15.9)	47(17.9)
근세	64(27.6%)	110(36.4%)	87(32)
근대	54(23.3%)	66(21.9%)	60(22.6)
현대	30(12.9%)	12(4%)	21(8.5)

〈표 18〉의 제3차 교육과정기 국사교과서의 시대별 서술분량은 제2차

---

9) 『동아일보』 1976년 3월 29일, 「바른생활(국교) 민주생활(중학) 등 금년내에 교과서 개편」.

교육과정기의 선사시대 9쪽(3.6%), 고대 58쪽(23.2%), 중세 50쪽(20%), 근세 60쪽(24%), 근대 49쪽(19.6%), 현대 11쪽(4.4%)에 비교하면 선사, 고대, 중세의 비중이 약간 줄었고, 근세와 근대, 그리고 현대의 비중은 각각 8%, 3%, 4.1%가 증가하였음을 알 수 있다. 즉 중세 이전의 서술 비중은 감소하고, 근세 이후의 서술 비중이 크게 증가하였음을 알 수 있다.

2) 제4차 교육과정기~제7차 교육과정기

제4차 교육과정기 국사교과서의 가장 큰 특징은 상, 하의 2권으로 발행되었다는 점이다. 상권은 선사시대부터 호란까지를 서술하였고, 하권은 조선후기부터 현대사회까지를 서술하여 근현대사 서술을 대폭 강화하였다. 특히 제4차 교육과정에 따른 최초의 교과서가 1982년 발행되었음에도 불구하고 하권의 'Ⅲ. 현대사회의 발달'에서 제5공화국의 성립을 '2. 민주주의 발전의 새 전기'에서 서술하여 마치 제5공화국이 민주주의적 정통성을 갖추고 있는 것으로 서술하였다는 점에서 5ㆍ16 군사정변 이후 발행된 국사교과서와 마찬가지로 국사교과서가 정권의 정통성을 홍보하는 도구로 활용되고 있음을 볼 수 있다. 특히 제4차 역사과 교육과정에서 국사과의 교과목표로 "3) 우리 민족의 문화적 성과에 대하여 긍지와 자부심을 가지고 새 역사 창조에 적극적으로 참여하려는 태도를 가지게 한다"[10]고 한 것은 이러한 정권의 정당성을 강화하려는 측면이 보인다 할 것이다.

그리고 앞에서 서술했듯이 고대, 중세, 근대, 현대로 시대구분을 하여 오늘날 이후 국사교과서 시대구분의 전범을 마련하였다. 이러한 시대구분은 한국사 연구가 심화, 발전되면서 나타난 필연적인 일이라 할 수 있다.

---

10) 문교부고시 제442호 별책 4, 『고등학교 교육과정』, 문교부, 1981년 12월 31일.

특히 근대사 서술이 강화되면서 제3차 교육과정기까지 거의 서술되지 않던 3·1운동 이후의 독립운동에 대한 서술이 이루어지기 시작하였다. 무장독립전쟁과 광복군의 활동이 소단원으로 구성되어 3·1운동 이후의 독립운동에 대한 서술이 강화되었음을 확인할 수 있다. 다만 사회주의계열의 민족운동에 대해서는 여전히 서술이 미미하거나 서술 자체를 하지 않아 역사적 사실을 정확히 반영하지 못한 측면이 없지 않다. 이는 해방 이후 미군정기부터 반공주의 교육이념이 채택되고, 남북 분단, 더 나아가 6·25전쟁을 겪은 상황이라는 현실이 반영된 것이라 할 수 있다. 이를 〈표 19〉에서 확인할 수 있다.

〈표 19〉 제4차 교육과정기 국사 교과서의 단원 전개

대단원	중단원	소단원	쪽수
상권	1. 우리 역사의 시작	(1) 선사시대의 사회와 문화	4
		(2) 고조선의 건국과 발전	9
		(3) 철기문화와 사회의 발전	12
	2. 삼국의 성립과 발전	(1) 삼국의 성립	21
		(2) 삼국의 대외관계와 민족통일	24
	3. 삼국시대의 사회와 문화	(1) 삼국시대의 사회	32
		(2) 삼국시대의 문화	37
	4. 통일신라와 발해의 발전	(1) 통일신라의 발전	48
		(2) 발해의 건국과 발전	51
		(3) 신라의 학술과 불교문화의 발달	55
		(4) 신라의 예술	59
		(5) 신라말기의 사회변동	62
	Ⅰ. 고대사회의 발전 1. 고려의 건국과 귀족사회의 성립	(1) 호고려의 성립	68
		(2) 통치구조의 정비	72
		(3) 고려 전기의 대외관계	77
	2. 귀족사회의 발전과 변동	(1) 고려 전기의 사회	81
		(2) 문화의 발전	85
		(3) 귀족사회의 동요	93
	3. 고려후기의 사회와 문화	(1) 무신정권의 성립과 변천	97
		(2) 몽고의 침입과 항쟁	99
		(3) 고려말기의 정치와 사회	102
		(4) 문화의 새 경향	105
	Ⅱ. 중세사회의 1. 조선왕조의 성립과 발전	(1) 조선의 건국과 집권체제의 강화	114
		(2) 정치·사회구조의 개편	118

다음으로 〈표 20〉, 〈표 21〉을 통해 제5차 교육과정기와 제6차 교육과정기의 국사교과서 단원 전개를 살펴보자. 제5차 교육과정기의 국사교과서는 제5공화국 시기에 편찬된 것으로서 그 체제는 제4차 교육과정기와 크게 다르지 않으나 식민지시기에 대한 서술 속에서 소작쟁의와 노동쟁의 등 농민운동과 노동운동을 소제목으로 다루어 식민지시기 대중운동을 처음으로 소개하였다. 노동운동과 농민운동에 대한 서술은 제4차 교육과정기까지의 국사교과서에서는 전혀 다루지 않던 것으로 반공주의적 국사교육 하에서 획기적인 사건이라 할 수 있다.

이는 1970~80년대 식민지시기의 노동운동과 농민운동에 대한 연구가 크게 진전되는 학문적 성과가 교과서에 반영되었다는 측면도 있으며, 사회적으로도 노동운동과 농민운동이 크게 고조되면서 이들 대중운동의 기원에 대한 국민적 관심이 교과서에 반영된 측면도 있다고 할 수 있다. 다만 아쉬운 점은 대중운동이 사회주의의 지도하에서 이루어졌음에도 불구하고 이에 대한 서술이 제대로 이루어지지 않은 점이라 할 수 있다. 이는 신간회, 근우회, 청년운동 등에 대한 서술에서도 마찬가지로 나타난 현상이었다.

특히 제6차 교육과정기의 국사 교과서에서는 이전 시기의 교과서에서 볼 수 없었던 역사의 개념, 역사의 보편성과 특수성 등 역사학의 기본 개념을 'Ⅰ. 한국사의 바른 이해'라는 장을 두어 소개하였다. 이는 기존의 국사교과서가 우리 역사만을 서술한 것에 비해 한국사를 세계사적 보편성 속에서 파악하려 한 노력의 일환이라 평가할 수 있을 것이다. 그리고 이후의 국사교과서에서 이 부분은 계속 강조되고 있다.

⟨표 20⟩ 제5차 교육과정기 국사교과서 단원 전개

구분	대단원	중단원	소단원	쪽수
상권	I. 선사문화와 국가의 형성	1. 선사문화의 전개	(1) 자연환경과 한민족의 형성	4
			(2) 구석기 문화	4
			(3) 신석기 문화	7
		2. 국가의 형성과 문화	(1) 청동기, 초기 철기시대	11
			(2) 고조선의 건국	16
			(3) 여러나라의 성장	20
	II. 고대사회의 발전	1. 고대사회의 형성	(1) 고대사회의 성격	30
			(2) 삼국의 성립과 고대사회	31
		2. 고대의 정치와 그 변천	(1) 정치적 발전과 중앙집권화	36
			(2) 정치구조의 정비	48
		3. 고대의 사회와 경제	(1) 고대의 사회체제	53
			(2) 고대의 경제생활	56
		4. 고대문화의 발달	(1) 고대문화의 성격	63
			(2) 사상의 발달	65
			(3) 학문과 기술의 발달	70
			(4) 예술의 발달	73
			(5) 고대 문화의 일본 전파	80
	III. 중세사회의 발전	1. 중세사회로의 이행	(1) 고려의 성립	86
			(2) 중세사회의 전개	88
		2. 중세의 정치와 그 변천	(1) 정치구조의 정비	92
			(2) 귀족지배체제의 동요와 무신정권	94
			(3) 대외관계의 발전	98
		3. 중세의 사회와 경제	(1) 사회구조와 지배세력	105
			(2) 사회시책과 법속	108
			(3) 경제정책과 경제구조	109
			(4) 경제활동의 진전	112
		4. 중세문화의 발달	(1) 유학과 한문학	116
			(2) 불교의 발달	121
			(3) 도교와 풍수지리사상의 유행	124
			(4) 과학기술과 예술의 발달	125
	IV. 근세사회의 발전	1. 근세사회로의 전환	(1) 신진사대부의 대두	134
			(2) 조선의 성립과 근세사회	136
		2. 근세의 정치와 그 변천	(1) 정치체제의 확립	140
			(2) 사림의 대두와 붕당정치	146
			(3) 조선초기의 대외관계	151
			(4) 왜란과 호란	154
		3. 근세의 사회와 경제	(1) 사회구조와 향촌사회	164
			(2) 사회시설과 법속	167

		3. 경제·사회적 저항운동	(1) 민족 경제의 침탈	152
			(2) 경제적 저항운동의 전개	155
			(3) 사회운동의 전개	158
		4. 민족문화수호운동	(1) 국학운동의 전개	162
			(2) 교육과 종교 활동	165
			(3) 문학과 예술 활동	167
	Ⅳ. 현대사회의 전개	1. 민주정치의 발전	(1) 대한민국의 수립	172
			(2) 북한의 공산화와 6·25	176
			(3) 민주주의의 발전	180
			(4) 통일을 위한 노력	185
		2. 경제성장과 사회변화	(1) 경제활동의 진전	189
			(2) 사회개혁운동의 전개	191
		3. 현대문화의 동향	(1) 교육과 학술 활동	196
			(2) 종교 생활과 문예 활동	198
			(3) 체육의 생활화와 올림픽의 개최	200
			(4) 오늘의 역사적 사명	201

〈표 21〉 제6차 교육과정기 국사교과서의 단원전개

구분	대단원	중단원	소단원	쪽수
상권	Ⅰ. 한국사의 바른 이해	1. 역사학습의 목적	(1) 역사와 역사학	4
			(2) 과거와 현재의 대화	5
		2. 한국사와 세계사	(1) 한국사의 이해	7
			(2) 우리 문화의 전통	7
			(3) 한국사와 세계사	8
			(4) 세계화시대의 역사 학습	9
	Ⅱ. 선사문화와 국가의 형성	1. 선사문화의 전개	(1) 선사시대의 세계	14
			(2) 한국의 선사문화	16
		2. 국가의 형성	(1) 청동기, 초기 철기시대	22
			(2) 고조선의 건국	26
			(3) 여러나라의 성장	31
	Ⅲ. 고대사회의 발전	1. 고대사회의 형성	(1) 고대의 세계	40
			(2) 한국의 고대사회	43
		2. 고대의 정치적 발전	(1) 중앙집권화의 진전	52
			(2) 삼국간의 경쟁과 대외관계	56
			(3) 삼국통일	59
			(4) 통일신라와 발해의 발전	62
			(5) 통치조직의 정비	67
		3. 고대의 사회와 경제	(1) 고대의 사회체제	73
			(2) 고대의 경제생활	76
		4. 고대문화의 발달	(1) 고대문화의 성격	82

그런데 제7차 교육과정이 마련되면서 국사교육에는 큰 변화가 초래
되었다. 국민공통교육과정에 국사 과목이 설치되고, 심화교육과정에
한국근·현대사 과목이 편제되었던 것이다. 한국근·현대사 과목에 대
해서는 많은 연구가 제출되어 있으므로 여기에서는 생략하고 국사 과
목에 대해서만 서술하려 한다. 〈표 22〉는 제7차 교육과정기 국사 교과
서의 단원 전개를 나타낸 것이다.

<표 22> 제7차 교육과정기 국사 교과서 단원 전개

대단원	중단원		쪽수
Ⅰ. 한국사의 바른 이해	1. 역사학습의 목적	1. 역사의 의미	10
		2. 역사학습의 목적	10
	2. 한국사와 세계사	1. 한국사의 보편성과 특수성	12
		2. 민족문화의 이해	13
Ⅱ. 선사시대의 문화와 국가의 형성	1. 선사시대의 전개	1. 선사시대의 세계	17
		2. 우리나라의 선사시대	19
	2. 국가의 형성	1. 고조선과 청동기문화	27
		2. 여러나라의 성장	36
Ⅲ. 통치구조와 정치활동	1. 고대의 정치	1. 고대의 세계	45
		2. 고대국가의 성립	47
		3. 삼국의 발전과 통치체제	49
		4. 대외항쟁과 신라의 삼국통일	54
		5. 남북국시대의 정치 변화	56
	2. 중세의 정치	1. 중세의 세계	63
		2. 중세사회의 성립	65
		3. 통치체제의 정비	67
		4. 문벌귀족사회의 성립과 동요	72
		5. 대외관계의 전개	74
		6. 고려후기의 정치 변동	

〈표 22〉에서 확인할 수 있는 것은 제6차 교육과정기에 처음 설정된 'Ⅰ. 한국사의 바른 이해'가 여전히 서술되어 있으며, 고대 이후의 한국사를 분류사적으로 서술하고 있는 점이다. 이는 이전 시기의 국사교과서에서 시도된 적이 없는 새로운 접근이라는 점에서 주목된다. 그러나 이러한 시도는 신선하기는 하였으나 교과서 서술이 중복되는 점을 노출하기도 하였다는 비판을 받았다.

제4차 교육과정기부터 제6차 교육과정기까지의 국사교과서의 형태상의 특징 중 하나는 상, 하의 양 권으로 출판되었다는 점이다. 상권은 조선 전기, 즉 근세까지 수록하였으며, 하권은 조선 후기부터 현대까지 수록하였다. 본문도 제4차 교육과정기에는 상하 양 권 모두 178쪽으로 분량이 같았으나 제5차 교육과정기는 196쪽(상)과 202쪽(하), 제6차 교육과정기는 224쪽(상)과 230쪽(하권)으로 하권의 분량이 조금 많아져 근현대사의 비중이 점차 증가하고 있음을 알 수 있다.

이를 제4차 교육과정기부터 제7차 교육과정기 국사교과서의 각 시대별 서술 분량을 〈표 23〉을 통해 보다 자세히 살펴보자.

<표 23> 제4차 교육과정기~제7차 교육과정기
국사 교과서의 각 시대별 서술 분량(쪽수/비율)

구분	제4차 교육과정기	제5차 교육과정기	제6차 교육과정기	제7차 교육과정기	평균
선사	17(4.8)	16(4)	36(7.9)	28(8.4)	24(7)
고대	47(13.2)	56(14.1)	66(14.5)	50(14.9)	55(14.2)
중세	64(18)	48(12.1)	60(13.2)	60(17.9)	58(15.3)
근세	46(12.9)	62(15.6)	58(12.8)	48(14.3)	54(13.9)
근대	154(43.3)	168(42.2)	184(40.1)	93(27.7)	150(38.3)
현대	9(2.5)	30(7.5)	42(9.3)	7(2)	22(5.3)

〈표 23〉을 통해 보면 제4차 교육과정기부터 제7차 교육과정기까지의 각 시대별 서술 분량에는 큰 차이가 없다. 다만 교육과정에 따라 각 시대별 서술 분량은 약간의 차이가 있으나 전체적으로는 서술 분량이 일정하게 유지되었음을 알 수 있다. 다만 제7차 교육과정기의 국사교과서의 근현대사 서술 비중이 30%가 안되는 점이 가장 큰 특징이라 할 수 있다. 이는 근현대사 교육이 약화된 것이 아니라 '한국근·현대사'가 별도의 과목으로 독립되어 교과서 역시 별도로 발행해야 했기 때문이다. 따라서 제4차 교육과정~제7차 교육과정까지 근현대사 교육은 매우 강화되었음을 알 수 있다. 이는 근현대사가 오늘날의 대한민국을 이해하는데 가장 중요한 의미를 갖는다는 점에 정부와 역사학계가 동의하였기 때문이라 할 것이다.

이상에서 보면 교수요목기 이래 제7차 교육과정기까지의 교과서 서술은 전근대사의 비중이 줄어들고 근현대사의 비중이 증가하였음을 알 수 있다. 이를 〈표 24〉에서 확인할 수 있다.

〈표 24〉 교수요목기~제7차 교육과정 국사 교과서의 근현대사 서술 비중(%)

구분	교수요목	제1차 교육과정	제2차 교육과정	제3차 교육과정	제4차 교육과정	제5차 교육과정	제6차 교육과정	제7차 교육과정
비율	15.4	15.7	24.1	31.1	45.8	49.7	49.4	29.7

〈표 24〉에서 보이는 바와 같이 근현대사의 서술 비중이 높아진 것은 당연히 근현대사 교육의 중요성이 점차 강조되었기 때문이었다. 특히 제3차 교육과정이 마련되는 과정에서 근현대사 교육의 강화가 특히 강조되기 시작하였다. 이는 5·16군사정변의 정당성과 정권의 정통성을 강조하기 위한 차원에서 이루어진 것이었다. 이의 연장선에서 일본의 식민지 지배에 대한 저항에 주목하여 민족주의를 강조하는 한편 반공주의를 전면에 내세웠다. 그리고 제4차 교육과정기는 제5공화국의 정당성과 정통성에 대한 서술을 교과서에 대폭 반영하였다. 그리하여 현대사의 서술 비중이 높아진 결과 근현대사 서술의 비중이 거의 50%에 육박하게 되었던 것이다. 이러한 흐름은 제6차 교육과정기까지 그대로 유지되었다. 다만 1987년 민주화 이후 반공주의적 교과서 서술의 시각이 약화되면서 일제하 사회주의자들의 활동을 교과서 내에 서술하기 시작하였다. 특히 신간회에 대한 서술은 이러한 변화를 단적으로 보여주는 것이라 할 것이다.[11]

---

11) 교과서의 신간회 서술에 대한 검토는 조성운의 연구(「해방 이후 고등학교 한국사 교과서의 신간회 서술 변천」, 『역사와실학』 57, 역사실학회, 2015)를 참조 바람.

2장__ 국사교과서 서술 용어의 변천

교과서에 사용되는 용어는 개념어로서 일상적인 대화에서 사용되는 용어와는 구별된다. 그리하여 역사교과서에 사용되는 용어는 역사를 연구하고 서술하고 설명하는 데 사용되는 모든 단어나 구를 의미하는 것으로 이해할 수 있다.[12] 그러나 역사용어는 다른 학문 분야와는 달리 역사학만의 특유한 전문적 용어들이 많지 않다는 특징이 있다. 이는 역사학이 종합학문이라는 특성에서 기인하는 것이다.

역사용어의 성격이 이와 같다면 역사서술에서 역사용어가 갖는 의미는 매우 크다고 할 수 있다. 그리고 역사교과서 역시 역사서술의 일종이므로 역사교과서의 서술에도 다양한 역사용어가 사용될 수밖에 없다. 따라서 역사용어에 대한 이해 정도는 학습자의 학습 성과를 결정하는 주요 요인이 된다고 할 것이다.

교과서에 사용된 역사용어에 대한 연구는 그리 활발히 이루어지지 않았다. 기존의 연구는 연구 주체라는 측면에서는 크게 전문학자의 연구[13]와 교육대학원의 석사논문 수준의 연구[14]로 나누어진다. 한국근

---

12) 이문기, 「국사교과서의 역사용어 연구의 필요성과 방향 모색」, 『역사교육논집』 35, 역사교육학회, 2005, 1쪽.
13) 역사비평편집위원회 지음, 『역사용어 바로쓰기』, 역사비평사, 2006.
정선영, 「역사용어의 성격과 그 교육적 이용-세계사의 사례를 중심으로」, 『역사교육』 56, 역사교육연구회, 1994.
공태영, 「역사용어에 관한 이론적 검토와 학습방안-중학교 국사교과서를 중심으로-」,

대사를 중심으로 한 역사용어에 대한 연구 역시 미진한 형편이다.[15]
다만 역사교육연구회가 1994년 '역사교육에서 역사용어 문제'라는 주제
로 학술회의를 개최하여 그 성과물을 기관지『역사교육』제56집에 수
록하였고, 2005년 역사비평사에서 잡지『역사비평』제73집(2005)과 제

『역사교육논집』23·24, 역사교육학회, 1999.
이문기,「국사교과서의 역사용어 연구의 필요성과 방향 모색」,『역사교육논집』35,
역사교육학회, 2005.
유정순,「고등학교 국사교과서 역사용어 이해 실태와 개선 방안」,『역사교육논집』
35, 역사교육학회, 2005.
이길영,「중학교 국사교과서의 역사 용어 서술과 개선 방안」,『역사교육논집』35,
역사교육학회, 2005.
송기호,「역사용어 바로쓰기 통일신라시대에서 남북국시대로」,『역사비평』74, 역
사비평사, 2006.
박정화, 권오현,「세계사 용어의 서술 실태와 개선방안-제7차 교육과정 중학교 사회
과 교과서를 중심으로-」,『사회과교육연구』14-3, 한국사회교과교육학회, 2007.
한정윤,「중학교 국사교과서 용어 이해 실태-충남 아산지역 5학년에서 9학년 학생
과 중학교 교사의 의식 조사를 중심으로-」,『역사와 역사교육』16, 웅진사학회,
2008.
이경식,「역사교재의 찬술에서 용어선정의 문제」,『역사교육』109, 역사교육연구회,
2009.
14) 공태영,「역사용어의 학습실태와 지도방안-중학교 국사교과서를 중심으로-」, 경북
대학교 대학원 석사학위논문, 1997.
박덕규,「역사용어 학습과 역사적 사고력 신장-고등학교 국사교과서를 중심으로-」,
강원대학교 석사학위논문, 1997.
김진규,「국사교과서의 역사용어 선정 기제」, 서울대학교 대학원 석사학위논문,
2000.
이길영,「중학교 국사교과서의 역사용어 서술 실태와 효율적인 역사용어 학습방안
의 모색」, 경북대학교 교육대학원 석사학위논문, 2005.
박승호.「고등학생들의 국사용어 이해 실태 및 개선 방안 연구-경제사 관련 용어를
중심으로-」, 고려대학교 교육대학원 석사학위논문, 2006.
김상규,「국사교과서의 역사용어 사용 실태와 학생의 이해수준 분석-제7차 교육과
정을 중심으로-」, 영남대학교 교육대학원 석사학위논문, 2008.
박지숙,「한말 한일간 조약의 용어에 대한 연구-역사교과서의 용어 분석을 중심으
로-」, 경남대학교 교육대학원 석사학위논문, 2013.
15) 허동현,「고등학교 근현대사 교과서 개화기 관련 서술에 보이는 문제점과 제언」,
『한국민족운동사연구』44, 한국민족운동사학회, 2005.
김보림,「고등학교 한국사교과서에서 역사용어 사용과 서술상의 제문제」,『일본문
화학보』63, 한국일본문화학회, 2014.

74집(2006)에 '역사용어 바로쓰기'라는 특집을 기획하여 근현대사 용어를 중심으로 한 50여개의 역사용어를 검토하였고, 이를 모아 『역사용어 바로쓰기』(역사비평사, 2006)라는 단행본으로 발간하였다. 또 2006년 독립기념관이 주최한 제2회 독립운동사연구자대회에서는 「한국근대사 용어 어떻게 써야 하나」라는 주제로 학술회의[16]를 열어 한국근대사를 중심으로 한 역사용어에 대한 검토가 이루어졌다.

　　이로 보아 최근의 역사용어에 대한 학계의 관심은 한국근대사를 중심으로 이어져왔음을 알 수 있다. 그러나 이러한 관심이 보다 전문적이거나 지속적으로 이루어진 것으로 판단되지는 않는다. 대학원에서 이를 주제로 한 박사학위논문이 제출되지 않은 것이 이를 보여준다고 할 것이다. 따라서 향후 이에 대한 연구는 역사용어에 대한 이론적 접근은 물론이고 교과서나 개설서 등에서 사용된 용례와 그 해석 등에 대한 분석이 이루어져야 할 것이다. 또한 국사교과서에 사용되는 역사용어를 정리, 통일하려는 교육당국의 노력에 대한 연구는 전혀 없다고 판단된다.

　　한편 이를 국사교과서를 대상으로 한 연구에 한정하여 살펴보면 그 주제는 교과서의 역사용어 이해와 학습방안에 대한 것이 대부분이다. 역사교과서에 서술된 어떤 사건이나 개념이 교육과정별로 어떻게 변천하였는가에 대한 연구는 사실상 전무한 형편이다.[17]

---

16) 이 학술회의에서는 「북한 역사학계의 독립운동 관련 개념 혹은 용어에 대하여」(김광운), 「국명, 직명, 지명, 인명 등 근대사 용어 사용실태와 특성」(서진교), 「한국근대 국제관계자료집과 용어문제」(이민원), 「일본 사회의 대동아전쟁론 부활과 역사용어 바로쓰기」(이규수), 「독립운동사 용어의 영문표기 표준화가 시급하다」(김상기) 등의 논문이 발표되었다.

17) 역사용어와 관련한 전문 연구는 아니지만 해방 이후 각 교육과정 별로 동학농민운동의 명칭의 변천을 추적한 연구로는 필자의 연구(「해방 이후 고등학교 한국사교과서의 동학농민운동 서술의 변천」, 『민족종교의 두 얼굴』, 선인, 2015.)가 있다.

여기에서는 역사용어의 개념을 정리하거나 그 연구의 필요성과 방향을 모색하는 것을 목적으로 한 것이 아니라 해방 이후 고등학교 국사교과서의 근대사 서술에서 사용된 용어의 변천을 살필 것을 목적으로 한다. 이 용어는 필자가 임의로 한국근대사에서 주요한 사건이라 판단한 강화도조약, 동학농민운동, 갑오개혁, 을사조약, 6·10만세운동, 광주학생운동으로 한정하고자 한다. 이를 통해 이 용어들이 교육과정별로 어떠한 용어로 서술되었고, 그 의미를 어떻게 부여했는가를 각 교육과정별로 정리하고 그와 같은 변화가 일어난 이유를 찾아보고자 한다. 이를 위해 여기에서는 이를 교수요목기~제2차 교육과정기, 제3차 교육과정~제6차 교육과정기, 제7차 교육과정~2009 교육과정기로 나누어 살필 것이다.

　참고로 본고 작성에 활용된 교과서는 〈표 1〉과 같다.

〈표 1〉 본고 작성에 활용된 교과서

번호	교 과 서 명	저자/편자	발행연도	출판사
1	국사교본	진단학회	1946	조선교학도서 주식회사
2	중등국사	최남선	1948	동명사
3	중등문화사	오장환	1949	정음사
4	우리나라문화사	이홍직	1956	민교사
5	국사	이병도	1957	일조각
6	고등국사	역사교육연구회	1962	교우사
7	고등국사	김상기	1963	장왕사
8	고등국사	최남선	1965	사조사
9	국사	이원순	1968	교학사
10	국사	이병도	1972	일조각
11	국사	문교부	1974	한국교과서 주식회사
12	국사	국사편찬위원회 1종도서연구개발위원회	1979	국정교과서 주식회사
13	국사(하)	국사편찬위원회 1종도서연구개발위원회	1982	국정교과서 주식회사

15	국사(하)	국사편찬위원회 1종도서연구개발위원회	1992	대한교과서 주식회사
16	국사	국사편찬위원회 국정도서편찬위원회	2002	
17	한국사	한철호 외	2011	
18	한국사	한철호 외	2014	

1. 편수용어로서의 역사용어

다음(Daum) 사전에 따르면 용어란 특히 전문분야에서 일정한 개념을 나타내기 위하여 사용하는 말이라 정의되고 있다. 이러한 의미에서 역사용어란 역사라는 전문분야에서 일정한 개념을 나타내기 위해 사용되는 말을 뜻한다. 그러므로 역사용어란 역사서술에서 자주 등장하는 어휘를 말하는 것으로 이해할 수 있다.[18]

정선영은 역사용어를 명칭적 용어와 개념적 용어로 구분하였고,[19] 이문기는 사실적 용어, 개념적 용어, 해석·평가적 용어로 구분하였다. 이문기의 구분이 세분되어 있으나 실은 정선영의 '개념적 용어'를 이문기는 개념적 용어와 해석·평가적 용어로 세분한 것으로 판단된다.[20] 따라서 이 두 연구자가 파악한 역사용어의 개념은 큰 차이가 없다. 이러한 역사용어의 정의와 사용에는 전문교과로서의 학문적 고려와 학습자 수준에 대한 교육적 고려가 있어야 한다.[21]

이와 같은 고려가 필요한 것은 자연과학에서 사용되는 용어는 그 학

---

18) 최갑수, 김지영, 양희영, 최진묵, 「역사용어의 범주와 『역사용어사전』의 편찬방법」, 『한국사전학』 26, 한국사전학회, 2015, 70쪽.
19) 정선영, 「역사용어의 성격과 그 교육적 이용-세계사의 사례를 중심으로」, 『역사교육』 56, 역사교육연구회, 1994, 164~166쪽.
20) 이문기, 앞의 논문, 19~22쪽.
21) 이원순·윤세철·정선영, 「중고등학교용 국정 국사교과서의 분석적 고찰」, 『역사교육』 16, 역사교육연구회, 1974, 3쪽.

문의 체제 내에서 특별한 상호관계를 분석적으로 다룰 때 나타나는 것이 보통이며, 이러한 과학적 용어는 어느 정도 정확한 정의를 갖는다고 할 수 있다. 그러나 역사분야에서는 선택적 경험들이 가지고 있는 성격간의 상호관계를 규정해 줄 수 있는 의존적인 체제에 대한 언급이 없는 것이 보통이므로 적절한 의미를 나타내는 용어를 사용하지 못하는 경우가 많은 것도 사실이다.[22]

역사적 개념이 역사용어를 통해 표현된다는 점에서 역사적 개념에 대한 김한종의 정리는 역사용어에도 적용될 수 있다. 그는 역사적 개념의 성격을 다음의 5가지로 정리하였다. 첫째, 단순하거나 구체적인 경우도 있으나 다른 과학에서 사용되는 용어보다 추상성을 띤 경우가 많다. 둘째, 일반적인 개념들에 비해 하위개념 간의 관계를 규정하는 관계개념의 형태를 띠는 것이 많다. 셋째, 역사용어의 명칭은 역사학 고유의 명칭이 아니라 다른 학문 분야나 일상생활에서 일반적으로 사용되는 경우가 많다. 넷째, 역사적 개념은 시간의 흐름에 따라 새로운 용례가 첨가되어 그 의미영역이 확대되고 그 개념이 지칭하는 의미와 범위가 바뀌기도 한다는 의미에서 역사용어의 의미는 가변적이다. 다섯째, 역사용어는 역사적 편견이 개입될 가능성이 높기 때문에 사회과학에서처럼 뚜렷한 법칙성을 가지기 어렵다.[23] 역사적 개념의 성격을 이와 같이 정리할 수 있다면 이러한 개념을 반영한 역사용어에는 상위개념과 하위개념이 있을 수밖에 없다. 강우철은 사실-소개념-중심개념-종합개념으로 이를 규정하였다.

그런데 역사학과 역사교육에서 사용되는 용어들이 개념적으로 규정

---

22) 김한종, 「역사적 개념의 학습방법과 정의의 활용」, 『역사교육』 41, 역사교육연구회, 1987, 7쪽.
23) 김한종, 「역사적 개념의 학습방법과 정의의 활용」, 『역사교육』 41, 역사교육연구회, 1987, 7~12쪽.

되지 못한 채 국가에 따라 혹은 연구자에 따라 다른 의미로 사용되고 있는 경우는 매우 흔한 형편이다. 뿐만 아니라 동학농민운동[24]이나 5·16군사정변과 같이 같은 사건을 다른 용어로 나타내기도 한다. 이는 그 용어를 사용하는 사람들의 역사인식이나 가치관, 그리고 역사용어가 가리키는 사실에 대한 가치판단이 그 기저에 깔려있기 때문이다.

그러므로 교과서의 자유발행제가 아닌 국·검정 교과서제도를 실시하는 우리나라의 경우 국가의 정규교육기관인 학교에서 사용되는 교과서에는 국가의 이념이나 가치가 반영되는 것은 당연한 일이다. 이러한 국가의 이념이나 가치는 국가의 교육과정에 반영되고 교과서는 그에 근거하여 편찬, 발행된다. 따라서 국사교과서에도 국가의 이념이나 가치가 반영되는 것이며, 여기에 자국의 관점에서 국제관계도 고려해야 한다. 이는 한 국가의 역사는 외국과의 교류를 통해 발전하는 것이기 때문이다.

이렇게 볼 때 국사교과서 집필에 사용되는 역사용어는 단순한 일상용어가 아니라 전문학술용어일 수밖에 없다. 앞에서도 언급했듯이 역사용어는 사용하는 사람에 따라 다른 의미로도 사용되므로 국사교과서 집필에 사용되는 역사용어는 일반적인 용어, 즉 통설에 따라야 한다고 판단된다. 역사용어는 역사교육의 가장 기본적인 의사전달의 단위이며 수단이기 때문이다.

해방 직후 발행된 국사교과서에 사용된 역사용어는 통설을 따른 것 같지는 않다. 교수요목기에는 사실상 교과서의 발행이 자유발행에 가까웠으므로 다음 장에서 볼 수 있듯이 교과서 필자에 따라 다른 역사

---

24) 국사교과서 상의 동학농민운동의 용어 변천에 대해서는 조성운의 연구(「해방 이후 한국사교과서의 동학농민운동 서술의 변천」, 『민족종교의 두 얼굴』, 선인, 2015, 234~235쪽)를 참조 바람.

용어가 사용된 경우가 매우 많았다. 이러한 경향은 제2차 교육과정기에 이르러서야 어느 정도 정리될 수 있었다. 이는 앞으로 검토하듯이 학계와 언론에서 역사용어의 불일치에서 오는 폐단을 꾸준히 지적하였고, 이러한 지적은 국사교과서의 국정화가 확정되는 과정에서 주요한 논거로 활용되었다.

그런데 해방 이후 국사교과서를 포함한 모든 과목의 교과서 발간 과정에서 외국어의 한글 표기나 인명, 지명의 표기에 관해서는 물론이고 혼용되고 있던 편수용어를 정리하기 위한 노력이 없었던 것은 아니다. 특히 편수용어를 정리, 통일하려는 노력은 1950년대 이래 추진되었던 것으로 보인다. 필자가 조사한 바에 따르면 1956년 『외국지명 표기법 통일안』이 발간된 이후 『로마자의 한글화 표기법』(1958)이 발간되어 외국어의 한글 표기에 대한 정리를 시도하였다. 이러한 노력에 따라 문교부에서는 1959년에는 『편수자료』 제1집을 발간한 이래 부정기적으로 1971년 제7집까지 발간하여 교과서 편찬에 관한 제반 조건을 규정하였다. 또한 1959년에는 『로마자의 한글화 표기방법 국정교과서 외래어 일람표』도 발간되었다. 그러나 이때까지의 『편수자료』는 내용이 부분적이고 단편적이어서 모든 교과를 종합적으로 체계적으로 포괄하는 자료로서의 역할을 다하지 못하여 수정, 보완이 필요하였다. 이에 따라 1986년 8월 4집 7책의 편수자료가 출간되었다.[25]

이 중 역사용어는 〈표 2〉의 과정을 거치면서 정리되었다고 할 수 있다.

〈표 2〉의 내용은 단지 국사교과서에 사용되는 역사용어만을 규정한 것이 아니라 각 교육과정에 따라 개발되는 국사교과서에 어떠한 내용을 어떻게 서술할 것인가 하는 준거 혹은 기준을 제시한 것이다. 〈표 2〉에

---

25) 『연구보고 RRO 2011-6-2 교과서 편수 자료(Ⅰ)-편수일반』, 교육과학기술부 · 한국교육과정평가원, 발간사.

<표 2> 해방 이후 국사과 편수용어의 정리

자료명	내용	연도
교수요목	중학교 사회생활과 교수요목	1948
외국지명 표기법 통일안		1956
로마자의 한글화 표기법		1958
외래어 및 띄어쓰기 표기자료 중고등학교(검인정교과서용) : 중등학교		1959
편수자료 제1호	로마자의 한글화 표기방법 국정교과서 외래어 일람표	1959
외래어 시안 표기 자료 중고등학교(검인정교과서용) : 중등학교		1959
편수자료 제2호	외국지명 한글표기	1959
편수자료 제3호	한글 맞춤법에 관하여, 한글의 로마자 표기법, 로마자 한글 표기 세칙	1960
편수자료 제4호	외국지명 한글 표기	1960
사회과 인명, 지명표기 통일안		1963
편수자료 제4호	사회과 인명, 지명 표기	1963
편수자료 제5호	학교문법 및 국사교육내용의 통일	1964
민족주체성 확립을 위한 교육과정 운영지침		1966
편수자료 제7호	외래어 표기 용례	1977
국사교과서 내용전개의 준거안		1987
편수자료 II-3 (인문사회과학)	국사교과서 내용 서술의 원칙	1987
국사교육 내용전개의 준거안 연구보고서		1994
교과서 편수 자료 II-1 (인문사회과학 편)	편수 용어	2002
국사교육 내용전개안 연구		2004
역사교과서 집필 기준		2007
중등 역사과 검정 도서 집필 기준(안)		2017

서 주목되는 것은『민족주체성 확립을 위한 교육과정 운영지침』(1966)
과『국사교육 내용전개의 준거안』(1987)이다. 제2차 교육과정의 취지
중의 하나는 민족의 자주성을 강화하는데 있다는 것은 잘 알려진 사실
이다. 그러나 1965년 한일국교정상화에 대한 전 사회적인 비판에 대해
정부가 교육적인 측면에서 어떻게 대응하였는가에 대해서는 그리 잘

알려지지 않았다. 정부는 『민족주체성 확립을 위한 교육과정 운영지침』 을 발간하여 이 지침에 의해 교육과정을 운영하도록 하였다. 이 지침의 작성 배경은 다음과 같다.

1965년 12월 18일, 마침내 한일 양국은 오랫동안 끌어오던 국교정상화의 공식 절차에 매듭을 짓게 되었다.

오늘날의 국제 정세와 우리의 처지를 생각할 때, 두 나라의 수교가 극동의 안전에 기여하고, 양국간의 우호증진과 경제적 번영의 역사적 계기가 되리라고 확신한다. 그러나, 지난날의 굴욕적 사실에 비추어, 국민적 자각과 주체 의식을 굳게 하여 이 새로운 사태에 대처하여야 할 것이다.

(중략)

수동적인 과거를 하루 속히 탈피, 청산하고, 자주독립정신을 바탕으로 하는 능동적인 자세 확립이 시급히 요청되고 있다. 다시는 일본국이 우리에게 침략정책을 쓰지 않으리라고 생각하지마는, 지난날 우리 민족이 겪은 쓰라린 역사적 경험에 비춰 양국 간의 진실한 우호 관계의 발전을 위해서라도 우리는 경각심을 잊지 않고 우리의 민족 주체성을 확고히 견지해 나가야 할 것이다.[26]

이 지침은 결국 1961년 5·16군사정변으로 권력을 장악한 군사정권의 핵심정책, 즉 경제개발과 민족주의의 모순을 극복하기 위한 것이었다고 볼 수 있다. 그리고 민족주의는 박정희의 독재를 강화하기 위한 반공주의의 다른 모습이기도 하였다. 즉 박정희 정부는 민족주의의 고양을 통해 반공주의를 강화하려 하였다. 그러나 경제개발을 위한 방안

---

26) 문교부, 『민족주체성 확립을 위한 교육과정 운영지침』, 국정교과서주식회사, 1966, 3쪽. 이 문건은 머리말, 총론(1. 민족 주체성의 확립, 2. 주체성과 교육, 3. 과거의 반성, 4. 역사적 발전과 인간 형성, 5. 교육과정 운여의 기본방침, 6. 교육과정 운영상의 유의점), 각론(국어, 사회, 과학, 음악, 미술, 실업, 가정, 반공·도덕생활)로 구성되어 있다.

으로서 타결된 한일국교정상화는 민족주의에 모순되는 것이었다. 따라서 정부의 입장에서는 이 모순을 타개하기 위한 논리의 개발이 필요하였으며, 이 필요에 따라『민족주체성 확립을 위한 교육과정 운영지침』이 나온 것이라 판단된다.

다른 하나는『국사교과서 내용전개의 준거안』(1987)이다. 이 준거안은 1980년대 이른바 '재야사학계'의 국사교과서 비판과 조선일보의 '국사교과서 새로 써야 한다'라는 기획 기사로 야기된 논란에 대한 교육당국과 학계의 대응이라는 관점에서 이해할 수 있다. 이후 '국사교과서 편찬준거안'은 '국사교과서 내용전개의 준거안'이라는 제목으로 바뀌어 제시되었다. 그리고 2007개정교육과정이 마련되면서 '역사교과서 집필기준안'이라 명칭이 바뀌었다. 이는 국사와 세계사를 통합한 교과서의 발행에 따른 것이기도 하지만 특별한 설명 없이 '준거'가 '기준'으로 바뀌었다.[27)]

2. 역사용어의 변천

1) 교수요목기~제2차 교육과정기의 역사용어

잘 알려져 있듯이 교수요목기는 교과서의 발행이 사실상 자유발행제에 가까웠고, 1955년 제1차 교육과정이 마련된 이후 검정제가 본격화되었다. 그리고 1963년 제2차 교육과정이 실시 예정되었으나 여러 가지 사정으로 1968년에 가서야 비로소 시작되었다. 그러므로 제1차 교육과정기에 검정된 교과서는 1968년 이전까지 실제 학교에서 사용되었다.

이 시기는 교과서 검정제도가 마련된 시기였다. 즉 1948년 대한민국

---

27) 김한종,「중등역사교과서 개편의 과정과 성격」,『한국고대사연구』64, 한국고대사학회, 2011, 23~24쪽.

정부가 수립되고 교육법(1949)과 교과용 도서 검인정 규정(1950)이 제정되는 한편 제1차 교육과정이 준비되고 있었으나 한국전쟁의 발발에 따라 교육 관련 제도의 정비와 실시는 뒤로 미룰 수밖에 없었다. 다만 1948년 12월 문교부에서는 『초, 중등학교 각과 교수요목』을 마련하면서 사회생활과 교수요목도 발표하였다. 그러나 사회생활과 교수요목의 역사부분에는 역사용어에 대한 언급이 전혀 없다. 종전 이후 제1차 교육과정은 1953년부터 준비하기 시작하여 1955년 8월 1일 공포되었다. 그러므로 교수요목기에 사용되었던 교과서는 제1차 교육과정이 마련되기 이전까지 사용되었고, 1956년 제1차 교육과정을 바탕으로 한 국사교과서가 발행되었다.

교과서에 서술되는 역사용어는 교육과정에 의해 강제적이지는 않으나 존중되는 편이라 할 수 있으며, 〈표 2〉에서 볼 수 있듯이 제1차 교육과정까지는 비교적 자유로웠던 것으로 보인다. 그러나 제2차 교육과정에 따른 교과서 검인정 과정에서는 이전 시기보다 교육과정의 준수를 엄격히 요구하였다. 그 결과 1965년 6월 7일 중학교 교과서 사열 결과 대표적인 교과서 출판사와 유진오(사회), 이병도(국사), 고광만(영어), 최현배, 이숭녕(문법) 등 원로 저자들의 출원본이 탈락하였던 것이다. 이러한 사태는 저자의 권위보다 교수요목대로 순서 배열 등에 이르기까지 꼬박꼬박 짜임새 있는 편집을 한 교과서가 통과되었고, 사회과목의 경우 역사, 지리, 공민을 한데 묶어 다루는데 책은 각각 저자가 다른 3권으로 되어 있기 때문에 어느 한 권이라도 통과하지 못하면 전체가 탈락[28]하였다는 신문 보도를 통해서도 확인된다.

28) 64년 10월 20일부터 11월 5일에 걸쳐 검인정 출원된 교과서는 80여 출판사의 324종 724권이었고, 사열 통과 교과서는 43개사 91종, 203권으로 과목 당 7종이었다. 사열 대상 교과서는 음악, 사회부도, 서예, 수학, 문법, 한문, 사회, 미술, 영어, 가정, 체육, 작문, 과학 등 13 과목이었다(『조선일보』 1965년 6월 15일, 「중학교 검인정 교과서

〈표 3〉, 〈표 4〉는 교수요목기와 제1차 교육과정기의 대단원을 비교한 것이다.

<표 3> 교수요목기 국사교과서의 대단원 비교

국사교본 (진단학회, 조선교학도서 주식회사, 1946)		중등문화사 (오장환, 정음사, 1949)	우리나라의 생활 (이병도, 동지사, 1949)		우리나라의 생활 (국사부분) (신석호, 1952)
제1편	상고의 전기	제1장 민족의 유래와 선사시대의 문화	총설		첫째 가름 우리나라의 자연환경과 민족의 유래 및 발전
	상고의 후기	제2장 고대의 문화	상대편		둘째 가름 역사 있기 이전의 살림살이
제2편	중고의 전기	제3장 삼국시대의 문화	중세사	중세의 제일기 (조정-태종)	셋째 가름 고조선과 그 생활상태
	중고의 후기	제4장 고려시대의 문화		중세의 제이기 (문종-예종)	넷째 가름 삼국의 흥망과 그 사회생활
제3편	근세의 전기	제5장 근세 조선 초기의 문화		중세의 제삼기 (인종-원종)	다섯째 가름 신라와 발해(渤海)의 성쇠와 그 사회생활
		제6장 근세 조선 중기의 문화		중세의 제사기 (충렬왕-공양왕)	여섯째 가름 고려조의 변천과 그 사회생활
	근세의 중기	제7장 근세 조선 후기의 문화	근세사	근세의 제일기 (태종-명종)	일곱째 가름 근세조선(近世朝鮮)과 그 사회생활
제4편	근세의 후기	제8장 최근세의 문화		근세의 제이기 (선조-경종)	여덟째 가름 최근세의 나라 사정과 그 사회생활
				근세의 제삼기 (영조-철종)	아홉째 가름 양차 세계대전과 우리나라와의 관계
				근세의 제사기 (고종-숙종)	
				최근세 (1910-1945)	

사열에 말썽」).

우리나라역사 (김상기, 1956)	고등학교국사 (이병도, 일조각, 1957)	고등국사 (역사교육연구회, 1962)
국토와 자연환경	Ⅰ. 우리나라 문화와 문화사	제1편 원시시대와 부족국가시대
1. 부족국가생활	Ⅱ. 선사시대의 문화	
2. 세 나라로 뭉친 사회	Ⅲ. 부족국가의 대두와 그 문화	제2편 3국시대
	Ⅳ. 3국 문화의 성립과 그 발달	
3. 신라의 통일사회와 발행의 흥망	Ⅴ. 통일신라의 발전과 그 문화	제3편 통일신라시대
4. 고려의 재통일 사회	Ⅵ. 고려문화의 발달	제4편 고려시대
	Ⅶ. 근조선의 유교문화의 확립	
5. 근세 조선 사회	Ⅷ. 사회의 동요와 새 학풍의 대두	제5편 이씨 조선의 전기
6. 근대화하여 가는 조선 사회	Ⅸ. 쇄국정책과 개국 후의 혼란	제6편 이씨 조선의 중기
	Ⅹ. 수난기의 민족문화	
7. 민주대한	Ⅺ. 민족의 해방과 대한민국의 수립	제7편 이씨 조선의 후기
끝말	결론	제8편 민주대한

〈표 3〉에서 볼 수 있듯이 교수요목기의 각 국사교과서는 역사학의 기본이라 할 수 있는 시기구분도 전혀 일치하지 않았으며, 그 시기의 용어도 교과서 저자마다 다름을 알 수 있다. 제1차 교육과정기인 〈표 4〉에서는 교수요목기에 비해 시기구분이 어느 정도 정비되었음을 알 수 있으나 여전히 교과서에 따라 차이가 나고 있다. 이와 같이 제1차 교육과정기에 시기구분이 미약하나마 정비된 것은 국가 차원의 교육과정과 검정제도가 마련되었기 때문이라 생각된다. 따라서 교과서에 사용된 역사용어도 이 시기에는 집필자에 따라 다른 경우가 많았다.

〈표 5〉는 교수요목기부터 제2차 교육과정기까지의 고등학교 국사교과서의 근대시기 주요 용어를 정리한 것이다.

<표 5>는 교수요목기~제2차 교육과정기 고등학교 국사교과서의 근대시기 주요 용어

교육과정	교과서명	저자	대원군 집정~식민지기 이전	식민지시기
교수요목	국사교본	진단학회	쇄국주의, 병인양요, 신미양요, 병자조약(강화도조약), 신사유람단, 개화파, 수구파, 임오군란, 수구당(사대당), 독립당(개화당), 갑신정변, 영함 거문도 점령, 교조신원운동, 동학란, 청일전쟁, 갑오경장, 하관조약, 을미사변, 아관파천, 독립협회, 노일전쟁, 한일의정서, 제1차 한일협약, 제2차 한일협약(을사조약 혹은 보호조약)	한일합병, 삼일운동 또는 기미만세사건, 무단정치, 문화정치, 대한민국임시정부, 의열단, 광주학생사건, 신간회
	중등국사	최남선	병인양요, 신미양요, 병자수호조약(강화조약), 진보파, 보수파, 임오군요(임오6월지변), 갑신정변(갑신10월지변), 갑오경장, 동학란, 을미팔월지변, 대한제국, 독립협회, 일영동맹, 아일전쟁, 5조약 또 을사조약, 해아밀사사건	병합조약, 삼일운동
	중등문화사	오장환	쇄국정책, 병인양요, 강화도조약, 교조의 신원운동, 동학란, 동학의거, 갑오경장, 갑오개혁, 신문화운동, 신문예운동, 국채보상운동	무단정치, 3·1운동, 문치적 기만정책,
제1차 교육과정	우리나라 문화사	이홍직	쇄국정책, 병인양요, 신미양요, 병자수호조약(강화도조약), 임오군란, 개화당(독립당), 수구당(사대당), 갑신정변, 거문도 점령, 신원운동, 신사유람단, 동학란, 청일전쟁, 하관(시모노세끼)조약, 갑오경장, 삼국간섭, 민비폐비운동, 을미사변, 아관파천, 대한제국, 독립협회, 한일의정서, 제1차 한일협약, 제2차 한일협약(을사보호조약), 국채보상운동, 한일신협약(7조약), 차관정치	한일합병, 무단정치, 토지조사사업, 3·1운동, 대한민국임시정부, 문화정치, 산미증식계획, 6·10만세운동, 신간회, 광주학생사건, 애국단 조선어학회사건
	국사	이병도	쇄국정책, 병인양요, 신미양요, 병자조약(강화조약), 신사유람단, 개화당, 사대당, 갑신정변, 거문도 점령, 동학란, 갑오경장, 청일전쟁, 을미사변, 아관파천, 독립협회, 노일전쟁, 한일의정, 한·일제1차협약, 을사보호조약, 7조약	한일합병, 한일합방, 무단정치, 3·1운동, 문화정치, 대한민국임시정부, 산미증식운동, 신간회, 근우회, 광주학생사건, 민족말살정책

	고등국사	역사교육 연구회	쇄국정책, 병인양요, 쇄국양이, 신미 양요, 강화도조약(병자수호조약), 신 사유람단, 개화당, 보수당, 임오군란, 갑신정변, 동학란, 교조신원운동, 갑 오경장, 청일전쟁, 마관조약, 을미사 변, 아관파천, 대한제국, 독립협회, 제1차 한일협약, 제2차 한일협약(을 사보호조약), 제3차 협약(7조약), 민족 계몽운동	한일합병조약, 무단 정치, 헌병제도, 3.1 운동, 문화정치, 6·10 만세사건, 광주학생 사건
	고등국사	김상기	쇄국정책, 병인양요, 신미양요, 병자 수호조약(강화조약), 임오군란, 신사 유람단, 갑신정변, 보수당(사대당), 개화당(독립당), 거문도 점령, 동학 란, 청일전쟁, 마관(하관)조약, 갑오 경장, 을미사변(을미8월지변), 아관 파천, 대한제국, 독립협회, 아일전쟁, 삼국간섭, 한일의정서, 제1차 한일협 약, 제2차 한일협약(을사보호조약, 5 조약), 한일신협약(정미7조약)	한일합병, 무단정치, 삼일운동, 육십만세 사건, 광주학생사건, 문화정치
	고등국사	최남선	쇄국정책, 병인양요, 신미양요, 개화 당, 보수당, 임오군란, 갑신정변, 병 자수호조약(강화도조약), 교조신원운 동, 동학란, 청일전쟁, 마관조약, 을 미사변, 갑오경장, 독립협회, 일로전 쟁, 한일의정서, 한일제1차협약, 고문 정치, 제2차 협약(을사보호조약), 국 채보상운동, 제3차협약(7조약), 차관 정치	한일합방, 헌병제도, 무단정치, 삼일운동, 문화정치, 6·10만세 사건
제2차 교육과정	국사	이원순	쇄국정책, 병자수호조약, 병인양요, 신미양요, 개화운동, 신사유람단, 청 국상민무역장정, 위정척사, 개화당, 사대당, 갑신정변, 거문도사건, 교조 신원운동, 동학혁명, 동학혁명운동, 갑오경장, 청일전쟁, 마관조약, 삼국 간섭, 을미사변, 아관파천, 독립협회, 대한제국, 러일전쟁, 한일의정서, 한 일협정서(제1차 한일협약), 고문정치, 태프트·카스라협약, 을사5조약(을사 조약), 정미7조약(한일신협약), 차관 정치	경술국치, 병탄, 무단 정치, 기미독립운동, 토지조사사업, 대한 민국임시정부, 문화 정치, 산미증식계획, 민족성말살정책, 여 자정신대, 병오·정 미의병운동, 청산리 대첩, 6·10만세운동, 광주학생운동, 조선 어학회사건

| 국사 | 이병도 | 쇄국정책, 병인양요, 신미양요, 병자수호조약(강화조약), 신사유람단, 임오군란, 갑신정변, 수구당(사대당), 개화당(독립당), 거문도 점령, 동학혁명, 청일전쟁, 시모노세키조약, 갑오경장, 삼국간섭, 을미사변, 아관파천, 독립협회, 대한제국, 러일전쟁, 한일의정서, 제1차 한일협약, 제2차 한일협약(을사조약), 국채보상운동, 한일신협약(정미7조약), 차관정치 | 한일합방, 헌병경찰제도, 토지조사사업, 무단정치, 3·1운동, 대한민국임시정부, 문화정치, 산미증식계획, 6·10만세운동, 광주학생운동 |

그리고 〈표 5〉의 용어 중 제2차 교육과정기에 한국사 용어 정리 과정에서 제기되었던 한국근대사 관련 역사 용어(강화도조약, 동학농민운동, 갑오개혁, 을사조약, 6·10만세운동, 광주학생운동)의 변천을 도표화한 것이 〈표 6〉이다.

〈표 6〉 제2차 교육과정기에 제기된 한국근대사 관련 역사 용어의 변천

교육과정	교과서명(저자)	강화도조약	동학농민운동	갑오개혁	을사조약	6·10만세운동	광주학생운동
교수요목	국사교본(진단학회)	병자조약(강화도조약)	동학란	갑오경장	제2차 한일협약(을사조약 혹은 보호조약)		광주학생사건
	중등국사(최남선)	병자수호조약(강화조약)	동학란	갑오경장	5조약 또는 을사조약		
	중등문화사(오장환)	강화도조약	동학란, 동학의거	갑오경장, 갑오개혁			
제1차 교육과정	우리나라문화사(이홍직)	병자수호조약(강화도조약)	동학란	갑오경장	제2차 한일협약(을사보호조약)	6·10만세운동	광주학생사건
	국사(이병도)	병자조약(강화조약)	동학란	갑오경장	을사보호조약		광주학생사건

	고등국사 (역사교육 연구회)	강화도조약 (병자수호조약)	동학란	갑오경장	제2차 한일협약 (을사보호조약, 5조약)	6 · 10만세 사건	광주학생 사건
	고등국사 (김상기)	병자수호조약 (강화도조약)	동학란	갑오경장	제2차 한일협약 (을사보호조약)	육십만세 사건	광주학생 사건
	고등국사 (최남선)	병자수호조약 (강화도조약)	동학란	갑오경장	제2차 협약 (을사보호조약)	6 · 10만세 사건	
제2차 교육 과정	국사 (이원순)	병자수호조약	동학혁명, 동학혁명 운동	갑오경장	을사5조약 (을사조약)	6 · 10만세 운동	광주학생 운동
	국사 (이병도)	병자수호조약 (강화조약)	동학혁명	갑오경장	제2차 한일협약 (을사조약)	6 · 10만세 운동	광주학생 운동

〈표 6〉을 통해 알 수 있는 것은 교수요목기에는 강화도조약을 병자수호조약, 병자조약, 강화조약 등으로 사용하였고, 을사조약은 을사보호조약, 제2차 한일협약, 5조약으로, 갑오개혁은 갑오경장과 갑오개혁으로 혼용하였음을 알 수 있다. 6 · 10만세운동은 이 시기 국사교과서에 서술되지 않았으며, 광주학생운동도 광주학생사건이란 용어로 국사교본에만 서술되었다. 동학농민운동은 동학란이라는 용어를 사용하였다. 오장환은 동학란과 함께 동학의거라는 용어를 사용한 점이 독특하다. 이러한 경향은 제1차 교육과정기에도 이어졌다. 이 시기에는 동학란과 갑오경장이라는 용어가 모든 교과서에서 사용되었으며, 을사조약은 '을사보호조약', '병자수호조약', '강화도조약', '강화조약', '병자조약'으로 혼용되었고, 6 · 10만세운동이 처음으로 교과서에 서술되었다는 것도 확인된다. 그리고 6 · 10만세운동은 '6 · 10만세운동', '6 · 10만세사건', '육십만세사건'으로 혼용되었다.

이외에도 〈표 6〉을 통해 알 수 있는 것은 개화파에 대해서는『국사교본』에서는 '개화파', '수구파', '독립당(개화당)', '수구당(사대당)',『중등국사』에서는 '진보파'와 '보수파'의 용어를 사용하였다. 또 교수요목기부터 제2차 교육과정기까지의 국사용어에서 두드러진 특징으로 들 수 있는 것은 조사시찰단을 '신사유람단'으로 서술하였다는 점이다. 이는 조사시찰단 파견 당시부터 관용적으로 불리던 용어를 그대로 교과서에 사용하였음을 보여주는 사례라 할 것이다.

교수요목기의『중등국사』(최남선)에서는 임오군란은 '임오군요(임오6월지변)', 제1차 교육과정기의『고등국사』(김상기)에서는 을미사변을 '을미사변(을미8월지변)'으로 서술하였음도 확인된다. 3·1운동은 대부분의 교과서에서 3·1운동이란 용어를 사용하였으나 교수요목기의『국사교본』(진단학회)에서는 '삼일운동'과 '기미만세사건', 제2차 교육과정기의『국사』(이원순)에서는 '기미독립운동'이란 용어를 사용한 것이 특징적이다. 그리고 제1차 교육과정기의『국사』(이병도)는 '제1차 한일협약'을 '한·일 제1차협약'이라 칭하였다. '위정척사'라는 용어는 제2차 교육과정기의『국사』(이원순)에서 최초로 등장하고 있으며, '토지조사사업'도 제2차 교육과정기에 처음으로 서술되었음을 확인할 수 있다. 다만 오늘날 국사교과서에서 주요한 개념으로 사용되고 있는 '애국계몽운동'이란 용어는 전혀 언급되지 않고 있다.

이와 같이 제1차 교육과정기까지의 교과서에 사용된 역사용어들은 통일되지 못하였다.[29] 그리하여 제2차 교육과정이 공포된 이후 문교부는 검인정교과서의 경우 교과서별로 서술 내용의 차이가 커 혼란을 빚었기 때문에 이를 통일하기 위하여 1963년 자문위원회를 설치하였다. 국사과의 경우 국사교육통일심의위원회(위원장 申奭鎬)를 설치하여 심

---

29)『경향신문』1963년 6월 15일, 「국사내용을 통일」.

의에 착수하였고,[30] 「국사교육 내용의 통일」(문교부, 『편수자료』 5, 대한교과서주식회사, 1964)을 마련하였다.[31]

이 「국사교육 내용의 통일」은 이설이 있는 내용의 조치 10개 항목을 적시하였는데, 이 중 9개 항목이 고대사 관련이며, 1개 항목이 근대시기에 관련된 것이었다. 이로 보아 1964년의 「국사교육 내용의 통일」은 고대사 중심이었음을 확인할 수 있다. 이는 안호상 등의 재야사학자의 입김이 작용한 것으로 보인다. 안호상은 1962년 1월 국가재건최고회의에 한글전용과 민족사상·기술교육을 주요내용으로 한 공개건의서를 발표하였다. 이 중 민족사상과 관련한 내용은 다음과 같다.

> 우리는 "사람을 크게 유익케 하기"(弘益人間) 위하여 한을 공경함(敬天)과 조상숭배(崇祖)와 사람사랑(愛人) 등의 세가지 도덕원리 밑에서 민주적 정치방법으로써 이루어진 '한배검'(檀君王儉)의 배달역사(檀國史)를 각 교과서에 자세히 실어 보급시켜야 한다. 제 조상을 모르고 제 민족역사를 버리고 남의 祖上과 역사를 가르치는 배움은 종놈 같은 민족과 양심 없는 인간을 만드는 교육이다. 도덕, 공민, 국사 및 나라지리는 반드시 국정교과서로 해야 한다.[32]

---

30) 『경향신문』 1963년 6월 18일, 「교과서 피라미드식으로 11종 중 부인한 교과서도 있으나 신화기술에 논란 없을 듯」.

31) 「국사교육 내용의 통일」, 『편수자료』 5, 대한교과서주식회사, 1972, 16쪽. 이 국사교육통일심의위원회의 구성에 대해 복수의 신문은 "중고등학교 국사 교사 6명, 문교부 직원 2명, 각 대학 국사학 교수 및 전문가 12명 등 20명으로 구성되었으며, 1963년 6월 14일 2차에 걸쳐 회의를 개최하여 국사교육내용의 문제점을 찾아내도록 9명의 전문위원을 선출하였다."(『경향신문』 1963년 6월 15일, 「국사 내용을 통일 문교부 전문가 20명으로 심의위 구성」; 『동아일보』 1963년 6월 15일, 「단군신화 검토 국사교과 내용 통일」.)고 하여 위원회의 출범 일시와 위원회를 구성한 인원에 차이가 난다. 신문 보도의 내용이 구체적인 것으로 보아 최소한 위원회는 최초에는 20명으로 구성되었다가 이후 증원된 것으로 판단된다.

32) 『경향신문』 1962년 1월 3일, 「최고회의에 붙이는 공개건의(2)」.

이러한 현상에 대해 민족주의인가 쇼비니즘인가의 논란이 일어나기도 하였다.[33] 그러나 앞에서 본 바와 같이 1964년 「국사교육 내용의 통일」이 발표되었고, 1966년 6월 『민족주체성 확립을 위한 교육과정 운영지침』 발간 이후인 1966년 10월 15일 문교부는 민족자주성을 모독한다며 고등학교 국사 교과서의 '乙巳保護條約'을 '乙巳條約', '광주학생사건'을 '광주학생운동', '6·10만세사건'을 '6·10만세운동', '한4군'을 '한의 군현', '동학란'을 '동학혁명', '단군신화'는 '건국이념'으로 그 용어를 수정할 것을 지시하였다.[34]

이와 같은 용어들의 수정을 지시한 것은 '을사보호조약'의 '보호'란 일본인들이 붙인 거짓외교용어에 지나지 않으며, '동학란'의 경우는 왕조사의 입장에서는 민란일지 모르나 자유민주주의의 관점에서는 국사상 가장 큰 민족운동이기 때문이라는 것이다. 이외에도 제1차 교육과정기까지의 국사교과서에 자세히 다루지 않았던 대한민국 임시정부와 광복군의 활동을 增强概述할 것과 우리 민족의 피지배의 사실을 강조하기 위해 필요 이상으로 細述되어 왔던 한사군의 기록을 약술할 것, 단군신화에서 대한민국의 건국이념을 찾을 수 있도록 史實化할 것 등을 지시하였다. 즉 1964년에는 고대사 중심의 용어가 수정되었고, 1966년에는 근대사 중심의 용어가 수정되었던 것이다.

이와 같은 근대사 용어의 수정은 앞에서 본 『민족주체성 확립을 위한 교육과정 운영지침』에 따른 것이었다고 판단된다. 즉 국사교육은 "민족 주체성 확립을 위한 교육과정 운영에 있어서 가장 중요한 학습 내용"[35]이기 때문이었다. 이와 같이 국사교육의 중요성이 강조되어야

---

33) 『경향신문』 1962년 7월 30일, 「민족주의냐? 쇼비니즘이냐? 문화의 암흑시대를 고발한다」.

34) 『동아일보』 1966년 10월 15일, 「을사보호조약은 을사조약으로만」. 실제 1968년 검인정된 국사 교과서에는 동학혁명이란 용어로 기술되었다.

35) 문교부, 『민족주체성 확립을 위한 교육과정 운영지침』, 국정교과서주식회사, 1966,

하는 것은 국사교육의 목표를 다음과 같이 설정하였기 때문이다.

　　지금까지의 국사교육은 역사적 사실에 편중되어 그 본래의 교육 목표에
서 이탈되고 있음을 지적하지 않을 수 없다. 국사교육은 무엇보다도 우리나
라가 개국 이래 어떻게 발달되어 현금에 이르렀는가 하는 것을 이해시킴으
로써 민족적 주체의식을 함양하고 당면한 여러 문제에 대하여 역사적 사명
감을 자각하게 함으로써 국민으로서의 책임감과 협조정신을 기르는데 그 사
명이 있는 것이다.[36]

　　즉『민족주체성 확립을 위한 교육과정 운영지침』은 한편으로는 1965
년 한일국교정상화에 대한 전 사회적인 반대에 직면한 정부가 이를 무
마하기 위한 방안으로서 제기된 것으로 보이며, 다른 한편으로는 제3
공화국이 국사교육을 통해 민주주의적인 국민을 양성하려 한 것이 아
니라 국민의 책임감과 협조정신의 함양, 즉 전체주의적인 국민을 양성
하려 하였음을 보여주는 것이라 하겠다. 즉 국가의 발전을 위해 개인
은 희생해야 한다는 것을 강조하였다고 판단된다. 이러한 국사교육의
목표 하에 각론으로서 사회과는 다음의 4가지를 설정하였다.

　　1. 민족 주체성 확립과 사회과 교육
　　　첫째, 한국 민족으로서의 역사적 주체성을 강조하여야 한다.
　　　둘째, 한국 민족문화의 주체성을 일깨워 북돋워 주어야 한다.
　　　셋째, 애국애족의 민족적 기상을 길러 주어야 한다.
　　2. 통일 독립된 민족으로서의 역사적 주체성을 수호가기 위한 학습 내용의 예
　　3. 민족의 문화적 주체성을 일깨워 주기 위한 학습 내용의 예
　　4. 애국애족의 민족적 기상을 길러 줄 수 있는 학습 내용의 예[37]

　14쪽.
36) 문교부,『민족주체성 확립을 위한 교육과정 운영지침』, 국정교과서주식회사, 1966,
　　14쪽.

그리고 문교부는 '을사보호조약' 등 기존의 국사교과서에서 사용하였던 역사용어를 민족자주성을 모독한다며 수정할 것을 지시하였던 것이다.[38] 이로써 1968년 발행된 고등학교 국사교과서에는 이들 용어가 반영되었다. 그리고 이 용어들이 현재 사용되는 교과서에서 일반적으로 사용되는 용어가 되었다. 그러므로 오늘날 국사교과서에서 사용되는 역사용어의 기본틀은 제2차 교육과정기에 마련되었음을 알 수 있다.

앞에서 본 바와 같이 이와 같은 국사용어의 수정은 민족주체성의 확립이라는 명분하에 진행되었다. 그리하여 1968년 개편된 고등학교 교과서는 민족주체성 확립을 위한 교육을 기본방침으로 설정하였다.[39] 그리고 1968년 12월 국민교육헌장이 제정된 이후에는 3개년 계획으로 국민교육헌장의 정신과 제2 경제의 이념을 구현시키기 위해 교육과정과 교과서를 개편할 계획을 수립하였다.[40]

2) 제3차 교육과정~제6차 교육과정기의 역사용어

앞 절에서도 언급하였듯이 제2차 교육과정기에 마련된 역사용어는 이후 국사교과서 편찬의 기본이 되었다. 그러나 1974년 제3차 교육과정이 적용되면서 국사교과서는 국정으로 발행되어 제7차 교육과정기까지 유지되었다. 1974년의 국사교과서 국정화에 대해서는 다수의 연구가 이루어져 그 실상에 대해 어느 정도 파악되었다.[41]

37) 문교부,『민족주체성 확립을 위한 교육과정 운영지침』, 국정교과서주식회사, 1966, 27~34쪽.
38) 조성운,「제2차 교육과정의 제정과 국사교과서의 편찬」,『한국사학보』66, 고려사학회, 357쪽.
39)『동아일보』1966년 10월 16일,「고교교과서 개편 새해부터 민족주체성을 강조」.
40)『경향신문』1968년 9월 17일,「초중고 교과서 개편 3개년차로 교육헌장정신 등 반영케」.
41) 김한종,「해방 이후 국사교과서의 변천과 지배이데올로기」,『역사비평』17, 1991. : 윤종영,「국사교과서 발행제도에 대한 고찰」,『문명연지』1-2, 2000. : 윤종영,「국사

제3차 교육과정~제6차 교육과정기의 국사교과서는 〈표 6〉에서 보는 바와 같이 제2차 교육과정기에 마련된 역사용어를 거의 그대로 사용하고 있으며, 〈표 7〉과 같이 제2차 교육과정기에 제기된 한국근대사 관련 역사 용어는 변함이 없다. 이는 베트남파병, 한일국교정상화, 1968년의 1·21사태와 푸에블로호사건, 울진·삼척무장공비 침투사건 등으로 이어진 1960년대의 국내외 정치상황과 밀접한 관련이 있다.

이러한 국내외 정치상황에 대응하여 정부는 국민교육헌장을 선포하였고, 이를 반영하여 1969년 제2차 교육과정을 큰 폭으로 개정하였다. 그리고 이에 근거하여 중고등학교의 국사교육을 개선하기 하여 「중고등학교 국사교육 개선을 위한 기본방향」(이기백, 이우성, 한우근, 김용섭)이라는 연구 보고서가 제출되었다. 이에 따르면 다음과 같이 민족사를 주체적으로 파악하는 한편 내재적 발전론을 반영한 국사교육의 기본방향이 제시되었다.

> 국사의 전체 기간을 통하여 민족의 주체성을 살린다.
> 민족사의 각 시대의 성격을 세계사적 시야에서 제시한다.
> 민족사의 전체 과정을 내재적 발전 방향으로 파악한다.
> 제도사적 나열을 피하고 인간 중심으로 생동하는 역사를 서술한다.
> 각 시대에 있어서의 민중의 활동과 참여를 부각시킨다.[42]

이는 앞에서 살핀 바와 같이 1966년 『민족주체성 확립을 위한 교육

교육강화정책」,『문명연지』2-1, 2001. : 이신철, 「국사 교과서 정치도구화의 역사」,『역사교육』97, 2006. : 차미희, 「3차 교육과정기(1974~1981) 중등 국사과의 독립 배경과 국사교육 내용의 특성」,『한국사학보』25, 2006. : 장영민, 「박정희 정권의 국사교육 강화 정책에 관한 연구」,『인문학연구』제34권 제2호, 2007.
42) 이기백, 이우성, 한우근, 김용섭,『중고등학교 국사교육 개선을 위한 기본방향』, 문교부연구보고서, 1969, 4쪽(차미희,『한국 중고등학교의 국사교육』, 교육과학사, 2011, 25쪽, 재인용).

과정 운영지침』의 내용을 보다 자세히 한 것이었다.

이러한 과정에서 1972년에는 7·4남북공동성명이 발표되고, 이른바 '10월유신'[43]이 선포되어 '한국적 민주주의'의 정착을 도모하였다. 이와 같은 정부의 정책은 1960년대 급격한 경제성장을 배경으로 한 것이었다. 그 결과 박정희정권은 국민윤리, 국민정신교육, 민족주체성 등의 교육을 강화하기에 이르렀고, 이러한 교육의 근저에는 반공주의가 자리 잡고 있었다.

특히 박정희정권은 1972년 4월 14일 청와대 신관 301호에서 '주체적 민족사관의 정립'이라는 주제로 사학자간담회를 개최하였다. 이 회의에서 사학자들이 발언한 내용은 다음과 같다.

> 1. 일본의 식민지정책 또는 우리의 의타적인 추세에 의하여 왜곡되어 온 사관을 속히 시정하여야 한다.
> 2. 이 점에서 주체적 민족사관의 정립은 무엇보다도 중요한 과제이다.
> 3. 표어에 그쳐서는 안되고 장기간의 착실한 노력으로 추상적 이론보다도 하나하나 구체적인 문제를 연구하여 실질적인 결과에 있어서 내용이 갖추어져야 한다.
> 4. 모든 지식인을 비롯하여 자기 민족에 대한 애착과 사명을 느끼도록 양식을 기르되 특히 전체적인 분위기 조성에 힘써야 한다.
> 5. 국민교육에 있어서는 국사교육이 가장 필요하다. 어떠한 사정보다도 민족의식이 강조되어야 한다. 서술된 사실의 득달보다도 민족의 긍지를 마음 속에 심어주는 것이 필요하다. 한 민족이 다른 민족과 구별되어 살 수 있는 활력소는 민족의식이다. □力으로 □活하겠다는 共□의식을 일으킬 수 있어야 한다.

43) 박정희는 유신 직후인 1972년 국민교육헌장 반포 제4주년 기념식에서 "10월유신은 바로 국민교육헌장의 이념과 기조를 같이 한다."(이돈희, 『국민교육헌장에 관한 종합연구』, 서울대학교 사범대학 부설 교육연구소, 1994, 7쪽)고 선언하여 국민교육헌장이 10월유신의 근본정신이라는 점을 명백히 밝혔다.

6. 연구가 부족하여 우리의 장점을 모르기 때문에 단점만 들추는 경향이 있다. 유능한 사학자가 연구에 전념할 수 있게 되어야 하겠다.
7. <u>국민학교 교과서에서부터 애국심을 일깨워 주도록 개편하여 점차적으로 중고등학교 교과서도 개편, 보완해 나가야 한다.</u>
8. 국민 각자의 개별적인 직분을 완수하는 것이 진정한 애국임을 사실로써 밝혀 이러한 민족의 저력 위에 우리의 역사가 형성되어 왔음을 알려야 한다.
9. 우리 국민은 일반적으로 국사에 대한 지식수준이 낮다. <u>국민학교 국사과목을 사회생활과로부터 독립시켜 교과서도 따로 만들어야 한다.</u>
10. 적어도 한국학만은 한국에서 하게 되어야 한다. 우리 학자가 외국에 가서 한국학을 공부하게 된다면 국가적으로 중대한 문제다. 원래 우리의 것을 남의 힘에 의하여 연구할 때 왜곡되기 쉽다. 우선 奎章閣藏書의 정리보관이나마 좀 더 □□□하고 휠림(필름-인용자)에 수록하여 두어야 한다.44)(밑줄은 인용자)

위의 사학자간담회에서 제기된 주요한 문제는 밑줄 친 것과 같이 식민사관에서 벗어나 주체적 민족사관을 확립하고, 국민교육으로서의 국사교육의 필요성을 강조하였다. 이를 위해 초등학교 국사과목을 사회생활과에서 독립시키고 별도의 교과서를 제작할 것을 강조하였다. 이에 대해 대통령 박정희는 다음과 같은 사학자간담회의 건의에 동의하였다고 자필로 부기하였다.

1. 초등학교 국사과목을 사회생활과목으로부터 독립시키는 동시에 중고등학교를 통하여 국사교육강화에 관한 전면적인 검토가 필요할 것으로 생각되옵니다.
2. 고전의 국역보급과 국사편수사업도 중요하오나 규장각 도서 같은 귀

---

44) 「보고번호 제2호 사학자간담회보고」(국가기록원 소장).

중한 사료들의 수집, 정리, 보관책부터 보다 적극적으로 강구되어야
할 것입니다.[45]

<그림 1> 사학자간담회의 건의에 대한 박정희의 동의 서명

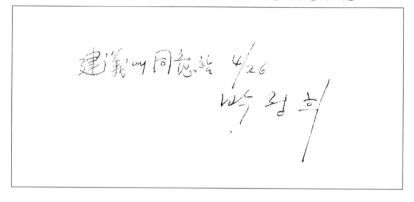

한편 「사학자간담회보고」에는 1972년 5월 1일자로 한기욱을 문교부
국사교육개선위원회 위원으로 위촉한다는 위촉장이 첨부되어 있는 것
으로 보아 사학자간담회 이후 국사교육개선위원회가 조직되었음을 알
수 있다. 이 국사교육개선위원회가 국사교육강화위원회로 개칭되는
것이 아닌가 생각된다.

국사교육강화위원회는 국사교육강화정책에 대한 대통령의 높은 관
심을 반영하여 대통령 특별보좌관 박종홍과 대통령 비서관인 장동환
과 한기욱 등 청와대 관련 인사가 3명, 그리고 이러한 대통령의 관심을
집행하기 위해 정부 수반인 국무총리의 비서관인 박승복과 위원장 이
선근, 부위원장 강우철 등 13명의 역사학자가 참여하였고, 이후 김상
기, 이홍직, 변태섭이 추가로 선임된 것으로 보인다.[46]

45) 「보고번호 제2호 사학자간담회보고」(국가기록원 소장)
46) 차미희, 「3차 교육과정기(1974~1981) 중등 국사과의 독립 배경과 국사교육 내용의
   특성」, 『한국사학보』 25, 2006, 405쪽.

한국적 민주주의는 국사교육을 통해 이루어진다는 전제 아래 대통령 박정희는 1972년 5월 초 고등학교까지만 실시되고 있는 국사교육을 강화하고 교육기회를 확대할 것과 각종 채용고시(국가, 국영기업, 일반기업체)에서 제외되고 있는 국사과목의 부과를 의무화할 것을 지시하였다.[47] 이 지시를 전후하여 문교부는 국사교육강화위원회를 조직하고, 5월 10일 문교부 회의실에서 민관식 문교부장관은 첫 회의가 열린 1972년 5월 11일 대학에서의 국사교육 및 각종 고시에서의 국사과목 부과문제를 연구, 실시하도록 관계부처에 지시할 것을 건의하는 '국사교육강화방안건의'를 대통령에게 보고하였다. 이 문건에는 박정희의 친필로 추정되는 "세계문화사를 알기 전에 제 나라 歷史를 먼저 알아야 하지 않는가? 慨嘆. 慨嘆"[48]이라는 문장이 부기되어 있어 대통령 박정희가 '국사교육방안건의'에 대해 적극 찬성하였음을 알 수 있다.

이러한 국사교육강화방안은 즉시 시행되어 1972년 5월 22일에는 위원장 강우철, 위원 한우근, 김철준, 이원순, 이광린, 최창규로 한 소위원회에서 역사의 주체를 민족으로 단일화시켰다. 이는 역사서술에서 개인을 민족의 하위 개념으로 설정함으로써 국가 혹은 민족의 발전을 위해 개인의 희생은 감수해야 한다는 논리의 근거가 되는 것이었다. 또한 1973년도 대학입학예비고사부터 국사를 독립과목으로 출제하도록 하였다.[49] 그리고 1973년 6월 23일 문교부는 국사교과서를 국정으로 발행하겠다고 발표[50]하였는데 문교부는 그 이유를 다음과 같이 밝혔다.

47) 윤종영, 「국사교육강화정책」, 『문명연지』 2-1, 한국문명학회, 2001, 274~275쪽.
48) 「보고번호 제72-335호 국사교육강화방안보고」(국가기록원 소장).
49) 『동아일보』 1973년 5월 18일, 「국사교육은 근본대책부터」.
50) 『동아일보』 1973년 6월 23일, 「중고 국사교과서 국정으로 내년 단일책 발행」.

① 일제 침략기에 이루어진 왜곡된 사관을 청산하고 ② 광복 이후 우리 국사학계에서 쌓아온 업적을 체계화하며 ③ 학생들에게 객관적이고 일관성 있는 국사교육을 실시, 국적 있는 교육을 강력히 뒷받침하기 위한 것이라고 밝혔다.

또 이번 조치는 중학교육과정이 국사가 필수독립과목으로 됐고 대학입학 예비고사 및 공무원 임용시험에서 국사과목이 추가됨에 따라 학생들과 수험생들에게 민족적 가치관에 의한 올바른 국사교육을 실시하기 위한 것[51]

또 국사교과서의 국정화에 대해 당시 민관식 문교부 장관은 그 이유를 지금까지의 국사교과서가 중고교 모두 11종이나 되어 저자에 따라 학설이 크게 달라 교사들이 교수내용에 통일을 기할 수 없었고 학생들은 이에 따라 입학시험 등 학업에 크게 곤란을 받아왔기 때문에 이러한 폐단을 시정하기 위한 것이라고 밝혔다.[52] 따라서 1973년 발표되고 1974년 시행된 국사교과서의 국정화는 식민사관의 청산과 민족사관의 확립을 공식적 목적으로 단행된 것이라 할 수 있으나 검정교과서가 11종에 달해 각 교과서마다 내용이 통일되지 않아 학생들의 국사 이해에 혼란을 주고 각종 시험에 어려움을 야기했다는 이유를 들어 학생과 국민들의 이해를 구하려 했음을 알 수 있다.[53]

이와 같은 국사교과서 개정은 국사과 교육과정의 개편에 수반되는 것이다. 즉 국사과 교육과정은 민족사의 정통을 바탕으로 한 민족적인 자각에 의하여 우리 민족이 당면한 과제를 주체적으로 판단하고 해결하고자 할 필요에 따라 개정된 것이다.[54]

---

51) 『경향신문』 1973년 6월 23일, 「국사교과서 국정으로 검정제 폐지 국적있는 교육 강화」.
52) 『매일경제』 1973년 6월 23일, 「국사교과서 국정」.
53) 이러한 흐름을 반영하여 대한교육연합회에서는 1973년과 1974년의 전국교육연구활동 및 전국교육연구대회의 주제를 '민족주체성'으로 정하였다(대한교육연합회, 『민족주체성교육』, 머리말).

이에 따라 초중고등학교의 국사교과서는 국민학교(5, 6학년)의 경우 전쟁사 또는 단편적 역사적 사실의 전달을 위주로 했던 종전의 내용에서 생활사 중심의 탐구학습형태로 바꾸었고, 중학교는 종전의 검인정 교과서와 같이 시대사 중심의 체제로 엮었으나 역사적 사실의 충분한 제공에 역점을 두었고, 새마을운동 등 현실문제에 치중하는 등 주체적 민족사상 확립을 강조하였다.55) 특히 문교부의 편수방침에 따라 고등학교 국사교과서는 사상사와 문화사 중심으로 편찬하였고, 고고학적 성과의 반영, 백제의 국제적 역할 강조, 신라의 대당항쟁사 부각, 불교 사상의 설명, 조선시대의 정치사상에 대한 재평가, 항일사와 일제사의 상세한 설명 등에 역점을 두었다.56) 이러한 국정교과서에 대해『동아일보』는 다음과 같이 비판하였다.

> 이 같은 주체성의 강조는 史實의 선택과 해석에서 불공정할 수가 있는데 여러 저자의 검인정교과서에서 극복될 수 있는 이 취약성이 국정교과서란 특성 때문에 그 영향은 클 것 같다. 한국사학의 주체화 작업이 특히 근년에 이루어진만큼 여러 이설 반론을 내포하고 있는데 이에 대한 배려 없이 단정적으로 기술될 때 국사교육은 자칫 왜곡화될 우려가 있다.
> 이 같은 예가 중학교과서에서 근대사를 18세기로 소급시킨 점이다. 한국 근대사의 기점에 대해서는 근대적인 주권을 획득한 해방 이후로부터 1894년의 갑오경장, 1876년의 개항, 서양과의 첫 국수적 충돌이 있은 1860년대, 그리고 실학 등 근대사상이 싹튼 18세기에 이르기까지 諸說이 제기되고 있지만 아직 定說 내지 通說이 이루어지지 않았다. 18세기 조선시대에 사회적 신분이동이 활발하고 경영농이 성장하며 실학 및 서민예술이 발전하고 있

---

54) 교학도서주식회사편집부 편,『초중고(인문, 실업) 새종합교육과정 및 해설』, 교학도서주식회사, 1977, 335쪽.
55)『경향신문』1974년 2월 23일,「국사교과서 개편 초중고 주체적 민족사상 확립」.
56)『동아일보』1974년 2월 27일,「생활사 중심의 주체의식 강조 초중고교 국정 국사교과서의 문제점」.

어 근대성의 일면을 갖고 있지만 이조사회의 붕괴과정 중인 시대를 근대사의 기점으로 잡는다는 데에는 역사학계가 일반적으로 회의, 주저하고 있다.

이 같은 각도에서 보자면 이 국사교과서들이 최근 10여년을 지나치게 중시, 강조하고 있다는 점도 지적된다. 10년 정도의 과거는 시사이며 역사의 범주에 들기 어려울 뿐 아니라 당대적 사건을 당대에 독점적으로 평가, 정식 교과서에 편입시킨다는 것은 역사학의 테두리를 넘어서고 있다.

새 국정국사교과서에 표면적으로 가장 많은 쟁점을 안고 있는 것이 고교용에 사용된 용어개편이다. 이 교과서는 당쟁을 양반사회의 대립, 임진왜란을 7년전쟁, 유교정치를 민본정치, 동학란을 동학혁명으로 바꾸었는데 학계에서도 가끔 거론된 용어개작에서 타당성이 높은 것은 동학혁명 정도. 나머지 용어들은 이미 관례화된 일종의 고유명사로 그 표현 자체가 가치평가적 성격을 갖고 있지 않았다.

이것을 굳이 바꿈으로써 혼란을 야기시킬 필요가 있는가도 문제되지만 바꾼 용어가 적격하지 못하다는 비평이 일반적이다. 가령 당쟁이 양반사회의 대립이긴 하지만 그것은 해석이며 더욱이 유교정치를 민본정치라 단언하는 것은 큰 잘못이다. 임진왜란 역시 오늘의 한일 관계를 아무리 중시한다 하더라도 왜란이며 서구식 7년전쟁으로 호도할 필요는 없을 것이다(일본은 朝鮮戰役으로 쓰고 있다). 용어가 사관의 한 표현이라면 적어도 이 문제는 광범하게 의견을 수집, 조정했어야 할 것이다.[57]

이와 같이 1974년 국정국사교과서에서는 근대사의 기점 문제 외에도 '임진왜란', '유교정치', '동학농민운동'과 같은 역사용어 문제가 제기되었다. 특히 근대사의 기점 문제는 학계에서 많은 논란을 불러일으켰으며, '동학농민운동'에 대해서는 재야에서 비판하여 사회적으로 논란이 되기도 하였다.[58] 또 안호상이 회장으로 있던 한국고대사학회는 1974

57) 『동아일보』 1974년 2월 27일, 「생활사 중심의 주체의식 강조 초중고교 국정 국사교과서의 문제점」.
58) 『경향신문』 1974년 3월 26일, 「때아닌 동학농민봉기 논쟁 학계, 부정적 견해에 집중

년 7월 25일 성명서를 발표하여 국정국사교과서가 단군개국을 완전히 신화로 규정하여 한국사의 상한을 대폭 위축시킴으로써 일제 식민사관을 그대로 도습한 역사교육을 강요하고 있다고 주장하였고, 다음 날인 26일에는 재건국민운동 중앙본부에서 국사교과서평가회를 개최하여 단군신화론에 대해 공개 비판하였다.[59]

이와 같은 비판이 제기되자 문교부 편수국장 정세문은 '7년전쟁'은 인문계 국사교과서 137페이지에 있는데 이는 임진왜란이 7년 동안 끌었다는 소제목이며 그 내용과 도표는 임진왜란으로 설명되어 있다고 해명하였다.[60] 대통령 박정희도 1974년 3월 15일 문교부 장관 민관식에게 "학자들이 임란 기간에 중점을 두었기 때문인 것 같으나 내 생각 같아서는 역시 종전과 같이 표현하는 것이 좋을 것 같다"고 지시하였고, 민관식 문교부 장관은 이를 각급 학교에 전해 교수과정에서 이를 참작하도록 하였다.[61]

이와 함께 문교부가 자체 조사한 '현행 인문계 고교 및 초중고교 국사교과서의 분석연구'에 따르면 인문계 고등학교 국사교과서에서 319개, 중학교 국사교과서에서 229개의 수정 사항이 지적되었다. 이 연구에 따르면 초중고 국사교과서에서 같은 사실이나 유물들에 대한 다른 서술이나 역사해석이 다른 경우가 〈표 7〉과 같이 지적되었다.

화살」:『경향신문』1974년 4월 16일, 「박시인교수 투고서 또 주장 동학을 혁명 취급은 부당」.

59)『동아일보』1974년 7월 27일, 「치열해진 단군개국 논쟁 신화냐 사실이냐」.

60)『경향신문』1974년 3월 8일, 「문교부서 해명 임진왜란을 7년전쟁 바꾼 것 아니다」.

61)『동아일보』1974년 3월 16일, 「7년전쟁보다 임란으로」.

<표 7> 초중고 국사교과서의 사실이나 유물들에 대한
다른 서술이나 역사해석이 다른 경우[62]

사실에 대한 서술 내용이 다른 경우	역사 해석이 다른 경우
장군총의 높이 (중고)	최충의 사학 (중: 긍정적, 고: 부정적)
민족의 기원과 청동기시대의 상한선 연대 (초: 기원전 7세기 전후, 　중: 기원전 7~8세기, 　고: 기원전 6세기 이전, 　　만주와 북한은 기원전 10세기경)	동학의 성격
삼한의 성립과정 (부족국가, 연맹체)	갑오경장 (초중: 주체적, 고: 타율적)
초기 신라를 각기 다르게 살명	3·1운동의 배경 (중: 해외요소 강조, 고: 국내요소 강조)
화랑도의 기원 (중:귀족사회, 고: 씨족공동사회)	조국광복 (초중: 내적요소 강조, 고: 외적요소 강조)
상수리제도의 인질 (중:지방관리, 고:지방호족)	새마을운동 (초고: 농촌지역, 중: 범국민적 운동)
신라의 도참설 (중:과학기술, 고:인문지리학)	
조선의 통치체제 (중:재상 중심, 고:국왕 중심)	

　이외에도 이 조사에서는 초·중·고 간 역사서술에 일관성이 없는
점으로 중학교에서 크게 다룬 가야사가 국민학교에는 없으며, 조선시
대의 신분체제를 초·중은 4계급으로 고교는 반상의 2계급으로만 설명
한 점 등을 들었다. 그리고 최충헌에 대해 왕을 폐립한 반역자이며 백
성들의 요구를 짓밟은 국민의 반역자인데도 중학교 교과서에서는 정
치적 능력이 뛰어난 장군이라 영웅적으로 평가했으며, 고등학교 교과
서에서는 대원군을 지나치게 미화하여 쇄국정책과 천주교 탄압까지도
시대적 요청과 전통문화에 대한 자부심에 의한 것으로 서술했다고 지

---

62) 『경향신문』 1975년 9월 8일, 「문교부 조사 국사교과서 내용에 문제점 초중고마다
　　사실 달라」.

적하였다. 또 고등학교 교과서에 539명, 중학교 교과서에 432명의 인물을 소개하였으나 대부분 나열식으로 불필요한 암기 위주식이며, 소개된 인물 중 중학교 교과서는 43%, 고등학교 교과서는 1/6이 왕족이라 지적하여 지배층 중심의 서술이라 비판하는 한편 불교 종파 문제를 불필요하게 상세히 설명하고 있는 것은 수정되어야 한다고 지적하였다.[63]

또한 서울대학교 교수 김종철 등 10명의 평가교수가 국어, 국사, 사회, 도덕 등 4개 교과서를 대상으로 수행한 '국적있는 교육의 충실화'라는 공동연구에서는 국사교과서에 대해 왕조 흥망 등 개별사건의 나열에 치중한 나머지 역사의 흐름을 서술하는데 등한히 하였다. 그리고 지나치게 전문적이고 내용이 세부적이어서 학생 부담이 과중하고 일부 역사적인 사실에 대해서는 주관적인 해석이 들어가 있고 '토요토미', '토쿠카와'와 같은 표기법에도 문제점이 있다. 또 중학교 교과서의 경우 고려청자는 삽화가 선명치 못해 식별하기조차 어렵다고 평가하였다.[64]

이와 같은 국사교과서에 대한 검토와 평가를 바탕으로 문교부는 1976년 3월 29일 반공사상과 국민정신 강화를 목적으로 초·중·고등학교의 교과서를 전면 개편하여 1978년부터 사용할 것을 결정하고, 국사교과서는 주체성을 바탕으로 한 민족사관을 심화하는 방향으로 개편하도록 하였다.[65] 그리고 1977년부터 중고등학교 국사교과서에 한자를 병기하기로 하였다.[66]

이 시기의 국사교과서 편찬은 준법제적 성격을 갖고 교과서 편찬의 근거가 되었던 「국사교육 내용의 통일」[67]과 1972년 국사교육강화위원

63) 『경향신문』 1975년 9월 8일, 「문교부 조사 국사교과서 내용에 문제점 초중고마다 사실 달라」.
64) 『동아일보』 1975년 9월 12일, 「초중고 주요 교과서에 문제점 많다」.
65) 『경향신문』 1976년 3월 29일, 「각급 교과서 일부 개편」.
66) 『동아일보』 1976년 10월 16일, 「중고교 국사책 한자병기키로 내년 신학기부터」.

회의 활동에 따라 편찬되었다고 판단된다. 이에 수반하여 1973년에는
『학교교육을 중심으로-국사의 중심개념』을 발간하였다. 이 문건은 한
국사를 고대, 고려시대, 조선시대, 근대, 근대 민족국가의 발전의 5시기
로 나누어 설명하였다. 그리고 근대분야는 개화 · 척사운동, 동학농민
혁명과 갑오개혁, 독립협회의 활동, 근대사회의 성장, 일제의 침략과
독립투쟁의 5절로 구성하였고, 근대 민족국가의 발전은 8 · 15 민족의
해방, 대한민국의 수립, 6 · 25사변과 민족의 시련, 4월의거와 민주주의
의 성장, 5월혁명과 제3공화국으로 구성하였다.[68]

여기에서 주목되는 점은 제2차 교육과정기까지 주목하지 않았던 척
사운동이 중단원의 명칭으로 들어가 국사교과서의 주요 내용 요소로
처음으로 들어갔으며, '동학농민운동'을 '동학농민혁명', '갑오경장'을
'갑오개혁'으로 사용하는 등 역사 용어의 변화가 있었다는 것이다. 그
러나 1974년 국정 국사교과서에서 '동학농민혁명'은 '동학혁명' 혹은 '동
학운동', '갑오개혁'은 '갑오경장'이라는 용어가 사용되어 이 문건에 따
라 역사용어가 사용된 것만은 아니라는 점을 확인할 수 있다. 다만 이
문건에서 "독립협회의 활동에 의해 각성된 국민들은 애국정신을 개발
하는 단체를 조직하고 실력을 배양하여 근대적 민족국가를 지향하는
운동을 전개"[69]하였다는 진술은 1974년 발행된 국정 국사교과서에서
다음과 같이 서술되어 그 취지가 반영되었음을 확인할 수 있다.

이 동안 독립협회의 활동을 통하여 계몽된 자주 · 민권 · 자강사상은 근대

67) 윤종영, 『국사교과서파동』, 혜안, 1999, 105쪽.
68) 「학교교육을 중심으로 한 국사의 중심개념」, 강우철, 『역사의 교육』, 교학사, 1974,
295~311쪽.
69) 「학교교육을 중심으로 한 국사의 중심개념」, 강우철, 『역사의 교육』, 교학사, 1974,
308쪽.

적이고 자주적인 국민의식을 형성하게 하여, 그 후 일제 침략기에 있어서 민족운동을 펼쳐 가는 사상적 배경이 되었다.[70]

즉 독립협회의 활동이 일제 강점기 민족운동의 사상적 배경이 되었다는 것이다. 이는 한편으로는 정당한 지적이기도 하지만 독립협회운동과 다른 계열의 민족운동에 대해서는 정당하지 않은 평가이기도 하다. 예를 들면 동학농민운동에 대한 서술에서는 이 운동의 전개과정에 대한 서술만이 있을 뿐 이에 대한 평가나 의의에 대해서는 전혀 서술하고 있지 않고 청일전쟁과 '갑오경장'의 배경 정도로만 서술하였다. 이와 같이 독립협회의 활동을 높게 평가한 것은 이 시기 박정희정권이 내걸었던 경제개발5개년계획, 즉 근대화계획에 역사적 정당성을 부여하기 위한 것이 아닌가 생각된다.

한편 문교부는 1974년 12월 31일 문교부령 제350호로 공포하였던 인문계 고등학교 교육과정을 1977년 2월 28일 문교부령 제404호로 개정하였다. 이 개정의 목적은 "국민교육헌장의 이념 구현과 나아가서는 민족중흥을 이룩하기 위한 유신 과업의 수행을 목표로 우리의 실정에 맞는 국적 있는 교육을 실천함으로써 우리가 바라는 바 민족적 자각을 높여 국력을 배양하며 인류 공영의 이상을 실현하자는 터전을 닦아보자는 데 있"[71]었다. 이러한 목적을 수행하는 과정에서 국사과는 다음과 같이 민족주체성의 확립을 위해 가장 핵심적인 교과로 설정되었다.

현재 우리나라는 조국의 근대화를 조속히 성취하고 나날이 급변하는 국제 정세에 자주적으로 대처하며, 멸공 통일을 하루 속히 이룩하기 위해서

---

70) 문교부,『국사』, 한국교과서주식회사, 1974, 184쪽.
71) 교학도서주식회사편집부 편,『초중고(인문, 실업) 새종합교육과정 및 해설』, 교학도서주식회사, 1977, 머리말.

그 어느 때보다도 전 국민의 총화단결을 절실히 요구하고 있다. 이러한 점에서 전 국민의 총화단결을 위한 구심점을 우리 민족의 역사성 속에서 찾고 그 속에서 조상의 빛난 얼을 이어받아 주체적 자주 국민의 자질을 확립해야 함은 재언을 요치 않는다. 따라서 국사교과는 민족 주체성의 확립을 위한 가장 핵심적인 교과라 할 수 있다.[72]

즉 국사과는 조국의 근대화와 멸공통일을 위한 전 국민의 총화단결의 구심점을 마련하고 이를 통해 주체적 자주 국민의 자질을 함양, 즉 한국 국민상을 형성하는 핵심적 교과로 설정되었던 것이다. 이를 위해 국사교육이 나아가야 할 기본 방향을 5가지로 제시하였다.

1. 국사교육을 통하여 올바른 민족사관을 확립시키고, 민족적 자부심을 키워서 민족중흥에 이바지하게 한다.
2. 각 시대의 특성을 그 시대의 규범체계와 문화 현상을 통하여 종합적, 발전적으로 파악시킴으로써 현재를 알고 미래를 내다보는 능력을 기른다.
3. 국사의 특수성과 세계사적 보편성을 인식시켜 민족사에 대한 긍지를 가지게 하고 우리나라 발전에 기여하게 한다.
4. 전통문화를 역사의식을 가지고 인식하게 하여서 외래문화를 수용하는 바른 자세와 새 문화 창조에 이바지하는 태도를 가지게 한다.
5. 전통적 가치를 비판적으로 파악하게 하여서 투철한 역사의식을 가지고 당면한 국가문제해결에 적극 참여하는 자세를 키운다.[73]

결국 당시 정권은 국사과를 민족적 주체성의 확립을 통해 당면한 국가문제해결에 적극 참여하는 자세를 키우는 핵심 교과라 판단하였던

---

72) 교학도서주식회사편집부 편, 『초중고(인문, 실업) 새종합교육과정 및 해설』, 교학도서주식회사, 1977, 332쪽.
73) 교학도서주식회사편집부 편, 『초중고(인문, 실업) 새종합교육과정 및 해설』, 교학도서주식회사, 1977, 336~339쪽.

것이다. 그리고 이러한 기본방향의 설정과 함께 학생들에게 민족 주체 의식을 강조하기 위한 사상사와 문화사의 교육을 강화할 것임을 명확히 하였다.[74]

이러한 국사과 교육과정과 교과서의 개편은 정부의 유신이념 강화 및 확산 정책과 밀접하다고 판단된다. 즉 1977년 정부는 『유신교육 강화를 위한 교육계획(1977~19811)』을 수립하였다. 이 계획은 국민정신교육의 강화, 교육 효과의 향상, 교육의 지역간 균형 발전, 초등교육의 내실화, 중등교육 기회의 확충, 교원 양성 및 유인체제 개선, 과학기술 교육의 확충, 고등교육의 개혁, 사회교육의 확충, 국민체위의 향상 등 10개 부문으로 나뉘어 계획되었다.[75] 이러한 계획이 수립되는 과정에서 1977년 7월 9일 검인정교과서부정사건과 관련하여 문교부는 '교과서제도 개선 원칙'을 발표하여 교과서의 질을 높이고 값을 낮추기 위하여 국정 및 검인정교과서를 제1종 교과서(연구개발형)와 제2종 교과서(자유경쟁형)로 나누어 개편하고 우선 검인정교과서부터 개편하여 1979년부터 사용할 것을 결정하였다.[76]

1979년부터 사용할 국사교과서는 인문계 고등학교 교육과정과 1977년 판 인문계 고등학교 국사교과서, 국사교육강화위원회에서 제시한 「학교교육을 중심으로 한 국사의 중심개념」을 근거로 하였으며,[77] 국사교과서의 집필 방향과 집필자의 유의사항은 다음과 같다.

---

74) 교학도서주식회사편집부 편, 『초중고(인문, 실업) 새종합교육과정 및 해설』, 교학도서주식회사, 1977, 335쪽.

75) 문교부, 『유신교육 강화를 위한 교육계획(1977~19811)』, 문교부, 1981, 11쪽.

76) 『경향신문』 1977년 7월 9일, 「문교부 단계적 개편키로 교과서 발행 2원화」.

77) 문교부, 『1979년도부터 사용할 1종도서 집필 세부계획서(인문계고등학교) 5차』, 문교부, 쪽수 없음.

가. 집필의 방향

1) 교과서

국민교육의 목적에 따라 국사교육의 목적도 새 역사를 창조하는 진정한 한국민의 육성에 필요불가결한 교육내용을 전제로 한다.

국사교육과 한국적 문화전통에 대한 이해 방법을 증진시키고 문화발전의 방향을 바로 제시하여 우리나라 국력이 확대되고 또 크게 변천하는 국제관계와 치열한 국제적인 생존경쟁을 겪는 과정에서 민족의 자주성이 무엇이어야 하는가를 자각케 하려고 한다.

또한 개성이 없는 피상적인 모방문화로서는 식민지 문화 체질의 미극복 상태를 그대로 연장시킬 뿐만 아니라 새로 일어나는 인식의 성장도 방해하고 나아가서 문화의 해체에서 오는 사회혼란만을 조장한다는 사실을 재인식시키고 나아가 식민지사관을 충분히 극복하게 하여 우리들 사회에 잔존하고 있는 식민지 문화체질을 씻게 하려는 데 중점을 둔다.

그리하여 새 국사교과서에는 이러한 한국 사학의 요구를 충분히 인지하여 민족사의 재정립을 시도하고 주체적인 한국인상의 수립을 제1의 목표로 삼는다.

2) 지도서

국사교육은 새로운 한국민의 형성에 있어 다시없는 중대한 구실을 한다.

따라서 그 내용의 전달에 있어서도 조직적이고 합리적인 방법으로 국사의 전 체제에 대한 충분한 소화가 요구되고 있다.

본 지도서는 이에 준하여 학생의 주체적인 문제 해결을 본질로 다음과 같은 지침을 설정하고자 한다.

먼저 총론으로서 국사과 교육과정의 해설과 본 교과서 지도에 관한 연간 지도계획을 적절히 구성하고 이어 각론으로서 주제의 해설을 충분히 하여 지도교사로 하여금 한국사의 발전과정을 정확히 전달하도록 한다.

특히 역사의 해석, 사료의 활용에 유의하여 학계의 문제점을 올바르게 이해시키도록 한다.

요컨대 탐구학습의 이론과 사료의 학습의 원리를 적용하여 학생 스스로가 주인이 되어 주체적인 문제해결을 수행하도록 지도서의 편찬을 지도한다.

집필자에게 주어질 유의점

가) 교과서

1) 교육법, 교육과정의 정신이 충분히 반영되어야 한다.

2) 세계사적 차원에서 민족문화의 우수성을 제시하여야 한다.

3) 시간 배당, 학생의 발달 단계와의 연계가 요구된다.

4) 내용 진술은 쉽고, 구조화가 되어야 한다.

5) 시대별 분량 비중은 근대, 현대에 치중한다.

6) 내용의 느낌은 밝게 하도록 한다.

7) 학계의 이론을 집약하여 보편화시킨다.

나) 지도서

1) 기술된 교과서의 역사 해석과 사료를 충실하게 제시한다.

2) 지도 과정에 따른 지도상의 유의점이 적절히 제시되어야 한다.

3) 평가문제는 역사적 성취에 관한 내용이어야 한다.

4) 삽화, 도표 등의 해설이 명시되어야 한다.[78]

결국 1979년에 사용될 국사교과서는 '새 역사의 창조', 즉 국민교육헌장의 이념을 바탕으로 '민족의 자주성'을 자각한 '주체적인 한국인상의 수립'을 목적으로 집필되었으며, 세계사적 차원에서도 우리 민족문화의 우수성을 부각시키고 근현대사를 강조하도록 하였던 것이다. 이는 제2차 교육과정 이후 박정희정권이 지속적으로 강조하였던 '민족사관'의 확립을 보다 분명하게 한 것이었다. 동시에 1977년 제3차 교육과정의 부분 개정을 통해 '민족적 주체성의 확립을 통해 당면한 국가문제해결에 적극 참여하는 자세를 키우는 핵심 교과'로서의 국사과의 의미와 역할을 확인할 수 있는 것이라 할 수 있다.

그리고 〈표 8〉과 〈표 9〉는 제3차 교육과정기부터 제6차 교육과정기까지의 고등학교 국사교과서의 근대시기 주요 용어를 정리한 것이다.

---

78) 문교부, 『1979년도부터 사용할 1종도서 집필 세부계획서(인문계고등학교) 5차』, 문교부, 쪽수 없음.

<표 8> 제3차~제6차 교육과정기 고등학교 국사교과서의 근대시기 주요 용어

교육과정	교과서명	저자	대원군 집정~식민지기 이전	식민지시기
제3차 교육과정	국사 (1974)	문교부	쇄국정책, 병인양요, 신미양요, 강화도조약, 개화운동, 신사유람단, 임오군란, 갑신정변, 상민수륙무역장정, 갑신정변, 개화당, 사대당, 척사운동, 청일전쟁, 거문도사건, 동학혁명운동, 교조신원운동, 고부민란, 청일전쟁, 갑오경장, 시모노세키조약, 을미사변, 삼국간섭, 아관파천, 독립협회, 대한제국, 애국계몽운동, 러일전쟁, 카쓰라·태프트밀약, 한일의정서, 고문정치, 을사조약, 정미7조약, 차관정치, 헌병경찰제, 국채보상운동	한일합방, 헌병경찰제, 무단정치, 3·1운동, 대한민국임시정부, 문화정치, 산미증식계획, 봉오동전투, 청산리대첩, 물산장려운동, 광주학생운동, 민족말살정책
	국사 (1979)	문교부	쇄국정책, 병인양요, 신미양요, 강화도조약, 개화운동, 신사유람단, 임오군란, 갑신정변, 상민수륙무역장정, 거문도 점령, 척사운동, 동학농민혁명운동, 교조신원운동, 집강소 설치, 청일전쟁, 갑오경장, 독립협회, 삼국간섭, 을미사변, 아관파천, 대한제국, 러일전쟁, 카쓰라·태프트밀약, 한일의정서, 고문정치, 을사조약, 정미7조약, 애국계몽운동, 국채보상운동	한일합방, 헌병경찰제, 3·1운동, 문화정치, 산미증식계획, 대한민국임시정부, 봉오동전투, 청산리대첩, 물산장려운동, 6·10만세운동, 광주학생운동, 민족성말살정책
제4차 교육과정	국사	국사편찬위원회 1종도서 연구개발위원회	쇄국정책, 위정척사사상, 병인양요, 신미양요, 강화도조약, 개화운동, 신사유람단, 임오군란, 갑신정변, 상민수륙통상장정, 위정척사운동, 거문도 점령, 동학운동, 집강소, 갑오경장, 청일전쟁, 시모노세키조약, 3국간섭, 을미사변, 아관파천,	국권강탈, 합방, 헌병경찰통치, 토지조사사업, 3·1운동, 2·8독립선언, 대한민국 임시정부, 광복운동, 문화정치, 산미증식계획, 민립대학설립운동, 물산장려운동, 6·10독립만세운동, 광주학생항일

			독립협회, 대한제국, 광무개혁, 러일전쟁, 카쓰라·태프트밀약, 한일의정서, 제1차 한일협약, 고문정치, 을사조약, 한일신협약(정미7조약), 차관정치, 헌병경찰제, 애국계몽운동, 경제자립운동, 국채보상운동	운동, 근우회, 무장독립전쟁, 독립전쟁, 봉오동전투, 청산리전투(청산리대첩), 민족말살정책, 국학운동
제5차 교육 과정	국사	국사 편찬위원회 1종도서 연구개발 위원회	쇄국정책, 병인양요, 신미양요, 강화도조약, 개화운동, 신사유람단, 임오군란, 갑신정변, 상민수륙무역장정, 위정척사운동, 거문도 점령, 동학농민운동, 집강소, 전주화약, 갑오개혁, 청일전쟁, 3국간섭, 을미사변, 아관파천, 독립협회, 대한제국, 러일전쟁, 항일의병전쟁, 한일의정서, 제1차 한일협약, 을사조약, 헤이그특사파견, 애국계몽운동, 국채보상운동	국권의 피탈, 합방, 헌병경찰통치, 토지조사사업, 3·1운동, 2·8독립선언, 대한민국 임시정부, 광복운동, 문화정치, 산미증식계획, 민립대학설립운동, 물산장려운동, 6·10 독립만세운동, 광주학생항일운동, 근우회, 독립전쟁, 봉오동전투, 청산리전투(청산리대첩), 병참기지화정책, 민족말살정책
제6차 교육 과정	국사	국사 편찬위원회 1종도서 연구개발 위원회	쇄국정책, 병인양요, 신미양요, 강화도조약, 통상개화론, 근대적 국민국가, 신사유람단, 위정척사운동, 임오군란, 상민수륙무역장정, 온건개화파(수구 사대당), 급진개화파(개화당), 갑신정변, 동학농민운동, 교조신원운동, 전주화약, 청일전쟁, 갑오개혁, 삼국간섭, 을미사변, 을미개혁, 독립협회, 대한제국, 항일의병전쟁, 을미의병, 정미의병, 애국계몽운동, 실력양성운동, 러일전쟁, 국채보상운동, 근대계몽사학, 한일의정서, 제1차 한일협약, 고문정치, 을사조약	국권 강탈, 헌병경찰통치, 3·1운동, 문화통치, 민족말살통치, 2·8독립선언, 대한민국 임시정부, 광복운동, 독립전쟁, 6·10 만세운동, 광주학생항일운동, 봉오동전투, 청산리전투, 청산리대첩, 토지조사사업, 산미증식계획, 병참기지화정책, 물산장려운동, 문맹퇴치운동, 민족문화수호운동, 한글진흥운동, 민립대학설립운동

<표 9> 제3차~제6차 교육과정기에 제기된 한국근대사 관련 역사 용어의 변천

교육과정	교과서명	저자	강화도조약	동학농민운동	갑오개혁	을사조약	6·10만세운동	광주학생운동
제3차 교육과정	국사 (1974)	문교부	강화도조약	동학혁명운동	갑오경장	을사조약		광주학생운동
	국사 (1979)	문교부	강화도조약	동학농민혁명운동	갑오경장	을사조약	6·10만세운동	광주학생운동
제4차 교육과정	국사	문교부	강화도조약	동학운동	갑오경장	을사조약	6·10독립만세운동	광주학생항일운동
제5차 교육과정	국사	문교부	제4차 교육과정과 동일					
제6차 교육과정	국사	국사편찬위원회 1종도서연구개발위원회	강화도조약	동학농민운동	갑오개혁	을사조약	6·10만세운동	광주학생항일운동

〈표 8〉을 통해 확인할 수 있는 것은 최초의 국정 국사교과서인 1974년판 『국사』에는 척사운동, 애국계몽운동, 봉오동전투 등 제2차 교육과정기까지의 국사교과서에서 서술되지 않던 사실들을 서술하고 있다. 그리고 1979년판 『국사』에서는 집강소 설치를 처음으로 서술하였고, 애국계몽운동을 중단원으로 설정하여 비중을 높여 서술하였다는 점을 확인할 수 있다. 그리고 제4차 교육과정기의 『국사』에는 척사운동을 위정척사운동이라 개칭하였으며, 광무개혁, 헌병경찰통치, 2·8독립선언서, 광복운동, 무장독립전쟁, 국학운동 등을 처음으로 서술하였다. 그리고 근우회를 여성의 애국계몽운동이라 정의하여 당대의 연구 수준을 엿볼 수 있다. 제5차 교육과정의 『국사』는 제4차 교육과정의 『국사』와 큰 차이가 없다.

역사용어는 역사 이해에 있어서나 서술에 있어 가장 기본적인 것이라고 할 수 있다. 어떠한 용어를 사용하느냐에 따라 서술된 내용의 수준과 역사의 전체적인 체계 및 역사인식에도 커다란 차이를 가져오는 것이다. 또한 역사용어를 어떻게 표기하느냐에 따라 그 용어가 내포하고 있는 역사적 사건 또는 사실의 역사적 의미에 차이가 나타나기도 한다. 때문에 역사용어를 어떻게 표기하느냐 또는 어떠한 용어를 표기하느냐의 문제는 교과서의 내용 서술에 가장 핵심적인 중요한 문제라고 할 수 있다.[79]

그리고 제4차 교육과정기 중학교 국사교과서에 등장하는 역사용어 가운데 고등학교와 다르게 표기되고 있는 것, 역사적 시각의 차이에서 논의가 제기되고 있는 것, 또는 종래 사용되어 오던 용어가 주체적인 역사인식에 입각하여 문제가 된 용어를 다음과 같이 수정할 것을 제안하였다.

(1) 상이하게 표기되고 있는 용어로 가장 대표적인 것은 '무신의 난'(중)과 '무신정변'(고), '의병운동'(중)과 '의병투쟁'(고)이다. 이는 중고 학생들의 역사이해 수준을 고려하여 다르게 표기한다고 할 수 있겠으나 동일한 역사적 사실을 두 가지로 표기하였을 때 학생들의 역사인식에 혼란이 올 수 있으므로 하나로 통일하는 것이 바람직하다. '무신의 난'은 무신들의 집권이 문신을 대신하여 계속되었으므로 '무신정변'으로, '의병운동'은 민족운동의 강도를 나타내는 의미로서 '의병투쟁'으로 표기되는 것이 좋다.

(2) 두 가지로 표기되는 용어로 갑오경장(또는 갑오개혁)과 동학운동(또는 동학농민운동)이 있다. 갑오경장은 근대적 개혁의 의미를 바로 인식하게 하기 위하여 갑오개혁으로, 동학운동은 외세배척과 구래의 정부 정책에 대한 혁신을 주장하는 주동세력이 농민계층이었다는 역사

79) 변태섭, 『국사교육 내용·전개의 준거안』, 1987, 16쪽.

적 상황을 바르게 이해시키는 의미에서 동학농민운동이라 표기해야
할 것이다.

(3) 난의 표기 : 종래 난의 표기는 왕조 중심적 위치에서 이해되어 왔으나
그 난의 동기나 또는 시대적 상황과 주체에 따라 구분하여야 한다.
이자겸의 난, 이괄의 난 등은 정권적 야심과 관련이 있는 개인적인
성격이 강하므로 종래와 같이 표기하고, 묘청의 난은 그것이 금에 대
한 자주적 성격이 강하므로 이를 서경천도운동으로 하며, 민란(조선
후기)은 사회 변화에 따른 농민운동 의식의 성장과 관계가 있으므로
'농민봉기'로 표기하고, 몽고에 대한 저항이라는 의미에서 '삼별초의
항쟁'이라고 하는 것이 바람직하다.

(4) 간지의 표기: 역사적 사건을 간지를 붙여 표기되어 있는 것은 그 용어
가 관용되어 왔으며, 그 용어 자체로 역사적 사건 또는 사실에 대한
의미를 이해할 수 있으므로 그대로 표기하는 것이 좋다. 임진왜란, 병
자호란, 병인양요, 신미양요, 갑신정변, 임오군란 등.

그러나 간지가 붙어 있는 용어는 이를 풀어쓸 수 있는 것은 풀어서
설명하는 것도 중학교에서는 시도해 볼 수 있을 것이다.

(5) 일제 침략과 관련된 용어는 주체적 위치에서 표기하여야 한다.

- 병자수호조약→병자조약, 강화도조약
- 을사보호조약→을사조약
- 한일합방→국권 침탈, 주권 침탈
- 헤이그 밀사 사건→헤이그 특사 사건
- 군대 해산→군대 강제 해산
- 무단정치→무단통치
- 문화정치→민족분열정책
- 창씨개명→일본식 이름 강요
- 신사참배→신사참배 강요
- 8 · 15해방→8 · 15광복[80]

80) 변태섭,『국사교육 내용 전개의 준거안』, 1987, 16~18쪽.

이 역사용어의 문제는 1986년 국사교육심의회의 회의자료에서 '일반 역사교육 분야'의 안건으로 다음과 같이 설정되어 있었다.

3. 역사용어 문제
   o 임진왜란, 병인양요 등 간지 표기는 중고 역사용어로 타당한가
   o 야인, 왜는 여진, 일본으로 표기함이 어떠한가
   o 이자겸의 난, 무신란이라는 용어는 타당한가
   o 동학운동-동학혁명, 갑오경장-갑오개혁, 한일합방-국권침탈, 무단정치
     -헌병경찰정치, 문화정치-민족이간분열정치, 4·19혁명-4·19의거, 5·16
     군사혁명, 6·25사변-한국전쟁, 10·26사태, 무장독립운동-무장독립전
     쟁, 애국계몽운동-구국계몽운동[81]

이와 같이 보면 1974년 국사교과서의 국정화 이후 근대사의 서술이 점점 강조되었다는 점을 확인할 수 있다. 이는 근대사와 현대사에 치중하되 세계사 및 타 교과와 관련시켜 지도하도록 한다(제3차 교육과정의 국사과 지도상의 유의점), 근대사와 현대사를 중심으로 지도하되, 관련되는 다른 학문의 성과를 충분히 활용한다(제4차 교육과정의 국사과 지도상의 유의점), 오늘의 현실과 직결되어 있는 근·현대사를 강조하되, 한국사의 전개 과정을 민족, 사회, 국가의 과제 해결이란 측면에서 인식할 수 있도록 한다(제5차 교육과정의 국사과 지도상의 유의점)에서 강조하고 있는 것이다.

그런데 제6차 교육과정에서는 근대사를 강조하라는 지침은 없으나 근대사 부분을 다음과 같이 구성하여 근대사 교육을 보다 강화하고 있음을 〈표 10〉에서 확인할 수 있다.

---

81) 윤종영, 『국사교과서파동』, 혜안, 1999, 113~114쪽.

<표 10> 제6차 교육과정 근대사 부분 내용

(7) 근대 사회의 전개	(8) 민족의 독립운동
19세기 후반 이후 전개된 근대화를 위한 노력과 동시에 제국주의 세력에 침략해 대응해 나가는 과정을 파악하게 하고, 당시 우리 민족이 처한 대내·외적 시련을 인식하도록 한다. (가) 근대 사회로의 진전 - 제국주의, 국제 관계의 확대, 개화사상, 개항, 위정척사운동, 근대화 운동 (나) 민족 의식의 성장 - 동학 농민 운동, 국권수호운동 (다) 근대의 사회와 경제 - 사회의 변화, 의식과 생활의 변화, 열강의 경제 침탈, 민족 산업 (라) 근대 문화의 발달 - 근대 교육, 서양 문화, 국학 연구, 문예와 종교	국권 침탈 이후의 민족 수난사를 통해 독립의 중요성을 이해하게 하고, 국내외에서 전개된 민족 운동의 실상과 그 의미를 인식하도록 한다. (가) 동아시아의 변화 - 약소 민족의 시련, 민족 운동의 전개 (나) 국권 침탈과 민족의 시련 - 국권 침탈, 무단 통치, 경제 침탈, 병참 기지화 정책, 민족 말살 정책 (다) 독립운동의 전개 - 정부 수립 운동, 독립 전쟁, 학생 운동, 민족 협동 전선 운동 (라) 사회·문화적 민족 운동 - 물산 장려 운동, 농촌 운동, 국학 운동, 민족 교육 운동, 문예운동

이에 따라 앞에서 언급했듯이 제6차 교육과정기의 국사교과서에는 근대사 부분에서 이전까지의 국사교과서에서 언급하지 않았던 새로운 사실이나 용어가 사용되었던 것이라 판단된다.

국사교과서
근대사 서술의 변천

1장__ 해방 이후 한국사 교과서의
전주화약 서술의 변천

동학농민혁명기념일을 제정하자는 논의는 1961년 천도교단을 중심으로 시작되었으나 사회적으로 확산되지 못한 채 소멸하였다. 동학농민운동 100주년인 1994년 이 논의는 다시 일어났으나 지역별 기념사업회와 관련 단체 간에 의견이 조율되지 않아 무산되었다. 이후 2004년 '동학농민혁명 참여자 등의 명예회복에 관한 특별법(법률 제7177호)'이 제정되었고, 이에 따라 유족 및 관련 지방자치단체와 학계, 그리고 동학 관련 각종 기념사업회 등 관련 단체를 중심으로 동학농민혁명기념일을 제정하고자 하는 논의가 다시 전개되었으나 아직 제정에까지는 이르지 못하였다.

특히 2015년에는 동학농민혁명기념재단, 동학농민혁명유족회, 천도교, 그리고 학계의 참여로 전주화약을 맺은 6월 11일을 동학농민혁명기념일[1]로 지정할 것을 정부에 건의[2]하였으나 이에 대해 일부에서 반발이 있어 그 지정이 유보되었다. 그리고 2016년 문화체육관광부가 주관이 되어 학계의 전문가로 자문단을 구성하였고, 이 회의에서도 전주화약일을 동학농민기념혁명일로 지정할 것을 결정하고 정부에 건의하

---

1) 본고에서는 기본적으로 동학농민운동이라는 용어를 사용하지만 기념일을 의미할 때는 실정법에 근거하여 동학농민혁명기념일로 사용하였다.
2) 『한겨레신문』 2015년 3월 5일, 「동학혁명기념일 '전주화약일'로 잠정 결정」.

기로 하였다.3)

이와 같이 최근 전주화약일을 동학농민혁명기념일로 지정하려는 움직임이 활발하게 진행되고 있다. 이에 대해 일부 지방자치단체와 학자, 그리고 관련 단체들 가운데는 전주화약의 역사성과 그 의의에 대해 의문을 제기하며 전주화약일을 동학농민혁명기념일로 지정하는 것에 반대하고 있다.

전주화약일이 '혁명'이라는 관점에서 의미가 있는 날인가를 검토해야 하는 것이 우선이지만 현재 전주화약을 專論한 연구는 거의 없으며, 대부분의 연구는 집강소와 관련하여 이루어져4) 이에 대한 연구가 매우 미진한 형편이다. 즉 집강소 연구의 일환으로서 전주화약이 다루어지고 있는 실정인 것이다. 따라서 전주화약일을 동학농민혁명기념일로 지정하기 위해서는 전주화약에 대한 학문적 검토가 충분히 이루어져 기념일의 명칭에서 규정한 '혁명'성이 인정되어야 하며, 이를 통해 국민적 합의가 이루어져야 할 것이다.

한편 교과서가 대학입시의 절대적 기준이라 할 수 있는 우리나라에서 전주화약에 대한 교과서의 서술이 어떠한가를 밝히는 것은 전주화

---

3) 『전북일보』 2016년 6월 8일, 「동학농민혁명 기념일 '6월 11일'로 가닥」. 이 자문단은 동학농민운동과 관련한 지방자치단체와 유관단체, 그리고 학계의 추천을 받은 11명으로 구성되었다.

4) 김용섭, 「전봉준공초의 분석」, 『사학연구』 2, 한국사학회, 1958 : 박종근, 「甲午農民戰爭(東学乱)における全州和約と幣政改革案」, 『歷史評論』 140, 歷史科学協議会, 1962 : 유우상, 「동학난에 있어서의 전주화약」, 『역사학연구』 2, 전남대학교사학회, 1964 : 김의환, 「전주화약과 집강소」, 『한국사상』 12, 한국사상연구회, 1974 : 정창렬, 「갑오농민전쟁의 전주화약과 집강소에 대한 연구」, 『수촌박영석교수화갑기념 한국사학논총(하)』, 수촌박영석교수화갑기념논총간행위원회, 1992 : 김양식, 「제1, 2차 전주화약과 집강소 운영」, 『역사연구』, 역사학연구소, 1993 : 배항섭, 「집강소시기 동학농민군의 활동양상에 대한 일고찰」, 『역사학보』 153, 역사학회, 1997 : 장영민, 「동학농민군의 전주화약에 관한 재검토」, 『동학의 정치사회운동』, 경인문화사, 2004 : 신용하, 「제1차 동학농민혁명운동의 특징」, 『한국학보』 30-4, 일지사, 2004 : 최창묵, 『동학농민군의 전주성 점령에 관한 연구』, 원광대학교 박사학위논문, 2009.

약에 대한 국민적 공감대가 어느 정도로 형성되었는가를 가늠할 수 있
는 척도가 된다고 할 수 있다. 그러므로 해방 이후 국사 교과서의 전주
화약 서술이 어떻게 변천되었는가를 확인하는 것은 동학농민혁명기념
일 제정과 관련하여 중요한 의미를 갖는다 할 수 있다.

국사 교과서에 서술된 동학농민운동[5])에 대한 연구는 최근에 비교적
활발하게 이루어졌다. 이 연구들은 2009 개정 교육과정 이후 발행된 교
과서의 서술 내용을 다룬 연구[6])와 해방 이후 교과서의 동학농민운동

---

5) 참고로 해방 이후 국사 교과서에서 동학농민운동의 용어는 다음과 같이 변천하였다.

번호	교 과 서 명	저자/편자	용어	발행연도
1	국사교본	진단학회	동학란	1946
2	새국사교본	이병도	동학란	1948
3	국사	이병도	동학란	1957
4	우리나라문화사	이홍직	동학란	1960
5	고등국사	역사교육연구회	동학란	1962
6	고등국사	김상기	동학란	1963
7	국사	이병도	동학란	1965
8	고등국사	최남선	동학란	1965
9	국사	이병도	동학혁명	1972
10	국사	문교부	동학혁명운동	1975
11	국사	국사편찬위원회 1종도서연구개발위원회	동학농민혁명운동	1979
12	국사(하)	국사편찬위원회 1종도서연구개발위원회	동학운동	1982
13	국사(하)	국사편찬위원회 1종도서연구개발위원회	동학운동	1987
14	국사(하)	국사편찬위원회 1종도서연구개발위원회	동학농민운동	1992
15	국사(하)	국사편찬위원회 1종도서연구개발위원회	동학농민운동	1996
16	국사	국사편찬위원회 국정도서편찬위원회	동학농민운동	2002
17	한국사	한철호 외	동학농민운동	2011
18	한국사	한철호 외	동학농민운동	2014

(자료) 조성운,「해방 이후 고등학교 한국사교과서의 동학농민운동 서술의 변천」,『민
족종교의 두 얼굴』, 선인, 2015, 234~235쪽.

6) 조규태,「『고등학교 한국사』 교과서의 동학·천도교 서술 검토」,『동국사학』51, 동
국사학회, 2011.

서술의 변천7)을 다룬 연구로 나눌 수 있다. 그러나 이들 연구에서도 전주화약에 대해 집중적으로 다룬 연구는 없는 실정이다. 이는 전주화약에 대한 연구가 미진하고 그 의미 부여가 제대로 이루어지지 않은 현실에 기인한다고 이해된다.

본고에서는 검인정과 국정이라는 교과서 발행 방식에 따라 검인정 시기인 교수요목기~제2차 교육과정기, 국정기인 제3차 교육과정~제6차 교육과정기, 다시 검인정제를 채택한 제7차 교육과정부터 현재의 교육과정기까지로 나누어 해방 이후 국사 교과서의 전주화약 서술의 변천을 살펴보려 한다. 이를 통해 동학농민혁명기념일 제정과 관련한 국민적 합의가 이루어질 수 있는 토대를 마련할 수 있으리라 기대한다.

국사교과서의 서술은 교육과정과 집필기준에 따라 이루어지는 것이므로 본고에서는 각 교육과정의 내용을 교과서 서술의 전제로서 함께 검토하였다. 제7차 교육과정기는 필수과목인 『국사』와 선택과목인 『한국근현대사』로 나누어 발행하였으므로 편의상 『한국근현대사』를 포함하여 다루었다.

참고로 본 연구에 이용한 국사교과서는 〈표 1)8)과 같다.

김양식, 「동학농민혁명에 관한 역사교과서 서술 내용의 문제점과 개선 방향」, 『동학학보』 24, 동학학회, 2012.
조성운, 「2011 개정 교육과정에 따른 고등학교 '한국사' 교과서의 동학농민운동 서술에 대한 비판적 검토」, 『한국민족운동사연구』 78, 한국민족운동사학회, 2014.
7) 서인원, 「동학농민운동의 한국사 교과서 서술 내용 분석-제1차~제7차 교육과정기의 고등학교 교과서를 중심으로-」, 『숭실사학』 32, 2014.
김태웅, 「해방 후 고등학교 '국사' 교과서에서 1894년 농민전쟁 서술의 변천」, 『역사교육』 133, 역사교육연구회, 2015.
조성운, 「韓国高校歴史教科書における東学農民運動の敍述の変遷」, 『コリア研究』 6, 立命館大学コリア研究センター, 2015.
조성운, 「해방 이후 고등학교 한국사교과서의 동학농민운동 서술의 변천」, 『민족종교의 두 얼굴』, 선인, 2015(이 연구는 앞의 『コリア研究』 6의 원본에 해당한다. 『コリア研究』 6의 연구는 발행자 측의 요구로 이 연구의 일부인 청일전쟁과 관련한 서술을 생략한 상태에서 수록하였다).
8) 2009 개정 교육과정과 수정 2009 개정 교육과정기의 『한국사』는 각각 6종과 8종이

<표 1> 본 연구에 이용한 교과서

번호 9)	교육과정	교과서명	저자/편자	출 판 사	발행 연도
1	교수요목기	국사교본	진단학회	군정청교육부	1946
2		새국사교본	이병도	동지사	1948
3	제1차교육과정 (1955~1962)	국사	이병도	일조각	1957
4		우리나라 문화사	이홍직	민교사	1960
5		고등국사	역사교육연구회	교우사	1962
6	제2차교육과정 (1963~1973)	고등국사	김상기	장왕사	1963
7		국사	이병도	일조각	1965
8		고등국사	최남선	사조사	1965
9		국사	이병도	일조각	1972
10	제3차교육과정 (1974~1981)	국사	문교부	한국교과서 주식회사	1974
11		국사	국사편찬위원회 1종도서 연구개발위원회	문교부	1979
12	제4차교육과정 (1982~1989)	국사(하)	국사편찬위원회 1종도서 연구개발위원회	문교부	1982
13	제5차교육과정 (1990~1995)	국사(하)	국사편찬위원회 1종도서 연구개발위원회	문교부	1990
14	제6차교육과정 (1996~2001)	국사(하)	국사편찬위원회 1종도서 연구개발위원회	문교부	1996
15	제7차교육과정 (2002~2010)	국사	국사편찬위원회 1종도서 편찬위원회	두산동아	2002
16	제7차교육과정 (2002~2010)	한국근현대사	김한종 외	금성출판사	2002
17	2009 개정교육과정 (2009~2010)	한국사	한철호 외	미래엔컬쳐	2011
18	2009 수정교육과정 (2011~)	한국사	한철호 외	미래엔컬쳐	2014

발행되었으나 본고에서는 학교 현장에서 가장 많이 사용되는 미래엔컬쳐출판사의
『한국사』를 분석대상으로 삼았다.

1. 전주화약에 대한 연구사 정리

　동학농민운동의 전개과정에서 전주화약은 동학농민군이 전주성을 점령한 뒤 관민상화와 폐정개혁을 이끌어낸 날로서 그 의의가 매우 높다는 평가를 받았다. 이러한 평가는 동학농민혁명기념일을 제정하는 과정에서도 인정되어 최근 전문가 자문단이 전주화약일을 동학농민혁명기념일로 추천하는 주요한 요인이 되기도 하였다.

　그러나 이러한 의미는 학문적으로 검증된 것은 아니라고 판단된다. 전주화약에 대한 연구가 매우 미진하기 때문이다. 전주화약에 대한 최초의 언급이라 생각되는 것은 1939년 기쿠치 겐조(菊池鎌讓)의 『近世朝鮮史』이다. 이 책에서 그는 전주화약에 대해 다음과 같이 서술하였다.

> 공격에 앞서 화해를 표명하면서 동학농민군의 해산을 요구하였고, 마침내 초토사와 동학농민군 사이에는 일종의 타협이 이루어졌다. (중략) 만약 강력하게 관군에 대항한다면 청군으로 막아 싸워야하기 때문에 동학농민군은 성 밖으로 물러나 해산하고 천하의 형세를 기다리는 것 등이었다. 동학농민군은 이 **화의**를 받아들이고 해산하기로 결정하였다.[10](강조는 인용자)

　위의 인용문에서 볼 수 있듯이 기쿠치 겐조는 '화의'라는 용어를 사용하였다. 이 '화의'가 전주에서 있었기 때문에 박종근은 그의 연구[11]에서 다음과 같이 이를 '전주화의'라 부르면서 자신은 이를 '전주화약'이라 규정하였다.

---

9) 이 번호는 본고의 〈표 2〉 이하의 모든 〈표〉의 번호에 동일하게 적용되었음을 밝힌다.
10) 菊池鎌讓, 『近世朝鮮史』, 계명사, 180쪽.
11) 박종근, 「甲午農民戰爭(東学乱)における全州和約と幣政改革案」, 『歷史評論』 140, 歷史科学協議会, 1962.

종래 조선의 역사서에는 '전주화약'은 대부분 무시되어 왔다. 겨우 기쿠치 겐조씨가 『近世朝鮮史』에서 '전주화의'로 부르기에 지나지 않았다. '전주화약'이 중시된 것은 해방 이후이다. 즉 갑오농민전쟁이 불령한 비도들의 '동학당의 난'이 아니라 농민을 주체로 한 혁명세력의 반봉건·반침략의 농민전쟁이라 평가되고 나서인 것이다.[12]

즉 그는 동학농민운동이 반봉건·반침략적 성격을 갖는다고 평가하면서 이러한 평가가 이루어진 이후 전주화약이 중시되었다고 하였다. 이는 전주화약이 동학농민운동의 한 부분이라는 점에서 전주화약 역시 반봉건·반침략적 성격을 갖는다는 것을 의미한다. 그러함에도 불구하고 그는 동학농민군이 "정부군과 굴욕적인 전주화약을 체결"[13]하였다고 하여 동학농민군의 입장에서 전주화약은 굴욕적인 의미를 갖는다고 평가하였다. 여기에서 박종근은 모순된 주장을 하고 있음을 알 수 있다. 즉 전주화약이 반봉건·반침략이라는 성격을 갖고 있다면 전주화약은 '굴욕적'일 수 없기 때문이다.

그런데 박종근은 화의와 화약의 차이에 대해서는 설명하지 않고 있다. 다음(Daum)의 한국어사전에 따르면 화의란 '화해하려고 협의함'을 말하며, 화약이란 '남과 화목하게 지내자고 약속함'을 말한다. 따라서 화의와 화약이란 의미 상 큰 차이가 없다고 판단된다. 다만 화약에는 '다른 나라와 화의(和議)를 통해 조약을 맺음'이란 다른 뜻이 있다. 여기에서 '화의를 통해 조약을 맺음'이라 하였으므로 화약이 화의보다는 그 의미가 포괄적이며, 공식적이라는 점을 알 수 있다. 그러므로 박종근이 '전주화의'를 굳이 '전주화약'이라는 용어로 사용한 것은 전주화약에 포괄적이며 공식적인 의미를 부여하고자 한 것이었다고 생각된다.

---

12) 박종근, 앞의 논문, 40쪽.
13) 박종근, 앞의 논문, 41쪽.

이와 같이 '전주화약'이란 용어를 공식화하였음에도 불구하고 박종근은 앞에서 언급한 바와 같이 '전주화약'이 동학농민군의 입장에서 굴욕적인 결과였다고 파악하였다. 이는 그가 파악한 전주화약 체결의 배경과 전주화약의 결과 때문이라 생각한다. 그는 전주화약의 배경으로서 첫째, 청일 양군의 개입에 따른 정부와 동학농민군의 위기의식의 고조, 둘째, 정부군과 동학농민군의 내부사정을 들었다. 내부사정이란 청일 양군의 개입이 노골화되는 과정에서 동학농민군을 독자적으로 진압할 수 없었던 정부군의 군사력과 정부군이 전주성을 포위하여 포격을 함으로써 동학농민군측에서 희생자가 적지 않게 발생하였고, 농번기가 되어서 동학농민군 내에서 귀향하려는 마음이 강해지고 있었던 현실을 의미한다.

박종근 전주화약의 실패 원인으로서 체결 당시부터 정부는 동학농민군이 전주화약의 조건으로 제시한 폐정개혁안을 지킬 생각이 없었고 이를 무시하려 하였다는 점을 들었다. 즉 정부의 의도는 '관민상화'에 있지 않고 농민군의 해산에 있었다는 것이다. 결국 "官民의 相和之機關"[14]으로 전주화약 이후 설치된 집강소와 집강소에서 실천한 폐정개혁안이 동학농민운동의 혁명성을 반영하지 못한 점을 지적한 것으로 이해된다.

박종근의 연구 이후 전주화약이라는 용어는 학계에 정착하고 있는 것으로 보인다. 유우상[15]은 박종근의 주장을 대부분 수용한 소고에서 오지영의 폐정개혁안 12개조를 부정하면서 전봉준판결문의 27개조를 폐정개혁안의 실체라고 하면서 이 폐정개혁안이 전주화약의 내용이라 주장하였다. 따라서 그가 명확히 표현하지는 않았으나 이 27개조는 전

---

14) 김용섭, 「전봉준공초의 분석」, 『사학연구』 2, 한국사학회, 1958, 32쪽.
15) 유우상, 「동학난에 있어서의 전주화약」, 『역사학연구』 2, 전남대학교사학회, 1964.

주화약 체결 당시 동학농민군이 정부측에 제시한 조건이라 판단한 것으로 보인다.

김의환은 박종근의 주장을 수용하면서도 외병 차입과 관련된 동학농민군의 위기의식과 관군의 전주성 포위 때문에 동학농민군이 전주성에서 열세였으나 전라도 각지에 산재한 동학농민군이 관군을 압박하고 있던 상황이라 파악하였다. 즉 그는 정부군의 공세에 따라 동학농민군이 굴욕적으로 전주화약을 체결한 것이 아니라 동학농민군이 자신들의 입장에서 정부측과 협상하였다는 점을 강조하였다. 그리하여 그는 전주화약 이후의 동학농민군의 철수는 무장해제를 의미하는 것이 아니라고 명기하였다. 이 점이 그의 연구가 선행연구와 다른 점이다. 따라서 그는 폐정개혁안은 동학농민군이 관군에 전주화약의 조건으로 제기한 것으로 파악하였다.[16]

김양식[17]은 이러한 연구를 이어받아 전주화약을 제1차 전주화약과 제2차 전주화약을 나누어 설명하였다. 그는 5월 7일경 초토사 홍계훈과 전봉준의 타협을 제1차 전주화약, 7월 6일 전주회담에서 전라도 관찰사 김학진과 전봉준의 타협을 제2차 전주화약이라고 파악하였다. 그에 따르면 제1차 전주화약은 정부측이 주도권을 잡고 있었으며, 제2차 전주화약은 동학농민군의 주도권을 장악하였다고 하였다. 그 결과 동학농민군의 주도로 집강소가 운영될 수 있었다는 것이다. 특히 제2차 전주화약에서 관민상화의 원칙을 확인한 점, 김학진이 일정한 권한을 전봉준에게 위임한 점, 집강소체제를 통해 도정을 이끌어가려 한 점 등을 들어 높이 평가하였다. 이에 따라 이 시기에 민보군이 해산되었고, 집강소가 설치되어 치안유지를 담당하였으며, 폐정개혁안이 실천되었

16) 김의환, 「전주화약과 집강소」, 『한국사상』 12, 한국사상연구회, 1974.
17) 김양식, 「제1, 2차 전주화약과 집강소 운영」, 『역사연구』, 역사학연구소, 1993.

다고 주장하면서도 집강소를 통해 관민상화를 이루려던 전봉준의 노력은 제한적이었다고 평가하였다.

신용하[18]는 전주화약의 특징을 첫째, 전주화약은 구두화약으로서 약정문서가 없는 화약이었으며, 둘째, 청일 양국군의 개입에 대응한 동학농민군의 '휴전' 제의는 전봉준이 화약에 매우 열성적이었음을 보여주며, 셋째, 동학농민군이 제시한 폐정개혁안에는 정부가 즉각 수용할 수 있는 반봉건적 요구가 있을 뿐 정권타도나 교체 등을 제시하지 않았으며, 넷째, 실력이 있었음에도 불구하고 청일 양국군의 철수라는 명분을 위해 정부의 외교에 도움을 주었다는 등 4가지로 요약하였다.

장영민[19]은 전주화약에 대한 기존의 연구에 의문을 품고 전주화약을 '전주후퇴' 혹은 '전주해산'으로 새롭게 개념을 정립해야 한다고 주장하였다. 이러한 주장의 근거로 그는 동학농민군이 전주성전투에서 참패했다는 점, 청일 양국군의 개입으로 야기된 대외적 위기상황은 정부군과 동학농민군 사이에 '평화'를 가져오지 않았다는 점, 동학농민군이 전주성에서 철수할 때 홍계훈이 발행한 문서에는 전봉준이 밝힌 바와 같이 폐정개혁과 탐관오리에 대한 처벌이 전혀 언급되지 않는다는 점 등을 들었다.

이병규는 전주화약을 '관민협치'라는 관점에서 파악하였다. 이는 김용섭[20]이 집강소를 "官民의 相和之機關"[21]이라 한 이후 나타난 개념이다. 그의 연구는 기존 연구의 연장선에 있으나 폐정개혁안은 동학농민군의 신변보호와 함께 동학농민군이 전주성에서 철수하는 조건으로

---

18) 신용하, 「제1차 동학농민혁명운동의 특징」, 『한국학보』 30-4, 일지사, 2004.
19) 장영민, 「동학농민군의 전주화약에 관한 재검토」, 『동학의 정치사회운동』, 경인문화사, 2004.
20) 이병규, 「관민협치 전주」, 『전주학연구』 4, 2010, 113쪽.
21) 김용섭, 「전봉준공초의 분석」, 『사학연구』 2, 한국사학회, 1958, 32쪽.

홍계훈이 약속한 것으로 이해하였다. 성주현[22]은 전주화약에 대한 연구사의 정리를 통해 전주화약에 대한 연구는 크게 관변측 기록과 동학농민군측 기록을 바탕으로 연구가 진행되었으며, 전주화약에 대한 평가도 연구자에 따라 다양하다고 파악하였다. 따라서 전주화약에 대한 실증적 연구가 보다 진전되어야 동학농민운동에 대한 연구가 진일보할 것이라 주장하였다.

한편 전주화약기에 설치된 집강소는 전주화약의 성격을 규명하는데 매우 중요한 기관이다. 집강소를 통하여 폐정개혁이 이루어졌기 때문이다. 1920년 천도교교리강연부에서 편찬한『천도교서』에서 처음으로 집강소에 대한 기록이 발견되고, 1931년 김상기가『동아일보』지상에 연재하였던 「동학과 동학란」에서『천도교서』와 宋龍浩의 증언에 따라 임시정청의 성격을 갖는 집강소를 설치하여 민정을 처리하였다고 기록하였다.[23] 이후 오지영이『동학사』에서 폐정개혁안을 소개하면서 집강소에 대해 구체적으로 언급하였고, 이후 이 책은 동학농민운동 연구에 막대한 영향을 끼쳤다.

이러한 기록을 바탕으로 전주화약과 집강소를 본격적으로 연구한 학자는 김용섭과 박종근이다. 김용섭은 폐정개혁안이 전주화약의 조건이 아니라 전주화약 이후 집강소를 설치하는 과정에서 제시된 것으로 파악하였고,[24] 박종근은 「전봉준재판판결문」에 근거하여 폐정개혁안은 12개조목이 아닌 27개조목이며,『동학사』의 폐정개혁안 12개조는 오지영이 지어낸 얘기이거나 기억착오하고 주장하였다.[25] 이후 김용

22) 성주현, 「동학농민혁명과 전주화약의 재검토」, 한국민족운동사학회 · 국제한국사학회 편,『동학농민혁명의 세계화와 과제』, 선인, 2016.
23) 김상기, 「동학과 동학란」(30),『동아일보』1931년 9월 27일.
24) 김용섭, 「전봉준공초의 분석」,『사학연구』2, 1958.
25) 박종근, 앞의 논문.

섭의 주장을 수용한 연구26)와 오지영의『동학사』의 주장을 그대로 인정한 연구27) 등으로 연구가 진전되었다.

이러한 연구 경향은 1980년대 중반 이후 현재까지 영향을 끼치고 있다. 1980년대 중반 이후 신용하, 이이화, 정창렬 등의 연구에 의해 집강소에 대한 이해가 더욱 깊어졌다. 특히 정창렬은 박사학위논문(『甲午農民戰爭硏究-全琫準의 行動과 思想을 中心으로-』)에서 집강소에 대한 이해를 보다 깊게 하였다. 이러한 가운데『隨錄』이라는 새로운 자료를 발굴한 노용필은 이를 통해 집강소는 전봉준과 전라감사 김학진 사이의 타협을 통한 지방행정의 협조기구라는 새로운 주장을 제기하였다.28) 김양식은 이러한 노용필의 주장을 일부 수용하여 집강소는 전봉준과 김학진의 타협의 산물이라는 점을 인정하면서도 집강소가 전라도의 치안을 담당하였으며, 전봉준은 집강소를 통해 동학농민군을 지도하였다고 주장하였다.29)

2. 교육과정별 국사교과서의 전주화약 서술

이처럼 전주화약에 대한 연구는 아직 학문적으로 제대로 정리가 되지 않았음에도 불구하고 고등학교 국사교과서에는 전주화약이 동학농민운동의 전개과정에서 매우 중요한 의미를 갖는 것으로 서술되어 있

---

26) 橫川正夫,「全琫準についての一考察,『朝鮮史研究會論文集』13, 1976 : 瀨古邦子,「甲午農民戰爭における執綱所について」,『朝鮮史研究會論文集』16, 1979 : 馬淵貞利,「甲午農民戰爭の歷史的位置』,『朝鮮歷史論集』下, 1979 : 趙景達,「東學農民運動と甲午農民戰爭の歷史的性格」,『朝鮮史研究會論文集』19, 1982 : 趙景達,「甲午農民戰爭指導者-全琫準の研究」,『朝鮮史叢』7, 1983.
27) 강재언,「甲午農民戰爭と東學思想」,『季刊 三千里』34, 1982.
28) 노용필,「동학농민군의 집강소에 대한 일고찰」,『역사학보』133, 1992.
29) 김양식,「1, 2차 전주화약과 집강소 운영」,『역사연구』2, 역사학연구소, 2003, 145쪽.

다. 현재 사용되고 있는 고등학교 한국사교과서에는 전주화약에 대해
다음과 같이 기술하였다.

집강소를 설치하여 개혁을 추진하다

예기치 못한 상황에 직면한 농민군은 정부와 정치를 개혁할 것을 합의하
는 전주화약을 맺었다. 그 후 농민군은 전라도 각 지역에 자치적 민정기구
인 집강소를 설치해 행정과 치안을 담당하면서 자신들이 내세운 폐정개혁안
을 실천해 나갔다. 정부도 전주화약을 체결한 후 교정청을 설치해 개혁을
추진하면서 청과 일본에게 철군을 요구하였다.[30](강조는 인용자)

즉 전주화약이란 정부와 동학농민군이 정치를 개혁할 것을 합의한
것을 의미하며, 이후 전라도 각 지역에 집강소가 설치되어 폐정개혁안
을 실천하였고, 더 나아가 정부는 교정청을 설치하여 개혁을 추진하고
청일 양군의 철수를 요구하였다는 것이다.

이와 같은 교과서의 서술은 현재의 연구 수준을 반영하는 것이라 할
수 있다. 이 절에서는 해방 이후 국사교과서의 전주화약 서술의 변천
을 교육과정별로 살펴보고자 한다. 서술상의 편의를 위해 앞에서 언급
한 바와 같이 해방 이후 국사교과서의 발행체제의 변천에 따라 검인정
기에 해당하는 교수요목기~제2차 교육과정기, 국정기에 해당하는 제3
차 교육과정~제6차 교육과정기, 다시 검인정을 발행한 제7차 교육과
정~2009 교육과정기까지의 3시기로 구분하여 서술하고자 한다.

1) 교수요목기~제2차 교육과정기의 서술

해방 이후 국사 교과서의 동학농민운동 서술 분량은 평균 3.9쪽, 1.56%
로서 교과서의 전체 분량으로 보아도 적지 않은 서술이 이루어지고 있

30) 한철호 외, 『한국사』, 미래엔컬처, 2014, 196쪽.

어 한국사 교육의 중요한 부분을 차지하고 있다. 특히 제4차 교육과정 기의 동학농민운동 서술 비중은 3%로서 교수요목기 이래 현재까지의 교육과정에서 가장 높은 비중을 차지하고 있다. 이는 '시련과 극복' 중심의 근현대사 교육을 강화한다는 제4차 교육과정의 국사과 교육과정의 방향과 궤를 같이 하는 것이었다.[31]

교수요목기 이래 국사 교과서는 교육과정을 바탕으로 서술되었다. 그러므로 교육과정을 살피는 것은 교과서 이해에 대단히 중요한 일이다. 미군정기에는 국사 교과서 서술이 사실상 자유발행제에 가까웠으므로 논외로 하더라도 1948년 정부 수립 이후부터는 교수요목과 교육과정을 제정하여 교과서 서술의 일반적 지침으로 활용하였다. 그리고 1945년 독립 직후 국사교과서는 민족주의를 고취하는 한편 미국식 민주주의를 이식하려는 목적 하에 발행[32]되었고, 미국식 민주주의는 곧 반공주의를 기반으로 한 것이었다.[33] 이에 따라 이 시기 국사교과서의 동학농민운동 역시 이러한 기조 속에서 서술되었다.

〈표 2〉는 교수요목~제2차 교육과정기 동학농민운동 관련 교육과정의 내용이다.

<표 2> 교수요목~제2차 교육과정의 동학농민운동 관련 지도 지침

교육과정	지도 내용 혹은 지도 목표
교수요목	Ⅲ. 동학란과 청일전쟁 1. 동학은 어떠한 사회 사정 아래에서 일어났으며 그 발전은 어떠하였는가? 2. 지방 관리는 어떻게 부패하였으며 이에 대하여 동학당은 어떻게

---

31) 조성운, 앞의 논문, 『민족종교의 두 얼굴』, 선인, 232~233쪽.
32) 조성운, 「교수요목기 국사교과서의 발행과 편찬」, 『한국민족운동사연구』 86, 한국민족운동사학회, 2016, 292쪽.
33) 조성운, 「반공주의적 한국사 교육의 형성과 전개」, 『한국민족운동사연구』 82, 한국민족운동사학회, 2015. 참조 바람.

	반항하였는가?
	3. 청일의 양국 군대는 어떻게 출동하였는가?
	4. 청일전쟁이 일어남에 따라 우리나라는 어떠한 전화(戰禍)를 입었는가?
	5. 마관(馬關)조약은 무엇이며 우리나라의 영향은 어떠하였는가?
	6. 갑오경장(甲午更張)은 무엇이며 어떠한 일들을 하였는가?[34]
제1차 교육과정	8. 조선 후기의 문화 (1864-1910) (1) 조선의 문호 개방과 외국 세력의 침투를 이해시킨다. (2) 우리의 생활과 문화의 근대화를 이해시킨다. (3) 자주 독립의 정신을 이해시킨다.[35]
제2차 교육과정	우리나라가 열강과 국교관계를 맺은 후에 우리나라를 중심으로 하여 전개된 열강간의 침략정책에 대하여 이해시키며 그로 인한 우리나라 정치, 사회, 문화 생활면의 변천 발전의 모습과 열강의 침략에 대하여 나라와 민족을 구출하기 위하여 전개된 민족자각운동, 개회를 위한 운동 및 사회문화운동 등을 파악시킨다. 그리고 이러한 구국의 여러 운동이 성공하지 못하고 나라의 주권을 일본에 빼앗긴 경위를 이해시키되 이 내용은 현재와 직결되는 학습내용만큼 비교적 상세히 지도하여 다시는 그런 불행한 역사가 되풀이되지 않도록 민족적 각성을 가지게 한다.[36]

〈표 2〉를 통해 알 수 있는 동학농민운동에 대한 구체적 지도 내용 혹은 목표를 규정한 것은 1949년에 제정된 교수요목뿐이며 제1차 교육과정 이후에는 구체적으로 규정하지 않았으며, 전주화약에 대한 규정은 교수요목에서도 찾아볼 수 없다. 주목되는 점은 교수요목기에는 동학농민운동의 배경과 전개과정에 대해 서술하도록 명문화하였으나 제1차 교육과정과 제2차 교육과정에서는 구체성을 결여한 채 문호의 개방과 외세의 침략에 대해 서술할 것을 개괄적으로 밝혀 동학농민운동

34) 문교부,『초중등학교 각과 교수요목집(12) 중학교 사회생활과』, 조선교학도서주식회사, 1949, 67쪽.
35) 문교부,『문교부령 제46호 별책 단기 4288년 8월 1일 제정 고등학교 및 사범학교 교과정』(국가교육과정정보센터에서 인용).
36) 문교부,『문교부령 제121호 1963년 2월 15일 공포 고등학교 교육과정 해설』(국가교육과정정보센터에서 인용).

에 대해서는 구체적 서술 지침을 마련하지 않았다. 이는 교과서 집필자들에게 서술상 비교적 광범위한 자율권을 준 것으로 이해된다. 다만 교육에서 민족주의와 반공주의를 더욱 강화하던 제2차 교육과정기에는 이러한 문호개방과 외세의 침략을 '그런 불행한 역사를 되풀이 되지 않도록 민족적 각성'을 촉구하는 계기로 활용하고자 하였음을 확인할 수 있다.

이러함에도 불구하고 이 시기 국사 교과서에서는 동학농민운동에 대한 서술 분량이나 서술 내용에는 큰 차이가 없다. 따라서 이 시기 동학농민운동에 대한 서술은 교수요목의 규정과 큰 차이 없이 서술되었음을 알 수 있다. 이러한 특징은 동학농민운동에 대한 학문적 성과가 축적되지 않았던 현실과 관련이 있다고 생각된다.

〈표 3〉은 교수요목기부터 제2차 교육과정기 국사교과서의 전주화약과 관련한 서술이다. 다만 〈표 3〉에서 보이듯이 역사교육연구회가 편찬한『고등국사』에는 이와 관련된 서술이 없는 것이 특징이다.

<표 3> 교수요목기~제2차 교육과정기 국사교과서의 전주화약 관련 서술

번호	교 과 서 명	서술 내용
1	국사교본	이에 정부에서는 홍계훈을 초토사로 하여 관군을 이끌고 치게 하였으나 첫싸움에 또한 이롭지 못하니 이에 기세를 올린 **동학군**은 정읍, 태인, 금구를 거쳐 4월 27일에는 전주를 함락시키고 말았다(전주함락). 이 전주 점령 당시는 동학군의 가장 떨친 때니 전라도는 거의 그들 손에 들어가고 경기, 충청, 경상제도의 교도들도 서로 응하여 관장을 죽이고 혹은 내어 쫓으며 창고를 **약탈(掠奪)**하는 일이 계속하여 일어났다. 초토사 홍계훈은 전봉준의 뒤를 좇아 전주 성외에 다달아 맹렬한 포격을 시작하여 동학군의 사기를 차차 저상케 한 후 귀순 해산하라는 선유를 내리었다. 전봉준측으로 보면 관군만에 대한 항전이라면 더 버틸 수도 있었겠지마는 청병의 래원이 있다함을 알고 사기를 잃기 시작하여 드디어 초토사의 선유를 듣고 사람을 보내어 퇴각하겠다는 뜻을 전한 후 전주부를 **철**

		퇴하였다. 그러나 전봉준은 그 무리를 해산치 않고 재거의 기회를 엿보다가 그해(갑오) 6월에 다시 일어나 전주, 공주 등지를 범하니 관군이 또 내려와 여러 곳에서 격전을 거듭한 끝에 봉준을 잡아 서울로 보내 이듬해 사형에 처하니 그도무리(그 무리도-인용자) 흩어지고 말았다.
2	새국사교본	전봉준의 거느린 무리는 자주 관군을 깨뜨리고 마침내 전라도의 수부인 전주를 점령하니 이때는 동학군의 기세가 가장 떨치던 때였다. 조정에서는 크게 낭패하여 일변 청국에 원병을 청하는 동시에 군대를 자주 파견하여 진압에 노력하였다. 전봉준은 관군의 맹포격에 견디기 어려워 일시 전주성에서 **퇴각**하더니 그후 얼마 아니되어 다시 일어나 전주, 공주 등지를 침범하였다. 관군이 또 내려와 여러 곳에서 격전을 거듭한 끝에 동학군의 두목들을 많이 잡아 죽이고 전봉준도 마침내 체포되어 이듬해 서울서 사형에 처하니 그동안 그 무리도 흩어지고 말았다.
3	국사	처음 관군을 대파하고 전주 일대를 점령하여 기세를 올리었으나 정부가 청한 청나라의 원군이 올 것을 알게 되고 사기를 잃고 **해산**하여 기회를 기다리고 있었다. 그 뒤 동학군은 일군의 입국과 청일전쟁에 자극되어 전주에서 다시 기병하여 척왜를 부르짖고 공주에 진격하였다가 관군, 일군에게 패하여 난의 종말을 보았다.
4	우리나라 문화사	전봉준의 격에 응하여 각지에서 반란이 연거푸 일어나니 삼남일대가 동학교도의 지배하에 들어갔으며 반란군은 전주를 점령하기에 이르렀다. 청의 원병이 온다는 말을 듣고 일시 **후퇴**하였으나 청일전쟁이 발생하자 다시 일어나서 척왜를 부르짖으며 서울을 향하여 북상하였다. 사기는 왕성하지만 일본군과 합세한 관군에 패하여 흩어지고 전봉준은 잡히어 죽자 난은 끝나고 말았다.
5	고등국사	서술 없음
6	고등국사	고종 30년(癸巳) 경에 고부군수 조병갑이 여러 가지 방법으로 백성을 착취하매 그 이듬해 갑오(甲午-서기 1894) 2월에 동학의 한 간부인 전봉준이 울분한 민중과 교도들을 지휘하여 제포구민을 부르짖고 난을 일으켰다. 사방의 민중의 이에 호응하니 전라도 일대는 동학당의 천지로 화하였으며, 전라도 수부인 전주도 전봉준에게 점령되었다. 그리고 충청, 경상 내지 경기지방에서도 곳을 따라 동학당의 소동이 일어났다. 전주성에 웅거하던 동학군은 관군의 공격을 받는 위에 정부의 요청으로 청군이 오는 것을 알고 사기가 꺾여 일단 전주로부터 **물러서** 형세를 관망케 되었다. 그 뒤 일군이 들어오고 청일전

		쟁이 일어나매 동학군은 척왜를 부르짖고 정계를 숙청한다 하여 다시 서울로 향하여 쳐올라왔다. 그러나 일본군과 합세한 관군에게 공주에서 크게 패하여 동학란은 마침내 막을 내리고 말았다.
7	국사	처음 관군을 대파하고 전주일대를 점령하여 기세를 올리었으나 정부가 청한 청나라의 원군이 올 것을 알게 되자 사기를 읽고 **해산**하여 기회를 기다리고 있었다. 그 뒤 동학군은 일군의 입국과 청일전쟁에 자극되어 전주에서 다시 기병하여 척왜를 부르짖고 공주에 진격하였다가 관군, 일군에게 패하여 난의 종말을 보았다.
8	고등국사	전봉준이 인솔하는 민중들은 전라도 일대를 점령하고 그 기세가 충천하여 마침내 이 지방의 중심지인 전주를 함락 점령하였다. 조정에서는 어찌할 바를 모르고 청국에 원병을 요청하는 한편 서울에서 관군을 파송하여 토벌하게 하였다. 전봉준군대는 결국 관군의 포격으로 일시 전주성에서 **후퇴**하고 다시 기회를 기다리고 있더니 그 후 청일전쟁이 발생하여 일본이 정치를 마음대로 개혁하기에 이르매 다시 봉기하였다.
9	국사	이에 불만이 아울러 폭발하여 1894(고종 31년) 전라도지방의 동학접주 전봉준을 영도자로 삼아 혁명을 일으켰다. 처음엔 관군을 대파하고 전주일대를 점령하여 기세를 올렸으나 정부가 요청한 청나라의 원군이 아산만에 상륙한 것을 알자 사기를 잃고 **해산**하여 기회를 기다리고 있었다. 그뒤 동학군은 텐진조약을 구실삼은 일본군의 입국과 청일전쟁에 자극되어 전주에서 다시 군사를 일으켜 왜인배척을 부르짖고 공주로 진격했으나 관군과 일군에게 패하였다.

〈표 3〉에서 볼 수 있듯이 교수요목기부터 제2차 교육과정기의 국사 교과서에 전주화약에 대한 서술은 전무하다. 이 시기의 국사교과서에서는 전주성 점령과 퇴각에 대해서만 서술되어 있다. 그것도 점령 과정에 대해서는 동학농민운동 초기 동학농민군이 정부군을 무찌르고 전주성을 점령하였다는 정도로만 서술되었으나 전주성 퇴각에 대해서는 퇴각의 원인을 청군의 입국과 초토사의 선유(『국사교본』), 청군의 입국과 관군의 포격(『새국사교본』), 청에 원병 요청(『국사』(이병도, 1957), 『우리나라문화사』(이홍직, 1960), 『국사』(이병도, 1965), 『국사』(이병도,

1972)], 관군의 공격과 청군 요청[『고등국사』(김상기, 1963), 『고등국사』(최남선, 1965)] 등으로 파악하여 서술하였다.

여기에서 주목되는 것은 이 시기 국사 교과서에서는 동학농민군의 전주성 퇴각의 원인을 청군의 파병, 관군의 공격 등으로만 파악하여 동학농민군이 이 시기의 정세를 어떻게 파악하고 행동하였는가에 대한 서술은 전혀 이루어지지 않았음을 알 수 있다. 더욱이 『국사교본』, 『국사』(이병도, 1957), 『고등국사』(김상기, 1963), 『국사』(이병도, 1965), 『국사』(이병도, 1972)에서 보이는 바와 같이 동학농민군이 청군 파병의 소식을 들은 후 사기를 잃었다는 서술이 주를 이루고 있다.

이는 이 시기 동학농민운동에 대한 연구의 성과를 그대로 반영하는 것이라 할 수 있다. 즉 해방 이후 동학농민운동에 대한 연구가 미진한 형편에서 식민지 시기의 연구 수준이 그대로 반영되었던 것이라 판단된다. 이러한 서술은 이 시기 동학농민운동의 서술에 관변측의 시각이 주로 반영되었음을 의미하는 것으로 보인다. 이는 정부군이 불리하기 때문에 강화를 요청하였다는 동학측의 기록과는 많은 차이가 있다. 비록 동학측의 기록이 대부분 1920년대에 작성된 것이기는 하나 양측 기록의 차이의 가장 큰 특징은 관변기록에는 전주화약과 관련한 내용이 전혀 드러나지 않은데 비해 동학측의 기록에는 정부측의 요청으로 강화가 성립[37]했다는 것에 있다. 정부측에서는 '폭민'과의 협상을 공식기록으로 남길 수 없었을 것이고, 동학측에서는 자신들의 입장에서 정부측의 의도를 반영하려 하였을 것이기 때문이다. 그러므로 초토사 홍계훈이 "부득이하여 폐정개혁안 수십조를 봉준에게 제시하여 정부에서 그것을 실시[38]하였다는 장도빈의 『갑오동학란과 전봉준』(1926)의 기

---

37) 성주현, 앞의 논문, 182~183쪽.
38) 동학농민전쟁100주년기념사업추진위원회 편, 『동학농민전쟁연구자료집』 (1), 여강

록은 주목해야 한다고 생각한다.

한편 〈표 3〉에서 볼 수 있듯이 이 시기 국사교과서에는 '전주화약'이라는 용어가 전혀 사용되지 않았다. 앞 절에서 언급했듯이 전주화약이라는 개념을 최초로 사용한 연구자는 박종근이며, 그 이전에는 기쿠치 겐조가 사용한 전주화의라는 용어를 사용하였다. 따라서 이 시기 국사교과서에 전문 역사학자가 아닌 기쿠치 겐조가 사용한 용어를 교과서에 수록하지 않았을 것이며, 나아가 아직 전주화약에 대한 학계의 연구가 충분하지 않은 상황에서 교과서에 이를 서술하는 것은 무리였다고 판단된다.

그런데 전주화약이라는 용어는 사용되지 않았으나 대부분의 교과서는 동학농민군의 전주성 점령과 철수 혹은 해산 사실을 서술하였다. 여기에서 주목되는 것은 동학농민군의 전주성 철수를 어떠한 용어를 사용하여 서술하였는가 하는 점과 그 배경에 대한 서술이다. 『국사교본』·『새국사교본』·『우리나라문화사』(이홍직, 1960)·『고등국사』(최남선, 1965)에서는 철퇴, 퇴각, 후퇴, 물러서 등의 용어를 써서 동학농민군이 철수하였다고 서술하였으나 『국사』(이병도, 1957)·『국사』(이병도, 1965)·『국사』(이병도, 1972)에서는 해산하였다고 서술하여 철수와 해산이라는 표현이 혼용되고 있다. 특히 『국사교본』·『새국사교본』과 『국사』(이병도, 1957)·『국사』(이병도, 1965)·『국사』(이병도, 1972)은 모두 이병도가 저자임에도 불구하고 철수와 해산을 혼용하여 사용하였다. 이는 이병도의 견해가 변화하였음을 보여주는 것이라 판단된다. 왜냐하면 『우리나라문화사』(이홍직, 1960)·『고등국사』(최남선, 1965) 등 정부 수립 이후 발간된 다른 국사 교과서에서는 철수라는 용어를 사용하였기 때문이다. 이와 같은 서술이 가능하였던 것은 이 시기 전

출판사, 1991, 38쪽.

주화약의 연구 수준을 반영하였던 것이기 때문이다. 즉 기쿠치 겐조는 동학농민군의 '해산'을 결정하였다고 하였으나 박종근은 '철퇴해서 각 지방으로 가서 각각 해산'이라 하였던 것이다.

그리고 이 시기 국사 교과서의 전주화약 관련 서술의 또 다른 특징은 집강소와 폐정개혁안에 대한 서술이 전혀 없다는 점이다. 1958년 김용섭의 연구가 제출되기 전까지 국내에서 집강소와 폐정개혁안에 대한 연구가 사실상 없었기 때문이라 파악된다.

2) 제3차 교육과정~제6차 교육과정기의 서술

이 시기는 국사교과서가 국정으로 발행된 시기이다. 따라서 교과서는 단일종으로 출판되었고, 1964년 월남 파병, 1965년 한일국교정상화, 1968년 1·21사태와 푸에블로호납치사건, 1969년 3선개헌, 1972년 이른바 10월유신의 공포 등에 따른 민족주의와 반공주의적 시각이 강하게 반영되었다.[39] 따라서 외세에 저항한 민족운동으로서의 동학농민운동에 대해 주목하고 구체적으로 서술하였다. 이 시기 교육과정에서 동학농민운동에 해당하는 부분은 〈표 4〉에서 확인할 수 있다.

〈표 4〉 제3차 교육과정~제6차 교육과정의 동학농민운동 관련 지도 지침

교육과정	지도 내용 혹은 지도 목표
제3차 교육과정	3. 지도상의 유의점 가. 중학교에서 학습한 내용과 유기적으로 관련시켜 보다 문화사적이며, 주제 중심적인 각도에서 지도하도록 한다. 나. 국사의 주체가 항상 그 시대의 국민 전체임을 인식하고 정치, 경제, 사회, 문화를 종합적으로 파악하도록 한다. 다. 지나친 단편적 사실의 전달을 피하되 핵심적인 문제는 실례와 관련시켜 파악시키도록 한다.

39) 조성운, 앞의 논문, 『한국민족운동사연구』 82, 2015. 참조.

	라. 근대사와 현대사에 치중하되 세계사 및 타 교과와 관련시켜 지도하도록 한다. 마. 학습의 효과를 높이기 위하여 각종 학습 자료의 활용과 다양한 수업 형태의 개발에 힘쓰도록 한다.
제4차 교육과정	다. 지도 및 평가상의 유의점 1) 지　도 　가) 중학교에서의 시대사적 접근에 의한 국사 이해를 바탕으로 하여, 문화사와 사회 경제사를 중심으로 한 종합적인 민족사를 지도한다. 　나) 세계사와의 관련성에 유의하고 단편적 사실의 암기에 치중하는 경향을 지양한다. 　다) 국민 각자가 역사의 주체임을 인식하고 다각적으로 역사를 고찰할 수 있도록 지도한다. 　라) 역사 지도, 연표, 문헌, 사진을 비롯한 여러 학습 자료를 활용하는 학습 활동을 통하여, 역사 탐구 능력을 키우고 역사학의 연구 방법에 접할 수 있도록 지도한다. 　마) 근대사와 현대사를 중심으로 지도하되, 관련되는 다른 학문의 성과를 충분히 활용한다.
제5차 교육과정	1) 지　도 　(1) 중학교에서의 정치사를 중심으로 한 국사 이해를 바탕으로 하여, 문화사와 사회 경제사를 중심으로 한국사 이해의 체계를 세우도록 지도한다. 　(2) 오늘의 현실과 직결되어 있는 근·현대사를 강조하되, 한국사의 전개 과정을 민족, 사회, 국가의 과제 해결이란 측면에서 인식할 수 있도록 한다. 　(3) 민족 문화의 특성을 객관적으로 인식할 수 있도록 세계사와 관련시켜 지도한다. 　(4) 고고학, 민속학, 인류학, 사회학 등의 연구 성과를 충분히 활용하여 역사 이해를 위한 다양한 시각을 가지도록 지도한다. 　(5) 역사적 사실의 의미를 그 시대와 전체 역사 속에서 파악하는 가운데 역사적 사고력을 가지도록 지도하다. 　(6) 다양한 학습 자료와 수업 방법을 활용하여 역사에 해한 흥미를 높이고, 스스로 탐구할 수 있는 능력을 가지도록 지도한다. 　(7) 향토 문화에 대한 이해를 통해 민족 문화에 대한 관심과 긍지를 지니게 하며, 향토 사회의 일원으로서 역사 발전에 기여하려는 태도를 가지도록 지도한다.
제6차 교육과정	(7) 근대 사회의 전개 　19세기 후반 이후 전개된 근대화를 위한 노력과 동시에 제국주의 세력에 침략에 대응해 나가는 과정을 파악하게 하고, 당시 우리 민족

	이 처한 대내·외적 시련을 인식하도록 한다.
	(가) 근대 사회로의 진전 - 제국주의, 국제 관계의 확대, 개화사상, 개항, 위정척사운동, 근대화 운동
	(나) 민족 의식의 성장 - 동학 농민 운동, 국권수호운동
	(다) 근대의 사회와 경제 - 사회의 변화, 의식과 생활의 변화, 열강의 경제침탈, 민족산업
	(라) 근대 문화의 발달 - 근대 교육, 서양 문화, 국학 연구, 문예와 종교

〈표 4〉를 통해 보면 이 시기 국사 교육은 제3차 교육과정에서는 '국사의 주체가 항상 그 시대의 국민 전체'로 설정하여 전체주의적 역사교육을 지향하였다. 이러한 연장선에서 1974년 국사 교과서의 국정화를 통하여 전체주의적 역사교육을 실시하였다. 1979년 10·26사태에 의하여 박정희정권이 붕괴된 이후에 시작된 제4차 교육과정에서는 '국민 각자가 역사의 주체'로 설정되어 약화되기는 하였으나 전체주의적 역사교육의 흐름은 유지되었다. 1990년 제5차 교육과정 이후에는 국사의 주체 혹은 역사의 주체로서 국민은 교육과정에서 삭제되어 전체주의적 역사교육에서 벗어나고 있음을 확인할 수 있다. 이는 1987년 6월민주항쟁 이래 민주주의의 성장과 발전에 따른 것이었다고 할 수 있다.

이 시기의 국사교육은 〈표 4〉에서도 확인할 수 있듯이 근현대사 교육이 강조되었다. 제5차 교육과정기에는 '한국사의 전개 과정을 민족, 사회, 국가의 과제 해결이란 측면에서 인식'하는 지도목표로 설정되었으며, 제6차 교육과정기에는 근대사 교육을 통하여 '우리 민족이 처한 대내·외적 시련을 인식'하는 것이 지도목표로 설정되었다. 이는 제3차 교육과정과 제4차 교육과정이 제시하였던 지도목표와는 상당한 차이를 보이는 것이었다. 따라서 동학농민운동은 근대사 교육의 핵심적 지위를 차지할 수밖에 없었다. 19세기말 반봉건과 반외세의 시대적 모순을 극복하려 했던 가장 강력한 민족운동이 동학농민운동이었기 때문이다.

〈표 5〉는 제3차 교육과정기부터 제6차 교육과정기까지의 국사교과서의 전주화약 관련 서술을 정리한 것이다.

〈표 5〉 제3차 교육과정~제6차 교육과정기 국사교과서의 전주화약 관련 서술

번호	교과서명	서술 내용
10	국사	이와 같은 농민이 저항의식과 동학의 교단 조직력은 빈약한 무기로도 큰 힘을 발휘할 수 있었다. 농민군은 황토현전투에서 관군을 물리치고 북진을 계속하여 한때 전라도 요지인 전주성을 점령하였다. 그러나 이 무렵 정부가 끌어들인 청군이 아산만에 상륙하고 이어 일본군이 출동하여 사태가 국제적인 문제로까지 확대되었다. 사태가 여기에 이르자 농민군은 정부와 폐정개혁의 타협을 하고 일단 **해산**하여 하회를 기다리게 되었다. 그리하여 **동학교도**는 전라도 일대에 집강소를 설치하고, 난 후의 **치안과 지방행정**을 맡아보게까지 되었다.
11	국사	이와 같은 농민이 저항의식과 동학의 교단 조직은 빈약한 무기로도 큰 힘을 발휘할 수 있었다. 그리하여 농민군은 황토현전투에서 관군을 물리치고 북진을 계속하여 한때 전주성을 점령하였다. 그러나 이 무렵 정부가 끌어들인 청군이 아산만에 상륙하고 이어 일본군이 출동하여 사태가 국제적인 문제로까지 확대되었다. 사태가 이렇게 되자 동학농민군은 **정부와 폐정개혁에 타협**을 하고 일단 **해산**하여 하회를 기다렸다. 그리하여 전라도 일대에 **집강소**를 설치하고, 난 후의 **지방 치안과 재정**을 맡아보기까지 하였다.
12	국사(하)	동학의 교단조직과 여기에 대거 참여한 농민의 저항의식은 빈약한 무기로도 큰 힘을 발휘할 수 있었다. 그리하여 동학교도와 농민들은 황토현전투에서 관군을 물리치고 북진을 계속하여 한때 전주성을 점령하였다. 그러나 이 무렵 조선에 대한 간섭의 기회를 엿보고 있던 청일 양국군이 아산만과 인천 쪽으로 출동하여 국제적인 문제로까지 확대되었다. 사태가 이렇게 되자 동학군은 외세의 간섭을 피하고자 **정부와 폐정개혁에 타협**을 하고 일단 **해산**하였다. 동학교도들은 전라도 일대에 일종의 민정기관이 집강소를 설치하여 지방치안과 행정을 바로잡으려 하였고 **12개조로 된 정치개혁의 요강**을 발표하였다.
13	국사(하)	제2기는 동학농민운동의 절정기로서 전봉준, 손화중, 김개남 등의 지도 하에 동학농민군이 보국안민과 제폭구민의 기치를 내걸었던 시기이다. 동학농민군은 고부와 태인에서 봉기하여 황

		토현에서 관군을 물리치고 정읍, 고창, 함평, 장성 등을 공략한 다음 전주를 점령하였다. 제3기는 동학농민군이 정부와 **전주화약**을 맺고 전라도 일대에 집강소를 설치하여 그들이 제시한 **폐정개혁안**을 실천에 옮긴 시기이다. 전주화약이 맺어졌으나 정부는 동학농민군의 개혁요구를 받아들여 실천할 의지가 없었다. 또 정부는 동학농민군을 무력으로 진압할 능력이 없었으므로 청에 파병을 요청하였다. 그리하여 청이 파병하게 되자 일본도 텐진조약을 구실로 삼아 군대를 보내어 마침내 청일전쟁이 일어나게 되었다.
14	국사(하)	제2기는 동학농민운동의 절정기로서 전봉준, 김개남 등의 지도 하에 동학농민군이 보국안민과 제폭구민의 기치를 내걸었던 시기이다. 동학농민군은 고부와 태인에서 봉기하여 황토현싸움에서 관군을 물리치고 정읍, 고창, 함평, 장성 등을 공략한 다음 전주를 점령하였다. 제3기는 동학농민군이 정부와 **전주화약**을 맺고 전라도 일대에 집강소를 설치하여 그들이 제시한 **폐정개혁안**을 실천에 옮긴 시기이다. 전주화약이 맺어졌으나 정부는 동학농민군의 개혁요구를 제대로 실천하지 못하였다. 이에 앞서 정부는 동학농민군을 무력으로 진압할 능력이 없었으므로 청에 파병을 요청하였다. 그리하여 청이 조선에 파병하게 되자 일본도 텐진조약을 구실로 조선에 군대를 보내어 마침내 청일전쟁이 일어나게 되었다.

〈표 5〉에서 확인할 수 있듯이 전주화약이라는 용어가 처음으로 등장하는 것은 제5차 교육과정이 시작된 1990년 발행된 국사 교과서이다. 이처럼 전주화약이란 용어가 교과서에 등장할 수 있었던 것은 1980년대 동학농민운동에 대해 다양한 분야에서 다양한 시각으로 연구가 활발히 이루어졌기 때문이라 생각된다. 즉 동학농민운동에 대한 연구가 심화되면서 전주화약에 대해서도 새로운 이해를 할 수 있게 되었고, 그 연구 결과를 교과서에 반영한 것이라 판단된다.

이 시기 전주화약 서술이 특징은 2차 교육과정기까지 청일양군의 출병과 함께 전주화약의 배경으로 서술되었던 청군 파병에 따른 동학농민군의 사기 저하와 정부군의 공세라는 요소가 삭제되고, 청일 양군의 출병에 따라 사태가 국제적인 문제로 확대(10, 11), 청일 양국군의 출병에 따른 외세의 간섭을 피할 목적(12), 청일 양군의 파병(13, 14)으로 서술하였다. 이는 동학농민운동을 '혁명'으로 표현하면서 5·16군사정변을 동학농민운동과 같은 반열에 올려놓고자 했던 정권측의 의도[40]가 반영된 것이라 판단된다. 즉 혁명을 추구하였던 동학농민군이 봉건적인 정부군의 공세와 외세를 두려워하여 사기가 떨어졌다는 서술은 5·16군사정변의 위상과 맞지 않는 것이었기 때문이라 생각된다.

또한 제2차 교육과정기까지의 교과서에는 집강소와 폐정개혁안이 기술되지 않았으며 제3차 교육과정기의 국사 교과서에 최초로 기술되었다. 다만 집강소는 본문에서 기술되었으나 폐정개혁안은 '동학혁명군의 12개조의 폐정개혁안'이라는 제목으로 학습자료로 기술되었다. 제4차 교육과정기의 국사 교과서에는 폐정개혁안이라는 용어가 아닌 '12개조로 된 정치개혁 요강'이라는 용어를 사용하여 폐정개혁안이라는 용어를 사용하지 않고 있음도 확인된다. 그러나 제5차 교육과정기 이후 폐정개혁안이라는 용어로 환원하였다. 이러한 용어의 변화가 이루어진 배경에 대해서는 현재 알 수 없다.

그런데 이 폐정개혁안을 실천에 옮긴 기관인 집강소는 이 시기 모든 교과서에서 서술되었다. 그리고 그 성격에 대해서는 제3차 교육과정(10, 11)과 제4차 교육과정(12)에서는 치안과 지방행정을 담당한 기관으로 서술되었으나 제5차 교육과정(13)과 제6차 교육과정(14)에서는 폐정개혁안을 실천한 기관으로 서술되었다. 이러한 서술상의 변화는 집강소 연구가 진행되면서 집강소의 성격에 대해 다양한 견해가 제출되었기 때문이라 생각된다. 즉 폐정개혁에 대한 서술도 제4차 교육과정기까지는 정부와 타협한 것이라 서술하였으나 제5차 교육과정기 이후에

---

40) 조성운, 앞의 논문, 『민족종교의 두 얼굴』, 선인, 237쪽.

는 '집강소를 설치하여 그들이 제시한 폐정개혁안을 실천'한 것으로 서술하였다. 이는 앞에서 언급하였듯이 폐정개혁안이 전주화약의 조건이 아니라 전주화약 이후 집강소를 설치하는 과정에서 제시된 것이라는 김용섭의 주장이 연구자들의 지지를 받으면서 교과서에 반영된 것이라 보인다.

그리고 전주화약 이후 동학농민군이 '해산'하였다는 표현은 제4차 교육과정기까지만 나타나고 제5차 교육과정기 이후에는 해산 혹은 철수라는 표현이 아예 삭제되었다. 이는 앞에서 본 바와 같이 이 시기 동학농민군이 철수하였다는 연구가 잇달아 제출되면서 전통적인 서술인 해산이라 표현할 수 없었기 때문이 아닌가 생각된다.

한편 제5차 교육과정과 제6차 교육과정기에는 고부농민봉기를 제1기, 제1차 봉기를 제2기, 전주화약기를 제3기, 제2차 봉기를 4기로 나누어 서술하였다.[41] 이와 같은 서술은 동학농민운동이 계기적으로 발전하였음을 나타난 것이라 할 수 있다. 특히 전주화약기를 제3기로 설정한 것은 이 시기 동학농민운동이 집강소를 설치하여 폐정개혁을 실천하였다고 서술하기 위한 것이었다고 생각된다. 즉 교육과정에서 지도목표로 설정한 '한국사의 전개 과정을 민족, 사회, 국가의 과제 해결이란 측면에서 인식'과 '우리 민족이 처한 대내·외적 시련을 인식'을 동학농민운동 서술에 반영한 것이라 판단된다.

---

41) 고부농민봉기를 제1기로 서술하였다는 것은 동학농민운동이 고부에서 시작되었음을 의미하는 것으로 이해된다. 이는 해방 이후 최초의 국사교과서라 할 수 있는 이병도의 『국사교본』이래 제6차 교육과정기까지 국사교과서의 동학농민운동 서술의 기본적인 패턴이었다(이에 대해서는 조성운, 앞의 논문, 『민족종교의 두 얼굴』, 선인, 2015를 참조 바람).

3) 제7차 교육과정기~2009 수정교육과정기의 서술

이 시기는 국사교과서의 발행이 검인정제도에 의해 이루어진 시기이다. 따라서 여러 종의 교과서가 검정을 통과하여 학교 현장에서 사용되었다. 다만 제7차 교육과정기의 국민공통과정에 해당하는 10학년(고등학교 1학년)의 경우『국사』는 국정으로, 선택과목인『한국근현대사』는 검정으로 발행된 것이 특징이다.

이 시기 국사 교과서의 동학농민운동 관련 지도 내용 혹은 지침은 〈표 6〉과 같다.

〈표 6〉 제7차 교육과정~2009 수정교육과정의 동학농민운동 관련 지도 내용 혹은 지침

교육과정	지도 내용 혹은 지도 목표
제7차 교육과정 (한국근현대사)	(다) 구국민족운동의 전개 (ㄱ) 동학농민운동의 전개 ① 개항 이후 지배층의 농민에 대한 압제와 수탈, 일본의 경제적 침탈이 심해짐에 따라 농촌 사회가 피폐되고 농민의 불만이 고조되는 가운데 동학이 널리 퍼져 갔음을 이해한다. ② 동학농민운동의 전개과정을 고부민란, 1차봉기, 집강소 설치, 2차봉기, 공주 공방전 등으로 정리할 수 있다. ③ 동학 농민군이 제시한 폐정개혁 12조를 분석하여 동학농민운동이 반봉건적 사회개혁운동, 반침략적 항일민족운동임을 추론할 수 있다. ④ 동학농민운동이 실패한 후, 동학 농민군의 잔여 세력이 을미의병 투쟁에 가담하고, 나중에는 활빈당을 결성하여 반봉건, 반침략의 민족운동을 계속하였음을 이해한다.
2009 개정교육과정	첫째, 한국사의 전개 과정을 주체적·종합적으로 이해하고, 발전적으로 파악하는데 적합한 내용을 선정하였다. 둘째, 한국사를 세계사적 맥락에서 파악하여 세계사적 보편성과 특수성을 탐구하는 데 적절한 내용을 포함하도록 하였다. 이를 위해 관련 세계사 내용을 적정하게 다루도록 하였다. 셋째, 학습자 스스로 문제의식을 가지고 적극적으로 탐구하고 비판적으로 사고하는 능력을 기르는 데 적합한 내용을 선정하였다.

	넷째, 근·현대사를 중심으로 구성하되 전근대사의 핵심적인 내용을 다루도록 하였다. 다섯째, 근·현대사의 흐름을 이해하는 데 중요한 역사적 사실을 엄선하여 학습 내용을 적정화 하도록 하였다.
2009 수정교육과정	(4) 국제 질서의 변동과 근대 국가 수립 운동 　이 시기 서구 열강의 팽창에 따른 동아시아 삼국의 대응 과정을 바탕으로 개항 이후 갑신정변, 동학농민운동, 갑오개혁, 독립협회 활동, 광무개혁 등 자주적 근대 국가를 수립하기 위한 노력과 과정을 살펴본다. 또한 동아시아 국제 정세 변화를 바탕으로 일본의 국권 침탈 과정과 이에 맞서 전개된 다양한 국권수호운동을 파악한다. 시기는 흥선 대원군 집권부터 일제에 의한 국권 상실까지를 대상으로 한다. (중간 생략) ③ 동학 농민 운동이 반봉건적, 반침략적 근대 민족 운동의 성격을 지니고 있음을 파악하고, 갑오개혁 때 추진된 근대적 개혁 내용을 살펴본다. (이하 생략)

〈표 6〉에서 알 수 있듯이 제7차 교육과정기의 『한국근·현대사』는 '구국민족운동의 전개'에서 동학농민운동을 다루었다. 그리고 동학농민운동을 고부민란, 1차봉기, 집강소 설치, 2차봉기, 공주 공방전 등의 단계로 서술하도록 하였다. 집강소 설치는 전주화약기에 이루어지므로 전주화약기를 하나의 단계로 설정해서 가르치도록 하였던 것이다. 다만 교과서 본문에서는 공주 공방전에 대해 비중 있게 다루지 않고 있다. 그리고 2009 개정교육과정은 근현대사 중심이지만 2009 수정교육과정은 전근대사와 근현대사를 포괄한 통사 개념의 교과서이므로 근현대사의 서술 비중이 축소되었다.

〈표 7〉은 제7차 교육과정~2009 수정교육과정기 국사 교과서의 전주화약 관련 서술이다.

<표 7> 제7차 교육과정~2009 수정교육과정의 전주화약 관련 서술

번호	교과서명	서술 내용
15	국사(하)	동학농민운동은 1894년 전라도 고부에서 시작되었다. 전봉준을 중심으로 고부에서 봉기한 동학농민군은 보국안민과 제폭구민을 내세우고 전라도 일대를 공략한 다음 전주를 점령하였다(1894). 농민군은 정부에 **폐정개혁 12개조를 건의하고 집강소를 설치하여 개혁을 실천**해나갔다. 그러나 정부의 개혁이 부진하고 일본의 침략과 내정간섭이 강화되자 농민군은 다시 봉기하여 외세를 몰아낼 목적으로 서울로 북상하였다. 먼저 공주를 점령하려 한 농민군은 우금치에서 근대무기로 무장한 관군, 일본군에게 패하고 지도부가 체포되면서 동학농민운동은 좌절되었다.
16	한국 근·현대사	전주화약과 집강소 정부는 전주성 함락 소식에 놀라 청에 원병을 요청하였다. 이에 청군은 5월 5일 아산만에 군대를 상륙시켰다. 청군의 침입을 지켜보던 일본도 텐진조약을 구실로 인천에 군대를 보내 한반도의 정세는 새로운 국면을 맞이하였다. **정부는 뜻하지 않게 일본군이 들어오자 청일 양군의 철병을 요구하는 한편 농민군과 타협을 모색**하였다. 정부군과 힘겨운 전투를 치르고 있던 **농민군도 정부군과 싸우는 가운데 불리해지는 전세를 돌이키기 위해 정부군에 휴전을 제의**하였다. 마침내 5월 8일에 정부와 농민군 사이에 **전주화약**이 맺어졌다. 정부는 농민군의 신변보장을 약속하는 한편 농민들이 요구한 여러 개혁안 중 일부를 받아들였다 여기에는 신분제를 폐지하고 조세제도를 개혁한다는 내용이 들어 있었다. 전주화약 이후 각지로 흩어진 농민군은 각 군에 **집강소**를 설치하였다. 집강소는 일종의 농민자치조직으로 농민의 의사를 모으고 이를 집행했으며 치안을 담당하기도 하였다. **농민군은 지방 수령과 손을 잡고 각종 제도를 개혁하고 수탈에 앞장 섰던 지주와 부호를 처벌**하였다. 또한 신분적 질서를 해체시키면서 기존 사회질서를 부정하고 근대사회로 나아가려는 움직임을 보였다.
17	한국사	당시 모여든 농민군에게는 동학교도보다 일반 농민들이 더 많이 참여하여 탐관오리 제거, 조세 수탈 시정 등을 주장하였다. 세력이 더욱 커진 농민군은 전주 감영에서 파견한 진압군을 황토현에서 물리쳤다. 이어 토벌을 위해 파견된 정부군을 남쪽으로 유인하면서 정읍, 홍덕, 고창, 무장 등을 점령하였다. 4월 하순에는 황룡촌전투(전남 장성)에서 정부군을 크게 격파한 후 그 기세를 몰아 전주성을 점령하였다.

		전주성 함락 소식에 놀란 정부는 청에 원병을 요청했고, 이에 따라 청군이 아산만에 상륙하였다. 그러자 조선의 상황을 주시하던 일본도 공사관과 거류민 보호를 규정한 제물포조약을 구실로 인천에 상륙하였다. 예기치 못한 상황에 직면한 농민군은 정부와 그릇된 정치를 개혁할 것을 합의하는 **전주화약**을 맺었다(5.8.). 그 후 농민군은 전라도 각 지역에 자치적 민정기구로서 **집강소**를 설치하여 행정과 치안을 담당하면서 자신들이 내세운 **폐정개혁안**을 실천해 나갔다. 정부는 농민군과 전주화약을 체결한 후 **교정청**을 설치하여 개혁을 추진하면서 청과 일본에 군대 철병을 요구하였다.
18	한국사	농민군에는 동학교도보다 일반농민이 더 많이 참여하게 되면서 탐관오리 제거, 조세수탈 시정 등을 주장하였다. 농민군은 전주 감영에서 파견된 진압군을 황토현에서 물리쳤다. 이어 정부군을 남쪽으로 유인하면서 정읍, 고창 등을 점령하였다. 4월 하순에는 황룡촌전투(전남 장성)에서 정부군을 크게 격파한 후 기세를 몰아 전주성을 점령하였다. 전주성 함락 소식에 놀란 정부는 청에 원병을 요청했고 이에 따라 청군이 아산만에 상륙하였다. 또한 조선의 상황을 주시하던 일본도 공사관과 거류민 보호를 규정한 제물포조약을 구실로 군대를 파견해 일본군이 인천에 상륙하였다. 예기치 못한 상황에 직면한 농민군은 정부와 정치를 개혁할 것을 합의하는 **전주화약**을 맺었다. 그 후 농민군은 전라도 각 지역에 자치적 민정기구인 **집강소**를 설치해 행정과 치안을 담당하면서 자신들이 내세운 **폐정개혁안**을 실천해 나갔다. 정부도 **전주화약**을 체결한 후 교정청을 설치해 개혁을 추진하면서 청과 일본에게 철군을 요구하였다.

〈표 7〉에서 확인할 수 있는 것은 다음과 같다. 첫째, 전주화약의 배경에 대해 『국사』(국사편찬위원회 1종도서편찬위원회, 2002)는 전혀 서술하지 않았다. 『한국·근현대사』(김한종 외, 2002)는 청일 양군의 파병과 정부군과의 전투에서 불리해진 동학농민군의 상황을 들었으나 『한국사』(미래엔컬쳐, 2011)과 『한국사』(미래엔컬쳐, 2014)에서는 청일 양군의 파병만을 적시하였다. 이는 '한국사의 전개 과정을 주체적·종합적으로 이해하고, 발전적으로 파악', '동학농민운동이 반봉건적, 반침략적 근대 민족 운동의 성격을 지니고 있음을 파악하고, 갑오개혁 때 추

진된 근대적 개혁 내용'을 살피도록 한 교육과정에 충실한 서술이라 판단된다. 둘째는 전주화약 이후 동학농민군이 철수했는지 혹은 해산했는지에 대한 문제이다. 『국사』와 『한국사』(미래엔컬쳐, 2011)과 『한국사』(미래엔컬쳐, 2014)에서는 동학농민군이 철수했는지 혹은 해산했는지에 대해서는 전혀 서술하지 않았으나 『한국근·현대사』에서는 '전주화약 이후 각지로 흩어진 농민군은 각 군에 집강소를 설치하였다.'고 서술하여 동학농민군이 해산한 것이 아니라 자신들의 의지에 의해 각지로 철수한 것으로 파악하였다. 셋째는 집강소와 폐정개혁안에 대한 서술이다. 폐정개혁안이 국사교과서에 가장 먼저 소개된 것은 1974년 국사교과서를 국정화한 이후의 일이다. 이후 오지영의 『동학사』에 소개된 폐정개혁안 12개조가 꾸준히 교과서에 소개되다가[42] 2009 개정교육과정 이후 검인정제하에서 일부 교과서에서 오지영의 『동학사』에 대한 일부 학계의 의견을 수용하여 폐정개혁안 12개조를 수록하지 않고 정교의 『대한계년사』나 전봉준의 판결문 등을 인용하거나 아예 학습자료를 제공하지 않았다.[43]

2002년 『국사』의 경우 교과서 본문에는 전주화약에 대한 언급이 전혀 없으나 각주에서 집강소를 설명하면서 "전주화약 이후 동학농민군이 내정을 개혁할 목적으로 전라도 53개 군에 설치한 민정기관. 한 사람의 집강과 그 아래에 서기, 성찰, 집사, 동몽 등의 임원을 두었다."[44]고 기술하였다. 그러나 같은 교육과정기인 제7차 교육과정기에 발행된 『한국근·현대사』에서는 '전주화약과 집강소의 활동'을 소단원으로 설정하여 전주화약을 강조하였다.

42) 조성운, 앞의 논문, 『민족종교의 두 얼굴』, 선인, 262~263쪽, 〈표 10〉.
43) 조성운, 앞의 논문, 『한국민족운동사연구』 78, 235~237쪽, 〈표 10〉.
44) 교육과학기술부, 『국사』, 두산동아, 2002, 110쪽.

특히 『한국근·현대사』는 전주화약의 체결 과정에 대해서도 상당히 자세하게 서술하였다. 이는 〈표 6〉에서 볼 수 있듯이 『한국근·현대사』는 동학농민운동에 대한 서술을 상세하게 하도록 한 지침에 기인한다고 생각된다. 이러한 지침에 입각하여 당시 동학농민운동의 연구 성과를 교과서에 반영한 것으로 판단된다. 특히 전주화약 이후 설치된 집강소의 위상을 "농민군은 지방 수령과 손을 잡고 각종 제도를 개혁하고 수탈에 앞장섰던 지주와 부호를 처벌"한 것으로 파악하여 집강소는 전봉준과 김학진의 타협의 산물이지만 집강소가 전라도의 치안을 담당하였으며, 전봉준은 집강소를 통해 동학농민군을 지도하였다는 김양식의 주장을 채택하였음을 확인할 수 있다.

그러나 2009 개정 교육과정 이후에 간행된 『한국사』(미래엔컬쳐, 2011)와 『한국사』(미래엔컬쳐, 2014)는 전주화약이 정부와 동학농민군의 타협의 산물이라는 점을 명확하게 서술하면서도 집강소를 지방행정의 협조기관으로 파악한 『한국근·현대사』와는 달리 '행정과 치안을 담당하면서 자신들이 내세운 폐정개혁안을 실천'한 기관으로 파악하여 차이를 드러내고 있다. 이는 집강소에 대한 전통적인 인식으로 회귀한 것으로도 볼 수 있다. 다만 집강소가 추진하였던 폐정개혁안이 전주화약의 타협물인지 혹은 전주화약 이후 동학농민군이 개혁을 추진하는 과정에서 제시된 것인지에 대해서는 명확하게 서술하지 않았다. 이는 연구자마다의 주장이 달랐기 때문이라 생각된다.

이상에서 우리는 해방 이후 국사 교과서의 전주화약에 대한 서술을 교육과정기별로 나누어 살펴보았다. 이를 위해 먼저 전주화약에 대한 연구사의 정리를 통해 해방 이후 전주화약에 대한 연구는 집강소와 폐정개혁안과의 관련 속에서 진행되었고, 전주화약 자체에 대한 연구는 매우 미흡하다는 사실을 확인하였다. 또한 교육과정기 별로 전주화약에 대한 서술에 차이가 있다는 사실을 확인할 수 있었다. 이를 다음과 같이 몇 가지로 정리할 수 있다.

첫째, 제2차 교육과정기까지의 국사 교과서에서는 전주화약에 대한 서술은 없었으나 전주성 퇴각의 배경으로서 청군의 입국과 초토사의 선유, 청군의 입국과 관군의 포격 등으로 서술하여 동학농민군이 정부군의 공세에 밀려 사기가 떨어져 전주성에서 퇴각하거나 해산하는 것으로 서술하였다. 제3차 교육과정기부터 제6차 교육과정기에는 청군 파병에 따른 농민군의 사기 저하와 정부군의 공세라는 요소가 삭제되고 청일 양군의 파병에 따라 사태가 국제적인 문제로까지 확대된 데에 따른 정부와 동학농민군 사이의 타협 정도로 서술되었다. 제7차 교육과정기 이후에는 청일 양군의 파병과 정부군과의 전투에서 불리해진 동학농민군의 상황, 청일 양군의 파병 등으로 정리하였다. 따라서 전주화약의 배경에 대한 서술은 제2차 교육과정기까지는 청군의 파병과 동학농민군의 약세에 따라 어쩔 수 없이 동학농민군이 전주성에서 철수하였다고 서술하였으나, 제3차 교육과정기 이후에는 청일 양군의 개입에 따라 동학농민운동이 '이들' 국제문제화 하였다는 측면을 강조하는 방향으로 서술되고 있음을 알 수 있다.

둘째, 집강소에 대한 서술의 변천이다. 제2차 교육과정기까지 국사교과서에는 집강소와 폐정개혁안에 대한 기술이 없었으며, 제3차 교육과정기 국사 교과서에 비로소 집강소와 폐정개혁안에 대한 기술이 이루어지고 있다는 사실도 확인되었다. 다만 제3차 교육과정기에도 폐정개혁안이라 사용되던 용어가 제4차 교육과정기에는 12개조로 된 정치개혁 요강이란 용어로 변화되었다가 제5차 교육과정기 이후 다시 폐정개혁안으로 환원하였다는 사실도 확인되었다. 집강소의 역할이나 기능에 대해서는 제3차 교육과정과 제4차 교육과정에서는 치안과 지방행정을 담당하는 기관으로 서술되었으나 제5차 교육과정과 제6차 교육과정에서는 폐정개혁안을 실천한 기관으로 서술하였다. 제7차 교육과정에서는 지방행정의 협조기관으로서 '동학농민군이 내정을 개혁할 목적으로 전라도 53개 군에 설치한 민정기관'으로 서술하였고, 『한국근·현대사』에서는 치안을 담당하고 전봉준이 이를 통해 동학농민군을 지도한 것으로 서술하였다. 그리고 2009 개정 교육과정 이후에는 행정과 치안을 담당하면서 자신들이 내세운 폐정개혁안을 실천한 기관으로 서술하였다. 다만 각 시기마다 집강소가 전주화약의 타협물인지 혹은 전주화약 이후 동학농민군이 개혁을 추진하는 과정에서 설치된 것인지에 대해서는 명확하게 서술하지 않았다.

셋째, 전주화약 이후 동학농민군이 해산하였는지 혹은 철수하였는지에 대한 문제이다. 이는 전주화약의 배경을 어떻게 파악하였는가에 따라 그 평가가 달라지고 있다. 제2차 교육과정기까지는 철수와 해산이라는 용어가 혼용되었다. 제3차 교육과정기와 제4차 교육과정기에는 해산이란 용어가 사용되었다. 제5차 교육과정 이후에는 해산 혹은 철수라는 용어 자체를 사용하지 않은 채 전주화약 이후 동학농민군이 집강소를 설치하여 폐정개혁안을 실천에 옮겼다는 취지로 서술하여 해산이 아닌 철수라는 의미를 강조한 것으로 파악된다.

요컨대 해방 이후 전주화약에 대한 국사 교과서의 서술은 각 시기의 동학농민운동과 전주화약에 대한 연구 수준을 반영한 것으로 이해된다. 따라서 향후 국사 교과서의 전주화약 서술은 전주화약에 대한 연구 수준의 발전에 따라 달라질 것이다. 우리나라의 대부분의 국민들은 학교에서 이 국사 교과서를 통하여 역사교육을 받으며, 이 과정에서 동학농민운동에 대해 이해하고 있다.

그런데 이상에서 살핀 바와 같이 국사 교과서의 전주화약 서술은 시기에 따라 변화하였으며, 동학농민운동에서 어떠한 의미를 갖고 있는가에 대한 논의조차 분분한 현실이다. 따라서 동학농민혁명기념일은 유족과 학계, 유관 지방자치단체가 합의할 수 있는 부분에서 지정되어야 할 것이다. 특히 기념일의 명칭에 '혁명'이 들어있다는 점에서 국사교과서의 전주화약 서술에 혁명성이 있다고는 판단되지 않는다.

2장_ 해방 이후 고등학교 한국사 교과서의 신간회 서술 변천

신간회는 식민지시기 국내에서 조직된 민족운동단체 중 가장 규모가 컸고, 비타협적 민족주의자와 사회주의자 사이의 민족협동전선 혹은 민족통일전선으로서 민족의 독립과 해방을 목적으로 했던 단체로 잘 알려져 있다. 이러한 측면에서 신간회는 남과 북으로 분단된 오늘날의 우리나라 현실에서 좌와 우가 민족의 독립과 해방을 위해 이념과 지향의 차이를 서로 인정하면서 함께 민족운동을 전개한 대표적인 사례로서 주목을 받아왔다.

그러나 1945년 일제의 패망과 독립 이후 냉전체제의 확산과 고착은 한반도에 반공체제를 정착시켰고, 이에 따라 신간회는 사회주의자가 참여한 민족운동단체라는 특성 때문에 한국사 연구와 한국사 교육에서 한동안 그 활동과 의미가 축소되기도 하였다. 이러한 현실에서 한국사 교과서에 신간회가 '있었던 사실 그대로' 기술되는 것은 쉽지 않았을 것이라는 점은 쉽게 짐작할 수 있을 것이다. 따라서 신간회가 한국사 교과서에 수록되고 학생들에게 교수되는 것은 곧 한국사회의 민주화 정도에 따른 것이었다고도 할 수도 있다. 즉 한국사회에서 식민지시기의 좌익 혹은 사회주의운동에 대한 이해의 폭이 넓어지면서 신간회가 교과서에 수록될 수 있었던 것이라 판단된다. 해방 직후부터 신간회가 교과서에 수록되지 않았던 것은 아니므로 신간회의 교과서 수록 여부, 더 나아가 신간회에 대한 서술의 변화는 곧 당대 한국 사회의 식민지시기 민족운동에 대한 이해의 폭, 이념적 지향, 통일에 대한 인식 등을 확인할 수 있는 지표가 된다고도 할 수 있을 것이다.

신간회에 대한 본격적인 연구는 1964년 조지훈이 저술한『한국민족 문화사대계 1권: 민족, 국가사』(고려대학교 민족문화연구소)에 수록되어 있다. 이 책은 이후『한국민족운동사』(나남출판사, 1993)로 다시 발행되었는데, 조지훈은 이 책에서 정부 수립 이후 발간된 대부분의 독립운동사 저술에서 제외되었던 사회주의운동도 민족해방운동사에서 제외시킬 수 없는 것이라며 다음과 같이 주장하였다.

> 우리나라에 사회주의운동이 대두하기 시작한 것은 3·1운동 전후의 일이다. 그것의 배경에는 러시아에서의 볼세비키 혁명운동의 간접적 또는 직접적인 영향 아래 이루어졌다는 것은 부인할 수 없는 사실이다. 그러나 일제의 식민지에서의 해방이라는 근본 명제는 8·15해방까지 사회주의에 기본적인 제약을 주었을 뿐 아니라 우리의 민족주의에 사회주의적 경향을 자극해왔던 것이다. 그러므로 한국의 민족운동은 민족적 사회주의·사회주의적 민족주의의 색조가 짙었고, 이러한 상호 영향의 요소 때문에 해방 전까지의 공산주의운동은 민족해방운동사에서 제외될 수 없는 것이다.[45]

이어서 이현희의 연구[46]가 있었고, 1977년 이래 미즈노 나오키(水野直樹)가 신간회에 대한 일련의 연구를 수행하였다.[47] 국내에서는 이균

---

45) 조지훈,『한국민족운동사』, 나남사, 1993, 231쪽.

46) 이현희,「신간회의 조직과 항쟁-일제치하의 민족단일당 운동」,『사총』15, 고대사학회, 1971.

47) 水野直樹,「新幹會運動に関する若干の問題」,『朝鮮史研究會論文集』14, 朝鮮史研究會, 1977 ;「新幹会東京支会の活動について」,『朝鮮史叢』創刊號, 1979 ;「新幹会の創立をめぐって」,『近代朝鮮の社會と思想』, 未來社, 1981 ;「コミンテルン第7回大会

342 대한민국의 국사교과서

영에 의하여 최초의 석·박사학위논문이 각각 1981년과 1990년에 제출[48]되었고, 그는 1993년 박사논문을 보완하여 단행본을 출간하였다.[49] 이외에도 金森襄作이나 朴慶植 등이 일본에서 신간회를 연구하였다.[50] 1970년대 이래 본격화된 신간회운동에 대한 연구는 1980년대 이후에는 많은 연구를 양산할 정도가 되었다.[51] 이와 같이 1980년대 이

と在満朝鮮人の抗日闘争ー在満韓人祖国光復会覚え書き」, 『歴史評論』 423, 1985 ; 「코민테른의 민족통일전선론과 신간회운동」, 『역사비평』 2, 1988.

48) 이균영, 「신간회에 대하여-그 배경과 창립을 중심으로-」, 한양대학교 대학원 석사학위논문, 1981 ; 『신간회연구』, 한양대학교 대학원 박사학위논문, 1990.

49) 이균영, 『신간회연구』, 역사비평사, 1993.

50) 金森襄作, 「論爭を通じてみた新幹會-新幹會をめぐる民族主義と階級主義の對立」, 『朝鮮學報』 93, 1979.
朴慶植, 「朝鮮民族解放運動民族統一戰線」, 『ファシズム下の抵抗と運動』, 東京大社會科學研究所, 1983.

51) 신간회에 대한 대표적인 연구는 다음과 같다.
이균영, 「신간회의 결성에 따른 양당론과 청산론 검토」, 『동아시아문화연구』 7, 한양대학교 한국학연구소, 1985.
水野直樹, 「코민테른의 민족통일전선론과 신간회운동」, 『역사비평』 2, 1988.
이현주, 「신간회에 참여한 사회주의자들의 운동론-ML당계를 중심으로」, 『한국민족운동사연구』 4, 한국민족운동사학회, 1989.
김인식, 「신간회운동기 ML계의 부르조아민주주의혁명론」, 『중앙사론』 7, 1992.
박찬승, 「1920년대 중반~1930년대 초 민족주의좌파의 신간회운동론」, 『한국사연구』 80, 한국사연구회, 1993.
강재순, 「신간회 부산지회와 지역사회운동」, 『지역과 역사』 1, 부경역사연구소, 1996.
조성운, 「일제하 수원지역의 신간회운동」, 『역사와실학』 15·16합집, 역사실학회, 2000.
성주현, 「1920년대 천도교의 협동전선론과 신간회 참여와 활동」, 『동학학보』 10, 동학학회, 2005.
윤효정, 「신간회 지회연구의 성과와 과제」, 『역사문제연구』 18, 역사문제연구소, 2007.
김인식, 「이승복과 신간회 창립기의 조직화 과정」, 『한국민족운동사연구』 58, 한국민족운동사학회, 2009.
윤덕영, 「신간회의 창립과 합법적 정치운동론」, 『한국민족운동사연구』 65, 한국민족운동사학회, 2010.
조성운, 「일제하 광주지역의 신간회운동」, 『사학연구』 100, 한국사학회, 2010.
성주현, 「양양지역 신간회 조직과 활동」, 『한국민족운동사연구』 73, 한국민족운동

후에야 신간회에 대한 연구가 확립된 것은 한국사회의 민주화와 평화통일에 대한 사회적 합의가 이루어졌으며, 이러한 시대적 분위기는 좌우합작의 역사적 경험에 대한 연구를 필요로 했기 때문이라 생각된다.

다만 여기에서는 이러한 당대 한국사회의 인식을 천착하는 것이 목적이 아니라 해방 이후 각 교육과정 별로 발행된 한국사 교과서의 신간회에 대한 서술의 변천을 확인하는 것을 목적으로 한다. 이를 통해 신간회로 대표되는 민족협동전선에 대한 이해의 폭을 확인할 수 있으며, 더 나아가 통일에 대한 각 시기 한국정부의 인식과 방법론 등에 대한 이해와 관심의 폭을 짐작할 수 있을 것이라 생각한다.

이러한 의미를 지니는 신간회에 대한 교과서 서술 변천을 살핀 연구는 배영미의 연구가 유일하다.[52] 이 연구는 교수요목기부터 제7차 교육과정까지를 대상으로 한다 하였으나 활용한 교과서는 교수요목기 1종, 제1차 교육과정기 1종, 제2차 교육과정기 2종, 제3차 교육과정기 2종, 제4차 교육과정기부터 제6차 교육과정기까지 각 1종, 그리고 제7차 교육과정기의 한국근·현대사 교과서 6종 등 모두 14종의 교과서밖에 이용하지 않았다는 한계가 있다. 특히 교수요목기부터 제2차 교육과정기까지의 교과서는 모두 4종에 불과하고, 제7차 교육과정의 한국근·현대사 교과서가 6종이나 되어 사실상 제7차 교육과정 한국근·현대사 교과서를 중심으로 한 연구라는 성격을 갖고 있다. 따라서 제6차 교육과정까지의 신간회 서술에 대해 제대로 살피지 못하였다는 한계가 있다. 또한 이 연구는 각 교육과정기의 교육과정과 교과서 서술을 연계하여 고찰하지 못하였다는 한계도 동시에 지니고 있다. 특히 한국전쟁,

---

사학회, 2012.

52) 배영미, 「고등학교 국사 교과서의 신간회 서술 변화-교수요목기부터 제7차 교육과정까지-」, 『전농사론』 11, 서울시립대학교 국사학과, 2005.

5·16군사정변, 10월유신, 광주민주화운동 등 각 시기별로 한국사회의 성격을 변화시킨 큰 사건들이 역사교육에 미친 영향에 대해서는 거의 언급하지 않고 있다.

본고는 이러한 선행 연구의 부족한 점을 보완하는 관점에서 당대의 역사적 사건이 교육과정에 미친 영향을 파악한 후 한국사 교과서에 서술된 신간회의 조직, 활동, 해소, 그리고 신간회운동의 의의에 대해 각 교육과정 서술이 어떻게 변천했는가를 살피도록 하겠다. 특히 미군정 이후 한국사 교육이 반공주의적 관점에 따라 이루어졌다는 점에 주목하였다. 이러한 목적을 달성하기 위하여 이 글에서는 〈표 1〉의 교과서를 이용하였다.

<표 1> 본 연구에 이용한 교과서

번호 53)	교육과정	교과서명	저자/편자	출 판 사	쪽수	발행 연도
1	교수요목기	국사교본	진단학회	군정청교육부	177	1946
2		중등국사	최남선	동명사	96	1947
3		새국사교본	이병도	동지사	211	1948
4	제1차교육과정 (1955~1962)	국사	이병도	일조각	197	1957
5		우리나라 문화사	이홍직	민교사	287	1960
6		고등국사	역사교육연구회	교우사	203	1962
7		고등국사	김상기	장왕사	266	1963
8		국사	이병도	일조각	198	1965
9		고등국사	최남선	사조사	228	1965
10	제2차교육과정 (1963~1973)	국사	이원순	교학사	288	1968
11		국사	신석호	광명출판사	282	1968
12		최신국사	이현희	실학사	287	1968
13		국사	이병도	일조각	274	1972
14	제3차교육과정 (1974~1981)	국사	문교부	한국교과서 주식회사	234	1975
15		국사	국사편찬위원회 1종도서 연구개발위원회	문교부	329	1979

16	제4차교육과정 (1982~1989)	국사(하)	국사편찬위원회 1종도서 연구개발위원회	문교부	201	1982
17		국사(하)	국사편찬위원회 1종도서 연구개발위원회	문교부	203	1987
18	제5차교육과정 (1990~1995)	국사(하)	국사편찬위원회 1종도서 연구개발위원회	문교부	225	1992
19	제6차교육과정 (1996~2001)	국사(하)	국사편찬위원회 1종도서 연구개발위원회	문교부	252	1996
20	제7차교육과정 (2002~2010)	국사	국사편찬위원회 1종도서 편찬위원회	두산동아	433	2002
21	2009 개정 교육과정 (2009~2010)	한국사	한철호 외	미래엔컬쳐	없음	2011
22	2009 수정 교육과정 (2011~)	한국사	한철호 외	미래엔컬쳐	363	2014

1. 교수요목기~제2차 교육과정기의 신간회 서술

해방 이후 고등학교 한국사 교과서의 민족운동사 서술은 대단히 미약
하였다. 이는 해방 직후라는 시대적 한계에서 비롯된 것으로 보인다. 즉
시기적으로 민족운동사나 독립운동사에 대한 연구가 미진하였으며, 민
족운동이나 독립운동 혹은 친일 경력이 있는 생존 인물들이 많아 교과서
에 서술하는 것이 부담스러웠기 때문이라 생각된다. 그러므로 〈표 2〉에
서 볼 수 있듯이 신간회에 대한 서술은 대단히 소략하였다. 이것은 이
시기 민족운동사에 대한 서술이 소략한 것과 일맥상통한다고 할 수 있다.

---

53) 이 번호는 본고의 〈표 3〉 이하의 모든 〈표〉의 번호에 동일하게 적용되었음을 밝힌다.

<표 2> 교수요목기~제2차 교육과정기의 신간회 기술 분량

번호	교 과 서 명	기술 분량	기술된 쪽수	발행연도	교육과정
1	국사교본	4줄	174	1946	교수요목기
2	중등국사	없음		1947	
3	새국사교본	4줄	203	1948	
4	국사	3줄	189	1957	제1차교육과정
5	우리나라문화사	2줄	237	1960	
6	고등국사	없음		1962	
7	고등국사	1줄	244	1963	
8	국사	3줄	190	1965	
9	고등국사	없음		1965	
10	국사	4줄	235~236	1968	제2차교육과정
11	국사	1줄	237	1968	
12	최신국사	11줄	234~235	1968	
13	국사	7줄	237	1972	

〈표 2〉에서 알 수 있듯이 각 교과서의 평균 쪽수는 교수요목기는 161
쪽, 제1차 교육과정기는 230쪽, 제2차 교육과정기는 283쪽 정도이다. 이
러한 교과서의 전체 쪽수 가운데 신간회 서술 분량은 교수요목기가 약
2.7줄, 제1차 교육과정기가 1.5줄, 제2차 교육과정기가 5.8줄 정도였다.
전반적으로 신간회 서술이 약간 증가하였으나 이는 신간회에 대한 관
심이 고조되었다기보다는 교과서 쪽수의 증가 추세와 맞물리는 것이
었다고 판단된다.

그런데 최남선이 집필한 『중등국사』(동명사)와 『고등국사』(사조사)
에는 신간회에 대한 서술이 전혀 없다. 이는 한국사회에서 반공주의가
고조되는 현실을 반영한 것일 수도 있으며, 신간회의 결성과정에서 보
인 최남선의 다음과 같은 입장을 반영하는 것이라 할 수 있다.

1926년말 우연히 평안북도 정주 소재 오산학교 교사로 있던 홍명희는 동기
휴가를 이용하여 경성에 와서 최남선을 방문한 바 최남선으로부터 그들의 의
중을 전해 듣고 동시에 서로 자치문제에 대하여 밤을 밝히며 토론하였다.[54]

즉 최남선은 신간회가 강령을 통해 배척한 '기회주의자' 곧 민족주의 우파의 의중을 홍명희에게 전달하는 역할을 하였던 것이다. 이는 최남선이 민족주의 우파와 일정한 연계를 가지고 있었을 가능성을 보여준다고도 할 수 있다.

〈표 3〉은 교수요목기~제2차 교육과정기의 신간회 서술 내용을 모두 옮긴 것이다.

<표 3> 교수요목기~제2차 교육과정기의 신간회 서술 내용

번호	교 과 서 명	발행 연도	서술 내용
1	국사교본	1946	그동안 사회주의계의 지하활동도 눈부시게 전개되어 부분적인 경제적 투쟁에서 정치운동으로 옮기고 민족주의와 사회주의는 합동하여 민족단일전선으로서 신간회의 창립을 보게 되어 삼만여의 회원을 가지게 되었다.
2	중등국사	1947	없음
3	새국사교본	1948	그동안 사회주의계의 지하활동도 눈부시게 전개되어 부분적인 경제적 투쟁에서 정치운동으로 옮기고 민족주의와 사회주의는 합동하여 민족단일전선으로서 신간회의 창립을 보게 되어 삼만여의 회원을 가지게 되었다.
4	국사	1957	일본은 이러한 운동에 대하여 치안유지법을 만들어서 탄압을 계속하였으나, 1927년에는 지도자층의 대부분을 망라한 신간회(新幹會)가 나와서 광범한 조직을 가지고 일반 청년, 학생, 노동자들을 지도하였다. 이 당시 여성운동단체로서 근우회(槿友會)도 생기어 활약하였다.
5	우리나라 문화사	1960	(6·10만세운동을-인용자) 뒤이어 독립운동자를 총망라한 신간회(新幹會)가 조직되어 통일된 민족운동을 광범위하게 전개하였다.
6	고등국사	1962	없음
7	고등국사	1963	신간회 등 단체의 활동도 국내 국외를 통하여 매우 활발하였다.
8	국사	1965	1927년에는 지도자층의 대부분을 망라한 신간회(新幹會)가 나와서 광범한 조직을 가지고 일반 청년, 학생, 노동자들을 지도하였다. 이 당시 여성운동단체로서 근우회(槿友會)도 생기어 활약하였다.

54) 慶尙北道警察局, 『高等警察要史』, 1934, 59쪽.

9	고등국사	1965	없음
10	국사	1968	6·10만세운동으로 전국이 다시금 진동하는 만세소리로 덮이자 일제는 총칼로써 이를 탄압하였다. 이에 이어 1927년에는 민족주의적 결사로 비타협적 투쟁을 목적한 신간회*가 조직되었다. *1927년 1월에 국내 유력 지도자들의 규합으로 조직된 단체. 초대 회장 신석우. 그 후 광범한 합법적 투쟁을 전개하다 1931년 해산되었다. 광주학생운동을 다룬 소주제에 이에 신간회는 조사단을 광주에 파견하고 서울에서 민중대회를 개최하려다 일제의 총검거로 뜻을 이루지 못하였다.
11	국사	1968	결사의 자유로 조선교육회(朝鮮教育會)·신간회(新幹會)·근우회(槿友會) 등 각종 사회단체를 허락하였으나, 모두 감시를 철저히 하였으며, 교육의 평등을 보장한다 하여, 남녀 고등보통학교를 각 도에 하나씩 설치하고,
12	최신국사	1968	이보다 앞서 1927년에는 민족주의자들의 동맹체로 신간회(新幹會)가 조직되어 회원 3만을 확보하고 있었다. 한편, 이의 자매기관으로 여성들의 단합체인 근우회(槿友會)가 함께 설치되어 전국 4천여명의 여성회원이 일치단결로써 구국운동을 전개하였으나 5년만에 신간회와 함께 압박으로 식어지고 말았다.
13	국사	1972	1926년 6월 10일에는 순종의 장례일을 기해 6·10만세운동이 학생 중심으로 일어나고, 뒤이어 항일운동이 사상관계로 분열한다거나 서로 대립하는 사례가 있어서는 안되겠다는 뜻에서 항일민족통일전선을 내세워 독립운동자들을 총망라한 신간회(1927)가 조직되어 활발한 항일운동을 전개하였다.

〈표 3〉을 통해 볼 때 이 시기의 신간회 서술은 단편적인 것에 그쳤음을 확인할 수 있다. 신간회 창립의 배경에 대한 서술을 먼저 보도록 하자. 교수요목기에는 '그동안 사회주의계의 지하활동도 눈부시게 전개되어 부분적인 경제적 투쟁에서 정치운동으로 옮기고'라 하여 민족주의계열의 움직임은 주목하지 않은 채 사회주의운동의 발전이 신간회 결성의 결정적 요인으로 파악하였다. 그러나 사회주의의 활동을 '지하활동'[55]이라 규정함으로써 식민지시기의 사회주의운동에 정당성을 부

여하지 않았다고 할 수 있다.

제1차 교육과정기에는 '일본은 이러한 운동에 대하여 치안유지법을 만들어서 탄압을 계속하였으나'라고 기술하여 일제가 치안유지법을 제정해야 할 정도로 사회주의운동을 포함한 민족운동이 활발히 전개된 상황을 신간회 결성의 배경으로 설명하였다. 여기에서 '이러한 운동'이란 "나석주, 윤봉길 등 여러 의사의 의거가 있었고, 소장쟁의, 노동쟁의, 학생운동, 사상운동"[56] 등을 의미하는 것이었다. 이외에도 이 시기 한국사 교과서에서 신간회 결성의 배경으로 든 것은 6·10만세운동과 결사의 자유이다. 6·10만세운동은 민족주의 좌파와 사회주의계가 합동하여 전개한 것이라는 측면에서, 결사의 자유는 3·1운동 이후 제한적이지만 허용되었다는 측면에서 신간회 결성의 배경으로 거론된 것으로 보인다.

다음으로 신간회의 주도세력에 대한 서술을 보면 교수요목기에는 '민족주의와 사회주의의 합동'이라 기술하였으며, 제1차 교육과정기에는 '지도자층의 대부분'이나 '독립운동자를 총망라'라고 기술하였다. 제2차 교육과정기에는 '국내 유력 지도자들', '민족주의자들', '독립운동자들을 총망라'라고 기술하였다. 이러한 신간회 주도세력에 대한 기술은 당시의 신간회 연구 수준과 이념적인 한계를 보여준다고 생각된다. 그런데 미군정기 교과서 편찬은 "불합격된 사유가 사상적으로 문제가 되지 않는다면 수정 지시에 따라 다시 제출하면 다 합격"[57]되었다는 증

---

55) '지하활동'이라는 용어에 대한 필자의 견해에 대해 이견이 있을 수 있다. 필자는 '지하활동'이 사회주의운동을 폄하한다는 의미로 이해를 했으나 실제 식민지시기 사회주의는 '지하활동'을 중심으로 활동하였음도 명백하기 때문이다. 다만 이를 객관적 혹은 긍정적으로 서술하였다면 '지하활동'이 아닌 다른 용어를 택하였을 것이라 생각하기 때문에 필자는 이 용어의 사용을 사회주의운동에 대해 폄하하는 것으로 이해하였다.

56) 이병도, 『국사』, 일조각, 1957, 189쪽.

언과 같이 반공주의적인 관점에 따라 이루어졌으므로 사회주의세력을 신간회의 주도세력으로 설명하는 것은 어려운 일이었을 것이다. 따라서 신간회의 주도세력에 대한 서술은 사회주의자를 숨기거나 민족주의세력을 강조하는 방식, 아니면 사상적 경향성을 파악할 수 없도록 할 수밖에 없는 것이었다고 생각된다. 이는 한국사교육에 대한 국가의 통제가 해방 직후부터 시작되었음을 보여주는 증거라 할 수 있다.

그리고 이 시기의 한국사 교과서에서는 신간회의 활동에 대해서는 구체적인 설명을 하지 않고 있다. 교수요목기에는 신간회의 활동에 대한 설명이 전혀 없으며, 제1차 교육과정기에는 '일반 청년, 학생, 노동자들을 지도'하였다고 하였다. 제2차 교육과정기에는 '활발한 항일운동을 전개'하였다는 서술만이 있을 뿐이다. 신간회가 국내외의 다양한 문제에 대해 활발한 활동을 전개한 것에 비하면 매우 소략한 서술임을 확인할 수 있다.

신간회운동의 의의에 대해서는 교수요목기에는 민족단일전선이라 평가하였으며, 제1차 교육과정기에는 '통일된 민족운동을 전개'한 단체로 설명하였다. 이는 신간회를 민족협동전선의 일환이라는 점에서 설명하는 것이라 보이지만 『우리나라문화사』(이홍직) 이외에는 이에 대해 전혀 설명하고 있지 않은 것을 확인할 수 있다.

제2차 교육과정기에는 '민족주의적 결사', '민족주의자들의 동맹체', '항일민족통일전선'이라 설명하였다. 여기에서 주목되는 것은 신간회에 대한 평가가 민족주의적인 것으로 왜곡되어 나타나기 시작하였다는 점이다. 다만 이병도의 『국사』에서는 항일민족통일전선이라 기술하여 사회주의계열과의 협동전선임을 명시하였다.

---

57) 이경훈, 「대담 교과서 출판 원고들에게 듣는다」, 『교과서연구』 9, 1991, 한국교과서재단, 100쪽.

한편 제1차 교육과정기와 제2차 교육과정기에는 신간회의 서술 과정에서 근우회를 함께 기술함으로써 근우회가 여성들의 민족단일전선 혹은 민족협동전선단체임을 설명하고 있다. 그런데 제2차 교육과정기의『국사』(이원순)에는 신간회 초대회장이 신석우라 기술되어 있어 명백한 사실 오류를 보이고도 있다. 이는 그만큼 신간회에 대한 이해가 부족하였다는 것을 보여주는 사례라 할 것이다.

이렇게 보면 이 시기 신간회 서술은 당시의 연구 수준과 반공 이데올로기에 따른 소략한 서술이었고, 제2차 교육과정기에는 신간회의 주도세력을 민족주의세력으로 왜곡하는 일도 있었음을 알 수 있다.

2. 제3차 교육과정~제7차 교육과정기의 신간회 서술

제3차 교육과정기는 10월유신의 정신을 교육과정에 반영한 것으로 이른바 '유신교육'을 뒷받침하는 교육과정이라 할 수 있다. 그리고 국사 교과서는 국정으로 전환되어 국사교육에 대한 국가의 통제가 더욱 강화되었다. 이후 국정 국사교과서는 제7차 교육과정기까지 사용된다. 즉 제7차 교육과정기에는 국민공통교육과정에 속하는『국사』는 국정, 심화교육과정에 속하는『한국근·현대사』는 검정으로 발행되어 한국사 교육이 국정과 검정의 이원화된 교과서로 이루어진 것이 특징적이다.

한편 제2차 교육과정이 일부 개정되는 1968년 이후에는 근현대사교육이 강조되기 시작하여 1969년 9월 4일 문교부령 제251호로 국어, 사회, 실업 가정, 미술, 외국어, 반공 도덕, 특별활동의 교육과정 내용을 보완하였다.[58] 특히 중학교 사회과 2학년 역사부분에서는 국민교육헌

---

58) 중앙대학교부설 한국교육문제연구소,『문교사 1945~1973』, 중앙대학교출판국, 1974, 581쪽.

장의 이념을 반영하는 등 4개 항목을 개정하였다.[59] 이러한 중학교의 역사교육의 흐름은 고등학교에서도 이어졌다. 그리고 1974년 12월 31 일 마련된 교육과정에서는 고등학교 국사과 교육의 지도유의사항에서 근대사와 현대사에 치중할 것을 강조하였다. 이후 제4차 교육과정기부 터 국사 교과서는 전근대사를 중심으로 한『국사』(상)과 근현대사를 중심으로 한『국사』(하)로 편찬되어 제6차 교육과정기까지 유지되었 다. 이후 제7차 교육과정이 마련되면서 한국근·현대사 과목이 설치되 고 국사는 다시 통합되어 단권으로 편찬되었다.

〈표 4〉는 제3차 교육과정부터 제7차 교육과정기의 신간회 서술 분량 을 나타낸 것이다.

<표 4> 제3차 교육과정~제7차 교육과정기 한국사 교과서의 신간회 기술 분량

번호	교 과 서 명	기술 분량	기술된 쪽수	발행연도	교육과정
1	국사	없음		1975	제3차교육과정
2	국사	7줄	280	1979	
3	국사(하)	13줄	141~142	1982	제4차교육과정
4	국사(하)	13줄	143~144	1987	
5	국사(하)	27줄	158~159	1992	제5차교육과정
6	국사(하)	25줄	164~165	1996	제6차교육과정
7	국사	9줄	119	2002	제7차교육과정

앞의 〈표 4〉에서 알 수 있듯이 이 시기 한국사 교과서의 평균 쪽수는 268쪽이다. 이는 통계상 제2차 교육과정기의 283쪽보다 분량이 줄었다 고 할 수 있으나 제4차 교육과정~제6차 교육과정기의 한국사 교과서가 상하 양권으로 편찬된 것을 감안하면 오히려 증가한 것이다. 이 글에 서는 상권을 제외한 하권만을 통계에 포함시켰다. 이를 바탕으로 〈표 4〉

59) 중앙대학교부설 한국교육문제연구소,『문교사 1945~1973』, 중앙대학교출판국, 1974, 582쪽.

에서 알 수 있듯이 제3차 교육과정기 한국사 교과서의 신간회 기술 분량은 평균 3.5줄, 제4차 교육과정기에는 13줄, 제5차 교육과정기에는 27줄, 제6차 교육과정기는 25줄, 제7차 교육과정기는 9줄이다. 이를 평균하면 13.4줄로서 교수요목기~제2차 교육과정기보다 약 2.5배 정도로 서술 분량이 증가하였음을 알 수 있다. 이는 교과서 쪽수의 증가와 비례한다고 생각된다. 다만 제7차 교육과정기에 신간회 서술 분량이 축소된 것은 한국근·현대사 과목이 설치되면서 나타난 현상이라는 점을 밝혀둔다.

〈표 5〉는 제3차 교육과정기~제7차 교육과정기 한국사 교과서의 신간회 서술 내용을 나타낸 것이다.

〈표 5〉 제3차 교육과정기~제7차 교육과정기 한국사 교과서의 신간회 서술 내용

번호	교 과 서 명	발행 연도	서술 내용
1	국사	1975	여기(광주학생항일운동-인용자)에 민족운동자들은 신간회를 중심으로 이 학생운동을 적극 후원하였다.
2	국사	1979	그런 중에 민족주의계와 사회주의계가 연계되어 민족단일조직으로서의 신간회를 조직하고(1927), 식민지 통치에 대항하는 민족운동을 전개하기에 이르렀다. 신간회는 민족의 단결과 정치적, 경제적 각성을 촉구하고, 기회주의자를 배격하는 등의 투쟁적인 측면을 보이기도 하였으며, 특히 광주학생운동을 고무시켰다. 그러나 이것도 일제의 교묘한 탄압과 사회주의계열의 투쟁노선의 변개로 만주사변이 일어나던 해에는 해산되었다.
3	국사(하)	1982	한편, 단일화된 민족운동을 위한 노력이 계속 추진되어 민족주의계와 사회주의계가 합작하여 신간회를 조직하였다(1927). 뒤이어 여성들에 의하여 신간회의 자매기관적인 성격을 띤 근우회가 조직되었다. 학생운동에 자극을 받은 이들 단체는 식민통치에 대항하는 민족운동을 일으키거나 여성의 애국계몽운동도 함께 전개하였다. 신간회는 이상재 등 지식인 30여명의 발기로 서울에서 발족되었다 민족의 단결과 정치적, 경제적 각성을 촉구

			하고, 기회주의자를 배격하는 등의 신생활운동과 함께 일제에 항거하는 의욕을 북돋웠다. 김활란 등이 중심이 된 근우회 역시 이 같은 취지와 방향에서 여성의 단결을 통하여 독립운동을 전개하였다. 그러나 일본의 교묘한 탄압과 사회주의계의 배신으로 해산되고 말았다.
4	국사(하)	1987	한편, 단일화된 민족운동을 위한 노력이 계속 추진되어 민족주의계와 사회주의계가 합작하여 신간회를 조직하였다(1927). 뒤이어 여성들에 의하여 신간회의 자매기관적인 성격을 띤 근우회가 조직되었다. 학생운동에 자극을 받은 이들 단체는 식민통치에 대항하는 민족운동을 일으키거나 여성의 애국계몽운동도 함께 전개하였다. 신간회는 이상재 등 지식인 30여명의 발기로 서울에서 발족되었다 민족의 단결과 정치적, 경제적 각성을 촉구하고, 기회주의자를 배격하는 등의 신생활운동과 함께 일제에 항거하는 의욕을 북돋웠다. 김활란 등이 중심이 된 근우회 역시 이 같은 취지와 방향에서 여성의 단결을 통하여 독립운동을 전개하였다. 그러나 일제의 교묘한 탄압과 사회주의계의 배신으로 해산되고 말았다.
5	국사(하)	1992	1920년대 초에 사회주의사상이 유입되어, 민족운동의 새로운 국면이 전개되었다. 일제의 탄압을 받고 있던 우리 민족은, 사회주의사상을 쉽게 수용할 수 있는 여건을 갖추고 있었다. 주로 청년 지식층간에 사회주의사상을 받아들인 사람이 많았는데, 이들에 의하여 농민운동, 노동운동, 청년운동 등 사회운동이 매우 활발하게 전개되었다. 그러나 사상적인 이념과 갈등은 민족독립운동 그 자체에 커다란 차질을 초래하였다. 그리하여 이와 같은 상황을 극복할 수 있는 방법이 모색되었으며, 그 결과 민족유일당운동이 일어났다. 민족유일당운동은 민족주의진영과 사회주의진영이 이념과 방략을 초월하여 통합함으로써 단일화된 민족운동을 강력하게 추진하려는 것이었다. 이리하여 신간회가 결성되었다. 신간회는 이상재 등 지식인 30여명의 발기로 서울에서 발족하였으며(1927), 곧 이어 각지에 지회를 설치함으로써 전국적인 규모로 발전하였다. 신간회는 민족의 단결과 정치적, 경제적 각성을 촉구하고, 기회주의자를 배격하는 것을 기본 강령으로 내세우고, 광주학생항일운동에 조사단을 파견하는 등 민족운동을 전개하였다. 신간회의 출범과 더불어 탄생한 것이 근우회였다. 근우회는 김활란 등이 중심이 되어 여성계의 민족유일당으

			로 조직되었고, 여성 노동자의 이익 옹호와 신생활 개선을 행동강령으로 하였다. 그러나 이 두 단체는, 일제의 교묘한 탄압과 내부의 이념 대립으로 1930년대 초에 해체되었다.
6	국사(하)	1996	민족유일당운동은 민족주의진영과 사회주의진영이 이념을 초월하여 단일화된 민족운동을 강력하게 추진하려는 것이었다. 이리하여 신간회가 결성되었다(1927). 신간회는 이상재 등 지식인 30여명의 발기로 서울에서 발족되었으며, 곧 이어 각지에 지회가 설립됨으로써 전국적인 규모로 발전하였다. 이어서 일본에까지 그 조직이 확대되었으며, 만주에도 지회 설립이 시도되었다. 신간회는 민족의 단결과 정치적, 경제적 각성을 촉구하고 기회주의자를 배격하는 것을 기본 강령으로 내세웠다. 광주학생항일운동이 일어났을 때에는 조사단을 파견하고 민중대회를 열어 일제 경찰의 한국인 학생들에 대한 차별적인 조치를 강력히 항의하였다. 뿐만 아니라 신간회는 전국 순회강연을 통하여 민족의식을 고취하며, 일제 식민통치의 잔학상을 규탄하였다. 그리고 수재민 구호운동, 재만동포옹호운동 등 사회운동을 전개하는 한편, 농민운동, 학생운동을 지원하는 활동도 전개하였다. 신간회 출범과 더불어 탄생한 것이 근우회였다. 근우회는 김활란 등이 중심이 되어 여성계의 민족유일당으로 조직되었고, 여성 노동자의 권익옹호와 새생활 개선을 강령으로 하였다. 그러나 두 단체는 일제의 교묘한 탄압과 내부의 이념 대립, 그리고 코민테른의 지시를 받은 사회주의 계열의 책동에 의해 1930년대 초에 해체되고 말았다.
7	국사	2002	민족주의운동이 활발해지자 일제는 친일파를 육성하는 한편, 민족주의세력을 회유하여 민족운동을 약화시켰다. 이에, 민족주의진영은 자치운동문제를 둘러싸고 타협적인 세력과 비타협적인 세력으로 대립하였다. 한편, 1920년대에는 사회주의운동도 활발해지면서 민족주의세력과 사회주의세력이 연합한 신간회가 조직되었다 (1927). 신간회는 자치론의 확산을 우려한 비타협적 민족주의 인사들과 사회주의자들이 민족협동전선으로 조직한 것이었다. 이들은 각 지방을 순회하면서 강연회를 열어 조선인에 대한 착취기관 철폐, 기회주의 배격, 조선인 본위의 교육제도 실시와 생활개선 등을 주장하고, 노동쟁의나 소작쟁의, 동맹휴학 등을 지원하였다.

〈표 5〉에서도 알 수 있듯이 이 시기의 신간회 서술은 교수요목기~제2차 교육과정기보다 매우 자세해졌음을 확인할 수 있다. 먼저 제3차 교육과정기에는 신간회의 창립 배경에 대한 명확한 서술은 보이지 않는다. 다만 1977년판 교과서에는 "6·10만세운동에 고수되어 민족운동자들은 신간회를 조직하여 이 학생운동을 전후로 적극 후원하였다"[60]고 서술하여 광주학생운동에 대한 신간회의 적극적인 지지 활동에 대해 서술하였다. 1975년판 교과서보다는 '6·10만세운동에 고수되어[61]'라 서술하여 신간회 창립의 배경으로 언급하였으나 여전히 사회주의운동에 대해서는 전혀 언급하지 않았다.

그러나 1979년판 교과서에 '그런 중에'라 서술하여 3·1운동 이후 국외에서 시작되어 국내로 전파된 사회주의세력의 대두와 그들이 우리 독립운동에 던진 암영, 이러한 상황 속에서 1926년 6·10만세운동으로 이어지는 민족운동의 흐름[62] 속에서 신간회가 조직되었음을 서술하여 신간회 창립의 배경을 비교적 상세히 서술하였다. 이처럼 제3차 교육과정기에는 신간회에 대한 서술이 점차 상세해졌으며, 1979년판에는 민족주의계와 사회주의계가 '연계'하여 신간회를 조직하였다고 서술하여 신간회의 조직에 사회주의의 영향이 있었음을 솔직하게 기술하였다. 이러한 신간회 서술의 변화는 1974년 7·4남북공동선언의 선포와 관련이 있다고 판단된다.

제4차 교육과정기에는 '단일화된 민족운동을 위한 노력이 계속 추진되어 민족주의계와 사회주의계가 합작'하였다고 기술하여 제3차 교육과정기의 '연계'보다 명확한 표현을 사용하였고, 신간회 창립 이전에 단일화된 민족운동을 위한 노력이 있었음을 서술하였다. 이 시기는 10·26

60) 문교부, 『국사』, 1977, 212쪽.
61) '고수되어'는 '고무되어'의 오자라 생각된다.
62) 국사편찬위원회 1종도서연구개발위원회, 『국사』, 문교부, 1979, 280쪽.

사태에 의하여 대통령 박정희가 시해당하고 전두환이 5·18광주민주화운동을 짓밟고 정권을 장악한 시기였다. 그는 박정희정권의 반공주의적 교육정책을 기본적으로 계승하였다. 제3차 교육과정의 목적 중의 하나는 유신체제의 정당성을 교육과정에 분명하게 반영하는 것이었고, 한국사교육은 그러한 목적을 달성하는데 가장 적절한 교과였다고 판단된다. 이는 "국사 교육을 통하여 올바른 민족사관을 확립시키고 민족적 자부심을 키워서, 민족중흥에 이바지하게 한다"[63]고 규정한 이 시기 국사교육의 목적을 통해서도 확인할 수 있다.

　이러한 제4차 교육과정의 목적이 반영되어 마련된 국사과 교육과정은 국민정신 교육의 체계화와 교육내용의 양과 수준의 적정화라는 교육과정 개정의 기본방향에 따른 것이었다.[64] 특히 국민정신 교육의 체계화를 달성하기 위하여 1981년 국토통일원에서는 '국민정신강화계도강화계획(국민정신계도 단기대책)'을 마련하였는데, 이 계획을 추진한 이유를 다음과 같이 제시하였다.

　　　1980. 11. 20 대통령각하 지시(수명 국무총리 지시)에 의거, 민주복지국가건설에 적극 기여할 국민의 정신자세와 생활자세를 정립하고, 대한민국 주도하에 조국통일을 이룩할 수 있는 국민단합을 도모하기 위한 "국민정신계도강화계획(국민정신계도 단기대책)"을 마련하고, 이를 적극적으로 추진하기 위하여 관계부처의 협조를 얻고자 하는 것임.[65]

　이와 같이 '민족사관의 확립'을 목적으로 국사교육의 목적을 달성하기 위하여 식민지시기의 민족주의운동과 사회주의운동의 '합작'에 대

---

63)『문교부령 제350호(74.12.31) 인문계 고등학교 교육과정』별책 3, 17쪽(국가교육과정 정보센터 교육과정 자료실에서 인용).
64) 유봉호,『韓國敎育課程史硏究』, 교육과학사, 382쪽.
65)「연수 240-415(259-2712) 국무회의 보고자료 제출」(국가기록원 소장 자료).

해 긍정적인 서술을 하였던 것이라 판단된다. 다만 아쉬운 점은 아직까지도 신간회의 주도세력에 대해서는 주도인물이나 세력의 성격을 구분하지 않았다는 점이다. 1975년판에는 신간회의 주도세력을 민족운동자라 통칭하여 민족주의와 사회주의의 구분을 모호하게 처리하였으나 1979년판에는 민족주의계와 사회주의계가 민족단일전선으로 신간회를 조직하였다고 서술하여 사회주의계열이 참여한 것을 인정하였다. 그리고 기회주의 배격이라는 신간회 강령을 소개함으로써 타협적 민족주의에 대한 신간회의 태도를 명확하게 보여주었다. 이러한 흐름은 제4차 교육과정~제7차 교육과정까지 그대로 이어졌다. 즉 타협적 민족주의자들은 신간회 결성과 활동에서 배제되었음을 서술하여 제3차 교육과정기까지의 교과서와는 차별성을 보이고 있음도 확인할 수 있다.

그런데 제7차 교육과정기의 신간회 주도세력에 대한 서술은 보다 명확해졌다. 즉 신간회는 자치론의 확산을 우려한 비타협적 민족주의 인사들과 사회주의자들이 민족협동전선으로 조직한 것이라 기술하여 타협적 민족주의와 비타협적 민족주의의 차별성을 명확하게 서술함으로써 타협적 민족주의자들이 자치론을 주장하여 신간회 참여에 배제되었음을 서술한 것이다.

이는 1970년대 이래 신간회에 대한 연구가 본격화되면서 그에 대한 역사적 평가가 학문적으로 이루어지고, 1980년대 이후 한국민족운동에 대한 반공주의적 인식에 기반했던 기존의 연구를 탈피하면서 이루어진 신진 역사학자들의 연구 결과가 교과서에 반영된 결과라 판단된다. 그런데 이러한 교과서 서술이 가능했던 것은 1980년대 이래 사회의 민주화와 민족의 통일을 요구하는 국가적, 민족적 요구가 점차 커졌기 때문이기도 하다고 생각된다.

신간회의 활동에 대해서는 제3차 교육과정기의 1975년판에는 광주학생항일운동에 대한 지원, 1979년판에는 식민지 통치에 대항하는 민족운동, 기회주의자 배격, 광주학생운동 고무 등을 사례로 들었다. 특히 '기회주의자를 배격하는 투쟁적인 측면'이라 기술함으로써 타협적 민족주의와의 투쟁을 통해 신간회가 절대독립론을 주장하였음을 강조하였다. 제4차 교육과정기에는 '식민통치에 대항하는 민족운동을 일으키거나 여성의 애국계몽운동도 함께 전개'하였다고 서술하여 신간회의 활동을 구체적으로 설명하지 않았으나 '여성의 애국계몽운동'이라는 용어에서 애국계몽운동의 개념을 혼동하였다는 지적을 하지 않을 수 없다. 고등학교 수준에서의 애국계몽운동은 1905년부터 1910년 사이의 실력양성운동을 의미하는 것으로 이해되는데 이 기술은 이 범위를 벗어났기 때문이다.

그런데 1987년판에서는 '민족의 단결과 정치적, 경제적 각성을 촉구하고, 기회주의자를 배격하는 등의 신생활운동과 함께 일제에 항거하는 의욕을 북돋았다'고 함으로써 신간회 강령에 따른 활동을 신생활운동이라 규정하였으나 신간회의 활동이 신생활운동이라는 점은 동의할 수 없다. 교과서의 집필자가 신생활운동을 어떻게 규정하였는지 명확하지 않으나 신생활운동은 생활개선과 같은 운동을 의미하는 것으로 이해되는데, 이러한 활동은 신간회 활동의 본령은 아니기 때문이다. 제5차 교육과정기에는 지회가 설치되어 신간회가 전국적으로 확대되었음을 처음으로 기술하였으며, 광주학생항일운동에 조사단을 파견한 사실을 기술하였다. 광주학생항일운동에 대한 앞 시기의 서술이 이 운동을 후원 또는 고무하였다는 것과 비교하여 조사단을 파견하였다는 사실을 기술함으로써 보다 구체적인 설명을 하였다고 할 수 있다.

이러한 신간회의 서술은 제6차 교육과정기에는 더욱 자세해졌다. 광주학생운동 진상조사단의 파견과 전국적인 순회강연을 통한 민족의식의 고취, 일제 식민통치의 잔학상에 대한 폭로와 규탄, 수재민 구호활동, 재만동포옹호운동 등을 기술하였던 것이다. 특히 광주학생항일운동에 진상조사단을 파견하고 민중대회를 개최하였다고 한 기술은 역사적 사실을 구체적으로 학생들에게 설명한다는 측면에서는 의미 있는 것이었으나 민중대회는 개최되지 못한 채 일제에 의해 좌절되었으므로 역사적 사실을 왜곡하는 결과를 초래하였다. 제7차 교육과정기에는 '각 지방을 순회하면서 강연회를 열어 조선인에 대한 착취기관 철폐, 기회주의 배격, 조선인 본위의 교육제도 실시와 생활개선 등을 주장하고, 노동쟁의나 소작쟁의, 동맹휴학 등을 지원'하였다고 서술하였다. 광주학생항일운동에 대한 관련 사실은 기술되지 않았다는 특징이 있다. 이는 제7차 교육과정기에 마련된 한국근현대사라는 새로운 교과목의 신설과 관련이 있다고 할 수 있다.

신간회의 해소에 관해서는 제3차 교육과정기에는 일제의 교묘한 탄압과 사회주의계열의 투쟁노선의 변개, 제4차 교육과정기에는 일본의 교묘한 탄압과 사회주의계의 배신, 제5차 교육과정기에는 일제의 교묘한 탄압과 내부의 이념 대립, 제6차 교육과정기에는 일제의 교묘한 탄압과 내부의 이념 대립, 그리고 코민테른의 지시를 받은 사회주의계열의 책동 등에 따라 해소되었다고 기술하였다.

이러한 기술의 공통점은 일본의 탄압과 사회주의계열의 '투쟁노선의 변개', '사회주의계의 배신', '내부의 이념 대립', '내부의 이념 대립과 코민테른의 지시를 받은 책동' 등 사회주의세력에 책임을 묻는 서술이라는 점을 알 수 있다. 특히 변개, 배신, 책동 등은 사회주의세력의 의도를 드러내는 단어일 수 있으나 어감이 객관적인 것이 아니라 나쁜 방향으로 무엇인가를 변화시키고자 한다는 느낌을 갖는 단어라는 점에서 객관적인 서술이 되지 못하였음도 알 수 있다. 이는 민족주의와 사회주의의 '합작'에 따라 신간회가 조직되었으나 사회주의의 배신이나 책동에 따라 신간회가 해소되었다는 점을 강조하는 것이므로 식민지 시기 사회주의운동이 민족 혹은 민족운동의 배신자라는 이미지를 학생들에게 각인시키는 기능을 했다고 할 수 있다. 이렇게 보면 여전히 반공주의적 역사인식이 교과서에 반영되고 있음을 알 수 있는 것이다.

신간회의 의의에 대해서는 제3차 교유과정기에는 민족단일조직, 제4차 교육과정기에는 단일화된 민족운동을 위한 노력, 제5차 교육과정기와 제6차 교육과정기에는 민족유일당운동, 제7차 교육과정기에는 민족협동전선이라 평가하였다. 특히 제6차 교육과정기와 제7차 교육과정기에는 민족유일당운동과 민족협동전선이라는 용어를 사용하여 당대의 신간회 연구를 적극 반영한 것으로 보인다.

3. 2009 개정 교육과정기~2009 수정 교육과정기의 신간회 서술

2008년 출범한 이명박정권은 2009년 2007 개정 교육과정에 따라 검정 통과된 고등학교 『역사』교과서를 수정할 것을 지시하면서 교과서의 명칭도 『한국사』로 바꾸었다. 그리고 2011 개정 교육과정이 마련되면서 교과서 역시 새로 저술해야 하였다. 이에 따라 2013년 검정이 끝나고 교학사 교과서를 포함하여 8종의 한국사 교과서가 검정을 통과하였다. 특히 이른바 '뉴라이트사관'에 입각하여 저술된 교학사판 한국사 교과서는 많은 논란을 불러일으킨 바 있다.[66]

---

66) 교학사판 〈한국사〉 교과서가 검정에 통과된 뒤 기존(진보적이라 불리는)의 역사학계에서는 다음과 같이 이 교과서를 비판적으로 검토, 분석한 결과를 내놓았고, 학술토론회를 개최하였다.
한국역사연구회 · 역사문제연구소 · 민족문제연구소 · 역사학연구소, 「뉴라이트 교과서」 검토, 2013년 9월 10일.
아시아평화와역사교육연대, 역사교육연구소, 역사교육연구회, 역사교육학회, 역사

이러한 논란은 결국 식민지 근대화론과 대한민국의 건국, 그리고 1960~70년대의 산업화를 어떻게 이해하고 인식할 것인가에 대한 관점의 차이에서 비롯한 것이었다. 이를 식민지시대로 국한하여 보면 우리의 민족운동사 속에서 사회주의의 활동을 어떻게 이해해야 하는가 하는 것이 핵심적인 문제 중의 하나라 할 수 있다. 더욱이 앞에서도 언급했듯이 해방 이후 우리나라의 한국사 교육은 반공주의적 관점에 따라 이루어졌다는 측면에서 제7차 교육과정기에 도입된 『한국근 · 현대사』의 사회주의운동에 대한 서술은 반공주의적 시각을 갖고 있던 세력에게는 충격이었던 것이다. 이러한 한국근 · 현대사 교과서의 사회주의 서술에 대한 반발에서 뉴라이트류의 역사서술이 일부세력에 의해 주창되었던 것이다.

특히 2009 개정 교육과정에 따라 편찬된 한국사 교과서는 이명박정부에 의해 교육과정이 마련되고 검정된 것이었음에도 불구하고 뉴라이트적 시각을 가진 세력으로부터 많은 불평이 나왔다. 이는 2009 수정 교육과정을 마련되고, 이에 따라 검정 통과된 2013년 교학사판 한국사는 교과서 파동이라 불릴 수 있을 정도로 사회적으로 매우 큰 반향을 불러일으켰다. 따라서 이 시기의 한국사 교과서는 한국사회의 이념적 대립을 단적으로 보여주는 사례라 할 수 있다.

〈표 6〉은 이러한 뉴라이트류의 주장이 본격화, 확산되던 시기에 편찬된 한국사 교과서의 신간회 서술 분량을 나타낸 것이다.

〈표 6〉에서 볼 수 있듯이 제7차 교육과정기까지의 한국사 교과서에 비해 서술 분량이 매우 많아졌음을 확인할 수 있다. 더욱이 신간회에 대한 각종 학습자료를 교과서에 수록하여 신간회에 대한 이해의 폭과

외교육학회, 한국역사교육학회, 「고교 한국사 교과서 논란을 돌아본다」, 2013년 10월 2일.

<표 6> 2009 개정 교육과정~2009 수정 교육과정기
한국사 교과서의 신간회 기술 분량

번호	교 과 서 명	기술 분량	기술된 쪽수	발행연도	교육과정
1	한국사	2쪽	253~254	2011	2009 개정 교육과정
2	한국사	2쪽	272~273	2014	2009 수정 교육과정

깊이를 확대시킨 점도 눈에 띈다. 신간회 서술 분량이 가장 많았던 제5
차 교육과정기와 제6차 교육과정기의 신간회 서술이 각각 27줄과 25줄
인 것과 비교하면 약 2.5배나 되는 분량이다. 이와 같이 이 시기 신간회
서술 분량이 증가한 것은 한국사회의 민주화 흐름에 따른 사회주의운
동에 대한 재평가가 학문적으로나 정치·사회적으로 이루어지고, 사회
주의운동가들이 독립유공자로 선정되기 시작되는 등 정부의 사회주의
운동가들에 대한 재평가가 이루어지로 있었기 때문이었다고 생각된다.

이러한 분위기는 교육과정에도 반영되어 교육과정에서는 해외독립
운동기지건설운동, 실력양성운동, 사회주의계열의 사회운동, 무장투쟁
등과 함께 "좌·우계열은 서로 대립하기도 하였으나 신간회로 대표되
는 좌·우 통합 민족운동을 추진하기도 하였다"[67]고 하여 신간회운동
을 비롯한 좌우합작운동을 국내외에서 전개된 대표적인 민족운동으로
규정하였다. 이에 따라 신간회운동에 대한 서술 분량이 크게 증가하였
던 것이라 생각된다.

그런데 이 2009 개정 교육과정은 노무현정부에서 마련했던 2007 교
육과정을 이명박정부에서 급히 수정한 것이기 때문에 역사교육의 계
열성이 무너졌다.[68] 더욱이 이명박정부 시기에는 김대중, 노무현정부

---

67) 『교육과학기술부 고시 제2009-41호에 따른 고등학교 교육과정 해설 사회(역사)』, 교
육과정기술부, 91쪽.
68) 이에 대해서는 양정현의 연구(「2007, 2011 역사과 교육과정 개정 논리와 계열성」,
『역사교육』 120, 역사교육연구회, 2001)을 참조 바람.

에서 추진하던 이른바 '햇볕정책'을 폐기하고 강경한 대북정책을 채택하면서 남북관계가 악화되는 등 이념적 대립이 표면화되기 시작하였다. 이 과정에서 2007 교육과정 따라 추진되었던 역사 교과서의 편찬에 상당한 혼란이 초래되었음은 주지의 사실이다.

이러한 과정에 따라 2009 개정 교육과정기~2009 수정 교육과정기에 편찬된 한국사 교과서의 신간회 서술 내용을 나타낸 것이 〈표 7〉이다.

<표 7> 2009 개정 교육과정기~2009 수정 교육과정기
한국사 교과서의 신간회 서술 내용

번호	교과서명	발행 연도	서술 내용
1	한국사	2011	4-5. 신간회, 항일투쟁의 유일전선을 형성하다 '민족혁명의 유일한 전선을 만들라!' 　중국의 제1차 국공합작은 중국 관내에서 활동하던 독립운동가들에게 강한 영향을 주었다. 이에 독립운동 진영의 단결을 적극 호소한 안창호 등의 노력으로 한국독립유일당 북경촉성회가 창립되었다(1926). 그 후 '민족혁명의 유일한 전선을 만들라!'는 주장에 따라 중국 각 지역에서 좌우익이 연합한 민족유일당촉성회가 조직되었다. 국내에서는 6·10만세운동을 계기로 사회주의진영과 민족주의진영이 단결할 수 있는 공감대가 형성되었다. 그리고 사회주의운동은 일제가 강력히 탄압했기 때문에 합법적인 활동공간의 확보가 절실히 필요하였다. 이에 일부 사회주의자들은 정우회선언을 통해 민족주의진영과의 적극적인 연대를 주장하였다. 민족주의 진영에서도 이상재, 안재홍 등 비타협적노선을 걷는 독립운동가들을 중심으로 자치운동을 비판하면서 사회주의진영과의 연대를 통해 민족운동을 강화하고자 하였다. 이러한 과정에서 물산장려운동을 주도했던 비타협적 민족주의진영과 사회주의진영의 일부가 연합한 조선민흥회가 창립되었다(1926). 그리고 뒤이어 일제 강점기 국내의 대표적인 민족협동전선이자 최대 규모의 항일단체인 신간회가 창립되었다(1927). 일제 강점기 최대 항일단체, 신간회 　신간회는 일제와 타협하지 말자고 주장하는 언론계, 불

교계, 천도교계, 기독교계 등의 민족주의진영과 사회주의진영의 대표들이 손잡고 창립하였다(1927.2. 회장 이상재). 신간회는 창립되자마자 대중의 열렬한 지지를 받아 조선청년총동맹, 조선농민총동맹, 조선노동총동맹 등 대중단체의 회원들이 개인 자격으로 적극 참여하였다. 그리하여 1928년 말에는 143개의 지회에 회원 수 2만 명에 이르는 대중적 정치·사회단체로 성장하였다. 신간회는 지회 중심의 활동이 활발했는데 강연회, 연설회를 개최하여 민족의식을 고취했고, 소작·노동쟁의나 동맹휴학 지원, 만주 독립군 지원, 수재민 구호활동 등을 전개하여 민족의 의사를 대변하는 대표기구로 자리 잡았다. 또한 사회주의운동진영이 일제의 탄압 속에서 민족운동의 합법적 공간을 확보하고 활동할 수 있었다. 한편 신간회는 광주학생항일운동 때의 민중대회사건으로 큰 타격을 받고 새로운 집행부를 구성하였다.

사회주의진영, 신간회 해소를 주장하다
　신간회의 새 집행부는 '기회주의자를 배격한다.'라는 처음 강령과 달리 타협론자와 협력하려 하였다. 이에 지방 지회를 중심으로 사회주의자들은 신간회 해소론을 적극 주장하였다. 이러한 태도는 중국의 국·공합작이 결렬된 이후 민족주의세력과의 협동전선을 부정적으로 인식하게 된 국제공산주의의 흐름과도 관련이 깊다. 사회주의자들은 비타협적 민족주의세력의 반대에도 전체회의를 통해 신간회의 해소를 결정하였다(1931). 이로써 비타협적 민족주의진영과 사회주의진영의 협동전선은 무너졌고, 사회주의자의 합법적인 활동공간도 사라졌다. 그후 비타협적 민족주의계열은 조선학운동 등 문화·학술활동에 주력하였다. 사회주의계열은 혁명적 농민·노동조합을 결성하여 비합법적 반제국주의 항일투쟁을 활발히 전개하였다.

| 2 | 한국사 | 2014 | 5. 민족유일당운동과 신간회

'민족혁명의 유일한 전선을 만들라!'
　민족운동전선의 통일이 항일투쟁의 새로운 과제로 떠오르고 있을 무렵, 중국에서 제1차 국·공합작이 이루어졌다. 이는 국내외 독립운동가에게 많은 영향을 주어 민족유일당을 건설하려는 움직임이 활발하게 일어났다. 중국에서는 '민족혁명의 유일한 전선을 만들라!'라는 주장에 따라 민족유일당촉성회가 조직되었다. 국내에서는 6·10 |

만세운동을 계기로 민족주의진영과 사회주의진영이 단결할 수 있는 공감대가 형성되었다. 일제의 탄압에 직면한 사회주의진영은 정우회선언을 통해 민족주의진영과의 연대를 주장하였다. 이상재, 안재홍 등 비타협 노선을 걷는 민족주의자도 자치운동을 비판하면서 사회주의진영과 연대하여 민족운동을 강화하고자 하였다. 이러한 노력의 성과로 일제 강점기 국내의 대표적인 민족협동전선이자, 최대 규모의 항일단체인 신간회가 창립되었다.

일제 강점기 최대 항일단체, 신간회
  신간회는 일제와 타협하지 말자고 주장하는 언론계, 불교계, 천도교계, 기독교계 등의 민족주의진영과 사회주의진영의 대표들이 손잡고 창립하였다(1927.2). 신간회는 창립되자마자 대중의 열렬한 지지를 받아, 1928년 말에는 지회가 143개, 회원수가 2만 명에 이르는 대중적 정치·사회단체로 성장하였다. 신간회는 지회를 중심으로 활발히 활동하면서, 강연회와 연설회를 개최하여 민족의식을 고취하였다. 또 소작·노동쟁의나 동맹휴학 지원, 만주 독립군 지원, 수재민 구호 등의 활동을 전개하여 민족의 의사를 대변하는 대표기구로 자리 잡았다. 그러나 신간회는 광주학생항일운동 때에 대규모 민중대회를 개최하려다가 일제의 탄압으로 큰 타격을 받고 새로운 집행부를 구성하였다.

사회주의진영, 신간회 해소를 주장하다
  신간회의 새 집행부는 '기회주의자를 배격한다.'라는 처음 강령과 달리 타협론자와 협력하려 하였다. 이에 지방 지회를 중심으로 사회주의자들은 신간회 해소론을 적극 주장하였다. 이러한 태도는 중국의 국·공합작이 결렬된 이후 민족주의세력과의 협동전선을 부정적으로 인식하게 된 국제공산주의운동의 흐름에 따른 결과이기도 하다. 사회주의자들은 비타협적 민족주의세력의 반대에도 전체회의를 통해 신간회의 해소를 결정하였다(1931). 이로써 비타협적 민족주의진영과 사회주의진영의 협동전선은 무너졌고, 사회주의자의 합법적인 활동공간도 사라졌다. 그후 비타협적 민족주의계열은 조선학운동 등 문화·학술활동에 주력했고, 사회주의계열은 혁명적 농민·노동조합을 결성하여 비합법적 반제국주의 항일투쟁을 활발히 전개하였다.

〈표 7〉에서 알 수 있듯이 이 시기 신간회에 대한 서술은 '민족혁명의 유일한 전선을 만들라!', '일제 강점기 최대 항일단체, 신간회', '사회주의진영, 신간회 해소를 주장하다' 등과 같이 소제목을 만들어 신간회에 대한 서술이 이전 시기보다 훨씬 구체적이고 체계화되었다. 이는 앞에서 언급한 바와 같이 정부 차원에서 사회주의운동가에 대한 재평가 작업이 이루어지고 사회주의운동가들을 독립유공자로 선정하는 등 한국 사회의 민주화와 관련이 깊다고 할 수 있다.

먼저 신간회의 창립 배경에 대한 서술을 보면 2014년판에서는 국공합작에 영향을 받은 중국 내에서의 민족유일당운동의 전개, 6 · 10만세운동, 정우회 선언, 이상재와 안재홍 등 비타협적 민족주의자들의 자치론 비판 등을 들고 있다.

신간회의 주도세력에 대해서는 일제와 타협하지 말자고 주장하는 언론계, 불교계, 천도교계, 기독교계 등의 민족주의진영과 사회주의진영의 대표들이 손잡고 창립하였다고 하여 민족주의진영과 사회주의진영이 합작한 것으로 서술하였다. 앞 시기의 경우와 마찬가지로 민족주의진영이라 기술함으로써 타협적 민족주의자들까지 신간회 창립에 참여하였다는 오해를 할 수 있도록 기술하였으나 신간회 해소의 배경에 "신간회의 새 집행부는 '기회주의자를 배격한다.'라는 처음 강령과 달리 타협론자와 협력하려 하였다"고 기술하여 타협적 민족주의자들이 신간회 창립에 참여하지 못하였음을 서술하였다. 그러나 이상재와 안재홍 등 민족주의계열의 인물만 언급하고 사회주의계열의 인물들은 언급하지 않은 점도 지적하지 않을 수 없다. 이는 교과서 서술에 여전히 반공주의적 시각이 반영되고 있음을 보여주는 것이라 할 수 있다.

신간회의 활동에 대해서는 지회 중심의 활동, 강연회와 연설회를 통한 민족의식 고취, 소작 · 노동쟁의나 동맹휴학 지원, 만주 독립군 지원,

수재민 구호 등의 활동, 광주학생항일운동의 진상을 알리기 위한 민중대회를 개최하려 한 사실 등을 기술하였다. 이는 앞 시기 한국사 교과서의 신간회 활동에 대한 서술 중 가장 많은 사실을 수록한 것으로서 신간회에 대한 역사적 의미가 강조되고 있음을 확인할 수 있는 것이라 할 수 있다.

신간회의 해소에 관해서는 타협적 민족주의자들과의 협력을 기도한 신간회 중앙지도부의 방침, 국공합작 결렬 이후 좌우합작에 대해 부정적으로 인식하게 된 코민테른의 영향을 받은 신간회 지회 중심의 사회주의자들의 활동 등을 원인으로 꼽았다. 그런데 지금까지의 신간회 해소와 관련된 서술과 비교하면 가장 객관적인 서술을 한 것으로 보인다. 이전 교육과정시기의 신간회 해소에 대한 서술이 교과서에 처음으로 등장하는 것은 제2차 교육과정기이다. 이 시기의 신간회 해소에 대한 기술은 '광범위한 합법적 투쟁을 전개하다 1931년 해산'(이원순, 『국사』)되었다고 하여 해산의 원인이나 결과에 대해서는 언급하지 않았으나 다른 출판사의 교과서에는 아예 신간회 해소에 대해서는 전혀 기술되지 않았다. 그 후 3차 교육과정 이후에는 앞에서 언급했듯이 사회주의자들의 배신이나 책동 또는 이념 대립 등을 원인으로 파악하였다. 그런데 2009 수정 교육과정기에는 이러한 정의적인 표현이 아니라 사실에 근거하여 서술함으로써 사실 중심으로 신간회 해소의 원인을 서술하였음을 확인할 수 있다.

신간회운동의 의의에 대해서는 일제 강점기 최대 항일단체, 민족유일당, 민족협동전선 등이라 규정하였다. 그리고 신간회가 해소되면서 비타협적 민족주의진영과 사회주의진영의 협동전선은 무너졌고, 이에 따라 민족주의세력은 조선학운동 등 문화·학술활동에 주력하게 되었고, 사회주의자들은 합법적인 활동공간을 상실하여 사회주의운동이 혁명적 농민조합운동과 혁명적 노동조합운동 등 비합법 운동을 전개하게 되었다고 설명하였다.

이상에서 해방 이후 한국사 교과서의 신간회 서술에 대해 살펴보았다. 먼저 교수요목기~제2차 교육과정기의 신간회 서술은 대단히 미약하였다. 이는 시기적으로 민족운동사나 독립운동사 연구가 미진하였고, 생존 인물들이 많았기 때문이라 생각된다. 다만 이 시기에도 교과서의 분량이 증가하는 추세에 따라 신간회 서술 역시 증가하였다는 점을 확인할 수 있다. 이 시기 신간회 서술의 특징은 사회주의운동의 발전이 신간회 결성의 결정적인 요인으로 파악하였으나 사회주의 활동을 지하활동이라 규정함으로써 식민지시기의 사회주의운동에 대하여 정당성을 부여하지 않았다. 또한 신간회 창립의 배경으로서 6·10만세운동과 결사의 자유를 들었는데, 이는 3·1운동 이후 제한적이나마 확대되었던 합법공간의 확대를 적극적으로 평가한 것으로 보인다. 그리고 교수요목기에는 단일민족전선, 제1차 교육과정기에는 '통일된 민족운동을 전개한 단체', 제2차 교육과정기에는 '민족주의적 결사', '민족주의자들의 동맹체', '항일민족통일전선'이라는 평가하였다. 신간회의 민족협동전선이라는 성격보다는 민족주의를 강조하는 서술이 이루어지고 있음을 확인할 수 있다. 이는 미군정, 한국전쟁, 5·16군사정변으로 이어지는 시기의 반공주의적 한국사 교육의 강화 때문에 나타난 현상으로 판단되며, 이에 따라 신간회운동에 대한 사실 왜곡이나 평가가 약화되었다고 판단된다.

둘째, 제3차 교육과정기~제7차 교육과정기에는 교수요목기~제2차 교육과정기보다 신간회 서술 분량이 약 2.5배 증가하였다. 이 시기는 한국사 교과서가 국정으로 발행된 시기이며, 반공주의적 한국사 교육이 극에 달했던 시기이다. 특히 한국사 교과서의 검정이라는 측면에서 보면 제2차 교육과정이 실질적으로 시작되는 1968년에는 무장공비의 청와대 습격사건, 푸에블로호 사건, 울진·삼척 무장공비 침투사건 등이 연이어 발생하여 남북간의 군사적 충돌의 위험성이 높아지고, 이념적 대립이 격화되어 국민교육헌장이 선포되었고, 1972년 박정희정권은 이른바 '10월유신'을 반포하여 반공주의적 한국사 교육을 정권 유지의 수단으로 적극적으로 이용하였다. 그리고 1974년 제3차 교육과정을 마련하면서 한국사 교과서를 국정으로 전환하였던 것이다. 이 시기의 한국사 교과서에는 신간회의 서술이 사라졌다. 이는 반공주의적 한국사 교육에 따른 것이라 할 수 있다. 그러나 1974년 7·4남북공동성명에 따라 통일 분위기가 고조되면서 한국사 교과서에서 신간회가 다시 등장할 수 있었던 것으로 보인다. 제3차 교육과정기인 1975년판 교과서에는 신간회 창립에 대한 서술이 보이지 않으나 1977년판에는 민족주의계와 사회주의계의 연계, 1979년판에는 민족주의계와 사회주의계의 합작이라 하여 신간회 창립의 주체들에 대해 서술하였다. 제4차 교육과정기에는 민족주의계와 사회주의계가 합작하였다고 기술하였다. 제4차 교육과정기에는 민족주의계와 사회주의계의 합작에 의해 신간회가 조직되었고, 신간회의 강령을 소개하여 민족주의 우파가 신간회에 참여할 수 없었다는 점도 간접적으로나마 서술하였다. 이러한 흐름은 제7차 교육과정기까지 그대로 이어졌다. 이는 신간회 서술에 대한 진전이라 할 수 있다. 다만 여전히 반공주의적 시각이 유지되어 신간회 해소를 일본의 교묘한 탄압과 사회주의의 배신이나 책동 등에 의해 이루어졌다고 서술하였다.

셋째, 2009 개정 교육과정~2009 수정 교육과정기에는 신간회 서술의 내용이 이전 시기보다 획기적으로 증가하였을 뿐만 아니라 학습보조 자료도 매우 다양하게 제시되어 학생들이 신간회에 대해 입체적 이해가 가능하도록 서술하였다. 신간회의 창립과 활동, 해소에 이르기까지 구체적이며 상세하게 서술하였다. 서술의 관점도 반공주의적 시각을 벗어나 사실 그대로 서술하려 하였다. 이는 1980년대 이래 한국사회의 민주화가 진전되면서 식민지시기 사회주의운동에 대한 재평가가 활발하게 이루어지는 과정에서 민족협동전선으로서의 신간회에 대한 연구가 교과서에 본격적으로 반영되면서 나타난 현상이라 할 수 있다. 이러한 흐름은 뉴라이트적 사관에 입각해 편찬되었다는 비판을 받는 교학사판 한국사 교과서에도 그대로 반영되었다. 다만 신간회의 강령 중 하나인 '우리는 정치적·경제적 각성을 촉구함'을 '정치적 각성을 촉구함'[69]이라 서술하여 신간회가 정치적 결사체인 것만으로 오해할 수 있도록 하였다.

요컨대 해방 이후 한국사 교과서의 신간회 서술은 각 교육과정에 따른 것으로서 각 교육과정을 마련한 정부측의 의도가 교과서에 반영된 것임을 알 수 있다. 미군정이 시작되면서 미국식 민주주의를 남한 내에 이식하려 하면서부터 채택된 반공주의적 한국사 교육은 한국전쟁, 5·16군사정변, 10월유신을 거치면서 더욱 강화되어 제3차 교육과정이 마련되면서 극에 달하였다. 그러나 이러한 시기에도 남북의 평화통일이라는 정치구호하에서 신간회는 우리 역사에서 민족주의와 사회주의의 협력 모델로서 기능을 하였다. 이는 향후 한국사 교육이 지향해야 할 방향성을 보여준다고 할 것이다.

69) 권희영 외, 『한국사』, 교학사, 2014, 265쪽.

3장__ 국사교과서에 소개된 인물들의 성격

역사는 인간에 의해서 이루어진다. 그러므로 역사서술의 중심과 그 주체는 인간이며, 인간의 역할에 대한 이해는 올바른 역사이해와 교육을 위해 필수적이다.[70] 국사교과서에 수록된 인물은 그 인물을 통해 당대의 역사를 파악할 수 있을 정도의 인물이어야 한다. 역사 속의 인물은 헤아릴 수 없을 정도로 많은데 그 가운데서 당대의 역사성을 대표할 수 있는 인물이 국사교과서에 수록되었다고 판단되기 때문이다.

1946년 제정된 국민학교 사회생활과 교수요목에서 사회생활과는 "사람과 自然 環境 및 社會 環境과의 關係를 밝게 認識시켜서 社會 生活에 誠實 有能한 國民이 되게 함을 目的"[71]으로 한다고 하였고, 1948년 제정된 중학교 사회생활과 교수요목에서는 "사람과 자연환경 및 사회환경과의 관계를 밝게 인식시켜 올바른 사회생활을 실천 체득하게 함으로써 민주주의 국가의 성실 유능한 국민이 되게 함"을 목적으로 하였다. 따라서 제1차 교육과정이 마련되기 이전부터 역사과가 포함된 사회생활과에서는 '성실 유능한 국민' 혹은 '민주주의 국가의 성실 유능한 국민'을 양성하는 것이 교수 목적이었던 것이다. 이는 미군정이 목적으로 하였던 미국식 민주주의의 이식을 목적으로 하는 것이었다. 그러나

---

70) 윤경운, 『국사교과서에 수록된 인물서술에 대한 연구』, 동의대학교 대학원 박사학위논문, 2005, 1쪽.
71) 군정청 문교부, 『초중등학교 각과 교수요목』 (1)(교육과정정보센터에서 인용).

제1차 교육과정기 이후에는 어떠한 인간상을 목적으로 한 교육이 아니라 국사 학습을 통해 한국사의 특수성을 이해하고, 한국사의 발전과정 속에서 우리 민족의 장단점을 파악하여 민족적 과업을 달성하고, 민족사의 특수성과 세계사의 일반성을 이해하여 세계사의 발전에 기여하는 태도를 양성시키려 하였다.[72] 이후 각 교육과정기의 국사과 교육목적은 이 틀에서 벗어나지 않고 시기별로 당대에 필요한 부분을 강조하거나 변경하였다.

교육과정에서 정한 국사과의 지도목표를 달성하기 위한 가장 중요한 교재가 국사교과서이고, 국사교과서에 서술된 각 사건이나 제도 등은 결국 인간에 의해 이루어진 것이므로 국사교과서에 수록된 인물들은 피교육자인 학생들의 역사인식 형성에 매우 큰 영향을 끼친다고 할 수 있다. 더욱이 중학교까지 의무교육을 시행하고 있으며, 대부분의 학생들이 고등학교 교육을 받고 있는 우리나라에서는 말할 나위가 없다고 할 수 있다.

그러므로 국사교과서에 수록된 인물을 연구하는 것은 의미가 크다고 할 수 있다. 이에 대한 연구는 박사학위 논문[73]이 제출될 정도로 중요한 주제로 생각되고 있다. 그리고 교육대학원의 석사학위 논문을 중심으로 다양하고 많은 연구가 이루어졌으며,[74] 이를 바탕으로 일반 연

72) 문교부령 제46호 별책 단기 4288년 8월 1일 제정『고등학교 및 사범학교 교과과정』(교육과정정보센터에서 인용).
73) 윤경운,『국사교과서에 수록된 인물서술에 대한 연구』, 동의대학교 대학원 박사학위논문, 2005.
74) 홍완진,「고등학교 국사교과서의 인물분석-6차교육과정 개정판 교과서를 중심으로-」, 제주대학교 교육대학원 석사학위논문, 1999.
백지현,「한국사교과서 근현대 영역 수록 인물과 그 서술 연구」, 강원대학교 교육대학원 석사학위논문, 2007.
여현진,「7차 교육과정 중학교 국사교과서의 인물분석-근대사 부분을 중심으로-」, 대구대학교 교육대학원 석사학위논문, 2008.

구도 비교적 많이 제출되었다.[75]

그러나 기존의 연구는 특정 교육과정기만을 대상으로 한 것이 대부분으로서 해방 직후 국사교과서에 수록된 인물이 어떻게 변천하였는가에 대한 연구는 거의 없는 실정이다. 따라서 본고는 해방 이후 국사교과서의 대원군의 집권부터 갑신정변까지의 시기를 중심으로 수록된 인물의 변천을 살피는 것을 목적으로 한다.

참고로 본 연구에 활용한 교과서는 〈표 1〉과 같다.

<표 1> 본 연구에 활용한 교과서

번호	교 과 서 명	저자/편자	발행연도	출판사
1	국사교본	진단학회	1946	조선교학도서주식회사
2	중등국사	최남선	1948	동명사
3	중등문화사	오장환	1949	정음사
4	우리나라문화사	이홍직	1956	민교사
5	국사	이병도	1957	일조각
6	고등국사	역사교육연구회	1962	교우사
7	고등국사	김상기	1963	장왕사
8	고등국사	최남선	1965	사조사
9	국사	이원순	1968	교학사
10	국사	이병도	1972	일조각
11	국사	문교부	1974	한국교과서주식회사
12	국사	국사편찬위원회 1종도서연구개발위원회	1979	국정교과서주식회사
13	국사(하)	국사편찬위원회 1종도서연구개발위원회	1982	국정교과서주식회사
14	국사(하)	국사편찬위원회 1종도서연구개발위원회	1992	대한교과서주식회사

75) 송춘영, 「고등학교 국사교육에 있어서 효과적인 인물지도의 접근방안-이론적 기초연구를 중심으로-(하)」, 『역사교육』 19, 역사교육연구회, 1976.
송춘영·이창옥, 「중학교 국사교육에 있어서 효과적인 인물지도의 접근방안-이론적 기초연구를 중심으로-」, 『역사교육』 22, 역사교육연구회, 1977.
김흥수, 「국민학교 교육과정과 사회과 교과서의 인물에 관한 검토 연구-국사영역을 중심으로-」, 『인문사회교육연구』 1, 춘천교육대학교 인문사회연구소, 1996.

15	국사	국사편찬위원회 국정도서편찬위원회	2002	
16	한국사	한철호 외	2011	
17	한국사	한철호 외	2014	

1. 교육과정별 근대사 분야 수록 인물의 수 변천

〈표 2〉는 국정교과서가 발행되었던 시기 국사교과서 각 시대별 서술 분량을 나타낸 것이다.

<표 2> 제2차 교육과정기~제7차 교육과정기 국사 교과서의
각 시대별 서술 분량(쪽수/비율)[76]

구분	제2차 교육 과정기	제3차 교육 과정기	제4차 교육 과정기	제5차 교육 과정기	제6차 교육 과정기	제7차 교육 과정기	평균
선사	22(7.7)	6(2.6)	17(4.8)	16(4)	36(7.9)	28(8.4)	24(7)
고대	41(14.3)	47(20.3)	47(13.2)	56(14.1)	66(14.5)	50(14.9)	55(14.2)
중세	49(17.1)	45(19.4)	64(18)	48(12.1)	60(13.2)	60(17.9)	58(15.3)
근세	77(26.8)	63(27.2)	46(12.9)	62(15.6)	58(12.8)	48(14.3)	54(13.9)
근대	45(15.7)	53(22.8)	154(43.3)	168(42.2)	184(40.1)	93(27.7)	150(38.3)
현대	40(13.9)	11(4.7)	9(2.5)	30(7.5)	42(9.3)	7(2)	22(5.3)

〈표 2〉에서 확인할 수 있는 것은 제3차 교육과정기부터 근대사의 서술 비중이 증가하여 제4차 교육과정기부터 제6차 교육과정기까지는 40% 이상의 비중을 차지하였다는 점이다. 이는 식민지 잔재 청산과 민족사관의 확립, 반공주의의 강화를 표방하였던 제3차 교육과정기 국사과 교과목표와 "우리 민족의 문화적 성과에 대하여 긍지와 자부심을 가

---

76) 제1차 교육과정기의 시대별 서술 분량은 교과서에 따라 차이가 많이 나는 관계로 통계를 내지 않았다. 제2차 교육과정은 이원순이 쓴 국사교과서(교학사)의 본문 287 쪽을 본문 쪽수로 하여 낸 통계이며, 제3차 교육과정 국사교과서의 통계는 1974년판 과 1979년판의 수치를 합하여 평균을 낸 것이다.

지고 새 역사 창조에 적극적으로 참여하려는 태도를 가지게 한다"[77)]는 제4차 교육과정의 국사과 교과목표에 따른 것이라 할 수 있다. 다만 제 7차 교육과정기에 근대사 서술의 비중이 감소한 것은 한국근·현대사 과목이 선택과목으로 설정되어 필수과목인 국사에서는 전근대사를 중심으로 교수하였기 때문이다. 그러므로 제3차 교육과정 이래 우리나라의 국사교육은 근대사 중심으로 행해졌음을 알 수 있다. 더욱이 제4차 교육과정부터 제6차 교육과정기에는 국사교과서가 상권과 하권의 2권으로 편찬되었기 때문에 절대적인 서술 분량은 더욱 증가하였다. 따라서 이전 시기보다 교과서 서술이 보다 자세하게 이루어졌다고 판단된다.

이는 국사교과서에 소개된 인물의 수를 통해서도 확인할 수 있다. 〈표 3〉은 〈부록 1〉의 교수요목기부터 제7차 교육과정기의 국사교과서의 근대사 부분에 소개된 인물의 수를 정리한 것이다.

<표 3> 교수요목기~제7차 교육과정기의
국사교과서 근대사 부분에 수록된 인물의 수[78)]

과 정	교수요목	제1차	제2차	제3차	제4차	제5차	제6차	제7차
인물수	144	307	246	299	170	114	127	178
평균	48	61.4	123	149.5				

〈표 3〉을 통해 보면 제4차 교육과정기까지 근대사 서술 관련 인물들이 지속적으로 증가하였음을 알 수 있다. 특히 제2차 교육과정기의 123은 교수요목기의 약 3배, 제1차 교육과정기의 약 2배의 증가를 보이고 있다.

---

77) 문교부고시 제442호 별책 4,『고등학교 교육과정』, 문교부, 1981년 12월 31일.
78) 이 표는 〈표 1〉에서 밝힌 교과서를 대상으로 하였다. 복수의 교과서를 활용한 시기는 평균을 내었으며, 제4차 교육과정기부터 제6차 교육과정기의 교과서는 단일본이기 때문에 평균을 내지 않았다. 또한 제7차 교육과정기는 국사교과서가 아닌 『한국근현대사』(금성출판사)를 대상으로 한 것임을 밝힌다.

이처럼 제2차 교육과정기 이후 근대사 서술 관련 인물의 수가 크게 증가한 것은 이 시기부터 근대사 교육이 보다 중요하게 이루어졌다는 것을 의미한다. 이 시기 근대사 교육이 강조된 것은 5·16군사정변을 통해 권력을 장악한 군부정권이 정권의 정당성을 확보하기 위한 명분으로 반공, 경제개발, 민족 주체성의 확립을 내세웠기 때문이다. 이러한 명분은 1964년의 베트남 파병, 1965년의 한일국교 정상화, 1968년의 1·21사태와 푸에블로호 사건, 울진·삼척무장공비 침투 사건 등으로 이어진 1960년대 국내외의 정치상황 속에서 더욱 강화되었다. 반공과 경제개발이라는 명분이 교묘하게 결합된 산물이라 할 수 있는 베트남 파병과 한일국교 정상화는 전사회적으로 비판되고 저항을 받았다.

특히 한일국교 정상화는 4·19혁명 이후 고양되었던 민족주의의 흐름에서 자유로울 수 없었을 뿐만 아니라 민족주의의 강조를 통해 민족 주체성의 확립을 표방하였던 5·16군사정변의 주체들이 내걸었던 명분과도 충돌하는 정책이었다. 이에 따라 정부는 이러한 모순을 극복할 논리가 필요하였다. 이에 정부는 반공교육과 함께 기존의 교육정책의 기조를 이루던 반일교육을 폐지하고 '주체성의 확립'과 '국제간의 호혜평등'이라는 교과서 편찬 방침을 발표하였다. 즉 반공, 경제개발, 민족 정체성의 확립이라는 5·16군사정변의 명분을 교과서에 반영하여야 했던 것이다. 그리고 정부는 1966년 『민족주체성 확립을 위한 교육과정 운영지침』을 발간하여 이를 극복하려 하였다. 이 지침의 서문에서 정부는 한일국교정상화를 "한일간의 우호증진과 경제적 번영의 역사적 계기"로 평가하면서 "국민적 자각과 주체 의식을 굳게 하여 이 새로운 사태에 대처"[79]할 것을 주문하였던 것이다.

---

79) 문교부, 『민족주체성 확립을 위한 교육과정 운영지침』, 국정교과서주식회사, 1966, 3쪽. 이 문건은 머리말, 총론(1. 민족 주체성의 확립, 2. 주체성과 교육, 3. 과거의

또한 1966년 제2차 교육과정에 따른 국사교과서의 검인정 기준에 '민족 주체성의 강화'와 '자유민주주의 국시'라는 원칙을 추가할 것을 결정하였다. 이에 따라 1966년 10월 15일 민족자주성을 훼손한다며 을사보호조약, 광주학생사건, 6·10만세사건, 동학란 등의 교과서 근대사 관련 용어를 을사조약, 광주학생운동, 6·10만세운동, 동학혁명 등으로 수정할 것을 지시하였다. 이 결과 국사교과서의 근대사 관련 용어는 수정되어 현재에까지 이르고 있다.[80] 다만 동학혁명의 경우는 수차례의 변화를 겪은 후 동학농민운동으로 정착하였다.[81] 이는 곧 제2차 교육과정기의 국사교육에서는 근대사를 강조하였다는 것을 의미한다.[82]

그러므로 〈표 2〉에서 볼 수 있는 바와 같이 제2차 교육과정기의 근대사 분야에 수록된 인물은 이전 시기보다 크게 증가하였던 것이다. 이와 같은 교육정책의 변화는 1968년 3월 1일부터 시행된 '인문계고등학교교육과정령'에 반영되어 반일교육이 배제되고 국제간의 협조와 세계평화라는 목표가 교육과정에 새로이 설정되었다. 이에 따라 문교부는 국민학교 5, 6학년 교과서 개편에서 왜구의 침입, 倭食 등 일본에 대한 표현과 유관순 이야기 중 일본에 대한 과격한 표현 등을 수정할 방침을 수립하였다.[83]

한편 〈표 3〉에서 볼 수 있듯이 국사교과서가 국정화된 제3차 교육과

반성, 4. 역사적 발전과 인간 형성, 5. 교육과정 운영의 기본방침, 6. 교육과정 운영상의 유의점), 각론(국어, 사회, 과학, 음악, 미술, 실업, 가정, 반공·도덕생활)로 구성되어 있다.

80) 조성운, 앞의 논문, 356~357쪽.

81) 이에 대해서는 조성운의 연구(「해방 이후 고등학교 한국사교과서의 동학농민운동 서술의 변천」, 『민족종교의 두 얼굴』, 선인, 2015.)가 참조된다.

82) 제2차 교육과정에 따른 국사교과서가 여러 가지 이유로 1968년이 되어서야 발행되었다(조성운, 앞의 연구를 참조 바람.).

83) 조성운, 「제2차 교육과정의 제정과 국사교과서의 편찬」, 『한국사학보』 66, 고려사학회, 2017, 352~353쪽.

정기부터 제6차 교육과정기의 국사교과서의 근대사 서술에 수록된 인물은 제3차 교육과정기와 제4차 교육과정기에는 149.5명과 170명으로 증가하였으나 제5차 교육과정기와 제6차 교육과정기에는 각각 114명과 127명으로 제2차 교육과정기의 수준으로 낮아졌다. 그러나 제7차 교육과정기의『한국근현대사』에는 178명의 인물이 등장하여 최고 수준을 보였다. 제4차 교육과정기에 소개된 인물의 수가 급증한 것은 이 시기 국사교과서가 상권과 하권의 2권으로 편찬된 것과 관련이 깊다고 판단된다.

이와 같이 제4차 교육과정기에 국사교과서를 2권으로 편찬한 것은 한국 현대 문화가 안고 있는 역사적 과제를 해명하기 위하여 근대 이후 내용을 보강하기 위한 것이었다.[84] 특히 제5공화국의 역사까지 서술한 것은 12 · 12사태를 통해 군부의 주도권을 장악한 신군부세력이 광주민주화운동을 탄압하면서 집권한 자기 정권의 정당성을 교과서에 수록하기 위한 것이었다고 생각된다. 또한 제3차 교육과정기의 국사교과서를 식민사관에 입각한 것이라 비판한 재야사학자의 요구를 일정 부분 수용하여 민족의 기원, 단군, 삼국의 대외 관계 등 고대사 부분과 조선후기의 실학, 독립운동, 민족문화의 수호 등을 보다 상세히 서술하였다.

제4차 교육과정기 고등학교 국사교과서의 근대사 부분은 조선후기를 근대사회 태동으로 시대 구분하고, 대원군의 정치를 전제왕권 강화의 입장에서 서술하도록 하였다. 또한 일제 강점기는 일제의 국권 침

---

84) 『경향신문』1982년 1월 19일, 「국사교과서 현대사 대폭 보강」. 제4차 교육과정기 국사교과서의 집필진은 다음과 같다. 고등학교 : 하현강(연세대), 차문섭(단국대), 이현희(성신여대), 박용옥(성신여대). 중학교 : 이현종(국사편찬위원회), 신형식(이화여대), 이원순(서울대), 박영석(건국대). 국민학교 : 강우철(이화여대), 최완기(서울산업대), 이존희(서울산업대), 김여질(서울교대).

탈, 만주의 독립군 활동, 광복군의 대일선전포고와 국내진입작전 계획 등을 강조하여 상세히 서술하였다. 이외에도 동학혁명운동의 용어를 동학운동으로 변경하였고, 일제의 독도 침탈에 대응하여 독도 영유권에 대한 역사적 연원을 설명하도록 하였다.[85] 이처럼 근대사 부분에 대한 강조점이 확대되는 과정에서 해당 사건이나 그 사건의 역사적 배경을 서술하는 과정에서 인물에 대한 소개가 확대되는 것은 당연한 일이었다.

한편 1973년 8월 31일 문교부령 제325호에 의거하여 종래 중학교와 인문계 고등학교의 사회과에 들어있던 국사가 독립교과로 확정됨으로써 제3차 교육과정기의 국사교과서는 1974년부터는 국정교과서로 단일화되었다. 이 교과서에 대해 문교부는 특징을 "과거의 국사교과서와는 달리, 민족의 주체성을 강조하였고, 최근 학계의 새로운 연구 실적을 많이 반영시켰다. 그리고 고등학교의 교과서는 종래의 시대사 중심의 서술 방식에서 문화사 중심의 서술 방식"[86]으로 변경하였다고 밝혔다.

이외에도 이 시기 국사교과서 편찬의 또 다른 특징은 사상사에 대한 강조, 고고학적 성과의 반영, 백제의 국제적 역할 강조, 신라의 대외 항쟁사 부각, 불교사상의 설명, 조선시대의 정치사상에 대한 재평가, 항일사와 일제사의 상세한 설명 등에 역점을 두었다.[87]

본고에서 주목해야 할 것은 근대 시기에 해당하는 '항일사와 일제사의 상세한 설명'이다. 교수요목기 이래 제2차 교육과정기까지의 국사교

85) 『경향신문』 1982년 1월 19일, 「새 중고교 국사교과서 중요 내용」.
86) 문교부, 『중·고등학교 교사용 교과용 도서 국사』, 한국교과서주식회사, 1974, 머리말. 이 책은 교과서의 내용이 크게 변경됨에 따라 교과서 해설서를 요구하는 학교 현장의 요청을 반영하여 1974년 12월 20일 문교부에서 편찬한 171쪽 분량의 국사교과서 해설서이다.
87) 『동아일보』 1974년 2월 27일, 「생활사 중심의 주체의식 강조 초중고교 국정 국사교과서의 문제점」.

과서에는 근대사, 즉 일제 강점기가 현대사 부분에서 서술되었음에 비해 제3차 교육과정기부터 근대사 부분에 서술되기 시작하였다. 이 점이 제3차 교육과정기 국사교과서와 이전 시기 국사교과서의 서술 체제상의 가장 큰 차이점이라 할 수 있다. 이러한 변화는 앞에서 서술했듯이 '최근 학계의 새로운 연구 실적', 즉 근대사 연구의 진전에 따라 일제의 식민지 통치와 한국 민족운동의 연구 성과를 교과서 서술에 반영하였기 때문이라 할 수 있다. 또한 〈표 2〉, 〈표 3〉에서 보았듯이 제3차 교육과정기 국사교과서의 근대사 서술의 특징은 서술 분량과 수록된 인물의 수 모두 제2차 교육과정기보다 많다. 본고에서 활용한 제2차 교육과정기 국사교과서의 본문 쪽수가 252쪽이고, 1974년판과 1979년판 국사교과서의 본문 쪽수가 각각 232쪽과 302쪽이라는 점을 감안하면 교과서에 수록된 인물의 수도 제3차 교육과정기의 국사교과서가 더 많음을 알 수 있다.

2. 근대사 분야 수록 인물의 성격

〈부록 1〉의 해방 이후 국사교과서의 근대사 서술에 수록된 인물을 교과서 검인정과 국정이라는 교과서 발행체제에 따라 세 시기로 나누어 주요 사건별로 분류한 것이 〈표 4〉, 〈표 5〉, 〈표 6〉이다. 제1기는 검정기인 교수요목기~제2차 교육과정기, 제2기는 국정기인 제3차 교육과정기~제6차 교육과정기, 제3기는 다시 검정체제로 돌아간 제7차 교육과정기로 구분하였다.

해방 직후의 교수요목기부터 제1차 교육과정기 국사교과서의 서술의 특징 가운데 하나는 근대사 서술이 소략하다는 점이다. 이는 근대사 연구가 미진하였을 뿐만 아니라 생존해 있는 인사들도 있어 이를 교과서에 서술하는 것이 부담스러웠기 때문이라 생각된다. 따라서 근대사 서술은 개항기를 중심으로 이루어졌다. 그러나 앞에서 보았듯이 5·16군사정변을 통해 권력을 잡은 군부정권이 정권의 정통성을 반공과 경제개발, 그리고 민족주의의 고양을 통해 확보하려 했기 때문에 제2차 교육과정기의 국사교과서에서는 근대사 서술이 대폭 보강되었다. 따라서 오늘날 국사교과서 근대사 서술의 전형적인 체제는 제2차 교육과정기에 마련되었다고 볼 수 있다.

먼저 이 시기 국사교과서의 개항과 관련된 서술의 특징은 외세의 침략에 대한 우리 민족의 대응을 수동적으로 표현하였다는 점이다. 병인양요와 신미양요를 서술하는 과정에서도 리델 신부, 베르누 신부, 로즈 제독 등 프랑스인에 대해 상세한 서술이 이루어졌으며, 강화도조약에 대한 서술에서도 구로다 기요타카, 이노우에 가오루, 하나부사 요시모토 등 일본인에 대한 서술이 강조되었다. 병인양요에 대한 서술이 전혀 없는 오장환의『중등문화사』를 제외한 교수요목기 국사교과서의 병인양요에 대한 서술을 살펴보자.

① 대원군은 위와 같이 많은 弊政을 고쳤으나 오즉 外治에는 눈이 어두어 오래 鎭國主義(쇄국주의)를 固執하고 天主敎를 嚴禁하니 高宗三年 丙寅 正月에 敎人 南鍾三 등과 佛國神父를 죽이고 八道에 令을 내리어 敎徒를 虐殺하였다. 그 神父 中 한-사람인 리델(李德)이 몰래 배를 타고 빠져나가 天津에 있는 佛國派遣艦隊에게 이 經過를 報告하였다. 이에 노한 佛國 軍艦 三隻은 八月에 仁川바다로 들어와 江華島를 거쳐 漢江 楊花津에까지 이르러 偵察하고 가더니 九月에 또 다시 佛艦 七隻이 와서 江華島를 침범(侵犯)하였다. 朝廷에서는 각처에 防備를 嚴히하는 同時에 中軍 李容熙로 先鋒을 삼아 精兵을 거느리고 가서 치게 하니 容熙는 通津을 지키고 哨官 韓聖根은 文殊山城을 지키다가 聖根이 山城 南門에서 敵의 一部隊를 마지하여 이

를 쳐부시고 또 千摠 **梁憲洙**는 中軍의 命을 받아 五百餘名의 銃砲兵을 거느리고 가만히 銃砲를 퍼부어 물리치니 敵艦隊는 할수없이 한달만에 물러가게 되었다.[88](강조는 인용자)

② 이보담 앞서 哲宗末年에 俄國이 淸國으로부터 烏蘇里江 以東의 땅을 얻어 조선이 俄國으로 더부러 지경을 대게 되고 (高-인용자)宗卽位의 해에 俄人이 이미 慶興에 와서 通交를 請하니 朝廷에서 이를 근심하여 어떻게 하면 물리치려고 할 참에 天主敎人 가운데 이 일을 담당하여 處理하고 傳道의 公認을 얻어보려 하는이가 있어 **大院君**에게 往來가 잦었다. 다시 알고보매 俄人의 일은 급한 걱정이 아니요 天主敎徒의 行動에는 **大院君**의 마음에 거슬리는 點이 있더니 西學의 排斥者들이 大院君을 충동하여 三年丙寅(1866)에 敎獄을 이르켜 敎徒 多數와 己亥以前 몰래 들어왔던 佛國敎士 全部를 잡아 죽였다. 敎士中 한사람이 벗어져 나가서 淸國에 있는 佛國艦隊에게 이 일을 알리니 八月十五日에 提督 **"로세"**가 軍艦三隻을 데리고 仁川바다로서 江華海峽을 지나 漢江의 楊花津까지 올라와서 형편을 보고 잠시 돌아갔다가 九月五日에 戰艦 **"쭈리에르"** 以下 배 五隻을 데리고 와서 七月에 江華를 습격하여 軍器와 書籍을 掠奪하고 十八日에 京城으로 向하려든 一隊는 通津에서 우리 **韓聖根軍**에게 擊退되고 十月一日에는 一部隊가 鼎足山城으로 오다가 **梁憲洙軍**에게 慘敗를 당하고 물러났다. 그리고 우리軍은 四方에서 모여드는데 저의 孤軍이 어찌할 수 없음을 알고 마주막 十月四日에 江華에 불을 놓고 五日에 撤兵하였다.[89]

③ 이미 수차에 걸쳐 통상을 요구하다 실패한 프랑스는 이 박해(병인박해-인용자)에서 프랑스인이 학살되었음을 기화로 쇄국 조선의 문호를 개방케 하고자 **로즈**(Roze) 제독의 함대를 출동시켜 불법적으로 강화

---

88) 진단학회, 『국사교본』, 조선교학도서주식회사, 1946, 143~144쪽.
89) 최남선, 『중등국사』, 동명사, 63쪽.

도를 점령하고 한강 어귀를 봉쇄하여 굴복을 강요하였으나, 대원군의 강경한 결심과 **한성근(韓聖根)·양헌수(梁憲洙)**의 선전(善戰)으로 개월 만에 후퇴하지 않을 수 없었다.[90]

④ 즉, 흥선대원군의 탄압으로 몰래 조선을 빠져나간 신부 **리델(Ridel)**이 텐진에 가서 조선의 카톨릭 박해와 신부 학살 내용을 프랑스 극동 함대에 알리자, 1866년 8월에 프랑스 군함 3척이 강화 해협을 거쳐 한강의 양화진까지 올라와 정찰하고 돌아가더니, 다음 달에 다시 군함 7척을 이끌고 와서 강화도를 점령하고 군기·서적을 약탈하였다. 이에 조정에서는 **이 용희·한 성근·양 헌수** 등에게 명하여 이들을 막게 하였다. 서울로 올라오던 적은 문수 산성에서 **한 성근**에게 패하고, 정족 산성을 공격하던 적은 **양 헌수**에게 패하여 돌아가니, 이를 병인 양요라 한다.[91]

위의 인용문을 통해 보면 병인양요에 대한 이 시기 국사교과서의 서술이 프랑스군을 중심으로 이루어졌다는 점과 이들을 격퇴하는 과정에 대해서는 소략하게 서술되었음을 알 수 있다. 먼저 병인양요의 배경을 병인박해를 중심으로 설명하고 있다. 특히 ①에서는 대원군시기의 외교정책인 쇄국주의는 대원군의 고집에 따른 것이었다고 파악하고 이 연장선 위에서 병인박해가 이루어졌다고 서술하였다. ②에서는 러시아의 남하를 견제하고자 한 대원군의 의도, 천주교 포교를 공인받으려 한 천주교세력의 활동, 천주교도의 활동에 대한 대원군의 의심, 서학 배척자들의 대원군 충동을 병인박해의 원인으로 규정한 후 이를 병인양요의 배경으로 서술하였다. ③에서는 병인박해와 조선에 대한 개국이라는 프랑스의 정책을 병인양요의 배경으로 파악하였고, ④에서

90) 이원순, 『국사』, 교학사, 1968, 171~172쪽.
91) 이병도, 『국사』, 일조각, 195쪽.

는 병인박해만을 배경으로 서술하였다. 그리고 프랑스군의 격퇴에 대해서는 ①에서는 중군 이용희의 지휘 하에 한성근과 양헌수가 각각 문수산성과 정족산성에서 프랑스군을 격퇴하여 물러가게 하였다고 서술하였다. ②와 ③에서는 이용희에 대한 서술은 빠지고 한성근과 양헌수의 활약상만을 서술하였으며, ④에서는 이용희에 대한 서술이 다시 등장하고 한성근과 양헌수의 승전을 서술하였다.

그러나 이 시기 국사교과서에는 병인양요의 원인이 되었던 병인박해가 미국인 자본가와 프랑스 신부의 지원을 받은 오페르트의 남연군묘 도굴 미수사건에 대해서는 기록하지 않아 마치 조선측이 아무 이유 없이 천주교를 박해한 것으로 서술하였다는 점을 지적하지 않을 수 없다. 또한 프랑스군이 철수하면서 상당량의 금은과 외규장각문서를 약탈한 것에 대해 서술하지 않았고, 병인양요가 이후 조선사회에 미친 영향에 대해 서술하지 않았다.

이러한 병인양요의 서술에 등장한 인물은 흥선대원군, 베르누, 남종삼, 리델, 이용희, 한성근, 양헌수, 로즈제독 등이다. 베르누와 리델은 조선에 파견되었던 프랑스신부들이며, 로즈제독은 프랑스 함대를 이끌고 온 프랑스 군인이고, 남종삼은 조선인 천주교인으로서 대원군과 천주교를 연결한 인물이다. 그리고 대원군, 이용희, 한성근, 양헌수는 당시 집권자 혹은 조선 군인으로서 프랑스군과 맞서 싸운 인물이다. 국사교과서에 수록된 인물 8명에는 프랑스군에 맞서 싸운 조선측 인물 4명, 남종삼을 포함한 프랑스 측 인물 4명으로 구성되어 있다. 이는 앞에서 서술하였듯이 조선의 관점에서 서술하기보다는 프랑스측의 관점을 보다 많이 반영한 것이라 판단된다.

이러한 서술은 피교육자인 학생들에게 병인양요의 원인을 조선측이 제공하였다는 역사인식을 제공할 우려가 있다. 반면에 신미양요에 대한 서술에 등장한 인물은 어재연뿐이며 서술 분량도 병인양요에 비해 적다. 이는 신미양요의 역사적 의미를 과소평가한 결과이기도 하겠으나 근대문물의 수용 과정에서 미국의 역할을 강조하였던 점과 함께 미국의 절대적인 영향 하에 신생 독립국으로 자리 잡아야 했던 당대의 현실을 반영한 것이라고도 생각된다. 병인양요 서술에 등장하는 인물은 이후 제7차 교육과정기까지 큰 변화가 없다. 다만 신미양요 서술에서는 미국의 로저스제독이 제5차 교육과정과 제6차 교육과정에서 서술되었다가 제7차 교육과정에서 다시 빠졌다는 정도이다.

이는 강화도조약에 대한 서술에서도 확인할 수 있다. 강화도조약과 관련해 수록된 인물은 구로다 기요타카(黑田淸隆), 이노우에 가오루(井上馨), 하나부사 요시모토(花房義質) 등 일본인과 박규수, 오경석 등이다. 그 서술에서는 일본에 의한 조선의 강제 개항이라는 관점이 강하게 반영되어 있다. 다시 말하면 조선 내에서 개항과 관련한 움직임이 없는 상태에서 일본에 의해 강제 개항되었다고 서술되었다. 이렇게 서술한 것은 일제의 침략성을 강조하려 한 것이다. 이해할 수도 있으나 이는 조선의 개항은 자주적이고 주체적인 준비가 전혀 없는 상황에서 일제의 침략에 의해 이루어졌다는 인식을 심어줄 수 있다. 다만『국사교본』에는 "대원군을 몰아낸 閔氏一派는 外交方針에 있어 처음부터 鎖國主義를 打破하려던 것은 아니었으나 世界의 大勢上 스스로 開國策을 쓰지 아니할수 없었으니 오래동안 國交斷絶中에 있었던 日本政府와 서로 修好條約을 맺게 되었다."[92]고 하여 세계 정세의 변화에 따라 조선이 개항을 선택하였다고 서술하였다.

그러나 제3차 교육과정기부터 제7차 교육과정기까지의 국사교과서에는 강화도조약과 관련된 인물들의 서술이 전혀 없이 조선 혹은 일본

---

92) 이병도, 앞의 책, 147쪽.

을 주어로 서술하였다. 이는 일개인이 아닌 국가 차원의 사실로 평가하려는 의도가 반영된 것이라 생각된다.

한편 개항과 관련한 서술 중 주목되는 것은 조선 내에서 개항을 주장한 세력의 유무에 대한 서술과 이들이 이후 어떻게 성장하고 활동하였는가에 대한 서술이다. 교수요목기의 『국사교본』에서는 현재의 국사교과서에서 사용하는 통상개항론이라는 개념어를 사용하지 않고 "우의정 박규수와 역관 오경석 등이 세계 대세로 보아 수교가 마땅하다 하매"[93]라 서술하여 조선 내에서도 개항 주장이 있었다는 점을 서술하였다. 이러한 서술은 조선 내의 개항 주장을 국제 정세의 변화에 따른 수동적인 성격으로 파악한 것이었다.

그런데 제2차 교육과정기의 국사교과서에서는 "박규수·오경석 등 개국의 이(利)를 적극 주장하는 개국론자"[94]도 있다며 이들을 개국론자로 서술함으로써 이들의 주장을 개국론이라 규정하였음을 알 수 있다. 즉 박규수와 오경석 등의 주장을 국제 정세의 변화에 따른 수동적인 대응이 아니라 능동적인 대응이라는 점을 강조하여 교수요목기와 제1차 교육과정기의 서술과는 차이를 보이고 있다. 제3차 교육과정기에는 박규수와 오경석 외에 유홍기도 함께 서술하였고, 제4차 교육과정기에서는 이들은 초기 개화사상가로 규정하였으며, 제5차 교육과정과 제7차 교육과정까지는 통상개화론자로 규정하였다. 따라서 우리나라의 개항과 개화에 대한 서술은 박규수, 오경석, 유홍기로부터 시작되었다는 점을 서술하고 있음을 알 수 있다.

그리고 이들의 영향을 받은 인물들, 즉 김옥균, 박영효, 홍영식, 서광범, 서재필, 유길준, 김홍집, 어윤중, 김윤식 등이 개화운동은 본격적으

---

93) 이병도, 앞의 책, 147쪽.
94) 이원순, 앞의 책, 174쪽.

로 전개하였다는 서술을 하고 있다. 현재의 교과서에는 김옥균, 박영효, 홍영식, 서광범, 서재필, 유길준 등은 급진개화파, 김홍집, 어윤중, 김윤식 등은 온건개화파로 규정하였으나 교수요목기의 『중등국사』(최남선)에서는 이들을 진보파와 보수파로 구분하였고, 제1차 교육과정기에는 개화당(독립당)과 사대당(보수당, 수구당), 제3차 교육과정기와 제4차 교육과정기에는 개화당과 사대당, 제5차 교육과정기와 제6차 교육과정기에는 온건개화파(수구 사대당)과 급진개화파(개화당), 제7차 교육과정기에는 급진개화파와 온건개화파로 규정되어 이후 현재의 교과서에까지 사용되고 있다.

또한 이들의 활동 내용에 대한 서술에서 수신사, 신사유람단(조사시찰단), 영선사는 교수요목기부터 서술되었으나 보빙사에 대한 서술은 제7차 교육과정에 처음으로 수록되었다. 수신사(김기수, 김홍집, 박영효, 김윤식, 김옥균)는 각 교육과정기에 모두 서술되었다. 특히 김기수는 교수요목기 이래 제7차 교육과정기까지의 국사교과서에 모두 서술되었으나 김홍집, 김윤식, 박영효는 교육과정기별로 서술되기도 하고 되지 않기도 하였다. 조사시찰단은 신사유람단이라는 명칭으로 서술되었고, 제7차 교육과정기에 조사시찰단이라 수정되었다. 조사시찰단원의 이름이 수록된 것은 제4차 교육과정기까지 확인되며 이후의 교과서에서는 이름을 수록하지 않았다. 이 중 어윤중만이 교수요목기부터 제4차 교육과정기까지의 국사교과서에 모두 수록되었으나 박정양, 조준영, 조병직, 심상학, 홍영식, 유길준, 윤치호 등은 교육과정별로 수록되지 않은 것도 있다. 특히 윤치호와 유길준은 제4차 교육과정기에 처음으로 등장한다. 조사시찰단원의 서술에서 특징적인 것은 교육과정기부터 제2차 교육과정기까지에는 조준영, 조병직, 심상학 등 온건개화파 인물들이 다수 수록되었으나 제3차 교육과정기 이후에는 급진개화파 인물들을 중심으로 수록하였다.

이는 조사시찰단의 역할이 수동적인 것이 아니라 개항을 능동적, 주체적으로 행하고자 하였다는 평가를 반영한 것이었다. 따라서 제3차 교육과정기의 조사시찰단 서술이 제2차 교육과정기까지와 달라진 것은 정부가 유신을 선포하고 국사교과서를 국정화하면서 내놓은 '국적 있는 교육'과 깊은 관련이 있다고 생각된다.

한편 갑신정변의 서술에서 특징적인 것은 오장경, 원세개(교수요목기), 다케소에 신이치로, 원세개, 이노우에 가오루, 이토 히로부미, 이홍장(제1차 교육과정기), 이토 히로부미, 이홍장, 위안 스카이, 마젠창, 묄렌도르프, 다케소에 신이치로, 이노우에 가오루(제2차 교육과정기), 위안 스카이(제3차 교육과정기) 등 외국인의 이름이 수록되었으나 제4차 교육과정기부터는 외국인의 이름이 수록되지 않았다. 이와 같이 외국인에 대한 서술이 상대적으로 많이 등장한 것은 갑신정변에 대한 연구가 미진[95]하였을 뿐만 아니라 한국사를 주체적으로 인식하지 못했기 때문이라 생각된다. 제3차 교육과정기에 위안 스카이를 제외한 외국인들이 교과서에서 빠진 것은 한국근대사에 대한 연구가 진전되고 민족주의를 강조하였던 교육과정에 기인한 것이라 생각된다.

다만 제7차 교육과정기에 부들러가 수록된 것은 갑신정변 이후의 한반도 중립화론을 설명하는 과정에서 수록된 것이지 갑신정변에 대한 서술에서 수록된 것이 아니다. 또 교수요목기에는 박영효, 김옥균, 홍영식, 서광범 등 갑신정변의 주체들뿐만 아니라 이들에게 처형된 민영익, 민영목, 민태호, 조영하 등 민씨 일파도 서술하였다. 그리고 제2차

---

95) 필자가 국사편찬위원회의 『한국사연구휘보』에서 찾은 바로는 국사교과서가 출판되기 1년전인 1973년까지 '갑신정변'이란 용어가 들어간 논문 편수는 남북한과 일본을 통틀어 9편에 불과하였다.

교육과정까지는 갑신정변의 주체로 박영효, 김옥균, 홍영식, 서광범을 수록하였으나 제3차 교육과정기에는 서광범이 빠지고 서재필이 들어 갔고, 제4차 교육과정과 제5차 교육과정에서는 서광범과 서재필이 함께 서술되었다.제6차 교육과정기에는 다시 서재필이 빠지고 서광범이 수록되었다.

이와 같이 국사교과서에 수록된 근현대사 관련 인물들은 최근에 가까워지면서 점차 외국인의 수는 줄어들고 한국인의 수가 증가하였다. 이는 한국근현대사에 대한 연구가 점차 심화되면서 식민지 시기 이후에 대한 학계의 이해가 높아진 것과 관련이 있다고 생각된다. 그리고 이러한 변화에는 한국근현대사의 발달의 원인을 외부에서 찾으려 하였던 경향에서 벗어나 점차 내부적인 요인을 주된 변화와 발달의 원인으로 찾으려 한 학문 연구의 경향이 반영된 것으로 보인다.

이상에서 해방 이후 제7차 교육과정기의 국사교과서의 대원군 집권기~갑신정변까지의 서술에서 등장하는 인물들에 대해 살펴보았다. 본고의 목적이 교육과정별 교과서 수록 인물의 변천을 살피는 것이기 때문에 수록 인물의 성격에 대해 고찰하기보다는 수록 인물의 변천이 일어나는 이유를 당대의 시대적 요구를 중심으로 살펴보았다. 당대의 시대적 요구는 해당 교육과정기 국사교육을 통해 달성해야 하는 목표를 통해 국사교과서에 반영되는 것이 일반적이며, 그것은 교육과정이라 할 수 있다.

첫째, 해방 이후 국사교과서에서 근대사의 서술 비중이 상대적으로 높아지는 것은 제3차 교육과정기부터이다. 특히 제4차 교육과정기부터 제6차 교육과정기까지는 40% 이상의 비중을 차지하였다. 이는 민족사관의 확립과 반공주의를 표방하였던 제2차 교육과정의 흐름이 유신체제의 성립 이래 제3차 교육과정에 반영되었고, 박정희의 서거 이후 권력을 잡은 전두환정권에 의해 계승되었기 때문이라 할 수 있다. 이와 같은 흐름은 제7차 교육과정기의 한국근현대사 과목의 설정으로 나타나 근현대사 교육의 강화 기조는 더욱 명확해졌다.

둘째, 1965년 한일국교정상화는 반공과 방일이라는 기존의 국사교육의 흐름이 반공과 국제친선이라는 방향으로 전환된 계기가 되었다. 이러한 흐름은 국사교과서에도 반영되었다. 1966년 제2차 교육과정에 따른 국사교과서의 검인정 기준에 '민족 주체성의 강화'와 '자유민주주의 국시'라는 원칙을 추가할 것을 결정하였다. 이에 따라 1966년 을사보호조약, 광주학생사건, 6·10만세사건, 동학란 등 민족자주성을 훼손한다는 국사 교과서의 근대사 관련 용어를 을사조약, 광주학생운동, 6·10만세운동, 동학혁명 등으로 수정하였으며, 1968년에는 '인문계고등학교 교육과정령'에 반영되어 반일교육이 배제되고 국제간의 협조와 세계평화라는 목표가 교육과정에 새로이 설정되었다. 이에 따라 문교부는 국민학교 5, 6학년 교과서 개편에서 왜구의 침입, 倭食 등 일본에 대한 표현과 유관순 이야기 중 일본에 대한 과격한 표현 등을 수정할 방침을 수립하였다.

셋째, 교수요목기부터 제1차 교육과정기 국사교과서의 근대사 서술은 개항기를 중심으로 이루어졌다. 이 시기 국사교과서의 개항기 서술의 특징은 외세의 침략에 대한 우리 민족의 대응을 수동적으로 표현하였다는 점이다. 이는 근대사 연구가 미진한 상황, 즉 식민사관의 영향이 여전히 남아있다는 것을 의미한다. 병인양요에 이 시기 국사교과서의 서술이 프랑스군을 중심으로 이루어졌다는 점과 이들을 격퇴하는 과정에 대해서는 소략하게 서술되었다는 점에서도 확인할 수 있다.

넷째, 개항과 관련된 인물들의 경우 박규수와 오경석은 교수요목기부터 서술되었으나 최초에는 현재의 교과서에서 사용하는 통상개항론이라는 개념어를 사용하지 않았으나 제2차 교육과정기에는 개국론자로 규정하였고, 제3차 교육과정기에는 유홍기가 추가되었다. 제4차 교육과정기에는 초기 개화사상가, 제5차 교육과정 이후에는 통상개항론자로 규정되었음을 알 수 있다.

다섯째, 통상개항론자의 영향을 받은 개화파 인물들에 대해서는 교수요목에는 진보파와 보수파, 제1차 교육과정기에는 개화당(독립당)과 사대당(보수당, 수구당), 제3차 교육과정기와 제4차 교육과정기에는 개화당과 사대당, 제5차 교육과정기와 제6차 교육과정기에는 온건개화파(수구 사대당)과 급진개화파(개화당), 제7차 교육과정기에는 급진개화파와 온건개화파로 규정되어 이후 현재의 교과서에까지 사용되고 있다.

여섯째, 갑신정변의 서술에서 특징적인 것은 교수요목기에는 오장경, 원세개, 제1차 교육과정기에는 다케소에 신이치로, 원세개, 이노우에 가오루, 이토 히로부미, 이홍장, 제2차 교육과정기에는 이토 히로부미, 이홍장, 위안 스카이, 마젠창, 묄렌도르프, 다케소에 신이치로, 이노우에 가오루, 제3차 교육과정기에는 위안 스카이 등 외국인의 이름이 수록되었으나 제4차 교육과정기부터는 외국인의 이름이 수록되지 않았다. 제3차 교육과정기에 위안 스카이를 제외한 외국인들이 교과서에서 빠진 것은 한국근대사에 대한 연구가 진전되고 민족주의를 강조하였던 교육과정에 기인한 것이라 생각된다. 다만 제7차 교육과정기에 부들러가 수록된 것은 갑신정변 이후의 한반도 중립화론을 설명하는 과정에서 수록된 것이지 갑신정변에 대한 서술에서 수록된 것이 아니다.

일곱째, 교수요목기에는 박영효, 김옥균, 홍영식, 서광범 등 갑신정변의 주체들뿐만 아니라 이들에게 처형된 민영익, 민영목, 민태호, 조영하 등 민씨 일파도 서술하였다. 그리고 제2차 교육과정까지는 갑신정변의 주체로 박영효, 김옥균, 홍영식, 서광범을 수록하였으나 제3차 교육과정기에는 서광범이 빠지고 서재필이 들어갔고, 제4차 교육과정과 제5차 교육과정에서는 서광범과 서재필이 함께 서술되었다. 제6차 교육과정기에는 다시 서재필이 빠지고 서광범이 수록되었다.

요컨대 해방 이후 제7차 교육과정기의 국사교과서 개항기 서술에 수록된 인물들을 통해 확인할 수 있는 것은 교과서 서술이 당대의 연구 수준을 반영하는 동시에 국가의 국사교육정책의 영향을 직접적으로 받는다는 것이다. 이는 국사교과서를 통해 대부분의 한국인이 한국인으로서의 정체성과 역사인식을 확립해가는 현실에서 국사교과서의 서술과 발행이 '역사교육적'인 의미만이 아니라 '역사적' 의미까지도 고려해야 한다는 평범한 생각을 다시 하게 한다.

<표 4> 교수요목기~제2차 교육과정기

사건＼시기	교수요목	제1차 교육과정	제2차 교육과정
병인양요, 신미양요	남종삼, 리델, 로세, 이용희, 한성근, 양헌수, 어재연	흥선대원군, 베르누, 남종삼, 리델, 이용희, 한성근, 양헌수, 어재연, 로스	흥선대원군, 로즈제독, 이용희, 한성근, 양헌수, 어재연, 남종삼
통상개항론			박규수, 오경석
강화도조약	黑田淸隆, 井上馨, 박규수, 오경석	민비, 흑전청륭, 화방의질	구로다 기요타카
수신사, 영선사	김기수, 김굉집(김홍집), 김윤식	김기수, 김윤식, 박영효, 김홍집, 김옥균	김기수, 김홍집, 김윤식, 박영효
조사시찰단	박정양, 어윤중, 조준영, 조병직, 심상학, 홍영식	조준영, 어윤중, 박정양, 홍영식	어윤중, 조준영
임오군란	대원군, 민겸호, 堀本禮造, 花房義質, 김윤식, 오장경, 마건충, 정여창, 박영효, 이유인, 김옥균	호리모도 레이소, 박영효	묄렌도르프, 마젠창, 호리모도 레이조오, 민겸호, 하나부사, 이유원, 김홍집
갑신정변	오장경, 원세개, 박영효, 김옥균, 서광범, 홍영식, 민영익, 민영목, 민태호, 조영하, 박영교, 서재필	김옥균, 박영효, 홍영식, 서광범, 다께소에 신이찌로, 원세개, 이노우에 가오루, 이토 히로부미, 이홍장	김옥균, 박영효, 홍영식, 서광범, 이토오 히로부미, 이홍장, 위안 스카이, 서재필, 마젠창, 묄렌도르프, 다께소에 신이치로오, 이노우에 가오루
동학농민운동	최제우, 최시형, 박광서, 어윤중, 조병갑, 전봉준, 이경호, 홍계훈, 김옥균	최제우, 조병갑, 전봉준, 위패(베베르), 최시형	최시형, 조병갑, 전봉준, 이용태, 최제우
갑오개혁	원세개, 김홍집, 정상형, 대원군, 박영효, 서광범, 이홍장, 이등박문	김홍집, 대원군, 박영효, 원세개	김홍집, 박영효, 서광범, 흥선대원군, 고종
을미사변	삼포오루	박영효, 이범진, 이완용, 미우라, 김홍집, 유길준, 웨벨, 이범진, 삼포오류, 민비	이범진, 이완용, 이윤용, 미우라공사, 박영효, 흥선대원군, 민비, 유길준
아관파천	김홍집, 정병하, 어윤중	이범진, 웨베르, 김홍집	베베르, 김홍집
독립협회	서재필, 루스벨트, 이등박문	서재필, 이상재, 윤치호, 양기택, 이승만	서재필, 이상재, 남궁억, 윤치호, 이승만
애국계몽운동			원세성, 이준, 양한묵, 장지연, 안창호, 남궁억, 이종면, 베델, 양기탁, 손병희, 오세창, 이갑, 이광종, 이채
을사조약	이등박문, 민영환, 조병세	이도(이등박문), 장지연, 이완용, 민영환, 신돌석, 조병세, 박제순, 최익현	이토오 히로부미, 한규설, 장지연, 이상설, 안병찬, 조병세, 민영환, 최익현, 이근명, 이건석, 홍만식, 이상철, 윤두병, 송병선, 이완용, 이근택, 이지용, 박제순, 권중현, 이한응

근대종교	송병준, 윤시병, 이용구, 손병희, 최제우, 최시형, 전봉준, 손병희, 이용구, 나철, 오혁	언더우드, 아펜젤러, 나철, 손병희, 이용구, 송병준, 알렌, 전봉준, 최시형, 나철, 오혁	손병희, 이용구, 나철, 언더우드, 아펜젤러, 송병준
근대문물	서재필, 배설, 양기탁, 젬스 모어스, 남궁억, 나수연, 이종일, 심상익, 이용익, 엄비	지석영, 안창호, 알렌, 서재필, 남궁억, 베텍, 양기택, 콜부란, 이용익, 엄주익, 민영휘, 아펜젤러, 마건상, 묄렌도르프, 엄귀비	이용익, 엄주익, 민영휘, 안창호, 이승훈, 엄비, 남궁억, 이종면, 베델, 양기탁, 손병희, 오세창, 콜브란, 알렌, 지석영, 세브란스, 모오스, 서재필
근대문학	이인직, 이해조, 최찬식, 육정수, 구연학, 박영진, 이상협, 최남선	이인직, 이해조, 최남선, 헐벌, 윤치호	이인직, 이해조, 최찬식, 김교제, 육정수, 구연학, 이상협, 최남선, 게일, 헐버어트, 윤치호
한말 국학연구		유길준, 이봉운, 주시경, 신채호, 최남선, 최광옥, 장지연	유길준, 주시경, 최광옥, 장지연, 신채호, 최남선
헤이그특 사사건	이상설, 이준, 이위종	이상설, 이준, 이위종	이상설, 이준, 이위종
의병	민종식, 최익현, 신돌석, 박성환	최익현, 신돌석, 박성환	이소응, 이춘영, 유인석, 김복한, 허위, 기우만, 민종식, 최익현, 임병찬, 신돌석, 유인석, 박승환, 민긍호, 이강년, 신돌석, 허위, 이진룡, 곽학기
의사; 열사	須知分(스티븐스), 전명운, 장인환, 이등박문, 안중근, 이완용, 이재명, 이용구, 나석주, 장진홍, 이봉창, 윤봉길	스티븐스, 전명운, 이도·이등박문, 안중근, 이재명, 나석주, 윤봉길, 조병세, 민영환, 홍만식, 송병선, 이용환, 이상철, 김봉학, 이완용, 장인환, 코코프체프, 레오폴드 2세, 이봉창	스티븐스, 전명운, 장인환, 안중근, 이토오 히로부미, 강우규, 박재혁, 최수봉, 김상옥, 송학선, 김익상, 나석주, 김지섭, 이봉창, 윤봉길, 서상한, 김재현, 박열, 양근환, 최윤동
일제의 조선 강점	사내정의, 이완용	데라우찌(사내정의), 이완용, 이등박문, 이용구	데라우치 마사다케, 이완용
3·1운동	윌슨	윌손, 손병희, 이승훈, 이승만	김규식, 최팔용, 손병희, 유관순
대한민국 임시정부		이승만	
해외의 민족운동		이승만, 안창호, 김구, 이봉창, 윤봉길, 서재필, 김구, 이청천	테라우치, 이시영, 이성설, 신규식, 안창호, 이승만, 신규식, 박용만
독립군			유인석, 이강년, 홍범도, 이청천, 김좌진
일제하 국학연구		주시경, 이윤재	
식민지기 문학		염상섭, 김억, 오상순, 홍노작, 나빈, 한용운, 김정식	최남선, 이광수

<표 5> 제3차 교육과정기~제6차 교육과정기

시기 사건	제3차 교육과정	제4차 교육과정	제5차 교육과정	제6차 교육과정
병인양요 신미양요	흥선대원군, 로즈제독, 한성근, 양헌수, 어재연	흥선대원군, 로우즈, 한성근, 양헌수, 어재연	흥선대원군, 로즈제독, 한성근, 양헌수, 로저스제독, 어재연	흥선대원군, 로즈제독, 한성근, 양헌수, 로저스제독, 어재연
통상개항론	박규수, 오경석, 유홍기	박규수, 오경석, 유홍기	박규수, 오경석, 유홍기	박규수, 오경석 유홍기
강화도조약				
수신사, 영선사	김기수, 김홍집, 김윤식	김기수, 김홍집, 김윤식	김기수, 김홍집	김기수, 김홍집
조사시찰단	박정양, 어윤중, 홍영식	박정양, 어윤중, 홍영식, 유길준, 윤치호		
임오군란	묄렌도르프, 마젠창, 위안 스카이, 천슈탕, 하나부사, 우창칭	민황후, 대원군, 묄렌도르프, 마젠창, 위안 스카이, 하나부사	대원군, 위안 스카이, 마젠창, 묄렌도르프	대원군, 위안 스카이
갑신정변	김옥균, 박영효, 홍영식, 서재필 위안 스카이	김옥균, 박영효, 홍영식, 서광범, 서재필	유길준, 유홍기, 김옥균, 박영효, 홍영식, 서광범, 서재필	김옥균, 박영효, 홍영식, 서광범
위정척사운동	최익현, 황준헌, 이만손, 홍재학, 이항로,	이항로, 기정진, 최익현, 이만손, 홍재학	이항로, 기정진, 유인석, 최익현	이항로, 기정진, 유인석, 최익현
동학농민운동	최제우, 조병갑, 전봉준, 김개남, 손화중	최제우, 최시형, 조병갑, 전봉준, 김개남, 손화중	조병갑, 전봉준, 손화중, 김개남	조병갑, 전봉준, 김개남
갑오개혁	김홍집, 유길준, 박영효, 서광범, 서재필	김홍집	김홍집, 박영효	김홍집, 박영효, 서광범
을미사변	김홍집, 박영효, 이범진, 이완용, 이윤용, 미우라 고로오, 김홍집, 유길준, 서광범	박영효, 이범진, 이윤용, 이완용,김홍집, 유길준, 서광범	명성황후	
아관파천	베베르, 윤용선, 이완용, 이범진, 윤용선, 이완용, 이범진	윤용선, 이완용, 이범진, 알레세예프		
독립협회	서재필, 윤치호, 이상재, 남궁억, 정교	서재필, 윤치호, 이상재, 남궁억	김홍집, 서재필, 박정양	서재필, 윤치호, 이상재, 남궁억, 박성춘
애국계몽 운동	이갑, 이광종, 장지연, 이채, 남궁억, 유길준,	안창호, 이동녕, 이승훈, 양기탁	안창호, 양기탁, 박성춘	안창호, 양기탁

	김윤식, 안창호, 이동녕, 이동휘, 박은식, 신채호, 이승훈, 양기탁			
을사조약	루우스벨트, 이토오 히로부미, 한규설, 이완용, 박제순, 이상설, 안병찬, 조병세, 민영환, 최익현, 이근명, 오기호, 나인영, 데라우치	이토오 히로부미, 한규설, 이완용, 박제순, 테라우치, 이상설, 안병찬, 조병세, 민영환, 최익현, 이근명, 장지연, 나철, 오기호, 헐버어트	조병세, 이상설, 안병찬, 민영환, 나처르 오기호, 장지연	조병세, 이상설, 안병찬, 민영환, 나철, 오기호, 장지연
근대종교	손병희, 이용구, 나철, 오혁(오기호)	손병희, 이용구, 나철, 오기호	손병희, 박은식, 한용운, 나철, 오기호, 박중빈	이용구, 손병희, 박은식, 한용운, 나철, 오기호, 박중빈
근대문물	모오스, 콜브란, 알렌, 지석영, 남궁억, 이종면, 장지연, 박은식, 신채호, 베델, 양기탁, 손병희, 오세창, 아펜젤러, 언더우드, 스크랜튼, 이상설, 이승훈, 안창호, 이용익, 김약연, 주시경, 헐버트, 이시영, 엄주익	모오스, 콜부란, 알렌, 지석영, 남궁억, 이종면, 장지연, 박은식, 주시경, 신채호, 베델, 손병희, 오세창, 헐버어트, 아펜젤러, 언더우드, 스크랜튼, 엘러스, 이상설, 김약연, 이승훈, 안창호, 이시영, 이용익, 엄주익	지석영	알렌, 지석영
근대문학	이인직, 이해조, 최찬식, 최남선, 안국선	안국선, 이인직, 이해조, 최찬식, 최남선	이인직, 이해조, 최남선	이인직, 이해조. 최남선
한말 국학연구	주시경, 최광옥, 유길준, 이봉운, 지석영, 장지연, 신채호, 박은식, 최남선	주시경, 최광옥, 유길준, 이봉운, 지석영, 장지연, 신채호, 박은식, 최남선	장지연, 신채호, 박은식, 최남선, 유길준	신채호, 박은식,최남선, 유길준, 주시경, 지석영
헤이그특사 사건	이상설, 이준, 이위종	이상설, 이준, 이위종		
의병	이소응, 이춘영, 유인석, 김복한, 허위, 기삼연, 민종식, 최익현, 임병찬, 신돌석, 유인석, 노응규, 박승환, 이인영, 박승환	이소응, 이춘영, 유인석, 허위, 노응규, 안병찬, 민종식, 최익현, 신돌석, 유인석, 노응규, 박성환, 민긍호, 이인영, 허위, 이강년, 신돌석, 홍범도	유인석, 이소응, 허위, 민종식, 최익현, 신돌석, 박승환, 이인영, 허위, 홍범도, 이범윤	유인석, 이소응, 허위, 민종식, 최익현, 신돌석, 박승환, 이인영, 허위, 홍범도, 이범윤

의사, 열사	안중근, 장인환, 전명운, 스티븐스, 이재명, 이완용, 김원봉, 김구, 나석주, 윤봉길, 이봉창	안중근, 이토오 히로부미, 장인환, 전명운, 스티븐스, 김원봉, 김구, 나석주, 이봉창, 윤봉길, 조명하	안중근, 이토 히로부미, 김원봉, 김구, 김상옥, 김익상, 나석주, 김지섭, 이봉창, 윤봉길, 조명하	안중근, 이토 히로부미, 김구, 이봉창, 윤봉길, 장제스, 김원봉, 강우규, 김상옥, 김익상, 나석주, 조명하, 김지섭
일제의 조선 강점				
3·1운동	김규식, 최팔용, 손병희, 한용운, 이승훈	윌슨, 김규식, 손병희, 이승훈, 한용운	윌슨, 김규식, 손병희, 이승훈, 한용운	윌슨, 김규식, 손병희, 이승훈, 한용운
대한민국 임시정부	이승만, 이동녕, 김구, 김규식	김구, 김규식, 이승만		이승만, 이동휘, 손병희
해외의 민족운동	이시영, 이동녕, 이상룡, 이상설, 이승희, 이동휘	이시영, 이상룡, 이상설, 이승희, 이동휘	이회영, 이상룡, 이승희, 이상설, 이동휘	이회영, 이상룡, 이상설, 이승희이동휘
독립군	홍범도, 김좌진	홍범도, 김좌진, 최진동, 서일, 김구, 김규식, 지청천, 이범석, 김원봉	홍범도, 김좌진, 최진동, 안무, 지청천, 양세봉, 김구, 지청천, 이범석	홍범도, 김좌진, 최진동, 안무, 서일, 지청천, 양세봉, 김구, 지청천, 이범석, 김원봉
일제하 국학연구	신채호, 박은식, 정인보, 문일평, 최남선, 이병도, 조윤제, 손진태, 이윤재, 이극로, 최현배, 이희승, 박승빈, 안재홍	박은식, 신채호, 정인보, 조윤제, 이병도, 손진태, 신석호	박은식, 신채호, 정인보, 문일평, 안재홍, 장도빈, 이병도, 이윤재, 손진태	박은식, 신채호, 정인보, 문일평, 안재홍, 이병도, 손진태
식민지기 문학	한용운, 김소월, 염상섭, 김동인, 채만식, 이상, 김유정, 이광수, 최남선, 신채호, 박종화, 현진건, 심훈, 이육사,	이광수, 최남선, 한용운, 신채호, 김소월, 염상섭, 김동인, 박종화, 현진건, 채만식, 심훈, 이상, 이상화, 김유정, 이육사, 윤동주	이광수, 최남선, 한용운, 신채호, 김소월, 염상섭, 심훈, 이육사, 윤동주	이광수, 최남선, 한용운, 신채호, 김소월, 염상섭, 심훈, 이육사, 이상화, 조소앙, 현상윤, 윤동주

<table>
<tr><td colspan="2" align="center"><표 6> 제7차 교육과정기</td></tr>
</table>

시기 사건	제7차 교육과정
병인양요, 신미양요	한성근, 양헌수(병인양요), 어재연
통상개항론	박규수, 오경석, 유홍기
강화도조약	
수신사, 영선사	
조사시찰단	
임오군란	묄렌도르프, 위안 스카이
갑신정변	김옥균
위정척사운동	기정진, 이항로, 최익현, 이만손, 홍재학
동학농민운동	최제우, 최시형, 손병희, 조병갑, 박원명, 전봉준, 손화중, 김개남
갑오개혁	김홍집, 박영효
을미사변	김홍집, 미우라
아관파천	
독립협회	서재필, 알렉세예프, 윤치호, 남궁억, 박성춘
애국계몽운동	장지연, 양기탁, 박은식, 신채호(언론활동), 이동휘, 안창호, 이승훈
을사조약	박제순, 이지용, 이근택, 이완용, 권중현
근대종교	박은식, 신채호, 한용운, 이용구, 손병희, 나철, 오기호
근대문물	서광범, 손탁, 베베르, 지석영, 서재필, 아펜젤러, 엠버리, 남궁억, 나수연, 이종일, 베델, 양기탁
근대문학	이인직, 이해조, 안국선, 최남선
한말 국학연구	신채호, 박은식, 지석영, 주시경
헤이그특사사건	
의병	유인석, 기우만,이용익, 이소응, 허진, 이도재, 민종식, 정용기, 최익현, 신돌석, 박승환, 김수민, 홍범도, 전기홍(전해산), 심수택(심남일), 이인영, 허위, 안규홍
의사, 열사	장인환, 전명운, 스티븐스, 안중근, 이토 히로부미, 이재명, 이완용, 나철, 오기호, 김원봉, 윤세주, 신채호, 김구, 이봉창, 윤봉길, 박재혁, 김상옥, 나석주, 강우규, 김익상, 김지섭
일제의 조선 강점	
3·1운동	윌슨, 김규식, 조소앙, 손병희, 최린, 이승훈, 한용운, 서재필, 네루, 유관순
대한민국임시 정부	안창호, 문창범, 손병희, 이승만, 이동휘, 김규식, 베델, 헐버트, 쇼, 박은식, 신채호, 박용만, 이승만, 여준, 김동삼, 이승만
광주학생운동	순종, 장석천, 장재성, 국채진, 박오봉, 임종근, 강석원, 나승규
해외의 민족운동	이상설, 이동휘, 박용만, 최창익, 허정숙, 무정김두봉, 윤봉길, 김구, 조소앙 김원봉
독립군	지청천, 홍범도, 김좌진, 서일, 안무, 최진동, 홍범도, 양세봉, 지청천, 남자현, 김원봉
일제하 국학연구	이윤재, 최현배, 이극로, 한징, 신채호, 박은식, 정인보, 안재홍, 문일평, 백남운, 이병도, 손진태
식민지기문학	최남선, 이광수, 김소월, 한용운, 심훈, 이육사, 윤동주, 박영희, 김기진, 이상화, 최서해, 임화, 이기영, 이기영
친일	메가다, 스티븐스, 송병준, 이용구(일진회), 데라우치 마사다케, 최운하, 강우규, 김태석, 노덕술 이면상, 홍난파, 현제명, 김은호, 김활란, 송금선

<부록 1> 교수요목기~제7차 교육과정기 국사교과서의 근대사 서술에 수록된 인물

교과서명	출판연도/출판사	수록 인물	인물수 96)
국사교본	1946/군정청 문교부	철종, 왕대비 조씨, 영조, 익종, 고종, 흥선군(하응), 민비, 남종삼, 리딜(병인박해), 이용희, 한성근, 양헌수(병인양요), 어재연(신미양요), 민승호, 이재면, 이최응, 최익현(대원군의 하야), 黑田淸隆, 井上馨, 박규수, 오경석(강화도조약), 김기수, 김굉집(김홍집)(수신사), 화방의질(공사), 박정양, 어윤중, 조준영, 조병직, 심상학, 홍영식(신사유람단), 김윤식(영선사), 堀本禮造(신식군대), 대원군, 민겸호, 굴본예조, 화방의질, 김윤식, 오장경, 마건충, 정여창, 박영효(임오군란), 오장경, 원세개, 박영효, 김옥균, 서광범, 홍영식, 민영익, 민영목, 민태호, 조영하, 박영교, 서재필(갑신정변), 이홍장, 원세개, 이등박문(천진조약), 이홍장(거문도사건), 최제우, 최시형, 박광서, 어윤중, 조병갑, 전봉준, 이경호, 홍계훈(동학농민운동), 엽지초, (청일전쟁), 원세개, 김홍집, 정상형, 대원군, 박영효, 서광범, 이홍장, 이등박문(청일전쟁), 김홍집, 정병하, 어윤중(아관파천), 서재필(독립협회), 홍종우, 이기동(황국협회), 이등박문, 민영환, 조병세(을사조약), 장곡천호도, 이등박문(통감부설치), 민종식, 최익현, 신돌석(의병), 송병준, 윤시병, 이용구(일진회), 손병희(천도교), 서재필, 배설, 양기탁(근대신문), 이상설, 이준, 이위종(헤이그밀사), 이등박문, 이완용, 박영효, 송태관(고종의 양위), 박성환(군대해산), 須知分, 전명운, 장인환, 이등박문, 안중근, 이완용, 이재명, 이용구(의열투쟁), 사내정의, 이완용(합방조약), 사내정의(총독부 설치), 윌슨(3.1운동), 나석주, 장진홍, 이봉창, 윤봉길(의열투쟁)	87
중등국사	1947/동명사	대원군, 로세(프랑스 제독), 한성근, 양헌수(병인양요), 어재연(신미양요), 黑田淸隆(병자수호조약), 김기수(수신사), 화방의질(일본공사), 어윤중, 홍영식(신사유람단), 오장경, 화방의질, 이유인, 김홍집, 박영효, 김옥균(임오군란), 김옥균, 박영효, 홍영식, 서재필(갑신정변), 정상형, 이등박문, 이홍장, 원세개(천진조약), 전봉준, 김옥균(동학란), 김홍집(갑오경장), 三浦梧樓(을미8월지변), 서재필(독립협회), 루스벨트, 이등박문(을사조약), 이상설, 이준(헤이그밀사), 스티븐스, 전명운, 이등박문, 안중근, 이완용, 이재명(의열투쟁), 穆克登, 어윤중(백두산정계비)	32
중등문화사	1949/정음사	고종, 대원군, 김윤식(영선사), 젬스 모어스(경인선), 최제우, 최시형, 전봉준, 손병희, 이용구, 나철, 오혁(종교), 이용익, 엄비(사립학교), 서재필, 남궁억, 나수연, 이종일, 심상익(근대신문), 유길준(언문일치), 이인직, 이해조, 최찬식, 육정수, 구연학, 박영진, 이상협, 최남선(신문학)	26
우리나라문화사	1956/민교사	흥선대원군, 베르누, 남종삼(천주교 탄압), 옵페르트(통상요구), 리델, 한성근, 양헌수(병인양요), 어재연(신미양요), 김기수(수신사), 하나부사 요시가다(공사), 조준영, 어윤중, 박정양, 홍영식(신사유람단), 김윤식(영선사), 호리모도 레이소(별기군), 박영효(임오군란), 김옥균, 박영효, 홍영식, 서광범(개화당), 다께소에 신이찌로, 원세개, 김옥균(갑신정변), 웨베르, 멜렌도르프, 데니, 원세개(열강의 진출), 조병식(방곡령), 최제우, 조병갑, 전봉준(동학란), 김홍집, 대원군, 박영효(갑오경장), 박영효, 이범진, 이완용(삼국간섭), 미우라, 김홍집, 유길준(을미사변), 이범진, 웨베르, 김홍집(아관파천), 서재필, 이상재, 윤치호(독립협회), 홍종우(황국협회), 이도(이	59

		등박문)(통감), 장지연, 이완용, 민영환, 신돌석(민족의 저항), 지석영(종두법), 장지연(대한자강회), 언더우드, 아펜셀라(신교), 나철, 손병희, 이용구, 송병준(종교), 안창호(대성학교), 유길준, 이봉운, 주시경(국어연구), 신채호, 최남선(국사연구), 이인직, 이해조, 최남선(신문학), 이상설, 이준, 이위종(해아밀사), 스티븐스, 전명운, 이도(이등박문), 안중근, 이재명(의열투쟁), 데라우찌(사내정의), 이완용(한일합병), 데라우찌(사내정의), (초대총독), 윌손, 손병희, 이승훈(3.1운동), 이승만(대한민국 임시정부 대통령), 이승만, 안창호, 김구, 이봉창, 윤봉길(해외의 독립운동), 주시경, 이윤재(조선어학회), 이광수(현대문학)	
국사	1957/일조각	이하응, 고종(대원군의 집권), 이용희, 양헌수, 한성근(병인양요), 어재연(신미양요), 어윤중, 조준영(신사유람단), 김윤식(영선사), 박영효(수신사), 박영효, 김옥균(개화당), 원세개, 이노우에 가오루, 이토 히로부미, 이홍장(갑신정변), 위패(베베르), 최제우, 최시형, 조병갑, 전봉준(동학농민운동), 김홍집(갑오개혁), 미우라, (을미사변), 서재필, 양기택, 이승만(독립협회), 장지연, 민영환(을사조약 항거), 송병준, 이용구(일진회), 이상설, 이준, 이위종(헤이그밀사), 김윤식(영선사), 알렌, 지석영(서양의술), 서재필, 남궁억, 베텍, 양기택(근대신문), 유길준, 주시경, 최광옥(국문연구), 이인직, 이해조, 최남선, 헐벌, 윤치호(근대문학), 이인직, 임성구, 윤백남(근대연극), 최남선, 현상윤, 진학문, 이광수, 김동인, 전영택, 주요한, 윌슨, 손병희, 이승만(31운동), 나석주, 윤봉길(의열투쟁), 염상섭, 김억, 오상순, 홍노작, 나빈, 한용운, 김정식	64
고등국사	1962/교우사	고종, 순종, 대원군, 리이델신부(병인양요), 민비, 흑전청륭, 화방의질(병자수호조약), 김홍집(수신사), 조준영(신사유람단), 김윤식(영선사), 굴본예조(별기군), 박영효, 김옥균, 홍영식(갑신정변), 최제우, 최시형, 조병갑, 전봉준(동학란), 웨벨, 이범진(삼국간섭), 삼포오류, 민비, 김홍집, 유길준(을미사변), 서재필, 이상재, 이승만(독립협회), 민영환, 조병세, 장지연(을사보호조약 반대투쟁), 이상설, 이준, 이위종(해아밀사사건), 스티븐스, 전명운, 장인환, 안중근, 이등박문(의열투쟁), 콜부란, 아렌, 지석영(과학문명의 수입), 이용익, 엄주익, 엄비, 민영휘, 안창호(신교육), 아펜젤라, 손병희, 이용구, 송병준, 나철(종교), 벡셀, 양기탁(신문), 신채호, 장지연(국사연구), 주시경, 최광옥, 유길준(국어연구), 이인직, 이해조, 최찬식, 최남선(신문학)	59
고등국사	1963/장왕사	이하응(흥선대원군), 고종, 베르누, 남종삼, 로스(프랑스 파견함대사령관), 한성근, 양헌수(병인양요), 어재연(신미양요), 김기수(수신사), 화방의질(일본공사), 조준영, 박정양, 홍영식, 어윤중(신사유람단), 김윤식(영선사), 박영효, 김옥균(수신사), 김옥균, 박영효, 원세개, 정상형, 이등박문, 이홍장(갑신정변), 웨베르, 멜렌도르프, 데니(친러정부), 조병식(방곡령), 최제우, 최시형, 조병갑, 전봉준(동학농민운동), 김홍집(갑오경장), 박영효, 이범진, 삼포오류(을미사변), 이범진(아관파천), 서재필(독립협회), 홍종우(황국협회), 이등박문, 박제순, 이완용(을사보호조약), 조병세, 민영환, 홍만식, 송병선, 이응한, 이상철, 김봉학(자결), 최익현, 신돌석(의병), 이상설, 이준, 이위종(헤이그밀사), 이완용, 박성환(해산군인), 전명운, 장인환, 스티븐스, 안중근, 이등박문(의사 열사), 사내정의, 이완용(합방조약), 아펜젤러(근대학교), 알렌, 지석영(근대병원), 알렌(장로교), 아펜젤러(감리교), 전봉준, 최시형, 손병희, 손병준, 이용구	70

		(천도교), 나철, 오혁(대종교), 유길준, 주시경, 최광옥(국어연구), 최남선, 신채호, 이인직, 이해조	
고등국사	1965/ 사조사	홍선군 이하응, 김기수(수신사), 화방의질(공사), 조준영(시찰단), 김윤식(영선사), 굴본예조(별기군), 박영효, 홍영식, 김옥균(갑신정변), 마건상, 묄렌도르프(신문화의 채용), 최제우, 최시형, 조병갑, 전봉준(동학란), 원세개, 김홍집(갑오경장), 이범진, 이완용(삼국간섭), 삼포오루, 김홍집, 유길준(을미사변), 이범진(아관파천), 서재필, 이상재, 윤치호, 이승만(독립협회), 민영환, 조병세, 장지연, 최익현(을사조약 반대), 이용익, 엄귀비, 안창호(사립학교), 유길준(흥사단), 나철, 이용구, 손병희(종교), 배설(근대신문), 이상설, 이준, 이위종(밀사사건), 이등박문, 이완용(고종의 강제퇴위), 순종, 스티븐손, 전명운, 장인환, 이등박문, 코코프체프, 안중근, 이완용, 레오폴드 2세, 이재명(의열투쟁), 이등박문, 이용구, 사내정의, 이완용(합방), 나석주, 이봉창, 윤봉길(의열투쟁), 이승만, 서재필, 김구, 이청천(해외의 독립운동)	55
국사	1968/ 교학사	홍선대원군, 로즈제독, 한성근, 양헌수(병인양요), 옵페르트, 로저스, 어재연(신미양요), 민비, 박규수, 오경석(개국론자), 김기수, 김홍집(수신사), 슈펠트제독, 김홍집(미국과의 수교), 묄렌도르프(러시아와의 수교), 김윤식(영선사), 홍재학(위정척사), 묄렌도르프, 마젠창(임오군란), 김옥균, 박영효, 홍영식, 서광범(갑신정변), 이토오 히로부미, 이홍장, 위안 스카이(텐진조약), 베베르, 묄렌도르프, 김윤식, 데니(조러밀약), 어윤중, 이중하, 이범윤(간도문제), 조병식(방곡령), 최시형, 조병갑, 전봉준, 이용태(동학혁명), 김홍집, 박영효, 서광범(갑오경장), 이범진, 이완용, 이윤용(삼국간섭), 미우라공사(을미사변), 이소응, 이춘영, 유인석, 김복한, 허위, 기우만(의병), 서재필, 이상재, 남궁억, 윤치호, 이승만(독립협회), 원세개(보안회), 이준, 양한묵(헌정연구회), 장지연(대한자강회), 안창호(신민회, 청년학우회), 남궁억, 이종면, 베델, 양기탁, 손병희, 오세창(근대신문), 이용익, 엄주익, 민영휘, 안창호, 이승훈, 엄비(근대학교), 손병희, 이용구, 나철(근대종교), 콜브란(한성전기회사), 알렌, 지석영, 세브란스(근대의학), 유길준, 주시경, 최광옥(국어연구), 장지연, 신채호(국사연구), 이인직, 이해조, 최찬식, 김교제, 육정수, 구연학, 이상협, 최남선(신문학), 이용익(한일의정서), 이토오 히로부미, 한규설(을사5조약), 장지연, 이상설, 안병찬, 조병세, 민영환, 최익현, 이근명, 이건석, 홍만식, 이상철, 윤두병, 송병선(보호조약 반대), 이완용, 이근택, 이지용, 박제순, 권중현(을사오적), 민종식, 최익현, 임병찬, 신돌석, 유인석(의병), 이상설, 이준, 이위종(헤이그밀사), 이완용, 송병준, 박영효(고종의 강제 퇴위), 박승환(군대해산), 민긍호, 이강년, 신돌석, 허위, 이진룡, 곽학기(의병), 스티븐스, 전명운, 장인환, 안중근, 이토오 히로부미(의열투쟁), 허진, 서병의, 김형식(일진회 반대), 테라우치, 이시영, 이성설, 신규식, 안창호, 이승만, 신규식, 박용만(해외의 독립운동), 김규식(파리강화회의), 최팔용, 손병희, 유관순(기미독립운동), 강우규, 박재혁, 최수봉, 김상옥, 송학선, 김익상, 나석주, 김지섭, 이봉창, 윤봉길, 서상한, 김재현, 박열, 양근환, 최윤동(의열투쟁), 유인석, 이강년, 홍범도, 이청천, 김좌진(독립군), 신석우(신간회), 이승만(구미외교위원회), 최남선, 신채호(국학연구), 주시경(국어연구), 주기철, 최봉석, 박관준(신사참배반대), 최남선, 이광수(신문학), 임성구, 윤백남(근대연극), 윤백남, 안종화, 이경손, 나운규(영화)	150

| 국사 | 1972/
일조각 | 철종, 이하응(흥선대원군), 고종(대원군의 개혁정치), 남종삼(카톨릭탄압), 옵페르트, 리델(쇄국), 이용희, 한성근, 양헌수(병인양요), 어재연(신미양요), 구로다 기요타카(병자수호조약), 김기수(수신사), 하나부사 요시타다(공사), 어윤중, 조준영(신사유람단), 김윤식(영선사), 호리모도 레이조오(별기군), 민겸호(임오군란), 하나부사, 이유원, 김홍집(제물포조약), 박영효(수신사), 김옥균, 박영효, 서광범, 서재필, 마젠창, 묄렌도르프, 다케소에 신이치로오, 위안 스카이, 이노우에 가오루, 이토오 히로부미(갑신정변), 베베르, 묄렌도르프, 데니, 위안 스카이(러시아의 진출), 최제우, 최시형, 조병갑, 전봉준(동학혁명), 김홍집, 흥선대원군, 박영효, 고종(갑오경장), 박영효, 이범진, 이완용(삼국간섭), 미우라 고로, 흥선대원군, 민비, 유길준(을미사변), 베베르, 김홍집(아관파천), 서재필, 양기탁, 이상재, 이승만(독립협회), 이기동, 홍종우(황국협회), 이토오 히로부미, 이하응(을사조약), 이완용, 민영환, 송병선, 홍만식, 조병세(열사), 민종식, 최익현, 신돌석, 유인석(의병), 이상설, 이준, 이위종(헤이그밀사), 스티이븐스, 전명운, 이토오 히로부미, 안중근(의열투쟁), 데라우찌 마사다케, 이완용(합방조약), 모오스, 알렌, 지석영, 세브란스(근대문물), 이갑, 장지연, 이광종, 이채, 남궁억, 안창호(학회, 단체), 서재필, 남궁억, 베텔, 양기탁(근대신문), 언더우드, 아펜젤러(선교사), 나철, 손병희, 이용구, 송병준(종교), 유길준, 주시경(국어연구), 최남선(국사연구), 이인직, 이해조, 최남선, 게일, 헐버어트, 윤치호(근대문학), 이인직, 임성구, 윤백남(연극) | 96 |
| 국사 | 1974/
문교부 | 이하응(대원군), 로즈제독, 한성근, 양헌수(병인양요), 옵페르트, 어재연(신미양요), 박규수, 오경석, 유홍기(개화), 김기수(제1차 수신사), 하나부사 요시사다(공사), 황준헌, 김홍집(제2차 수신사), 박정양, 어윤중, 홍영식(신사유람단), 김윤식(영선사), 묄렌도르프, 마젠창, 위안 스카이, 천슈탕, 하나부사(임오군란), 김옥균, 박영효, 홍영식, 서재필, 위안 스카이(갑신정변), 최익현, 황준헌, 이만손, 홍재학(척사운동), 베베르, 묄렌도르프, 데니(열강의 침략), 최제우, 조병갑, 전봉준(동학혁명운동), 김홍집, 유길준, 박영효, 서광범(갑오경장), 김홍집, 박영효, 이범진, 이완용, 이윤용(삼국간섭), 미우라 고로오, 김홍집, 유길준, 서광범(을미사변), 이소응, 이춘영, 유인석, 김복한, 허위, 기삼연(의병), 베베르, 윤용선, 이완용, 이범진(아관파천), 서재필, 윤치호, 이상재, 남궁억, 정교(독립협회), 모오스, 콜브란, 알렌, 지석영(근대문물), 남궁억, 이종면, 장지연, 박은식, 신채호, 베텔, 양기탁, 손병희, 오세창(근대신문), 아펜젤러, 언더우드, 스크랜튼, 이상설, 이승훈, 안창호, 이용익, 김약연(근대학교), 이갑, 이광종, 장지연, 이채, 남궁억, 유길준, 김윤식(애국계몽운동), 주시경, 최광옥, 유길준, 이봉운, 지석영(국어연구), 장지연, 신채호, 박은식, 최남선(국사연구), 이인직, 이해조, 최찬식, 최남선(신문학), 손병희, 이용구, 나철, 오혁(종교), 루우스벨트, 이토오 히로부미, 한규설, 이완용, 박제순(을사조약), 이상설, 안병찬, 조병세, 민영환, 최익현, 이근명(을사조약반대투쟁), 오기호, 나인영(5적암살단), 민종식, 최익현, 임병찬, 신돌석, 유인석, 노응규(의병), 이상설, 이준, 이위종(헤이그밀사), 박승환(해산군인), 안중근, 장인환, 전명운, 스티브스, 이재명, 이완용(의열투쟁), 이중하, 이범윤(간도문제), 안창호, 이동휘, 박은식, 신채호, 이승훈, 양기탁(신민회), 이시영, 이동녕, 이상룡(삼엄포), 이상설, 이승희(한흥동), | 147 |

		이상설, 이동휘(대한광복군정부), 이시영, 신규식, 안창호(사진), 김규식(신한청년단), 최팔용, 손병희, 한용운, 이승훈(3.1운동), 이승만, 이동녕(대한민국 임시정부), 홍범도, 김좌진(독립군), 조만식(물산장려운동), 김원봉(의열단), 김구(애국단), 나석주, 윤봉길(의열투쟁), 이윤재(조선어학회사건), 신채호, 박은식, 정인보, 문일평, 최남선(국사연구), 이병도, 조윤제, 손진태(진단학회), 전형필(미술품 수집), 한용운, 김소월, 염상섭, 김동인, 채만식, 이상, 김유정, 이광수, 최남선(문학), 홍난파, 안익태(음악), 이중섭(미술), 방정환(아동문학), 김구, 김규식(광복군)	
국사	1979	철종, 이하응(흥선대원군), 고종, 로즈제독, 한성근, 양헌수, 옵페르트, 남연군, 어재연, 박규수, 오경석, 유홍기, 김기수(1차수신사), 황준헌, 김홍집(2차수신사), 박정양, 어윤중, 홍영식(이상 신사유람단), 우창칭, 묄렌도르프, 마젠창, 위안 스카이, 하나부사(이상 임오군란), 김옥균, 박영효, 홍영식, 서재필, 위안 스카이(이상 갑신정변), 이항로, 황준헌, 이만손, 홍재학(이상 척사운동), 베베르공사, 묄렌도르프, 데니(이상 열강의 침략), 최제우, 조병갑, 전봉준, 김개남, 손화중(이상 동학농민운동), 김홍집, 유길준, 박영효, 서재필(이상 갑오경장), 모스, 콜브란, 알렌, 지석영(이상 근대문물의 수용), 박영효, 이범진, 이완용, 이윤용(삼국간섭 이후 친러내각), 김홍집, 유길준, 서광범(을미정권), 이소응, 이춘영(을미의병), 윤용선, 이완용, 이범진(아관파천 이후 친러내각), 서재필, 이상재, 남궁억(독립협회), 이토 히로부미, 한규설, 이완용, 박제순, 데라우치(일제의 침략), 어윤중, 이범윤(간도개척), 이상설, 안병찬, 조병세, 민영환, 최익현, 이근명, 장지연, 오기호, 나철, 헐버트, 이상설, 이준, 이위종(민족의 저항), 남궁억, 이종면, 장지연, 박은식, 주시경, 신채호, 베델, 손병희, 오세창, 헐버트(언론단체), 아펜젤러, 언더우드, 스크랜튼, 이상설, 김약연, 이시영, 이승훈, 안창호, 이용익, 엄주익(민족교육), 주시경, 최광옥유길준, 이봉운, 지석영(국어연구), 장지연, 신채호, 박은식, 최남선(역사연구), 안국선, 이인직, 이해조, 최찬식, 최남선(신문학), 손병희(천도교), 나철, 오기호(대종교), 민종식, 신돌석, 유인석, 노응규, 최익현, 임병찬, 이인영, 허위(의병), 박승환(해산군인), 안중근, 장인환, 전명운, 스틴븐스, 이완용, 이재명(의사, 열사), 안창호, 이동녕, 이동휘, 박은식, 신채호, 이승훈, 양기탁(신민회), 이시영, 이상설(삼원보), 이상룡, 이승희(한흥동), 이상설, 이동휘(대한광복군정부), 김규식(신한청년단), 최팔용(2·8독립선언), 손병희, 한용운, 이승훈(3·1운동), 김규식(임시정부), 홍범도, 김좌진(독립군), 조만식(물산장려운동), 김원봉(의열단), 김구(애국단), 나석주, 이봉창, 윤봉길(의열투쟁), 이윤재, 이극로, 최현배, 이희승, 박승빈(조선어학회), 신채호, 박은식, 정인보, 문일평, 최남선, 안재홍(국사연구), 이병도, 조윤제, 손진태(진단학회), 한용운, 신채호, 김소월, 염상섭, 김동인, 박종화, 현진건, 채만식, 심훈, 이상, 김유정, 이육사, 윤동주, 이광수, 최남선(문학), 홍난파, 안익태(음악), 이중섭(미술), 방정환(아동문학)	152
국사(하)	1982	흥선대원군, 로우즈, 한성근, 양헌수(병인양요), 옵페르트, 남연군(옵페르트도굴미수사건), 어재연(신미양요), 박규수, 오경석, 유홍기(초기 개화사상), 황쭌셴(구미제국과의 수교), 김옥균, 홍영식, 박영효, 서재필, 서광범(개화당), 김기수, 김홍집(제1, 2차 수신사), 박정양, 어윤중, 홍영식, 유길준, 윤치호(신사유람단), 김윤식(영선	170

| | | 사), 민황후, 대원군, 묄렌도르프, 마졘창, 위안 스카이, 하아부사(임오군란), 김옥균, 박영효, 홍영식, 서광범, 서재필(갑신정변), 이항로, 기정진, 최익현, 이만손, 홍재학(위정척사운동), 베베르, 묄렌도르프(조러밀약 추진), 최제우, 최시형, 조병갑, 전봉준, 김개남, 손화중(동학운동), 김홍집(갑오경장), 박영효, 이범진, 이윤용, 이완용(삼국간섭), 김홍집, 유길준, 서광범(을미사변), 모오스, 콜부란, 알렌, 지석영(근대문물), 윤용선, 이완용, 이범진(아관파천), 알레세예프(재정고문), 서재필, 윤치호, 이상재, 남궁억(독립협회), 이중하, 어윤중, 이범윤(간도문제), 이토오 히로부미, 한규설, 이완용, 박제순(을사조약), 테라우치(통감), 이상설, 안병찬, 조병세, 민영환, 최익현, 이근명, 장지연, 나철, 오기호, 헐버어트(을사조약 반대투쟁), 이상설, 이준, 이위종(헤이그특사사건), 이소응, 이춘영, 유인석, 허위, 노응규, 안병찬(을미의병), 민종식, 최익현, 신돌석, 유인석, 노응규(을사의병), 박성환(해산군인), 민긍호, 이인영, 허위, 이강년, 신돌석, 홍범도(정미의병), 안중근, 이토오 히로부미, 장인환, 전명운, 스티븐스(의열투쟁), 남궁억, 이종면, 장지연, 박은식, 주시경, 신채호, 베델, 손병희, 오세창, 헐버어트(근대언론), 아펜젤러, 언더우드, 스크랜튼, 엘러스, 이상설, 김약연, 이승훈, 안창호, 이시영, 이용익, 엄주익(근대학교), 주시경, 최광옥, 유길준, 이봉운, 지석영(국어연구), 장지연, 신채호, 박은식, 최남선(국사연구), 안국선, 이인직, 이해조, 최찬식, 최남선(신문학), 손병희, 이용구, 나철, 오기호(종교), 안창호, 이동녕, 이승훈, 양기탁(신민회), 이시영, 이상룡, 이상설, 이승희(해외독립운동기지), 이상설, 이동휘(대한광복군정부), 윌슨, 김규식, 손병희, 이승훈, 한용운(3.1운동), 김구, 김규식, 이승만(대한민국 임시정부), 김원봉, 김구, 나석주, 이봉창, 윤봉길, 조명하(의열투쟁), 이상재, 김활란(사회경제적 독립운동), 홍범도, 김좌진, 최진동, 서일(독립군), 김구, 김규식, 지청천, 이범석(광복군), 김원봉(조선의용대), 이윤재, 최현배(한글연구), 박은식, 신채호, 정인보, 조윤제, 이병도, 손진태, 신석호(국사연구), 전형필, 고유섭(미술품 수집), 이광수, 최남선, 한용운, 신채호, 김소월, 염상섭, 김동인, 박종화, 현진건, 채만식, 심훈, 이상, 이상화, 김유정, 이육사, 윤동주(문예운동), 홍난파, 안익태, 안중식, 이중섭(예술), 방정환, 조철호(소년운동) | |
| 국사(하) | 1992 | 흥선대원군, 로즈제독, 한성근, 양헌수(병인양요), 로저스제독, 어재연(신미양요), 박규수, 오경석, 유홍기(통상개화론), 황쭌센, 김기수, 김홍집(1, 2차 수신사), 이항로, 기정진, 유인석, 최익현(위정척사운동), 대원군, 위안 스카이, 마졘창, 묄렌도르프(임오군란), 박규수, 김옥균, 박영효, 홍영식, 서광범(급진개화파), 김홍집, 김윤식, 어윤중(온건개화파), 유길준, 유홍기, 김옥균, 박영효, 홍영식, 서광범, 서재필(갑신정변), 조병갑, 전봉준, 손화중, 김개남(동학농민운동), 김홍집, 박영효(갑오개혁), 명성황후(을미사변), 김홍집, 서재필, 박정양(독립협회), 유인석, 이소응, 허위(을미의병), 조병세, 이상설, 안병찬, 민영환, 나처르 오기호, 장지연(을사조약 반대투쟁), 민종식, 최익현, 신돌석(을사의병), 박승환, 이인영, 허위, 홍범도, 이범윤(정미의병), 안중근, 이토 히로부미(의열투쟁), 안창호, 양기탁(신민회), 박성춘(만민공동회), 지석영(종두법), 장지연, 신채호, 박은식, 최남선(국사연구), 유길준(국한문혼용), 이인직, 이해조, 최남선(신문학), 손병희, 박은식, 한용운, 나철, 오기호(종교), 이회영, 이상룡, 이승희, 이상설(해외독립운동기지), 이 | 114 |

		상설, 이동휘(대한광복군정부), 윌슨, 김규식, 손병희, 이승훈, 한용운(3.1운동), 이승만(구미위원부), 김원봉, 김구, 김상옥, 김익상, 나석주, 김지섭, 이봉창, 윤봉길, 조명하(의열투쟁), 홍범도, 김좌진, 최진동, 안무, 지청천, 양세봉(독립군), 김구, 지청천, 이범석(광복군), 김활란(근우회), 방정환, 조철호(소년운동), 박은식, 신채호, 정인보, 문일평, 안재홍, 장도빈(국사연구), 이병도, 이윤재, 손진태(진단학회), 한용운, 박중빈(종교), 이광수, 최남선, 한용운, 신채호, 김소월, 염상섭, 심훈, 이육사, 윤동주(문학활동), 안익태, 홍난파(음악), 안중식, 이중섭(미술), 나운규(영화)	
국사(하)	1996	홍선대원군, 로즈제독, 한성근, 양헌수(병인양요), 오페르트, 남연군(도굴미수사건), 로저스제독, 어재연(신미양요), 박규수, 오경석 그 유홍기(통상개화론), 황쭌셴, 김기수, 김홍집(1, 2차 수신사), 이항로, 기정진, 유인석, 최익현(위정척사운동), 대원군, 위안 스카이(임오군란), 박규수, 김옥균, 박영효, 유길준(개화당), 김홍집, 김윤식, 어윤중(온건개화파), 김옥균, 박영효, 홍영식, 서광범(급진개화파), 김옥균(갑신정변), 조병갑, 전봉준, 김개남(동학농민운동), 김홍집, 박영효, 서광범(갑오개혁), 서재필, 윤치호, 이상재, 남궁억(독립협회), 유인석, 이소응, 허위(을미의병), 조병세, 이상설, 안병찬, 민영환, 나철, 오기호, 장지연(을사조약반대투쟁), 민종식, 최익현, 신돌석(을사의병), 박승환, 이인영, 허위, 홍범도, 이범윤(정미의병), 안중근, 이토 히로부미(의열투쟁), 안창호, 양기탁(신민회), 메가다(화폐정리), 박성춘(만민공동회), 알렌, 지석영(근대의학), 신채호, 박은식,최남선(국사연구), 유길준, 주시경, 지석영(국한문혼용), 이인직, 이해조, 최남선(신문학), 이용구, 손병희, 박은식, 한용운, 나철, 오기호(종교), 박상진, 김좌진(대한광복회), 윌슨, 김규식, 손병희, 이승훈, 한용운(3.1운동), 이승만, 이동휘, 손병희(대한민국 임시정부), 김구, 이봉창, 윤봉길, 장제스(애국단), 이회영, 이상룡, 이상설, 이승희(해외독립운동기지), 이상설, 이동휘(대한광복군정부), 김원봉, 김구, 강우규, 김상옥, 김익상, 나석주, 조명하, 김지섭(의열투쟁), 홍범도, 김좌진, 최진동, 안무, 서일, 지청천, 양세봉(독립군), 김구, 지청천, 이범석(광복군), 김원봉(조선의용대), 방정환, 조철호(소년운동), 이상재, 김활란(민족유일당), 조만식(물산장려운동), 손병희(대한국민의회), 박은식, 신채호, 정인보, 문일평, 안재홍(국사연구), 이병도, 손진태(진단학회), 이상재(민립대학설립운동), 안창남(비행기), 한용운, 박중빈(종교), 이광수, 최남선, 한용운, 신채호, 김소월, 염상섭, 심훈, 이육사, 이상화, 조소앙, 현상윤, 윤동주(문학), 홍난파, 현제명, 윤극영, 안익태(음악), 안중식, 고희동, 이중섭(미술), 나운규(영화)	127
한국 근현대사	2002	고종, 홍선대원군, 박규수(제너럴 셔먼호사건), 오페르트, 남연군, 한성근, 양헌수(병인양요), 어재연(신미양요), 민영익, 홍영식, 서광범, 오례당, 현흥택, 미야오카, 유길준, 최경석, 고영철, 변수(보빙사), 박규수, 오경석, 유홍기(통상개화론), 김옥균, 박영효, 홍영식, 서광범, 유길준(급진개화파), 김윤식, 김홍집, 어윤중(온건개화파), 박지원, 홍대용, 박제가, 이덕무(북학사상), 기정진, 이항로(통상반대운동), 최익현(왜양일치론), 이만손, 홍재학(개화정책반대), 유인석, 기우만(항일의병운동), 황쭌셴, 김홍집, 곽기락(조선책략), 묄렌도르프, 위안 스카이(임오군란), 김옥균(갑신정변), 부들러, 유길준(중립화론), 김홍집, 박영효(갑오개혁), 김홍집, 미우라(을미개혁), 최제우, 최시형, 손병희, 조병갑, 박원명, 전봉준,	178

제4부 국사교과서 근대사 서술의 변천 407

손화중, 김개남(동학농민운동), 서재필, 알렉셰예프, 윤치호, 남궁억(독립협회), 홍종우, 이기동(황국협회), 이용익, 이소응, 허진, 이도재(을미의병), 민종식, 정용기, 최익현, 신돌석(을사의병), 박승환, 김수민, 홍범도, 전기홍(전해산), 심수택(심남일), 이인영, 허위(을사의병), 안규홍(호남의병), 장인환, 전명운, 스티븐스, 안중근, 이토 히로부미, 이재명, 이완용, 나철, 오기호(의열투쟁), 박제순, 이지용, 이근택, 이완용, 권중현(을사오적), 윤효정, 이토 히로부미(대한협회), 장지연, 양기탁, 박은식, 신채호(언론활동), 이동휘, 안창호, 이승훈(신민회), 박기종, 박승직(민족자본), 박성춘(만민공동회), 서광범(양복), 손탁, 베베르(호텔), 이범윤(간도), 지석영(종두법), 서재필, 아펜젤러, 엠버리(독립신문), 남궁억, 나수연, 이종일, 베델, 양기탁(대한제국기 신문), 신채호, 박은식(국사연구), 지석영, 주시경(국어연구), 이인직, 이해조, 안국선, 최남선(신문학), 박은식, 신채호, 한용운, 이용구, 손병희, 나철, 오기호(종교), 메가타, 스티븐스(제1차 한일협약), 송병준, 이용구(일진회), 데라우치 마사다케, 최남선, 이광수(친일문인), 최운하, 강우규, 김태석, 노덕술(친일경찰), 이면상, 홍난파, 현제명, 김은호(친일예술), 김활란, 송금선(친일교육자), 안명근, 장승원, 박용하(1910년대 독립운동), 이상설, 이동휘(대한광복군정부), 박용만(대조선국민군단), 윌슨, 김규식, 조소앙, 손병희, 최린, 이승훈, 한용운, 서재필, 네루, 유관순(3.1운동), 안창호, 문창범, 손병희, 이승만, 이동휘, 김규식, 베델, 헐버트, 쇼, 박은식, (대한민국 임시정부), 신채호, 박용만, 이승만, 안창호, 박은식, 여준, 김동삼(국민대표회의), 순종, 장석천, 장재성, 국채진, 박오봉, 임종근, 강석원, 나승규(광주학생운동), 김원봉, 윤세주, 신채호(의열단), 이승만(위임통치론), 김구, 이봉창, 윤봉길(애국단), 박재혁, 김상옥, 나석주, 강우규, 김익상, 김지섭(의열투쟁), 지청천, 홍범도, 김좌진, 서일, 안무, 최진동, 홍범도, 양세봉, 지청천, 남자현(독립군), 최창익, 허정숙, 무정김두봉(화북조선독립동맹), 윤봉길, 김구, 조소앙(한국국민당), 김원봉(조선민족혁명당), 지청천, 김원봉(광복군), 조만식(물산장려운동), 이상재(민립대학설립운동), 심훈, 최용신(농촌계몽운동), 이상재, 홍명희(신간회), 방정환(소년운동), 정종명(여성운동), 전형필(문화재 수집), 이윤재, 최현배, 이극로, 한징(조선어학회사건), 신채호, 박은식, 정인보, 안재홍, 문일평, 백남운, 이병도, 손진태(국사연구), 한규설, 이상재(조선교육회), 김미리사(조선여자교육회), 박사직, 김병규, 김종범, 장덕수(조선교육개선회), 안창남(비행기), 최남선, 이광수, 김소월, 한용운, 심훈, 이육사, 윤동주, 박영희, 김기진, 이상화, 최서해, 임화, 이기영, 이기영(문학활동), 홍난파, 현제명, 윤극영, 안익태(음악), 이상범, 변관식, 박생광, 이응노, 고희동, 김관호, 나혜석, 김복진(미술), 나운규(영화)

96) 중복된 인물은 1명으로 계산하였다.

결론

1945년 8월 15일 일제의 식민지 지배로부터 해방된 우리 민족은 약 3년간의 미군정을 거쳐 1948년 정부를 수립하였다. 일제의 식민지 시기부터 우리 역사를 연구하거나 학습하지 못하였던 우리 민족은 이제 독립국가로서의 국가적·민족적 정통성을 되찾아야만 하는 과제를 안게 되었다. 이는 우리말과 우리 글, 우리 역사에 대한 연구와 학습에서 출발할 수밖에 없는 것이었다. 그리하여 미군정 수립 이후 문교부에서는 한글과 한국사 교재를 가장 먼저 발행하여 한국민의 여망에 부응하려 하였다. 이때 발행된 『초등국사』와 『국사교본』은 그러한 의미에서 대한민국 최초의 국사교과서라 할 수 있다.

이 당시는 한국사에 대한 연구가 미진하였을 뿐만 아니라 한국사를 왜곡하여 지배 수단으로 삼았던 일제의 식민지사관이 여전하였기 때문에 이 교과서들의 내용 가운데는 상당 부분 식민지사관의 잔재가 남아있다는 사실은 매우 아쉽다 할 것이다. 그러나 이후 식민사관 극복을 위한 한국사 연구가 활발해지고, 정부에서도 식민지사관의 잔재를 걷어내려는 노력을 경주하였다. 특히 각 교육과정별로 새로운 교과서가 집필되는 과정에서 정부가 제시하였던 사열 기준, 검정 기준, 집필 기준이나 교육과정이 수시로 개정·수정되거나 지침에 따른 교육이 이루어져 국사교과서는 점차 식민지사관으로부터 벗어날 수 있었다. 물론 이러한 과정에서 정부측의 논리가 역사교육에 개입하여 정권의 정통성을 보완하거나 독재를 옹호하는 폐단을 노정한 것은 잘 알려진 사실이다.

특히 2000년대 초반 『한국근·현대사』 교과서 검정 파동은 이른바 '뉴라이트'사관이 대중적으로 알려진 사건이라 할 수 있다. 또한 2015년부터 문재인대통령이 국정국사교과서의 폐지를 선언하기까지 진행되었던 이른바 '국사교과서 국정화' 논란은 이를 극명하게 보여준다. 이는 식민지 근대화론이라는 논리로 무장한 '뉴라이트'사관이 2008년 이명박 정권이 성립한 이래 식민지 근대화론을 국사교과서에 반영하려는 시도로 이어졌다. 즉 2011년 '교학사 한국사교과서 파동'이 그것이다. 식민지 근대화론을 전면 도입한 이 교과서가 검정에 통과하자 한국의 역사교육계와 한국사학계를 비롯한 학계와 시민사회단체들이 교학사 한국사교과서의 오류를 지적하고 그 논리를 비판하면서 이 교과서는 학교 현장에서 거의 채택되지 못한 채 사장되었다. 그리고 2015년 대통령 박근혜는 '혼이 있는 국사교과서'를 언급하면서 한국사교과서를 국정화할 것을 지시하였고, 이를 고시하였다. 이에 역사교육계와 한국사학계에서는 전면적으로 반대투쟁을 전개하였고, 대통령 박근혜가 탄핵되고 문재인이 대통령에 당선되어 한국사 국정교과서의 폐지를 지시하면서 문제는 일단락되었다.

이 연구는 최근 국사교과서 문제가 교육적 · 학문적인 측면을 떠나 사회적 · 정치적인 문제로 여겨지는 풍토가 조성된 현재의 상황에서 이러한 풍토를 극복하고 국사교과서 문제를 다시 교육적 · 학문적인 영역으로 귀환시키기 위한 노력의 일환이라 할 수 있다. 이를 위해 본 연구에서는 해방 이후 교육과정의 변천, 국사교과서의 편찬과 발행, 국사교과서 내용서술의 변천 등에 대해 살펴보았다.

이를 통해 다음의 몇 가지를 확인할 수 있다.

첫째, 해방 이후 최초의 국사교과서는 미군정기에 발행되었다. 그런데 이때 국사과는 공민과, 지리과와 함께 사회생활과에 속해 있었다. 이는 미국식 민주주의의 이식과 반공주의를 토대로 한 미군정의 한국 점령정책이 반영된 것이라 할 수 있다. 이 과정에서 황의돈을 비롯한 민족주의계열의 역사학자들이 이에 반대하기도 하였으나 미군정의 의도가 관철되었고, 국사교과서는 이러한 미군정의 의도를 반영하여 편찬되었다. 그러나 시기적으로 보아 해방 직후에는 한국사 연구가 미진하고 식민지시기의 식민사관의 잔재가 여전히 강력하게 영향을 미치고 있었기 때문에 이 시기의 국사교과서는 식민사관의 영향에서 자유로울 수가 없었다. 그러나 정부 수립 이후 교육과정이 마련되고 이를 수정, 보완하면서 식민사관의 영향으로부터 점차 벗어날 수 있었다. 특히 제2차 교육과정기의 국사교과서는 이전 시기의 국사교과서와는 달리 민족주의적 색채가 크게 강화되었다는 점을 특징으로 한다. 제3차 교육과정기에는 이러한 성격이 더욱 강화되었다. 이는 역사교육이 박정희정권의 정통성을 보완하고, 독재정치에 대한 비판의식을 봉쇄하려는 목적에서 비롯되었던 것이라 할 수 있다. 따라서 제3차 교육과정기에는 이전 시기와는 달리 국사교과서를 정치적으로 활용하려는 점이 노골적으로 드러났다고 할 수 있다. 물론 국가 혹은 국가 기관이 직접 저술하는 국정교과서이건 검인정교과서이건 국가가 교육과정을 통해 교과서 내용을 통제한다는 측면에서는 큰 차이는 없지만 제3차 교육과정기의 국사교과서 국정화는 교과서에 대한 국가의 통제와 간섭이 극에 달했던 것임은 부정할 수 없다.

둘째, 지금까지 국사교과서의 연구에서 상대적으로 주목을 덜 받았던 시기가 제2차 교육과정기라 할 수 있다. 이는 제3차 교육과정기에 국사교과서가 국정화되었기 때문에 제2차 교육과정기는 국정 국사교과서를 준비하는 시기 정도로 이해되었기 때문이라 할 수 있다. 그러나 필자가 본 연구를 수행하면서 얻은 결론은 5·16군사정변 이후 박정희 정권은 장기적으로 국사교과서의 국정화를 계획했던 것이 아닌가 하는 의구심을 갖게 되었다. 특히 한일국교정상화 이후 발간되었으나 지금까지 제대로 알려지지 않았던 『민족주체성 확립을 위한 교육과정 운영지침』(1966)은 반일교육을 기본으로 하였던 지금까지의 국사교육의 기본방향을 상호호혜에 입각한 국제관계, 즉 일본과의 친선을 가르치는 방향으로 급선회하였다. 이는 박정희정권이 국사교육을 어떠한 관점에서 바라보았는지를 확인할 수 있는 좋은 자료라 할 것이다. 다만 박정희정권은 급작스러운 국사교육 방향의 전환에 대한 국민적·사회적 반발을 무마하기 위해 근대사 교육을 강화하였고, 이를 민족사관으로 포장하였던 것이라 할 것이다. 이와 함께 울진·삼척 무장공비 침투사건, 푸에블로호 납치사건, 1·21사태 등 1968년에 발생한 일련의 사태는 반공주의를 더욱 강화하는 방향으로 교육과정을 변경하는 계기가 되어 국민교육헌장을 반포하였다. 그리고 더 나아가 1972년 10월 유신의 계기가 되었다. 이에 따라 교육과정이 개정되어 1974년 국사교과서의 국정화가 단행되었던 것이다. 따라서 제2차 교육과정기에 대한 향후 심도있는 검토가 필요하다고 생각된다.

셋째, 반공주의적 교육과 그 확립과정에 대해 새롭게 이해해야 한다. 지금까지의 연구에서 제대로 이용되지 않았던『편수시보』를 통해 이미 미군정이 미국과 러시아에 대한 교과서의 서술 내용을 통제, 간섭하였다는 점을 확인하였다. 이는 냉전체제 하에서 미국의 정책이 우리나라의 교육정책에 반영된 것으로 이해된다. 이러한 연장선에서 1948년의 이승만을 대통령으로 한 정부 수립, 1950년 6·25전쟁을 거치면서 반공주의는 더욱 강화되었다. 반공이 교육과정에 최초로 명시된 것은 제2차 교육과정이었다. 이후 반공은 교육과정에 지속적으로 명기되다가 1987년 6월민주화운동으로 한국사회가 민주화된 이후인 제7차 교육과정에서 비로소 삭제되었다. 이는 1974년 국사교과서의 국정화와 함께 한국사회의 민주화가 국사교육에 어떻게 영향을 미치는가를 직접적으로 보여준다는 측면에서 의미있다고 할 수 있다. 그렇다고 해서 현재 국사교육에서 반공주의적 국사교육이 이루어지지 않는다는 것은 아니다. 여전히 반공주의적 서술은 이루어지고 있으나 이와 함께 민주화운동의 흐름, 통일운동의 흐름이 진보정권의 탄생에 따라 강조되던 시기가 있었다는 점을 지적하지 않을 수 없다.

넷째, 해방 이후 국사교과서의 발행제도는 시기에 따라 변천하였다. 교수요목기부터 제2차 교육과정기까지는 검인정제, 제3차 교육과정기부터 제7차 교육과정의 국민공통교육과정까지는 국정제에 입각하여 발행되었고, 제7차 교육과정의 심화선택교육과정에 편제된『한국근현대사』교과서와 2009 교육과정기 이래 현재까지는 검인정제에 의해 발행되었다. 특히 교수요목기는 법제상으로는 검인정제를 채택하였으나 실질적으로는 자유발행제에 가까웠다. 이는 검인정 교과서의 저술과 출판의 어려움에 기인한 것이었다. 이 시기 국사교과서 발행은 일제의 식민지배에서 해방되어 민족적 자존심을 회복에 필수적인 일이었다. 그리하여 조선학술원을 비롯한 단체들이 국정교과서편찬연구위원회를 결성하고 미군정에 건의서를 제출하여 우리 민족의 의사를 미군정에 전달하였다. 이에 따라 미군정은 과목별 교과서편찬위원회를 조직하여 우리 민족의 의사를 반영하고자 하였다. 그리고 국정교과서편찬위원회의 국사과 편찬위원은 이중화, 이병도, 김상기, 이선근, 사공환, 현상윤이었다. 이들은 와세다대학을 졸업하고 서울대학교 교수를 역임한 인물이었으며, 교과서 전문 출판사 동지사의 사장이었던 이대의와 백남홍 역시 메이지대학과 주오대학 출신으로서 일본 유학 출신이라는 공통점이 있다. 따라서 해방 이후 국사교과서의 편찬과 집필은 일본 유학 출신자들에 의해 이루어졌으며, 특히 이선근, 이병도, 현상윤 등 친일적인 실증주의적 사관을 가진 인물들이었다. 그러나 제2차 교육과정기까지의 국사교과서 저자들의 면면은 점차 변화하였다. 즉 와세다대학 출신, 도쿄대학 출신 등 일본 유학을 한 인물, 경성제대 법문학부 출신, 서울사대 출신, 연희대 출신 등으로 나누어짐을 확인할 수 있다. 교수요목기의 교과서 저자들보다 스펙트럼이 확대되었음을 확인할 수 있다. 특히 한우근, 변태섭, 민영, 홍이섭 등 국내 대학에서 수학한 젊은 학자들이 참여하면서 국사교과서 저자에 변화가 오기 시작하였다. 제3차 교육과정기 국사교과서가 국정화하면서부터는 문교부에 의해 교과서 저자들의 세대교체가 시작되었다. 특히 1979년판 국사교과서의 저자인 김철준, 한영우, 윤병석은 교과서 저술이 전혀 없는 인물들이었다. 이후 제6차 교육과정기부터는 연구진에 중등학교 교사가 참여하였고, 제7차 교육과정기에는 중등학교 교사들이 집필진에 참여하였음을 알 수 있다.

다섯째, 해방 이후 국사교과서의 단원 구성도 변천하였다. 해방 이후 최초의 중등교과서라 할 수 있는『국사교본』(진단학회)과 정부 수립 이후 검정된『우리나라 생활』은 이병도의『조선사대관』의 시대구분을 따랐음을 확인하였다. 그런데『국사교본』은 일본의 식민사학자 하야시 다이스케(林泰輔)의『朝鮮史』의 체제를 그대로 모방한 것이었으므로 결국『조선사대관』역시 하야시의『朝鮮史』의 영향을 강하게 받았다고 할 수 있다. 그러나『우리나라 생활』(이병도)과는 달리 미군정 문교부 편수국에 근무하였던 오장환의『중등문화사』(1949)와 정부 수립 이후 편수국장을 역임한 신석호의『우리나라의 생활(국사 부분)』(1952)은 1948년 고시된 역사과 교수요목을 따랐음을 알 수 있다. 다만 오장환의 경우 기본틀은 교수요목의 편제에 따랐으나 그 구성을 변형시켜 교수요목과 다른 대단원의 구성을 보여주고 있다. 이는 이 시기 교수요목이 반드시 준수해야 하는 것이 아닌 대략적인 틀로서의 역할에 머문 것이 아닌가 하는 의심을 해볼 수 있다는 생각이다. 제1차 교육과정기 국사교과서는 역사과 교육과정에 맞추어 편찬되었다. 앞에서 서술했듯이 중고등학교 역사과 교육과정은 각각 7개와 9개의 대단원으로 구성되어 있었으나 이병도와 역사교육연구회가 저술한 교과서는 이들 대단원의 구성과는 일정한 차이를 보이고 있다. 제2차 교육과정기의 국사교과서의 대단원은 교육과정의 지도내용과 완전히 일치하며, 중단원은 차이가 있다. 필자가 확인한 제2차 교육과정기 국사교과서 중『국사』(이원순, 교학사, 1968)를 제외한『국사』(이홍직, 동아출판사, 1967), 『국사』(이현희, 실학사, 1968) 등 다른 출판사의 국사교과서의 상당수도 교육과정과 대단원이 같았다. 교수요목기와 제1차 교육과정기의 경우 대부분이 교과서 대단원과 교육과정 상의 대단원이 일치하지 않은 것과 비교하면 큰 변화라 할 수 있다. 이는 검정 당국이나 교과서 집필자들 사이에서 교육과정을 준수해야 한다는 인식이 자리 잡았음을 보여준다고 할 것이나 여전히 집필자에 의해 대단원의 설정이 변동될 수 있다는 것을 보여준다. 그리고 한국사의 시대구분은 교수요목기와 제1차 교육과정과 같이 여전히 왕조 중심으로 되어 있다. 제3차 교육과정기의 국사교과서는 1974년판과 1979년판의 2종이 있다. 1974년판은 지금까지의 왕조사 중심의 구조에서 탈피하여 고대, 고려, 조선, 근대, 현대의 시대사 구분을 최초로 시도하였고, 이 결과 제4차 교육과정기에는 고대, 중세, 근대, 현대의 시대구분을 채용하게 되었던 것이라 할 수 있다. 이러한 시대구분은 국사교육강화위원회의 「학교교육을 중심으로 한 국사의 중심 개념」의 시대구분을 채용한 것이라 할 수 있다. 1974년판과 1979년판의 대단원 구성은 동일하지만 중단원의 구성에는 약간의 차이가 있다. Ⅰ, Ⅱ단원은 중단원의 구성이 대동소이하지만 Ⅲ단원은 많은 차이를 보이고 있다. 즉 1974년판은 중단원이 5개의 절로 구성되었으나 1979년판은 1개의 절이 많은 6개의 절로 구성되었다. 더욱이 중단원의 제목도 3절부터 차이가 난다. 1974년판의 '3. 양반문벌

사회의 형성과 민족의 시련'이 1979년판에는 '3. 사림의 성장과 그 문화'
와 '4. 왜란과 호란'으로 나뉘었고, 1974년판의 '4. 민본·민족의식의 부
활과 제도의 개혁'에서 실학을 포함한 문화사를 따로 떼어내어 1979년
판에서는 '6. 문화의 새 기운'으로 편성하였다고 판단된다. 이는 1976년
국사교과서를 '주체성에 입각한 민족사관을 심화시키는' 방향으로 부
분 개편을 결정하고 이를 1978년부터 적용하려 하였던 결정에 따른 것
이었다. 그러나 앞 장에서 서술하였듯이 1977년 검인정 교과서 파동에
따라 1년 연기된 1979년에야 교과서 개편이 이루어졌던 것이다.

여섯째, 국사교과서의 역사 용어는 시기에 따라 변천하였다. 해방 직
후 발행된 국사교과서에 사용된 역사용어는 통설을 따른 것 같지는 않
다. 교수요목기에는 사실상 교과서의 발행이 자유발행에 가까웠으므
로 교과서 필자에 따라 다른 역사용어가 사용된 경우가 매우 많았다.
이러한 경향은 제2차 교육과정기에 이르러서야 어느 정도 정리될 수
있었다. 해방 이후 국사교과서를 포함한 모든 과목의 교과서 발간 과
정에서 외국어의 한글 표기나 인명, 지명의 표기에 관해서는 물론이고
혼용되고 있던 편수용어를 정리하기 위한 노력이 없었던 것은 아니다.
특히 편수용어를 정리, 통일하려는 노력은 1950년대 이래 추진되었던
것으로 보인다. 그러나 제1차 교육과정기까지의 교과서에 사용된 역사
용어들은 통일되지 못하였다. 그리하여 제2차 교육과정이 공포된 이후
문교부는 검인정교과서의 경우 교과서별로 서술 내용의 차이가 커 혼
란을 빚었기 때문에 이를 통일하기 위하여 1963년 자문위원회를 설치
하였다. 국사과의 경우 국사교육통일심의위원회를 설치하여 심의에 착
수하였고, 「국사교육 내용의 통일」을 마련하였다. 이 「국사교육 내용의
통일」은 이설이 있는 내용의 조치 10개 항목을 적시하였는데, 이 중 9
개 항목이 고대사 관련이며, 1개 항목이 근대화시기 내용이었다. 이로

보아 1964년의 「국사교육 내용의 통일」은 고대사 중심이었음을 확인할 수 있다. 1966년 6월 『민족주체성 확립을 위한 교육과정 운영지침』 발간 이후인 1966년 10월 15일 문교부는 민족자주성을 모독한다며 고등학교 국사 교과서의 乙巳保護條約을 乙巳條約, 광주학생사건을 광주학생운동, 6·10만세사건을 6·10만세운동, 한4군을 한의 군현, 동학란을 동학혁명, 단군신화는 건국이념으로 그 용어를 수정할 것을 지시하였다. 이와 같은 용어들의 수정을 지시한 것은 을사보호조약의 '보호'란 일본인들이 붙인 거짓외교용어에 지나지 않으며, 동학란의 경우는 왕조사의 입장에서는 민란일지 모르나 자유민주주의의 관점에서는 국사상 가장 큰 민족운동이기 때문이라는 것이다. 이외에도 제1차 교육과정기까지의 국사교과서에 자세히 다루지 않았던 대한민국 임시정부와 광복군의 활동을 增強槪述할 것과 우리 민족의 피지배의 사실을 강조하기 위해 필요 이상으로 細述되어 왔던 한사군의 기록을 약술할 것, 단군신화에서 대한민국의 건국이념을 찾을 수 있도록 史實化할 것 등을 지시하였다. 즉 1964년에는 고대사 중심의 용어가 수정되었고, 1966년에는 근대사 중심의 용어가 수정되었던 것이다. 그러므로 오늘날 국사교과서에서 사용되는 역사용어의 기본틀은 제2차 교육과정기에 마련되었음을 알 수 있다.

일곱째, 교수요목기부터 제2차 교육과정기까지의 국사교과서에 등장하는 인물과 제3차 교육과정기 이후의 국사교과서에 등장하는 인물은 크게 다르지 않다. 다만 제2차 교육과정기까지는 개항기에 등장하는 인물 가운데 상당수가 일본, 중국 등 외국인이 비교적 많이 수록되어 있으며, 제3차 교육과정기 이후 그 수가 축소되었음을 확인할 수 있다. 이는 제2차 교육과정기 이래 민족사관을 강조하면서 나타난 현상이라 생각된다. 그리하여 외국인의 수록을 줄이는 방향으로 교과서를 서술하였던 것으로 판단된다. 특히 외국인의 이름이 많이 등장하는 부분은 근대문물의 수용과 관련된 부분과 개항기의 정치적 사건에 대한 부분이었다. 이는 우리나라의 근대문물이 서구, 특히 미국에 의해 수용되었음을 강조하는 것이었다. 일본인과 중국인은 주로 정치적 사건에서 서술되는데, 이는 주로 그 나라들이 우리나라를 침략하는 과정에서 등장한 것이었다. 따라서 국사교과서 서술이 미국에 우호적이고 일본이나 중국에 대해서는 침략성을 부각시키는 방향에서 서술되었음을 보여준다고 할 수 있다.

이외에도 국사교과서 연구에서 주목해야 할 것으로 국사교과서의 발행을 포함한 교과서 발행은 교육적인 측면만이 아니라 사회적·경제적 문제를 포함하여 파악할 필요가 있다는 점을 강조하지 않을 수 없다. 경제 규모가 작았던 당시 사회에서 교과서 출판이 가지는 사회적·경제적 영향력을 고려해야 한다는 것이다. 출판 용지가 부족하여 국무회의에서까지 교과서 용지를 마련하기 위한 방안에 대해 논의하였다는 사실은 지금까지 잘 알려지지 않았던 내용이다. 따라서 해방 이후 우리나라의 출판사를 연구하는 과정에서도 교과서 출판은 의미 있는 내용을 가질 것이라 생각된다. 이에 대한 연구가 필요한 시점이라 할 것이다.

참고문헌(연도순)

『매일신보』,『서울신문』,『자유신문』,『동아일보』,『관보』,『경향신문』,『민중일보』,
『중앙신문』,『대한독립신문』,『독립신보』,『민주중보』,『조선일보』,『광주민보』,
『한성일보』,『국제신문』,『매일경제신문』,『한겨레신문』,『전북일보』

권덕규,『조선사』, 정음사, 1945.

최남선,『조선국사』, 동명사, 1945.

이창환,『조선역사』, 세창서관, 1945.

함돈익,『증정조선역사』, 조선문화사, 1945.

황의돈,『중등국사』, 계몽사, 1945.

이주홍,『초등국사』, 명문사, 1945.

한홍구,『한국약사』, 상당인쇄소, 1945.

신태화,『조선역사』, 삼문사출판부, 1945.

문석준,『조선역사』, 함경남도, 1945.

신정언,『상식국사』, 계몽구락부, 1945.

최남선,『신판조선역사』, 동명사, 1946.

장도빈,『국사』, 국사원, 1946.

정벽해,『해방신판조선역사』, 중앙출판사, 1946.

원동윤,『신편조선사』, 동양인쇄주식회사, 1946.

김성칠,『조선역사』, 조선금융조합연합회, 1946.

최남선,『쉽고 빠른 조선역사』, 동명사, 1946.

황의돈,『증정중등조선역사』, 삼중당, 1946

군정청학무국,『초등국사』, 조선문화교육출판사, 1946.

진단학회,『국사교본』, 조선교학도서주식회사, 1946.

최남선,『국민조선역사』, 동명사, 1947.

최남선,『중등국사』, 동명사, 1947.

장도빈,『중등국사』, 고려도서원, 1947.

김성칠, 『(사회생활과역사부)조선사』, 정음사, 1947.

문교부, 『우리나라의 발달』, 조선교학도서주식회사, 1947.

이병도, 『새국사교본』, 동지사, 1948.

신석호, 『우리나라의 생활(국사부분)』, 동방문화사, 1948.

이상록, 『조선역사』, 성문사, 1948.

유홍렬, 『우리나라의 역사』, 조문사, 1949.

오장환, 『중등문화사』, 정음사, 1949.

이병도, 『우리나라의 생활(역사)』, 동지사, 1949.

금룡도서, 『우리나라 생활(역사부분)』, 1950.

이인영, 『우리나라생활』, 금룡도서주식회사, 1950.

이홍직, 『우리나라생활』, 민교사, 1950.

손진태, 『우리나라 생활(대한민족사)』, 을유문화사, 1950.

김성칠, 『우리나라 역사 : 사회생활과』, 정음사, 1951.

최남선, 『우리나라 역사』, 동국문화사, 1952.

최남선, 『우리나라생활』, 민중서관, 1952.

이병도, 『중등국사』, 을유문화사, 1953.

유홍렬, 『한국문화사』, 양문사, 1954.

이병도·김정학, 『우리나라 문화의 발달 (상)』, 백영사, 1954.

홍이섭, 『(우리나라)문화사』, 정음사, 1954.

『애국독본』 고등용, 우종사, 1955.

김상기, 『우리나라역사』, 장왕사, 1956.

김용덕, 『새로운 우리나라역사』, 일한도서주식회사, 1956.

신석호, 『국사』, 동국문화사, 1956.

역사교육연구회, 『중등국사』, 정음사, 1956.

유홍렬, 『우리나라역사』, 탐구당, 1956.

이병도, 『중등국사』, 을유문화사, 1956.

이홍직, 『우리나라역사』, 민교사, 1956.

조계찬, 『우리나라역사』, 백영사, 1956.

최남선, 『국사』, 민중서관, 1956.

한우근, 『우리나라역사』, 상문원, 1956.

이병도, 『국사』, 일조각, 1957.

이홍직, 『우리나라문화사』, 민교사, 1960.

역사교육연구회, 『국사』, 1962.

이지호 · 윤태림 · 김성근, 『중학교 사회Ⅱ』, 교육출판사, 1965.

이홍직 외, 『중학사회 2』, 동아출판사, 1965.

전해종 외, 『중학 새사회Ⅱ』, 민중서관, 1965.

변태섭 외, 『중학교 사회Ⅱ』, 법문사, 1965.

김상기 외, 『중학사회 2』, 장왕사, 1965.

역사교육연구회, 『새로운 중학사회 2』, 정음사, 1965.

박성봉 외, 『새로운 사회 2』, 홍지사, 1965.

황철수 외, 『새로운 사회 2』, 사조사, 1966.

조좌호 외, 『중학사회 2』, 영지문화사, 1966.

한우근 외, 『중학교 사회 2』, 일조각, 1966.

강우철 외, 『중학교 새사회 2』, 탐구당, 1966.

이원순, 『국사』, 교학사, 1968.

신석호, 『국사』, 광명출판사, 1968.

변태섭, 『국사』, 법문사, 1968.

민영규 · 정형규, 『최신 국사』, 양문사, 1968.

윤세철 · 신형식, 『새로운 국사』, 정음사, 1968.

김상기, 『국사』, 장왕사, 1968.

한우근, 『국사』, 을유문화사, 1968.

이홍직, 『국사』, 동아출판사, 1968.

이현희, 『최신 국사』, 실학사, 1968.

이병도, 『국사』, 일조각, 1968.

이상옥 · 차문섭, 『국사』, 문호사, 1968.

이병도, 『국사』, 일조각, 1972.

『국사』, 문교부, 1974.

『국사』, 문교부, 1977.

국사편찬위원회 1종도서연구개발위원회,『국사』, 문교부, 1979.

국사편찬위원회 1종도서연구개발위원회,『국사』(하), 문교부, 1982.

국사편찬위원회 1종도서연구개발위원회,『국사』(하), 문교부, 1990.

국사편찬위원회 1종도서연구개발위원회,『국사』(하), 문교부, 1992.

국사편찬위원회 1종도서연구개발위원회,『국사』(하), 문교부, 1996.

교육과학기술부,『국사』, 두산동아, 2002.

김한종 외,『한국근현대사』, 금성출판사, 2002.

한철호 외,『한국사』, 미래엔컬쳐, 2011.

한철호 외,『한국사』, 미래엔컬쳐, 2014.

권희영 외,『한국사』, 교학사, 2014.

菊池謙讓,『近世朝鮮史』, 계명사, 발행년도 불명.

군정청 문교부,『초중등학교 각과 교수요목』(1), 발행년도 불명.

慶尙北道警察局,『高等警察要史』, 1934.

윤재천,『신교육서설』, 조선교육연구회, 1946.

오천석,『민주주의 교육의 건설』, 국제문화공회, 1946.

문교부 조사기획과,『1946년 문교행정개황』, 조선교학주식회사, 출판년도 불상.

이상선,『사회생활과의 이론과 실제』, 金童圖書文具, 1946.

『초중등학교 각과 교수요목집 중학교 사회생활과』(12), 조선교학도서주식회사,
     1948.

문교부,『문교개관』, 1958.

『혁명과업 완수를 위한 향토학교 교과과정 임시 운영 요강(중학교)』, 문교부,
     1961.

『혁명과업 완수를 위한 향토학교 교과과정 임시 운영 요강(고등학교)』, 문교부,
     1961.

『文敎業績槪要』, 문교부, 1962.

『문교부령 제121호 고등학교 교육과정』, 문교부, 1963.

오천석,『한국신교육사 (하)』, 광명출판사, 1964.

『고등학교 교육과정 해설』, 문교부, 1968.

이기백, 이우성, 한우근, 김용섭,『중고등학교 국사교육 개선을 위한 기본방향』, 문교부연구보고서, 1969.

『한국민주주의 각급 학교 교육지침』, 문교부, 1972.

대통령비서실,『박정희대통령연설문집』4, 1973.

문교부 중앙교육행정연수원,『문교월보』40, 1973.

문교부,『중·고등학교 교사용 교과용 도서 국사』, 한국교과서주식회사, 1974.

중앙대학교부설 한국교육문제연구소,『문교사』, 중앙대학교출판부, 1974.

『문교부령 제350호(74.12.31) 인문계 고등학교 교육과정』, 문교부, 1974.

이응호,『미군정기의 한글운동사』, 1974.

오천석,『외로운 성주』, 광명출판사, 1975.

강길수,『한국교육행정사연구초』, 재동문화사, 1980.

강우철,『歷史의 敎育』, 교학사, 1980.

문교부,『한국교육30년, 문교연표』, 1980.

『고등학교 교육과정』(문교부 고시 제442호), 1981.

이균영,『신간회연구』, 한양대학교 대학원 박사학위논문, 1990.

이종국,『한국의 교과서』, 대한교과서주식회사, 1991.

진단학회,『역사가의 遺香』, 일조각, 1991.

『미군정청관보』2, 원주문화사, 1991.

재단법인 한국교과서연구소,『교과용도서관련법규집』, 1992.

유봉호,『韓國敎育課程史硏究』, 교육과학사, 1992.

김흥수,『한국역사교육사』, 대한교과서주식회사, 1992.

이균영,『신간회연구』, 역사비평사, 1993.

정선영,「역사용어의 성격과 그 교육적 이용-세계사의 사례를 중심으로」,『역사 교육』56, 역사교육연구회, 1994.

孔秉鎬,『米軍政期韓國敎育政策史硏究』, 名古屋大學博士學位論文, 1995.

정태수,『광복 3년 한국교육법제사』, 예지각, 1995.

이종국,『대한교과서사 : 1948~1998』, 대한교과서주식회사, 1998.

윤종영,『국사교과서 파동』, 혜안, 1999.

공태영,「역사용어에 관한 이론적 검토와 학습방안-중학교 국사교과서를 중심으로-」, 『역사교육논집』 23 · 24, 역사교육학회, 1999.

허강 외, 『한국편수사연구(1)』, 한국교과서연구재단, 2000.

허강 외, 『한국편수사연구(2)』, 한국교과서연구재단, 2000.

이종국, 『한국의 교과서 출판 변천 연구』, 일진사, 2001.

허강 외, 『한국의 검인정교과서 변천에 관한 연구』, 한국교과서연구재단, 2002.

허강, 『한국의 검인정 교과서』, 일진사, 2004.

윤경운, 『국사교과서에 수록된 인물서술에 대한 연구』, 동의대학교 대학원 박사
　　　학위논문, 2005.

허대영, 『미군정기 교육정책과 오천석의 역할에 관한 연구』, 강원대학교대학원
　　　박사학위논문, 2005.

허강 외, 『한국 교과서의 어제, 오늘 그리고 내일』, 한국교육과정 · 교과서연구회,
　　　2006.

박진동, 『한국의 교원양성체제의 성립과 국사교육의 신구성 : 1945~1954』, 서울대
　　　학교대학원 박사학위논문, 2006.

역사비평편집위원회 지음, 『역사용어 바로쓰기』, 역사비평사, 2006.

최창묵, 『동학농민군의 전주성 점령에 관한 연구』, 원광대학교 박사학위논문,
　　　2009.

차미희, 『한국 중 · 고등학교의 국사교육』, 교육과학사, 2011.

『국사편찬위원회65년사』, 국사편찬위원회, 2012.

김상훈, 『1945~1950년 역사 교수요목과 교과서 연구』, 서강대학교 박사학위논문,
　　　2014.

문교부, 「국민교육헌장이념의 구현요강」(국가기록원 소장문서).

「보고번호 제72-335호 국사교육강화방안보고」(국가기록원 소장).

문교부, 「국사교과서의 국정화 방안 보고」(국가기록원 소장).

「연수 240-415(259-2712) 국무회의 보고자료 제출」(국가기록원 소장 자료).

문교부, 『1979년도부터 사용할 1종도서 집필 세부계획서(인문계고등학교) 5차』,
　　　문교부, 발행년도 불명.

사공환, 「조국 재건하 국사교육의 새 사명」, 『조선교육』 3, 조선교육연구회, 1947.

사공환, 「사회생활과로 본 국사교육」, 『조선교육』 5, 조선교육연구회, 1947.

손진태, 「국사교육의 기본적 제문제」, 『조선교육』 2, 조선교육연구회, 1947.

임태수, 「국사교육의 기본적 제문제」, 『조선교육』 5, 조선교육연구회, 1947.

사공환, 「國史敎育 再建에 關한 瞥見」, 『새교육』 1-1, 조선교육연합회, 1948.

손진태, 「국사교육 건설에 대한 구상-신민주주의 국사교육의 제창-」, 『새교육』 1-2, 조선교육연합회, 1948.

田鎭成, 「교과서 검인정에 대하여」, 『새교육』 1-3, 조선교육연합회, 1948.

사공환, 「國史指導再建에 關한 瞥見」, 『새교육』 1-1, 조선교육연합회, 1948.

사공환, 「문교부소식」, 『새교육』 2-1, 조선교육연합회, 1949.

오장환, 「國史指導上의 難問題 몇가지」 (1), 『새교육』 2-1, 조선교육연합회, 1949.

배희성, 「국정 및 검인정 도서에 관하여」, 『편수시보』 제1호, 조선서적인쇄주식회사, 1950.

강우철, 「교과과정과 교과서」, 『역사교육』 1, 역사교육연구회, 1956.

김용섭, 「전봉준공초의 분석」, 『사학연구』 2, 한국사학회, 1958.

박종근, 「甲午農民戰争(東学乱)における全州和約と幣政改革案」, 『歷史評論』 140, 歷史科学協議会, 1962.

유우상, 「동학난에 있어서의 전주화약」, 『역사학연구』 2, 전남대학교사학회, 1964.

박광희, 「한국 사회과의 성립과정과 그 과정 변천에 관한 일연구」, 서울대학교대학원 석사학위논문, 1965.

김용섭, 「일본·한국에 있어서의 한국사 서술」, 『역사학보』 31, 1966.

문교부, 『민족주체성 확립을 위한 교육과정 운영지침』, 국정교과서주식회사, 1966.

이선근·천관우·이정인·강우철·김난수·황철수·민두기·최태상, 「개정된 교육과정과 역사교육의 제문제」, 『역사교육』 9, 역사교육연구회, 1966.

이현희, 「신간회의 조직과 항쟁-일제치하의 민족단일당 운동」, 『사총』 15, 고대사학회, 1971.

편집부, 「남운 이홍직박사 약력」, 『미술사학연구(구 고고미술)』 1-2, 한국미술사학회, 한국미술사학회, 1972.

박정희, 「'국민교육헌장' 선포에 즈음한 담화문(1968.12.5.)」, 『박정희대통령연설문집 3(제6대편)』, 대통령비서실, 1973.

이원순·윤세철·정선영, 「중고등학교용 국정 국사교과서의 분석적 고찰」, 『역사교육』 16, 역사교육연구회, 1974.

김의환, 「전주화약과 집강소」, 『한국사상』 12, 한국사상연구회, 1974.

橫川正夫, 「全琫準についての一考察」, 『朝鮮史硏究會論文集』 13, 1976.

송춘영, 「고등학교 국사교육에 있어서 효과적인 인물지도의 접근방안 -이론적 기초연구를 중심으로-(하)」, 『역사교육』 19, 역사교육연구회, 1976.

송춘영·이창옥, 「중학교 국사교육에 있어서 효과적인 인물지도의 접근방안 -이론적 기초연구를 중심으로-」, 『역사교육』 22, 역사교육연구회, 1977.

水野直樹, 「新幹會運動に関する若干の問題」, 『朝鮮史硏究會論文集』 14, 朝鮮史硏究會, 1977.

박용전, 「새 교과용도서 편찬의 개요」, 『수도교육』 44, 서울특별시 교육연수원, 1977.

교학도서주식회사편집부 편, 『초중고(인문, 실업) 새종합교육과정 및 해설』, 교학도서주식회사, 1977.

水野直樹, 「新幹会東京支会の活動について」, 『朝鮮史叢』 創刊號, 1979.

金森襄作, 「論爭を通じてみた新幹會 -新幹會をめぐる民族主義と階級主義の對立」, 『朝鮮學報』 93, 1979.

瀨古邦子, 「甲午農民戰爭における執綱所について」, 『朝鮮史硏究會論文集』 16, 1979.

馬淵貞利, 「甲午農民戰爭の歷史的位置」, 『朝鮮歷史論集』 下, 1979.

水野直樹, 「新幹会の創立をめぐって」, 『近代朝鮮の社會と思想』, 未來社, 1981.

이균영, 「신간회에 대하여 -그 배경과 창립을 중심으로-」, 한양대학교 대학원 석사학위논문, 1981.

문교부, 『유신교육 강화를 위한 교육계획(1977~19811)』, 문교부, 1981.

박은목, 「제2차 대전 이후 한국교육의 역사적 의미 -한국의 1945년에서 1959년-」, 『한국교육사학』 4, 한국교육사학회, 1982.

박병호, 「새 교육과정에 반영된 국민정신교육」, 『문교행정』 3, 문교부, 1982.

강재언, 「甲午農民戰爭と東學思想」, 『季刊 三千里』 34, 1982.

趙景達,「東學農民運動と甲午農民戰爭の歷史的性格」,『朝鮮史研究會論文集』19, 1982.

趙景達,「甲午農民戰爭指導者-全琫準の研究」,『朝鮮史叢』7, 1983.

朴慶植,「朝鮮民族解放運動民族統一戰線」,『ファシズム下の抵抗と運動』, 東京大 社會科學研究所, 1983.

水野直樹,「コミンテルン第7回大会と在満朝鮮人の抗日鬪爭ー在満韓人祖国光復 会覚え書き」,『歷史評論』423, 1985.

이균영,「신간회의 결성에 따른 양당론과 청산론 검토」,『동아시아문화연구』7, 한양대학교 한국학연구소, 1985.

변태섭,『국사교육 내용전개의 준거안』, 1987.

정재철,「한국교육제도사연구의 성과와 과제」,『한국교육사학』9, 한국교육사학 회, 1987.

김한종,「역사적 개념의 학습방법과 정의의 활용」,『역사교육』41, 역사교육연구 회, 1987.

水野直樹,「코민테른의 민족통일전선론과 신간회운동」,『역사비평』2, 1988.

김진경,「전환기의 민족교육」,『민중교육 2』, 푸른나무, 1988.

이현주,「신간회에 참여한 사회주의자들의 운동론-ML당계를 중심으로」,『한국민 족운동사연구』4, 한국민족운동사학회, 1989.

정미숙,「한국 문교정책의 교육이념 구성에 관한 분석」,『분단시대 한국교육』, 푸 른나무, 1989.

이경훈,「대담 : 교과서 출판 원로들에게 듣는다」,『교과서연구』9, 한국2종교과 서협회, 1991.

김한종,「해방 이후 국사교과서의 변천과 지배이데올로기」,『역사비평』17, 1991.

동학농민전쟁100주년기념사업추진위원회 편,『동학농민전쟁연구자료집』(1), 여 강출판사, 1991.

정창렬,「갑오농민전쟁의 전주화약과 집강소에 대한 연구」,『수촌박영석교수화갑 기념 한국사학논총(하)』, 수촌박영석교수화갑기념논총간행위원회, 1992.

김인식,「신간회운동기 ML계의 부르조아민주주의혁명론」,『중앙사론』7, 1992.

홍웅선,「최초의 사회생활과 교수요목의 특징」,『한국교육』19, 한국교육개발원, 1992.

이길상, 「미군정의 국가적 성격과 교육정책」, 『정신문화연구』 47, 정신문화연구원, 1992.

정영태, 「일제말 미군정기 반공이데올로기의 형성」, 『역사비평』 16, 역사비평사, 1992.

노용필, 「동학농민군의 집강소에 대한 일고찰」, 『역사학보』 133, 1992.

윤종영, 「국사교육의 변천과 과제 - 고등학교 교육과정을 중심으로 -」, 『역사와실학』 2, 역사실학회, 1992.

김양식, 「제1, 2차 전주화약과 집강소 운영」, 『역사연구』, 역사학연구소, 1993.

박찬승, 「1920년대 중반~1930년대 초 민족주의좌파의 신간회운동론」, 『한국사연구』 80, 한국사연구회, 1993.

조지훈, 『한국민족운동사』, 나남사, 1993.

정선영, 「역사용어의 성격과 그 교육적 이용 - 세계사의 사례를 중심으로」, 『역사교육』 56, 역사교육연구회, 1994.

이돈희, 『국민교육헌장에 관한 종합연구』, 서울대학교 사범대학 부설 교육연구소, 1994.

김항구, 「중학교 교육과정 상의 국사 내용의 변천」, 『사회과학교육연구』 13, 한국교원대학교 사회과학교육연구소, 1995.

서중석, 「정부 수립 후 반공체제의 확립 과정에 대한 연구」, 『한국사연구』 90, 한국사연구회, 1995.

홍웅선, 「편수국의 위상(1945~1955)」, 『교과서연구』 26, 1996.

강재순, 「신간회 부산지회와 지역사회운동」, 『지역과 역사』 1, 부경역사연구소, 1996.

김흥수, 「국민학교 교육과정과 사회과 교과서의 인물에 관한 검토 연구 - 국사영역을 중심으로 -」, 『인문사회교육연구』 1, 춘천교육대학교 인문사회연구소, 1996.

배항섭, 「집강소시기 동학농민군의 활동양상에 대한 일고찰」, 『역사학보』 153, 역사학회, 1997.

손병노, 「미국 사회과 교육계의 근황 - 교육과정 논쟁 -」, 『초등사회과교육』 9, 1997.

공태영, 「역사용어의 학습실태와 지도방안 - 중학교 국사교과서를 중심으로 -」, 경북대학교 대학원 석사학위논문, 1997.

박덕규, 「역사용어 학습과 역사적 사고력 신장 -고등학교 국사교과서를 중심으로-」, 강원대학교 석사학위논문, 1997.

이혜영, 『한국근대학교교육 100년사 연구 (Ⅲ)』, 한국교육개발원, 1998.

「홍웅선의 육성녹취록」, 김용만 외 4인, 『한국교육과정의 변천에 관한 연구』, 한국교육과정 · 교과서연구회, 1999.

홍완진, 「고등학교 국사교과서의 인물분석 -6차교육과정 개정판 교과서를 중심으로-」, 제주대학교 교육대학원 석사학위논문, 1999.

김두정, 「광복 후의 학교 교육과정 -공식적 교육과정과 운영의 변천」, 『교육발전논총』 21-1, 충남대학교 교육발전연구소, 2000.

윤종영, 「국사교과서 발행제도에 대한 고찰」, 『문명연지』 1-2, 한국문명학회, 2000.

김진규, 「국사교과서의 역사용어 선정 기제」, 서울대학교 대학원 석사학위논문, 2000.

조성운, 「일제하 수원지역의 신간회운동」, 『역사와실학』 15 · 16합집, 역사실학회, 2000.

윤종영, 「국사교육강화정책」, 『문명연지』 2-1, 2001.

양정현, 「2007, 2011 역사과 교육과정 개정 논리와 계열성」, 『역사교육』 120, 역사교육연구회, 2001

강일국, 「해방 이후 초등학교의 교육개혁운동과 반공교육의 전개과정」, 『교육사회학연구』 12-2, 한국교육사학회, 2002.

김현선, 「애국주의의 내용과 변화 -1960~1990년대 교과서 분석을 중심으로-」, 『정신문화연구』 87, 정신문화연구원, 2002.

윤종영, 「식민주의사관 논쟁에 휘말렸던 국사 교과서」, 『교과서연구』 39, 2002.

김양식, 「1, 2차 전주화약과 집강소 운영」, 『역사연구』 2, 역사학연구소, 2003.

연정은, 「감시에서 동원으로, 동원에서 규율로 -1950년대 학도호국단을 중심으로-」, 『역사연구』 14, 역사학연구소, 2004.

이병희, 「국사교과서 국정제도의 검토」, 『역사교육』 91, 역사교육연구회, 2004.

장영민, 「동학농민군의 전주화약에 관한 재검토」, 『동학의 정치사회운동』, 경인

문화사, 2004.

신용하, 「제1차 동학농민혁명운동의 특징」, 『한국학보』 30-4, 일지사, 2004.

성주현, 「1920년대 천도교의 협동전선론과 신간회 참여와 활동」, 『동학학보』 10, 동학학회, 2005.

배영미, 「고등학교 국사 교과서의 신간회 서술 변화-교수요목기부터 제7차 교육과정까지-」, 『전농사론』 11, 서울시립대학교 국사학과, 2005.

최상훈, 「역사과 교육과정 60년의 변천과 진로」, 『사회과교육연구』 12-2, 한국사회과교과교육학회, 2005.

신주백, 「국민교육헌장의 역사(1968~1994)」, 『한국민족운동사연구』 45, 2005.

신주백, 「국민교육헌장 이념의 구현과 국사 및 도덕과 교육과정의 개편」, 『역사문제연구』 15, 역사문제연구소, 2005.

윤해동, 「'국체'와 '국민'의 거리」, 『역사문제연구』 15, 2005.

김석수, 「'국민교육헌장'의 사상적 배경과 철학자들의 역할」, 『역사문제연구』 15, 2005.

황병주, 「국민교육헌장과 박정희체제의 지배담론」, 『역사문제연구』 15, 2005.

김한종, 「학교교육을 통한 국민교육헌장 이념의 보급」, 『역사문제연구』 15, 2005.

이홍자, 「일제시대의 진단학회의 형성」, 서울시립대학교 석사학위논문, 2005.

허동현, 「고등학교 근현대사 교과서 개화기 관련 서술에 보이는 문제점과 제언」, 『한국민족운동사연구』 44, 한국민족운동사학회, 2005.

이문기, 「국사교과서의 역사용어 연구의 필요성과 방향 모색」, 『역사교육논집』 35, 역사교육학회, 2005.

유정순, 「고등학교 국사교과서 역사용어 이해 실태와 개선 방안」, 『역사교육논집』 35, 역사교육학회, 2005.

이길영, 「중학교 국사교과서의 역사 용어 서술과 개선 방안」, 『역사교육논집』 35, 역사교육학회, 2005.

이길영, 「중학교 국사교과서의 역사용어 서술 실태와 효율적인 역사용어 학습방안의 모색」, 경북대학교 교육대학원 석사학위논문, 2005.

강선주, 「해방 이후 역사교육과정 개정을 둘러싼 쟁점」, 『역사교육』 97, 역사교육연구회, 2006.

박해경, 「이승만정권기 반공이념 교육과 '우리나라역사' 교과서」, 성신여자대학교 교육대학원 석사학위논문, 2006.

차미희, 「3차 교육과정기(1974~1981) 중등 국사과의 독립 배경과 국사교육 내용의 특성」,『한국사학보』25, 2006.

이신철, 「국사교과서 정치도구화의 역사」,『역사교육』97, 역사교육연구회, 2006.

송기호, 「역사용어 바로쓰기 통일신라시대에서 남북국시대로」,『역사비평』74, 역사비평사, 2006.

이창환, 「해방 이후 한국 교육과정의 전개 추이에 대한 고찰-전통적 교육방법 접목의 필요성 제고를 위하여」,『교육연구』25, 원광대학교 교육문제연구소, 2006.

박승호, 「고등학생들의 국사용어 이해 실태 및 개선 방안 연구-경제사 관련 용어를 중심으로-」, 고려대학교 교육대학원 석사학위논문, 2006.

윤효정, 신간회 지회연구의 성과와 과제」,『역사문제연구』18, 역사문제연구소, 2007.

오제연, 「1960년대 초 박정희정권과 학생들의 민족주의 분화-'민족적 민주주의'를 중심으로-」,『기억과전망』16, 민주화운동기념사업회, 2007.

장영민, 「박정희정권의 국사교육 강화정책에 관한 연구」,『인문학연구』34-2, 충남대학교 인문과학연구소, 2007.

박정화, 권오현, 「세계사 용어의 서술 실태와 개선방안-제7차 교육과정 중학교 사회과 교과서를 중심으로-」,『사회과교육연구』14-3, 한국사회교과교육학회, 2007.

백지현, 「한국사교과서 근현대 영역 수록 인물과 그 서술 연구」, 강원대학교 교육대학원 석사학위논문, 2007.

여현진, 「7차 교육과정 중학교 국사교과서의 인물분석-근대사 부분을 중심으로-」, 대구대학교 교육대학원 석사학위논문, 2008.

한정윤, 「중학교 국사교과서 용어 이해 실태-충남 아산지역 5학년에서 9학년 학생과 중학교 교사의 의식 조사를 중심으로-」,『역사와 역사교육』16, 웅진사학회, 2008.

김상규, 「국사교과서의 역사용어 사용 실태와 학생의 이해수준 분석-제7차 교육과정을 중심으로-」, 영남대학교 교육대학원 석사학위논문, 2008.

김인식, 「이승복과 신간회 창립기의 조직화 과정」, 『한국민족운동사연구』 58, 한
　　국민족운동사학회, 2009.

이경식, 「역사교재의 찬술에서 용어선정의 문제」, 『역사교육』 109, 역사교육연구
　　회, 2009.

윤덕영, 「신간회의 창립과 합법적 정치운동론」, 『한국민족운동사연구』 65, 한국
　　민족운동사학회, 2010.

조성운, 「일제하 광주지역의 신간회운동」, 『사학연구』 100, 한국사학회, 2010.

이소영, 「해방 후 한국교육개혁운동의 성격 고찰」, 『인격교육』 4-2, 한국인격교육
　　학회, 2010.

이병규, 「관민협치 전주」, 『전주학연구』 4, 2010.

박정옥, 「교수요목기 '우리나라 생활'의 내용 구성과 국사교육론」, 한국교원대학
　　교 교육대학원 석사학위논문, 2011.

조규태, 「『고등학교 한국사』 교과서의 동학·천도교 서술 검토」, 『동국사학』 51,
　　동국사학회, 2011.

박종무, 「미군정기 조선교육자협회의 교육이념과 활동」, 『역사교육연구』 13, 한
　　국역사교육학회, 2011.

김한종, 「중등 역사교과서 개편의 과정과 성격」, 『한국고대사연구』 64, 한국고대
　　사학회, 2011.

성주현, 「양양지역 신간회 조직과 활동」, 『한국민족운동사연구』 73, 한국민족운
　　동사학회, 2012.

김양식, 「동학농민혁명에 관한 역사교과서 서술 내용의 문제점과 개선 방향」, 『동
　　학학보』 24, 동학학회, 2012.

김대영, 「한국 교육과정 연구의 역사1-1945~1987-」, 『교육과정연구』 31-4, 한국교
　　육과정학회, 2013.

박지숙, 「한말 한일간 조약의 용어에 대한 연구-역사교과서의 용어 분석을 중심
　　으로-」, 경남대학교 교육대학원 석사학위논문, 2013.

구경남, 「1970년대 국정 〈국사〉 교과서에 나타난 애국심 교육과 국가주의」, 『역
　　사교육연구』 19, 한국역사교육학회, 2014.

김보림, 「고등학교 한국사교과서에서 역사용어 사용과 서술상의 제문제」, 『일본 문화학보』 63, 한국일본문화학회, 2014.

서인원, 「동학농민운동의 한국사 교과서 서술 내용 분석 -제1차~제7차 교육과정 기의 고등학교 교과서를 중심으로-」, 『숭실사학』 32, 2014.

조성운, 「2011 개정 교육과정에 따른 고등학교 '한국사'교과서의 동학농민운동 서술에 대한 비판적 검토」, 『한국민족운동사연구』 78, 한국민족운동사 학회, 2014.

민성희, 「해방 직후(1945~1948) 황의돈의 국사교육 재건 활동」, 한국교원대학교 대학원 석사학위논문, 2015.

최갑수, 김지영, 양희영, 최진묵, 「역사용어의 범주와 『역사용어사전』의 편찬방 법」, 『한국사전학』 26, 한국사전학회, 2015.

조성운, 「반공주의적 한국사 교육의 성립과 강화 -미군정기~제4차 교육과정기를 중심으로-」, 『한국민족운동사연구』 82, 한국민족운동사학회, 2015.

조성운, 「해방 이후 고등학교 한국사교과서의 동학농민운동 서술의 변천」, 『민족 종교의 두 얼굴』, 선인, 2015.

조성운, 「해방 이후 고등학교 한국사 교고서의 신간회 서술 변천」, 『역사와실학』 57, 역사실학회, 2015.

조성운, 「韓国高校歴史教科書における東学農民運動の敍述の変遷」, 『コリア研究』 6, 立命館大学コリア研究センター, 2015.

김태웅, 「해방 후 고등학교 '국사'교과서에서 1894년 농민전쟁 서술의 변천」, 『역 사교육』 133, 역사교육연구회, 2015.

조성운, 「교수요목기 국사교과서의 편찬과 발행」, 『한국민족운동사연구』 86, 한 국민족운동사학회, 2016.

성주현, 「동학농민혁명과 전주화약의 재검토」, 한국민족운동사학회 · 국제한국사 학회 편, 『동학농민혁명의 세계화와 과제』, 선인, 2016.

조성운, 「제2차 교육과정의 제정과 국사교과서의 편찬」, 『한국사학보』 66, 고려 사학회, 2017.

원본

민족 주체성 확립을 위한
교육 과정 운영 지침

민족 주체성 확립을 위한

교육 과정 운영 지침

문 교 부

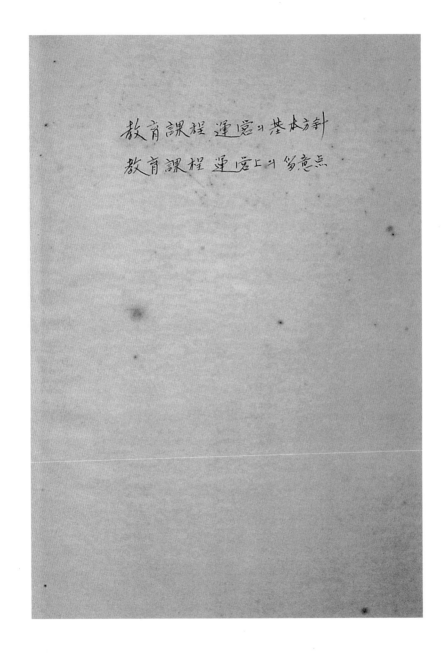

敎育課程 運營의 基本方針

敎育課程 運營上의 留意点

민족 주체성 확립을 위한

교육 과정 운영 지침

문 교 부

차   례

머 리 말

1965년 12월 18일, 마침내 한일 양국은 오랫동안 끌어 오던 국교 정상화 (國交正常化)의 공식 절차에 매듭을 짓게 되었다.

오늘날의 국제 정세와 우리의 처지를 생각할 때, 두 나라의 수교가 극동의 안전에 기여하고, 양국 간의 우호 증진(友好增進)과 경제적 번영의 역사적 계기(契機)가 되리라고 확신한다. 그러나, 지난날의 굴욕적 사실(史實)에 비추어, 국민적 자각과 주체 의식을 굳게 하여 이 새로운 사태에 대처하여야 할 것이다.

우리는 과거에 사로잡히지 말고 장래의 안전과 번영을 위하여 오늘의 현실을 직시(直視)하면서 우리에게 주어진 역사적 과제(課題)를 과감하게 해결해 나아가야 할 것이다. 이 역사적 전환기에 서서 우리 교직자는 국민의 사표로서의 긍지를 가지고 '우리 겨레의 운명(運命)은 우리들 국민 한 사람 한 사람의 손에 달려 있다.'는 투철(透徹)한 사명감으로 민족 주체성(主體性) 확립에 불굴의 신념을 견지(堅持)하고, 이 신념을 몸소 실천에 옮겨 우리들이 사랑하는 제 2세 국민들에게 솔선 수범(率先垂範)하여야 할 것이다.

수동적(受動的)인 과거를 하루 속히 탈피(脫皮), 청산하고, 자주 독립 정신을 바탕으로 하는 능동적인 자세 확립이 시급히 요청되고 있다. 다시는 일본국이 우리에게 침략(侵略) 정책을 쓰지 않으리라고 생각하지마는, 지난날 우리 민족이 겪은 쓰라린 역사적 경험에 비춰 양국 간의 진실한 우호 관계의 발전을 위해서라도 우리는 항상 경각심(警覺心)을 잊지 않고 우리의 민족 주체성을 확고히 견지해 나가야 할 것이다.

예로부터 강인(強靭)한 주체성을 지니지 못한 민족치고 빛나는 문화를 이룩한 사례(史例)를 찾아보기가 힘들다. 이처럼 한 나라의 운명은 필경 그 나라 국민 한 사람 한 사람의 자주 독립 정신에 달려 있음을 결코 잊어서는 아니 된다.

1966년 5월 일
문 교 부

<총   론>

1. 민족 주체성의 확립

오늘날 정치, 경제, 사회, 문화 할 것 없이 각계 각층에서 주체성의 확립이 절실히 요청되고 있다. 그러면, 주체성의 확립이란 무엇을 뜻하는 것인가? 한 마디로 요약하면, 사대(事大)와 의타(依他)를 극복하고 자주 독립(自主獨立)과 자립 자활(自立自活)하는 자각과 능력과 생활 태도의 확립을 뜻하는 것이라 하겠다. 자각이 없는 곳에 주체성이 나타날 수 없으며, 나도 다른 사람 못지않게 할 수 있다는 자신과 능력을 지니지 못한다면 주체성의 실질(實質)을 갖추지 못하게 될 것이다.

주체성을 잃은 지난날의 누습(陋習)은 사대주의 사상에 젖어, 영합(迎合)이 아니면 독선(獨善)과 배타(排他) 속에서 민족적 비극을 자초(自招)하였던 것이다. 우리는 남의 눈치를 보고 사는 국민이 되어서도 안 되거니와 오만한 태도로 남을 깔보는 국민이 되어서도 안 될 것이다. 우리는 정정당당(正正堂堂)한 태도로써 현실을 정시(正視)하여, 사물을 바로 판단하고 자기의 신념에 따라 책임 있는 행위를 할 수 있는 국민이 되어야 하겠다.

이와 같은 주체성 확립은 하루 아침에 이루어질 수는 없는 것으로서, 오직 각자(各自)의 각성과 노력에 의하여 점진적으로 형성(形成)될 수 있는 것이다. 그러므로, 우리는 주체성의 확립은 교육을 통하여서만 근원적(根源的)으로 이루어질 수 있다는 신념을 갖게 된다. 주체성 확립이란 비단 대일 관계(對日關係)에서만 요청되는 것이 아니라, 정의, 자유, 평화를 기조(基調)로 하는 국제 선린 관계에 있어서 독립 국가의 모든 국민에게 다 같이 필요한 것이며, 나아가서는 민주 사회 건설의 정신적 지주(精神的支柱)가 된다는 점을 간과(看過)하여서는 아니 될 것이다.

2. 주체성과 교육

주체성이란 말의 뜻이 퍽 다양하기 때문에 먼저 그 교육적 개념을 생각해 볼 필요가 있을 것이다.

주체라 함은, 어떤 행동의 방식을 결정하게 하는 그 무엇인가를 그 자체(自體) 속에 간직하고 있다고 생각되는, 판단하는 존재자(存在者)라는 뜻으로 파악된다. 다시 말하면, 자기의 행동을 자기 스스로 의식적(意識的)으로 결정하는 존재자를 의미한다. 따라서, 주체성을 함양(涵養)한다는 것은 교육의 본질과 밀접한 관련을 갖게 된다. 주체성의 함양과 교육과의 관계를 교육 이념(敎育理念)과 관련시켜 고찰하려 한다.

종래 일반적으로 논의되어 온 교육 이념에 관한 유형으로서 다음 네 가지 유형을 예시(例示)할 수 있을 것이다.

(1) 인간을 생명적 존재(生命的存在)로 보고, 여기에 중점(重點)을 두고 학습자의 성장(成長)에 교육의 중심(中心)을 두어야 한다는 교육관

(2) 인간을 정신적 존재(精神的存在)로 보고, 여기에 중점을 두고 학습자의 정신 도야(陶冶)에 교육의 중심을 두어야 한다는 교육관

(3) 인간을 인격적 존재(人格的存在)로 보고, 여기에 중점을 두고 학습자의 각성(覺醒)에 교육의 중심을 두어야 한다는 교육관

(4) 교육의 본질(本質)을 학습자가 생활하는 사회적, 문화적 환경을 중시하는 교육관

위에서 열거한 네 가지 유형 가운데서 (1), (2), (3)의 것은 인간적 주체(人間的主體)에 교육의 중심(中心)을 두고 있기 때문에, 이 세 가지 교육 이념의 핵심(核心)은 어디까지나 주체의 자기 교육(自己敎育)에 있다 할 것이다. 그러나, (4)의 유형은 인간적 주체의 성장, 정신, 자각 등을 한정(限定)하는 객관적 실재(客觀的實在)에 교육의 중점(重點)을 두는 교육 이념인 것이다. 인간적 주체를 한정하는 객관적 실재라 함은 물론 역사적 사회 현

실을 두고 하는 말이며, 어떠한 인간도 이 역사적 사회 속에서 살고 있으므로, 역사적 사회는 그 스스로 교육적 기능(機能)을 가지고 있는 까닭에 교육 제도를 발전시켜 왔고, 또한 역사적 교육관이 성립되는 모태(母胎)를 이루는 동시에, 나아가서는 위에서 열거한 (1), (2), (3)의 성립 모태가 되는 것도 부정할 수 없는 것이다.

그러므로, 위에서 말한 네 가지 교육 이념의 유형에 기초를 두든지 또는 어떤 다른 교육 이념에 근거를 두고 교육을 논하든지, 우리는 두 가지 측면을 항상 고려하여야 할 것이다. 즉, 인간적 주체에 중심을 둔 주체의 자기 교육(自己敎育)이든 역사적 사회를 강조하는 타자 교육(他者敎育)이든, 이 두 가지 측면은 학습자의 처지에서는 완전히 통합된 모습으로 지양(止揚)되지 않을 수 없는 것이다. 따라서, 교육 현장에서는 안으로부터의 교육에만 치중되어서도 아니 되며, 또한 밖으로부터의 교육에 치중되어서도 온전한 교육이 될 수 없는 것이다. '안'과 '밖'은 교육이라는 하나의 동일체(同一體)의 표리(表裏)에 지나지 않으며, 어디까지나 관점의 차이를 말하는 것이므로, 이 양 측면은 고차적 견지에서 완전한 조화를 이루어야 할 것이다.

그러나, 위에서 말한 것은 역사적 현실을 초월한 교육 이론(敎育理論)이므로, 구체적 사태(事態)에 직면하게 되면 다소 정도의 차이는 있을지언정 '안'과 '밖'의 어느 쪽인가를 강조하기 쉬운 것이다. 그것은 마치 줄타기 하는 사람이 한쪽에 몸이 치우칠 때에 반대 방향으로 몸을 돌리는 경우와 마찬가지로, 교육 현실에 있어서도 어느 한쪽에 기울어진 자세를 바로잡기 위하여 부족한 면을 더욱 강조하여야 할 것이다. 이와 같은 관점에서 우리의 교육 실정을 살펴본다면, '밖으로부터의 교육'에 너무 편중되어 있는 반면에 '안으로부터의 교육'이 등한시되어 있지 않은가 한다. 우리는 오늘날의 교육 현실을 냉정(冷靜)히 반성하여, 오늘날 거국적으로 요청되고 있는 민족 주체성의 확립을 위한 교육 태세(態勢)를 바로잡아야 할 것이다.

3. 과거의 반성

주체성은 자각(自覺)에서 시작되며, 자각은 자기 반성에서부터 이루어진다.

1945년 8월 15일 해방 후 20년간 우리 나라 교육이 걸어온 발자취를 살펴보고, 특히 시정되어야 하겠다는 점을 차례로 열거하고자 한다. 물론 다음에 열거되는 사항은 비단 교육계의 책임에만 국한되는 것은 아니다. 그러나, 이 시점에서 우리 나라의 교육 방향을 바로잡기 위하여, 그리고 우리 교직자에게 맡겨진 사명을 달성하기 위하여 냉정한 자기 반성이 요청되지 않을 수 없다.

무엇보다도 먼저 '계획성의 결여'를 지적하고자 한다. 계획성의 결여란 곧 목적 의식(目的意識)의 결여를 의미한다. 8·15 해방은 분명히 '새 나라' 재건(再建)의 역사적 계기가 되었어야 했고, 또한 그것은 온 민족이 갈망하는 숙원(宿題)이었다. 그러나, 우리 나라 교육은 이 '새 나라' 재건의 기틀을 만들기 위한 명확한 목표와 그 목표를 달성할 수 있는 일관된 계획을 발전시켜 왔을까? 물론 있었다. 수많은 교육 법규의 제정도 있었고 정책 변경도 있었다. 그러나, 이 많은 법규나 정책이 제대로 구현(具現)되어 본 적이 거의 드물다. 노도(怒濤)와 같이 밀어닥치는 사회 추세(趨勢)에 휩쓸려 무력한 공전(空轉)을 되풀이하여 교육의 무계획성을 노정시켜 왔던 것이다. 이와 같은 현상은 비단 교육계뿐만 아니라, 정치, 경제, 사회, 문화 등 거의 모든 국민 생활 각 분야에서 찾아볼 수 있는 것이다.

이러한 무계획성은 그 근본이 '주체성'의 빈곤에 기인(起因)되고 있다. 다시 말하면, 신생 국가로서의 강렬한 미래에의 '비견'이 결여된 데서 무계획성의 근본 원인을 찾아볼 수 있다. 이것은 교육 이념, 교육 과정과 그 운영면에 있어서 명백히 드러나고 있는 것이다.

(1) 교육 이념   해방 이후 우리 나라 교육 이념이 민주주의로 일관(一貫)되어 왔음은 주지의 사실이다. 그러나, 우리 나라의 민주주의는 관념적(觀念的)으로만 강조되었고, 일상 생활을 통하여 실천되는 민주주의로 성장하지 못하였다. 개인의 행복과 사회의 번영(繁榮)을 동시에 해결하는 것이 민주주의의 근본 과제임에도 불구하고, 우리의 민주주의는 개인의 자유와 행복만을 추구(追求)하여 국가의 발전, 민족의 단결과 번영은 등한시(等閒視)되어 왔던 것이다.

민주주의는 결코 모방이나 허식(虛飾)이 되어서는 아니 된다. 그것은 사회 생활의 이념인 동시에 생활 방식이며 실천의 원리라야 한다. 자기도 잘 살고 남도 잘 살게 하여 사회의 질서와 번영을 보장해 주는 생활 방식이 바로 민주주의의 근본 이념인 것이다. 따라서, 이러한 근본 원리가 국민 각자의 처지에서 실천되어 가는 곳에 민주주의는 구준히 자라나는 것이다. 그러기에 각국의 민주주의는 그 나라의 실정에 맞도록 다양하게 발전되고, 그 속에서 '인간의 존엄성'이 일관하여 고양(高揚)되어 왔던 것이다.

이와 같이 민주주의는 '내'가 잘 사는 동시에 '내'가 소속하는 '집단'의 번영을 위하여 봉사하는 생활 원리라 하겠다. 따라서, 한편으로는 개인의 자유와 평등은 물론 행복의 추구가 존중되지마는, 다른 한편으로는 개인의 집단에 대한 책임과 협조와 봉사가 요청되는 것이다. 집단의 질서가 흔들리면 개인의 자유도 크게 제약(制約)을 받게 된다. 개인의 자유는 집단의 안정과 번영 위에서 보장될 수 있는 것이다. 그러나, 해방 이후 교육 이념으로서의 우리의 민주주의는 개인의 자유와 행복에만 편중되어 국가 민족에 대한 책임과 협조 봉사가 등한시되어 왔으며, 이러한 경향은 정치의 불안정과 경제적 빈곤으로 더욱 격화(激化)되어 극단적인 이기주의(利己主義)로 전락(轉落)되어, 이 땅 위에 사회 공의(社會公義)가 있느냐 없느냐 하고 탄식하는 식자(識者)까지 나오게 하였던 것이다. 이와 같이 오도(誤導)된 민주주의 풍조를 바로잡아 참된 민주주의를 다시 세우는 것이 모든 교직자의 당면한 중대 사명이 아닐 수 없는 것이다.

(2) 교육 과정과 그 운영　초창기의 우리 나라 교육 과정은 미국의 것을 많이 모방한 것이었다.

미국은 주에 따라 차이가 있기는 하나 일반적으로 12학년까지 무상 교육을 실시하고 있으며, 미국 시민의 자질과 교양을 높이는 데 교육 과정의 주요 목적이 있다. 그러나, 우리 나라처럼 6학년의 초등 교육도 의무적으로 실시하기 곤란한 나라에 있어서, 미국과 같이 일반 교양 교과에 치중된 교육 과정을 그대로 모방하기는 어려운 것이다.

교육 과정은 교육 목적을 달성하기 위한 수단이기 때문에, 교육 목적에 더욱 충실하게 교육 과정이 개선되어야 할 것이다. 교육 목적은 사회의 여건(與件)과 필요와의 밀접한 관련 아래 수립되어야 하므로, 미국의 교육 과정의 형태를 무비판적으로 모방하여서는 교육의 실효를 거둘 수 없음은 자명한 이치라 하겠다.

우리 사회는 전통적 사회 체제에서 근대적 민주 사회 체제로 넘어가는 과정에 놓여 있기 때문에, 우리의 청소년들은 항상 동요와 변화 속에서 불안을 느끼고 생활하지 않을 수 없다. 그들은 흔들리는 윤리적 가치 질서 속에서, 그리고 전통적인 빈곤의 악순환(惡循環) 아래에서 갈 길을 찾지 못하고 방황하고 있는 것이다. 그뿐만 아니라, 우리는 중대한 국제 정세하에 놓여 있어 밖으로는 급변하는 세계 정세에 대처하여야 하고, 안으로는 공산 침략 세력을 막아야 하며, 또한 한일 국교 정상화에 수반하여 일본의 경제적, 문화적 공세를 경계하여야 할 처지에 놓여 있다. 이와 같은 처지에 놓여 있는 우리 나라의 교육이, 우리와 사정을 달리하는 미국의 것을 그대로 모방할 수 없음은 다시 설명할 필요조차 없을 것이다.

4. 역사적 발전과 인간 형성

인간의 형성 과정을, 개체적 성장(個體的成長)을 통한 것과 인류의 집합적 성장(集合的成長)을 통한 것의 둘로 나눠 생각할 수 있다. 그러나, 인간의 개체적 성장은 인류의 집합적 성장과 불리일체(不離一體)의 관계에 있는 것이다. 관점에 따라서는 인간의 개체적 성장은 인류의 집합적 성장의 한 부분이라고도 볼 수 있을 것이다. 개별(個別)은 보편(普遍)에 포섭되며, 보편은 개별로서 실존(實存)하는 것이라고 생각될 수 있다. 이런 뜻에서 개인은 인류를 대표한다고도 할 수 있을 것이다.

역사적 시점(視點)에서 고찰하여 본다면, 개인의 집합이 곧 인류를 성립하는 것이 아니라, 개인(개별)과 인류(보편) 사이에는 수다한 역사적 사회가 개재(介在)하게 된다. 이와 같이 개인이 한꺼번에 인류의 일원(一員)으로 비약될 수 없는 것이다. 우선 개인은 그가 소속하는 그 특정 사회의 한 성원으로서 사회적 성장을 이룩해 나가는 것이다. 그러므로, 개인이 그 속에서 생활하는 그 사회가 어떤 것인가에 따라 인간의 개체적 성장이 크게 규제(規制)되는 것이다.

그러나, 개개의 특정 사회는 많은 특징(特徵)과 다양성(多樣性)을 띠고 있기 때문에, 전체적으로 개괄(概括)하기는 거의 불가능하다. 이와 같은 특정 사회를 전진적 사회(前進的社會)와 정체적 사회(停滯的社會)로 크게 구분하는 수도 있으나, 이러한 구분은 다만 역사적 사회 과정에 있어서 어떤 양태적(樣態的) 차이가 있다는 것을 뜻할 뿐이다. 정체적 사회의 전형(典型)이라고 지목되는 미개 사회와 전진적 사회로서의 조건을 많이 갖춘 근대 사회와의 사이에는 수천 년의 역사적 발전 과정이 있었다는 것을 잊어서는 아니 된다.

전진적 사회에 있어서의 일반적 특징은 사회 상황(社會狀況)에 대하여 창의성(創意性)을 가지고 적응(適應)하는 자발적 행동에 있다고 하겠다. 이에 반하여, 정체적 사회의 일반적 특징은 사회 상황에 대하여 관습(慣習)의 반복이 주가 되어 타성적(惰性的) 행동으로 적응하려는 경향이 농후하다.

그러므로, 어떤 생활 과제에 부딪히게 될 경우에, 전진적 사회에 있어서는 보다 고차적(高次的)인 적응과 창조로서 과제의 생산적 해결을 추구(追求)하여 사회의 끊임없는 전진을 성취하려고 하는 데 반하여, 정체적 사회에 있어서는 반성적 사고(反省的思考)에 지배되어 관습, 전통, 권위 등에 의한 습관, 지식, 신념의 고정화 경향(固定化傾向)을 나타내게 된다. 물론 이와 같은 상이성은 상대적인 것이기는 하다.

이와 같이 개인은 그가 소속하는 특정 사회의 성격에 크게 영향을 받지 않을 수 없게 되는 것이며, 이것이 한 민족에 있어서는 민족성을 나타내게 되고, 한 국민에 있어서는 국민성을 나타내게 될 것이다. 그렇다면, 우리 나라 국민성은 과연 전진적 사회 형성에 적합한 것이냐 하는 문제를 심각하게 반성할 필요가 있을 것이다.

우리 민족의 역사적 사회 과정에 있어서 형성되어 온 국민성의 기초적 구조가 어떤 것인가 다방면으로 더욱 깊이 연구되어야 할 것이다. 일반적으로 말하여 우리 나라는 아직도 정체적 사회의 특징을 극복하지 못하고 있다 할 것이다. 그러므로, 조국 근대화(近代化)를 이룩하기 위해서는 무엇보다도 주체 의식의 확립과 함께 진취적(進取的) 기상이 필요한 것이다. 우리 민족은 일반적으로 주체 의식이 박약하고 진취적 기상이 빈곤하다고 지적할 수 있는바, 이것은 지리적, 풍토적 제약과 함께 주변적 문화권(周邊的文化圈)의 영향을 받아 온 결과라고 생각된다. 봉건적 성격이 남아 있어 가족 제도적 정신 구조(精神構造)에서 벗어나지 못하여 '입신 출세'라는 이기적 사고 방식이 뿌리 깊게 스며들고 있는 것이다. 직관적(直觀的)이고 경험적이어서 과학성과 합리성이 희박하여 자연 환경에 대하여 예속적으로 친근하려 하고, 일반적으로 소극적인 내향성(內向性)을 갖게 되어 어려운 현실에 직면하였을 때 체념(諦念)과 현실 도피(現實逃避)의 길을 택하려는 경성(傾性)이 있는 것이다.

그러므로, 앞으로의 교육은 넓은 의미에서 국민성의 개조까지 내다보아야 할 것이며, 일상 교육 활동을 통하여 주체 의식을 강조하고 일상 생활에서 부딪치는 여러 문제를 적극적인 태도로 해결해 나가는 진취적 기상과 함께 과학적 창의성의 배양에 중점을 두어야 할 것이다.

1. 교직자 스스로의 [自覚]과 [姿勢]확립요.
2. 도의교육철저 지도 실천
3. 국사교육의중시
4. 국방교육과 예능교육의강조
5. 과학기술 중시 (생산과 3잡견과는)
6. 遠視[国家]必中 (方向意式)
(비젼)

5. 교육 과정 운영의 기본 방침

첫째　민족 주체성 확립에 있어서 가장 긴요한 것은 교직자 스스로의 자각과 자세의 확립이다.

학생 지도에 관계하는 모든 교직자가 민족 주체 의식이 확립되어 일상 생활을 통하여 학생에게 솔선 시범하지 못한다면, 민족 주체성 확립을 위한 교육 과정 운영이란 도저히 기대하기 어려울 것이다. 그러므로, 모든 교직자는 학생을 지도하기 이전에 스스로의 자세를 확립하여야 할 것이다.

둘째　국민 도의의 함양은 민족의 주체성을 살리는 정신적 지주(支柱)가 된다는 점에 착안하여, 학교 교육의 모든 영역과 과정에 있어서 도의 교육이 철저히, 실천되도록 하여야 할 것이다.

개인과 개인의 인간 관계에 있어서도 도덕 의식이 희박한 사람에게 건전한 주체성을 기대할 수 없는 것과 마찬가지로, 국민 대 국민 간의 국제적 관계에 있어서 국민 도의가 박약한 국민은 다른 국민들로부터 존경을 받지 못할 것이다. 다시 말하면, 명랑하고 건전한 도의 사회를 건설하지 않고서는 국가적 자주성을 빛낼 수 없는 것이다.

국민 도의 함양에 있어서 특히 강조되어야 할 점은 국가 의식의 고취일 것이다. 우리는 독립 국가의 국민으로서, 또한 오랜 역사적 전통을 지닌 민족으로서 다른 선진 국가의 국민들에 비하여 일반적으로 국가 의식이 박약한 점을 많이 발견한다. 나라의 상징(象徵)인 국기와 국가에 대한 우리 국민들의 태도도 크게 반성되어야 할 것이다. 국가 원수인 대통령에 대한 태도도 또한 마찬가지이다. 이와 같이 국가를 상징하고 국민을 대표하는 국기, 국가, 국가 원수에 대한 국민의 확고한 태도가 조성되지 못한다면, 오늘날의 국제 사회에 있어서의 국가적 자주성을 견지해 나갈 수 없음은 두말 할 나위도 없는 것이다. 이러한 점은 다른 나라에 뒤떨어지지 않게 국가, 국기에 대한 존엄성과 국가 원수에 대한 존경심을 철저히 함양하여야 할 것이다.

그뿐만 아니라, 헌법상의 국가 기관(國家機關)에 대하여도 우리 국민들의 태도에는 크게 반성하여야 할 점이 많다. 국민 각자가 자각하고 상호 협조하는 데서 국가의 기본 질서가 유지되며, 국민 도의는 창달(暢達)될 수 있는 것이므로, 국가 의식의 고취와 함께 공덕심(公德心)의 배양에 각별한 노력이 요청된다. 그러므로, 각급 학교에서는 이 방면의 교육 계획을 구체적으로 설정하고 학생들의 일상 생활에 철저히 침투시켜 확고한 국가 의식을 배양하여야 할 것이다.

세째   국사 교육을 중시하고 우리의 역사적 전통을 살려 그 터전 위에 새로운 문화 창조를 도모하여야 할 것이다.

오늘날 국제 정세하의 우리 나라의 위치를 직시할 때, 국사 교육은 특히 중시되지 않을 수 없다. 이는 민족 주체성 확립을 위한 교육 과정 운영에 있어서 가장 중요한 학습 내용이 되는 것이다.

지금까지의 국사 교육은 역사적 사실에 편중되어 그 본래의 교육 목표에서 이탈되고 있음을 지적하지 않을 수 없다. 국사 교육은 무엇보다도 우리 나라가 개국(開國) 이래 어떻게 발달되어 현금에 이르렀는가 하는 것을 이해시킴으로써 민족적 주체 의식을 함양하고, 당면한 여러 문제에 대하여 역사적 사명감(歷史的使命感)을 자각하게 함으로써 국민으로서의 책임감과 협조 정신을 기르는 데에 그 사명이 있는 것이다. 우리는 모든 청소년에게 사학자(史學者)가 되기를 바라는 것도 아니며, 어떤 사실(史實)에 정통할 것을 바라는 것도 아니다. 국사 교육은 어디까지나 사실(史實)에 충실하여야 할 것이지마는, 그 목적하는 바는 위에서 말한 바와 같이 민족적 주체 의식을 배양하여 국민으로서의 책임감과 협조심을 기르는 데 있다는 점을 명심하여야 한다.

앞으로의 국사 교육에 있어서는 이러한 점에 유의하여 우리 민족의 발전에 공헌한 선조들의 훌륭한 정신과 그들이 남긴 빛나는 업적(業績)을 습득하게 하여야 할 것이다. 학생들은 이와 같은 학습을 통하여 4천여 년의 긴 역사를 통하여 우리 민족의 명맥(命脈)을 지키면서 민족 문화를 발전시켜 온 조상들의 정신을 계승하고, 이것을 더욱 발전시킬 수 있는 민족의 '얼'을 함양하게 된다.

모든 사물에는 어두운 면과 밝은 면이 있는 것과 같이, 우리 역사에도 어두운 면과 밝은 면이 있음은 두말 할 필요가 없다. 그러나, 자라는 청소년에게는 밝은 면이 더욱 강조되어야 함은 학교 교육에 있어서 당연한 요청인 것이다. 밝은 면을 강조하기 위하여 어두운 면도 알아야 하겠지마는, 우리는 현재보다 더욱 빛나는 역사적 창조를 다음 세대에 기대하는 까닭에, 밝은 면이 더욱 적절히 다루어져야 할 것으로 안다.

네째   우리말을 위시하여 민족 예술의 순화 발전은 민족 주체성의 확립을 위한 교육에 있어서 필수적인 것이므로, 국어 교육과 예능 교과의 학습 지도는 더욱 강조되어야 한다.

한글은 우리 민족의 자랑일 뿐만 아니라 어떤 의미에서는 인류의 자랑이기도 한 것이다. 한글은 참으로 우리 민족의 우수성을 나타내는 가장 뚜렷한 표징(表徵)이 아닐 수 없다. 우리말에는 우리 민족의 '얼'이 담겨 있는 것이다. 그러므로, 우리말을 귀중히 느끼고 이것을 애호 발전시키는 교육이 바로 민족 주체성을 확립하는 길이 되는 것이다. 고운 말을 쓰는 언어 생활의 습관을 길러 줌과 아울러 외국말을 혼용(混用)하는 버릇을 없애야 할 것이다. 특히 고등 교육을 받은 사람들 가운데는 자기가 유식하다는 것을 자랑하기 위해서 외국어를 섞어서 말하는 경우가 왕왕 있는 것을 본다. 이것은 마치 밥에 티가 들어가 있는 것처럼 듣기 흉할 뿐만 아니라, 민족적 자존심을 스스로 훼손하는 결과를 가져올 것이다. 그러므로, 우리는 학생들의 심신 발달에 상응(相應)한 언어 생활에 대한 교육 계획을 면밀히 작성하여 이것을 충실히 지도하여야 할 것이다.

음악, 미술 등의 예능 교과의 학습 지도는 학생들의 감정과 정서 도야에 직접 영향을 끼치게 되므로, 순후(醇厚)하고 건전한 민족 예술의 정신을 함양하는 데 더욱 힘써야 할 것이다. 천박한 외래의 노래와 춤에 10대 청소년들이 도취되어 무분별하게 휩쓸려 드는 경향은 하루 속히 바른 방향으로 선도되어야 할 것이다. 그러기 위해서는 우리 나라 고유의 민족 예술을 학생들이 흥미를 느끼고 배울 수 있도록 진지하게 연구 검토하여야 할 것이다.

다섯째 민족 주체성은 국력(國力)과 불가분의 관계에 있으므로, 국력 증강에 보다 밀접한 관련이 있는 교과 지도와 생활 지도를 특히 중시하여야 할 것이다. 그러므로, 특히 학교 교육에 있어서는 생산과 직결되는 과학 기술 교육에 치중하여 생산 능력의 배양과 함께 생산적 태도의 조성에 주력하지 않으면 아니 될 것이다.

오늘날의 국제 사회는 점차로 실력 대결의 양상이 격화(激化)되어 가고 있다. '우리도 할 수 있다.' 또는 '우리도 만들 수 있다.'는 자신과 능력을 갖지 않고서는 굳건한 민족 주체 의식을 고양(高揚)하기 어려운 것이 현실이다. 그러므로, 동양적 후진성(後進性)의 가장 뚜렷한 결함이 되어 있는 '과학 기술'의 열세를 하루 속히 만회하기 위하여 과학적 사고력의 배양과 함께 자립 자활(自立自活)할 수 있는 기술을 습득하게 하여 국민 경제의 비약적 발전을 이룩할 수 있도록 전력을 집중하여야 할 것이다.

국민 도의의 앙양과 경제적 후진성의 극복은 우리 민족의 당면한 역사적 사명일 뿐 아니라, 또한 민족 주체성 확립을 위한 기초 조건이 되는 것이다. 경제적 자립 없이는 정신적 자립을 도모하기 어려움은 '항산(恒産)이라야 항심(恒心)이 있다.'든지 또는 '백성은 먹이[食]로써 하늘을 삼는다.'는 옛말에 비춰 누구나 수긍이 가는 것이다. 더우기 현대 사회 생활의 양상은 경제적 비중이 증대되어 가고 있는 실정인 것이다. 따라서, 자립 경제는 민족 주체성 확립의 터전이 되는 동시에 국민 도의를 앙양하는 첩경이 된다고도 하겠다. 그러므로, 과학 기술 교육의 진흥을 위하여 각별한 노력이 절실히 요청된다.

　여섯째　민족 주체성을 확립하기 위해서는 모든 국민이 단결하고
협조할 수 있는 장래에의 명확한 투시도(透視圖)가 필요한 것이다.　다시
말하면, 국민의 공통적 목표 내지 방향 의식(方向意識)이 뚜렷하여야 한다.
　어떠한 민족이나 국민을 막론하고 그들은 모두 이상과 진로 의식을 가
지고 있는 것이다.　개인에 있어서도 누구나 앞으로 할 일을 짐작하고 있
는 것이다. 그러나, 사람에 따라서는 앞으로 할 일을 분명히 작정하지 못
하고 시간을 낭비하는 수가 있다.　이와 같은 사람은 목표 의식이 박약하
기 때문에 자연히 주체성이 허약하여 주위 환경에 타율적으로 지배되기
쉬운 것이다. 이와 마찬가지로, 한 민족에 있어서도 민족적 이상 내지 진
로 의식이 흐리면 그만큼 주체성이 허약하게 되어 전진을 가로막게 되는
것이다. 그러므로, 민족 주체성을 확립하기 위해서는 민족 고유의 전통을
터전으로 한 앞으로의 창조적 활동이 필요한데, 이 창조적 활동은 미래에
의 명확한 이상과 진로 의식에서 출발하여야 한다.
　그렇다면 우리 민족의 미래에의 투시도(비젼)는 무엇인가? 형식적으로
는 헌법에 명시되어 있지마는, 실질적으로는 우리 민족의 역사적 과정을
배경으로 하여 대다수의 우리 겨레가 가장 절실히 갈망하고 있는 것이 될
것이다.　역사적 배경과 국민 생활의 현실적 환경과 조건에 따라 각 국민
마다 그들의 진로 의식에 다양성을 띠게 됨은 당연하다 할 것이다.
　자립 경제의 확립은 우리 국민의 뼈저린 빈곤 타파에의 가장 절실한 숙
원을 해결함과 아울러 승공 통일에의 불가피한 전제 조건이 되는 것이다.
　그러므로, 학습 지도에 있어서는 국가의 계획과 그 진전 상황을 학습 영
역에 도입하여, 학생들로 하여금 희망과 민족적 자부심을 가지고 국가 시
책을 이해하고 이에 적극적으로 협조하는 태도를 길러, 학습 활동이 국민
생활과 유리되지 않도록 유의하여야 할 것이다.

—18—

6. 교육 과정 운영상의 유의점

(1) 민족 주체성의 확립은 결코 고루한 민족주의에의 복고를 의미하는 것이 아니다. 우리는 민족 주체성의 확립을 통하여, 헌법에 명시되어 있는 바와 같이 세계 여러 나라와 호혜 평등(互惠平等)의 원칙 위에서 우리 나라의 자유와 독립을 수호하고 그 민주적 번영을 누리자는 데 그 근본 목적을 두고 있다. 그러므로, 국제적 이해와 협조 정신을 배양함은 민족 주체 의식을 함양하는 데 필요 불가결한 것임을 간과하여서는 아니 될 것이다. 모든 국가나 국민이 서로 대등한 위치에 서서 상호간의 주권과 자주성을 존중하고 협조하는 데서 진정한 국제적 우의(友誼)와 친선을 도모할 수 있게 되는 것이다.

(2) 민족 주체성을 확립하는 교육이라고 하여 단편적인 행사 교육의 형태로 나타나서는 아니 된다. 그것은 어디까지나 학교 교육의 근본 목적의 하나로서 모든 교과 활동에서 구현되어야 할 성질의 것이다. 강대 국가나 약소 국가나 할 것 없이 학교 교육의 가장 중요한 내용은 그 나라의 발달 과정과 함께 국민의 자각과 책임을 강조하고 있는 것이다. 이것이 바로 주체성 확립을 위한 교육에 연결되는 것이다. 미국의 사회과는 이 목적을 달성하기 위하여 발전된 교과 형태라고도 볼 수 있는 것이다. 특히 우리 나라와 같이 국토가 양단되어 있고, 정치, 경제, 사회, 문화의 각 분야에서 후진성을 극복하지 못하고 있는 처지에서는, 민족 주체성의 확립을 더욱 명확한 교육 이념으로서 일상의 학습 지도 활동에서 더욱더 유의적(有意的)으로 다뤄야 할 것이다.

야 할 것이다. 민족 주체성이란 개개 국민의 국가 의식이 확고할 때 건전한 기초가 잡혀지는 것이다. 국민 한 사람 한 사람의 마음 가운데 겨레를 아끼고 나라를 사랑하는 생각이 용솟음쳐 올라 그것이 행동화되지 않는다면, 민족 주체성은 사상(砂上)의 누각(樓閣)과 같이 민족적 수난(受難)에 직면하였을 때에는 상실되고 말 것이다.

그러므로, 학생들의 자율성과 창의성을 적극 조장하는 데 각별한 관심을 가져야 한다. 학교 교육에 있어서는 교칙을 엄수하게 하고 위반자는 처벌하는 금지 또는 제지하는 교육적 측면도 경시될 수 없다. 그러나, 이러한 소극적 방법으로는 교육의 진전을 도모할 수 없으므로, 학생들의 자발적 활동을 권장하는 적극적 활동이 더욱 절실히 요망된다. 적극적 측면과 소극적 측면은 양(陽)과 음(陰)의 관계에 비유할 수 있을 것이다. 학생의 성장에는 양면이 다 같이 필요하겠지마는, 소극적 측면은 적극적 측면을 위해서 부득이 수반되는 것에 지나지 않으므로, 적극적 측면이 학습 지도의 중심적 지표가 되어야 할 것으로 생각된다.

오늘날 학교 교육을 관찰하면, 금지 교육이 지배적이고, 조장 교육은 입시 준비를 위한 주입식 교육의 경향이 농후하다. 학생의 처지에서 본다면 모두가 아니 하면 안 되기 때문에 부득이 하는 학습 이외에, 그들에게는 능동적이며 창의적인 학습 활동의 기회가 극도로 제한되어 있음을 알 수 있다. 이와 같은 교육 환경 속에서는 그들의 자주적이며 명랑한 인격 형성을 기대하기는 어려울 것이다.

그러므로, 각급 학교에서는 학생들이 밝은 햇볕을 담뿍 쬘 수 있는 다양성 있는 조장적 교육 계획을 수립하여 그들의 자발적 학습 활동을 적극 권장하도록 유의하여야 할 것이다. 이와 같은 교육 계획은 부단의 연구와 노력이 수반되어야만 소기의 성과를 거둘 수 있으므로, 일선 교직자의 분발이 요청되는 바이다.

<각 론>

국 어

1. 민족 주체성 확립과 국어 교육

우리 민족은 지리적 환경 때문에 주변 강대국의 끊임없는 위압과 침입
을 받아 왔다. 그 결과, 중국을 큰 나라로 섬기고, 우리 나라를 스스로
소국시(小國視)하여 중국글을 진서(眞書)라 하고 우리 한글을 언문(諺文)이
라고 하는 등 사대(事大)와 자학의 정신으로 위축되어 왔었다. 일제 시대
에는 그들은 우리말을 말살시키려 일본어를 국어로 쓰도록 강요했을 뿐
아니라, 우리말을 못 쓰게 함으로써 우리 민족의 정신까지 빼앗아 가려
했으며, 일본어를 쓰지 않고 창씨 제도(創氏制度)에 불응한 자는 요주의
인물로까지 취급하였다.

과거의 모화 사상(慕華思想)과 일본 통치 36년간은 우리들의 주체성을
약화시켰고, 살기 위하여 변절하는 사례를 가져왔다.

민족 언어[國語]의 교육은 국가와 민족의 존립을 좌우할 뿐만 아니라,
국민 정신을 좌우하는 심적 요소가 되는 것인바, 그 민족의 '얼'이 담긴
언어의 교육이야말로 그 나라 민족으로서의 주체성을 앙양하는 데 무엇보
다도 불가결한 요소라고 해야 할 것이다. 우리의 '얼'을 빼앗기고 '국어'
가 말살당할 뻔했던 오욕된 우리 나라의 역사적 사실을 정확히 알려, 대
일 국교에 있어서 일본에 대한 인식을 바르게 하고 경각심을 높임으로써
국민적 자각과 주체성을 확립시켜야 할 것이다.

위에서, 주체성은 국민 자각에 있고, 그 자각의 확립은 민족의 얼이 담
겨 있는 민족 언어의 교육에 있다고 했다. 그러면, 그 주체성을 확립시키
기 위하여 어떠한 교육관에 입각하여 어떻게 교육 과정을 운영해야 될 것
인가에 대하여 언급하기로 한다.

무릇, 교육이란 것을 '비교적 성숙자가 미성숙자에게, 인간을 정신적 존

제로 보고, 학습자의 정신 도야에 중점을 두는 것.'이라고 정의할 수 있
을진대, 그 정신적 도야 및 국민 생활을 교육하는 국어 교육 과정의 운영
방침이야말로 중요하고 절실한 것이 아니어서는 아니 되겠다.

2. 교육 과정의 운영과 국어 교육의 목표

1963년 2월 15일자로 개편 공포된 초·중·고·실업 고등의 새 교육 과정
에서도 자주성(自主性), 생산성(生產性), 유용성(有用性)을 강조하고 있는바,

① 자주성의 강조에서는 '고유의 역사와 전통을 지니고 역사적 현실 속
에서 명확한 사명감을 자각하고 수행하는 대한 민국 국민으로서의 구체적
이며 역동적인 인간을 양성한다.'고 되어 있고,

② 생산성의 강조에서는 '인간 생활과 심성(心性) 도야의 기본이 되는 경
제력을 갖기 위하여 사회 생활을 유지 발전시키는 데 필요한 물자를 만들
어 생활을 개선할 수 있는 태도와 기능을 기른다.'고 되어 있으며,

③ 유용성의 강조에서는 '사회적 요구와 필요에 따라, 자활적 생활 능력
과 국가 사회의 번영 발전에 헌신할 수 있는 유위 유능한 일군을 기른다.'
고 강조되어 있다. 이러한 강조점들은 다음에 설명할 국어과의 목표와 직
결되어서 국어 교육의 목표를 달성시키지 않으면 아니 된다. 요컨대, 교육
과정의 운영에 있어서, 지배되고 위축되었던 우리 나라의 특수 사정과 약
화되었던 민족 주체성을 도로 찾고, 나와 사회와 내 나라의 행복과 번영을
위하여 살 수 있고 헌신할 수 있는 현실과 밀착되도록 운영이 되어야 한
다는 것이다.

오랜 사대 사상과 36년간의 피지배적 위치에서, 개인의 행복과 민족 문
화와 조국을 상실한, 소극적이요 타율적이요 낙후한 슬픈 민족 생활 속에
서, 해방된 후, 모든 것이 미비하고 불완전한 데다가 갑자기 서구의 사상
인 '민주주의'를 수입하여, 사상과 전통과 민족이 다른 한국의 터전에 이
식한 결과, 각종 혼란과 기현상이 일어났던 것이다.

민족 고유의 사상과 전통과 주체성을 잃어 버리고, 모방과 방종과 허영

속에 외국의 생활 풍습(춤)까지도 유행되고 있으나, 오랜 역사와 투쟁 속
에 개화된 외국의 민주주의가 그대로 한국 민족에게 맞을 리가 없었다.
요컨대, 우리에게 맞지 않는 생활 풍조를 비롯하여, 1955년 8월 1일 공포
된 구 교육 과정까지도 선진 국가의 학제와 교육 내용을 많이 참작했던
관계로, 구체적이고 자주적인 민족 교육은 깊이 고려되지 않았으며, 교육
의 전통과 기틀은 잡히지 않았던 것이다.

결국 이 같은 이유 아래 개편된(1963년 2월 15일) 새 교육 과정의 강조
점을 기반으로 한 국어과의 지도 목표인

① 개인 생각의 표현, 인간성 형성, 국민적 사상 감정의 도야 등으로써
   의 인간의 형성
② 사회 생활을 통한 사회의 형성
③ 언어로써 표현되고 전달되는 문화의 전달
④ 곱고 부드러운 말씨로써의 국민 감정의 순화
⑤ 바르게 생각하고 말하는 힘을 기름으로써의 원만한 민주 생활의 조성
   등을 통하여 국민적 자각과 민족 주체성의 확립을 꾀하자는 것이다.

3. 주체성 확립의 구체적 방안

첫째, 정신 교육면을 통하여

국어의 읽기 중, 위인 전기나 조상들의 생활상(국문학사, 고전 문학)을 통
하여 우리의 생활을 반성 비판함으로써 국민적 자각과 애국 정신을 갖도
록 한다.

① 안 중근, 윤 봉길, 유 관순, 안 창호, 이 상재 등 애국 지사들의 전기
   를 통하여 일본에 대한 경각심을 높이고 조국애의 정신을 불러일으키
   게 한다.
② 이 순신 장군, 사명당, 박 제상의 충렬, 최 치원이나 성 삼문 등의
   대외적 명성 등을 알려 우리 민족의 우수성을 자각하게 한다.
③ 고대 소설에서 전하는 춘향과 심 청과, 선덕 여왕을 위시하여 신 사

임당, 황 진이 등 실존했던 한국의 여류 재원 등을 통하여 열녀심,
현모심을 깨닫게 하여 우리 여성의 긍지를 갖게 한다.

④ 많은 시조 시인과 국문학자들의 소박한 작품을 통하여 한국 민족 고
유의 얼과 호연지기(浩然之氣)의 기풍을 배우는 동시에 애국 애족하는
사상을 배우도록 한다.

⑤ 세종 대왕께서 많은 학자와 더불어 한글을 창제하실 때의 고심과 거
룩한 업적을 알리는 동시에, 국어의 존귀성을 깨닫게 함으로써 좀더
국어를 갈고 닦아서 빛내도록 한다.

⑥ 세련된 국어의 교양을 쌓아 국민적 자각과 민족적 주체 의식을 견
지하게 하여, 진취성 있고 사명감을 다할 수 있는 민주 국민이 되도
록 한다.

⑦ 사대 사상과 의타심을 배제하고 자립 자활할 수 있는 생활 능력과 태
도를 기른다.

⑧ 겸허한 국민적 태도를 길러, 신념 있고 책임 있는 능동적 자세를 확
립하도록 한다.

⑨ 개인의 자유와 행복만을 추구하지 않고, 사회의 번영, 국가의 발전,
민족의 단결을 함께 할 수 있는 참된 민주 국민이 되도록 한다.

⑩ 한일 양국 간에 맺어진 역사적 관계를 통하여 경각심을 높이는 한편,
정정 당당한 우호심을 갖도록 한다.

⑪ 개인의 입신 출세에만 급급하는 사고 방식을 지양하고, 국가 민족의
번영을 위하여 봉사하는 생활 태도를 가지도록 한다.

⑫ 국어 교육을 통하여 공덕심을 기르고, 국가 의식을 고양함으로써 국
민적 도의심을 함양하도록 한다.

⑬ 문예 교육을 통하여 현실에 참여하고 문제를 자진하여 타개하는 진
취적 기상과 과학적 창의성을 기르도록 한다.

⑭ 여러 가지 읽기 교재를 통하여 국민 도의심을 앙양하고 경제적 후진
성을 극복하는 마음을 갖도록 한다.

⑮ 이웃 나라의 사정과 이와의 우호 관계를 이해시킴으로써 국제 간에
협조하는 정신을 갖도록 한다.

둘째, 언어 생활을 통하여

우리의 생활 속에는 일본 잔재가 아직도 뿌리 깊이 박혀 있는데, 그것이
부지불식간에 언어 생활면에 나타나고 있으며, 학생들이 쓰고 있는 일본
어도 적지 않음을 알 때, 이를 철저히 시정해 주지 않으면 아니 되겠다.

[예시 I] 시보리, 요지, 앙꼬모찌, 에리, 다마치기, 쟝겡뽀, 가이당, 구루마, 앗
사리, 가꾸부찌, 아까징끼, 쓰메기리, 다라이, 자부동, 우와기, 오꼬시, 야끼
만두, 사꾸라, 오뎅, 스시, 다꾸앙, 나와도비, 스루메, 아다리, 히끼, 사루
마다, 벤또, 다마네기, 렌찌, 사까다찌, 와리바시, 요이 땅

그 밖의 외국어도 많이 사용함으로써 문화인이요 유식자인 체하는 풍조가
있어 국어의 애용심과 순화 발전에 좋지 못한 영향을 주고 있으니, 이것도
하루바삐 시정해야겠다.

[예시 II] 에고이즘, 리얼하다, 젠틀하다, 센시티브하다, 트라이해 보다, 코멘
트, 오우케이, 코오피숍, 스탠드 바아, 아르바이트, 피양세, 레스토랑, 델리케
이트하다, 비어, 퍼어스트 임프레션, 퍼어스트 레이디

그리고, 속어, 비어, 사투리 등도 언어의 품위와 국민적 도의심을 저버
리게 하는데, 이것도 하루 속히 시정되어야겠다.

[예시 III] 이새끼, 개새끼, 엽전, 형광등, 절벽, 깡통, 짜부, 말뚱, 깔치, 에미
나이새끼, 간나새끼, 내가 갔댔디, 밥먹간？, 여덟 달 반, 8·15, 꺄다, 쇠새끼,
육실할 놈, 쌍놈, 오라질놈, 염병할 놈, 꺼구러질 놈, 배라(빌어)먹을 놈, 후
라이깐다, 사고뭉치, 꼽사리, 독새끼

4. 맺는 말

일정 36년을 두고 정신면과 실생활면에서 뿌리 깊이 박힌 사대 사상과
의타심과 아울러 자학하는 정신 속에 약화된 민족 정기와 민족 주체성의
함양은 결코 하루 아침에 이루어질 수 없는 것이며, 교육 분야에서만 해결

할 수도 없는 문제이다. 결국 국어 교육은 국어 생활의 교육이요 국민 생활의 교육인만큼 환경성, 전통성, 생활적 습관성을 무시할 수 없는 것으로서, 국민 교육의 방향도 국가 통치 이념에 수반하여 범국민적이 아니고서는 도저히 그 목표를 달성시킬 수 없다는 것이다. 요컨대, 생활과 교육과 사회가 밀접 불가분의 관계에서 이루어지지 않고서는 국민적 자각심과 주체 의식의 함양이 어려우니만큼, 이러한 교육은 때와 장소와 교과를 가리지 않고 어느 때 어디에서나 이루어지지 않아서는 아니 되겠다.

사   회

1. 민족 주체성 확립과 사회과 교육

우리 민족의 역사를 통해서 오늘날처럼 우리의 주체적 자아 의식이 절실히 요청되고 강조된 때는 없었다.

1963년에 개정한 교육 과정의 취지에서도, 특히 교육을 통하여 형성하고자 하는 인간상의 구체적인 목표를 자주성에다 두었던 것이다. 막연하고도 보편적인 세계적 공민이 아니고, 고유의 문화와 전통을 토대로 하는 역사적 현실 속에서 투철한 자아 의식과 사명감에 따라 생각하고 행동하는 대한 민국의 국민이어야 한다고 밝혔던 것이다. 그러기 위해서 우리는 사회과 교육을 통해서 먼저 국가와 겨레의 구원한 이상과 당면한 현실을 명확히 이해시켜야 할 것이다.

오늘날 세계의 여러 나라는 각기 다른 자연 환경과 역사를 가지고 있다. 따라서, 세계 여러 민족의 생활과 문화도 각기 다를 뿐만 아니라, 같은 지역이라 할지라도 역사적 전통에 따라 또한 차이가 있는 것이 보통이다. 이렇게 각 민족은 제각기 다른 환경 속에서 오랫동안 살아 오는 가운데 특색 있는 전통과 문화를 이룩하게 되는데, 이것을 그 민족의 고유 문화라고 한다. 우리 민족도 한반도에서 오랜 역사를 거쳐 오는 동안에 다른 어느 민족에서도 찾아볼 수 없는 민족의 고유 문화를 이루어 왔다.

우리의 옛 조상으로서 중국과 겨루면서 만주 벌판으로 발전하였던 고구려인의 씩씩한 기상, 불국사와 석굴암의 사탑을 비롯해서 불상 조각과 금관 공예 등에 뛰어난 솜씨를 남긴 신라인의 재질, 상감 청자와 금속 활자를 비롯해서 어려운 몽고의 난리 속에서도 팔만 대장경판을 완성한 고려인의 놀라운 끈기, 측우기나 한글을 만들어 민족 문화를 빛내게 한 세종 대왕의 찬란한 업적, 그리고 나라와 겨레를 위하여는 명예와 목숨을 털끝보다도 가볍게 여긴 이 순신 장군의 거룩한 모습 등은 실로 세계 어느 나라의 민족이나 문화에 비하여도 손색 없는 훌륭한 자랑이고 긍지라 아니 할 수 없다.

우리는 우리의 고유 문화를 통하여 민족의 이상과 현실을 명확히 파악 하도록 함과 동시에 당면한 주체적 자아 의식을 높일 수 있도록 사회과 교 육에 있어서 특히 다음과 같은 사항에 각별히 유의하지 않으면 안 된다.

첫째, 한국 민족으로서의 역사적 주체성을 강조하여야 한다.

우리들은 역사의 주인으로서 우리의 역사는 우리들이 만들어 간다는 것 을 명확히 일깨워 주어야 한다. 민족의 역사를 창조하는 우리들의 마음먹 기와 행동하기에 따라 앞으로의 역사를 빛낼 수도 있고 망칠 수도 있다는, 역사 주체로서의 자각과 사명 의식의 함양이 사회과 교육의 중요한 과제 라 아니 할 수 없다.

오늘날 과학이 고도로 발달하여 세계는 마치 이웃과 같이 왕래할 수 있 게 되었다. 따라서, 세계는 그 어느 때보다도 국제 이해가 증진되어 각 민 족 간의 교섭은 날로 깊어 가고 있는 실정이다. 우리는 이러한 국제 간의 교섭 가운데서 내 나라 내 민족의 행복과 향상을 도모하지 않으면 안 된다. 이처럼 우리는 긴밀한 국제 사회에서, 투철한 민족적 주체 의식을 가지고 한국 민족으로서 활동하고 생활하지 않으면 안 되게 되었다. 이것이 오늘 날 우리로 하여금 한국 민족으로서의 강력한 역사적 사명감과 주체 의식 을 요구하게 된 연유인 것이다.

둘째, 한국 민족 문화의 주체성을 일깨워 북돋워 주어야 한다.

세계 모든 민족의 문화는 각기 자연 환경과 역사적 전통의 차이에 따라 특색이 있다.

우리 민족의 문화도 한반도라는 자연 환경과 오랜 역사적 조건의 제약 밑에 이루어졌기 때문에, 다른 어느 나라에서도 찾아볼 수 없는 우리 민족 만의 고유성을 지니고 있다.

나라와 민족에 따라 각기 특색 있는 문화를 이루고 있어야만 그것이 세 계 문화에 대해서도 비로소 다양성의 요인이 되는 것이다.

세계 어느 민족이든 간에 그 민족의 고유 문화란 일조 일석에 이루어지

는 것은 아니다. 민족의 오랜 역사를 바탕으로 자라 나온 문화라야만 반드
시 그 민족의 고유성과 특색이 있는 것이다. 그러므로, 새로운 민족 문화
의 창조적 활동을 하게 하려면 오랜 세월에 걸쳐 조상들의 끈임없는 노력
으로 이룩해 놓은 우리 민족의 고유 문화에 대하여 민족적 긍지를 갖고
그것을 계승 발전시키려는 의욕과 태도를 길러 주어야 한다. 우리들은 한반
도에 삶을 누리는 대한의 민족으로서 세계 어느 나라에서도 찾아볼 수 없
는 민족의 특색을 가지고 있는 것이다. 단적으로 말해서 우리 민족이 일
상 쓰고 있는 말이나 글 같은 것이 그러한 특색의 하나인 것이다. 내 나
라 말과 내 나라 글을 배워 몸에 익힌다는 것은 말할 것도 없이 보다 좋
은 내 나라 말과 글을 계승 발전시키는 토대가 되는 것이다. 이러한 원리
는 민족 문화의 주체성을 가지고 새로운 창조 활동을 하는 데도 그대로
적용되는 것이다.

　민족으로서의 문화적 주체성이 박약할 때 그 민족은 쉽게 다른 것에 동
화해 버리고 마는 것이다.

　나라와 민족의 비운에 두 가지 면이 있다. 그 하나는 무력에 의하여 타
에 정복되는 것이고, 다른 하나는 문화적으로 타에 동화되는 것이다. 두
가지가 다 나라와 민족에는 다시 없는 큰 불행이지만, 후자의 문화적인
동화의 상처는 전자의 무력적 정복에 비길 수 없는 치명상이다.

　투철한 민족 문화의 얼은 국가의 일시적 불행을 극복할 수 있는 것이
다. 그러나, 민족의 문화적 동화는 그렇지가 못한 것이다. 역사적으로 그
런 실례는 얼마든지 있다. 서양 고대의 로마 공화국만 하더라도 동방을 무
력으로는 용이하게 정복하였으나, 문화면에서는 오히려 동방에 동화되는
바가 되어 마침내 로마인 고유의 기질은 쇠퇴되어 로마 공화정의 몰락의
요인이 되었다는 것은 유명한 사실이다. 이러한 실례는 우리 민족에게도
있었다. 오늘의 만주 벌판은 일찌기 우리의 부족 국가인 부여로부터 시작
하여 삼국 시대에는 고구려, 통일 신라 시대에는 발해 등의 우리 민족의
국가가 활동해 온 고장임은 다 아는 사실이다. 그러나, 오늘날 이 지역은

어떠한가? 땅도 사람도 완전히 중국화되지 않았는가? 땅이 중국화된 것
은 우리 민족의 국력이 그 곳까지 미치지 못한 탓이라 하겠지만, 사람까지
중국인이 되어 버렸다는 것은 민족의 문화적 주체성이 박약하였던 탓으로
서글픈 일이라 아니 할 수 없다.

제 2 차 대전 후 이스라엘 공화국을 세운 유다 민족은, 2천여 년 전에 로마
에 정복되어 나라 없는 민족으로 유랑 생활을 거듭하였으면서도, 유다 민
족의 얼을 잃지 않았기 때문에 오늘날 이스라엘 땅에다 모범적인 민족 국
가를 세우지 않았는가 !

이러한 동서 고금의 국가와 민족들의 고사를 보더라도 오늘날 우리 민
족에게 절실히 요청되는 것은 무엇보다도 문화적 주체성을 강력히 일깨
워 북돋워 주는 일이라 하겠다.

이러한 민족의 주체성을 기르는 교육은 물론 사회과 교육을 통해서 이루
어지는 것이므로, 앞으로의 사회과 교육에서는 이 점에 각별히 유의하여
민족의 얼을 일깨워 문화를 빛내게 한 조상들에게 깊은 감사를 드리게 하
는 한편, 이를 계승 발전시키는 창의적인 노력에 보람과 긍지를 갖도록 투
철한 주체 의식을 함양하여야 한다.

세째, 애국 애족의 민족적 기상을 길러 주어야 한다.

국가는 민족이 독립해서 살아가는 유일한 방법이다. 동서 고금을 통해
서 역사가 오랜 민족치고 국가의 독립을 지키기 위해서 부심하지 않은 민
족은 없다.

우리 민족도 누천 년의 역사를 통해서 국가의 독립을 지키기에 무진히
애를 쓰고 희생을 견디어 왔다.

삼국 시대에 있어서 고구려의 수·당과의 싸움을 비롯하여 고려의 몽고와
의 싸움, 조선 왕조의 일본과의 싸움, 그리고 한일 합방 후의 독립 투쟁 등,
실로 민족을 지키고 나라의 명맥을 보존하기에 전 심혈을 기울였던 것이다.

민족이 나라를 이루고 독립해서 산다는 것은 쉬운 일이 아니다. 세계사
속에는, 허다한 민족들이 나라를 이루었다가는 망한 실례가 얼마든지 있

다. 몽고족이 중국 땅에 세운 원 제국은 인류 역사상 최대의 제국이었건만 불과 백여 년 만에 망하였고, 여진족이 세운 청나라 또한 삼백 년 미만에 망해 버렸다. 이에 대하여 우리 한국 민족은 수천 년의 역사를 겪는 동안 이웃 민족과 국가들로부터 여러 차례의 침략을 받으면서도 꾸준히 민족을 지키고 나라의 명맥을 오늘날까지 보존해 왔던 것이다. 이와 같이 오늘을 누리게 된 우리들의 이면에는 옛 조상들의 불 같은 애국 애족의 민족 정신이 얽혀져 있음을 일깨워 주어야 한다.

수나라의 침략을 물리친 을지 문덕 장군의 살수 대첩, 안시성에서 당 태종의 대군을 몰아 낸 양 만춘 장군의 용전, 거란의 대군을 격파한 강 감찬 장군의 귀주 대첩, 임진왜란 때 일본의 해군을 섬멸한 이 순신 장군의 한산도 해전, 한일 합방을 반대하여 일으킨 최 익현 같은 분의 의병 활동 등 실로 수많은 순국 선열의 우국 충정이 우리의 민족사 속에 깃들여 있다는 것을 강조하여야 한다.

민족의 역량이 우월하여 강력한 국가를 가진 민족은 오늘날 부강하고 살기 좋은 사회를 이루고 있는 데 대하여, 그렇지 못한 민족은 정치적 경제적으로 심히 위축을 면하지 못하고 있는 실정이다. 이제라도 우리들은 역사에서 배운 교훈을 바로 살려 애국 애족하는 마음을 견지함으로써 우리 나라를 부강하고 살기 좋은 나라로 만들 수 있는 것이다. 국민 하나하나가 투철한 애국 애족의 정신으로 국제 사회에서 바르게 활동할 때에 비로소 우리 나라의 국제적 지위는 향상될 수 있는 것이다.

과학의 발달로 세계의 거리 감각이 축소되어 모든 나라가 이웃이 된 오늘날, 우리 민족이 안으로 민족의 역량을 기르고 밖으로 올바른 민족적 긍지를 지키기 위해서 우리는 한국 민족으로서의 애국 애족하는 투철한 민족적 기질을 갖지 않으면 안 된다.

이상 민족의 주체성을 강조하기 위한 사회과 교육의 운영 지침으로 예시한 학습 내용의 대표적인 것을 몇 개 열거하면 다음과 같다.

2. 통일 독립된 민족으로서의 역사적 주체성을
수호하기 위한 학습 내용의 예

(1) 통일 독립된 민족으로서의 역사적 전통

하나의 민족은 통합되는 것이 역사적 법칙이다. 우리의 고대 부족
이 삼국으로 통일되고, 삼국이 통일 신라로 뭉쳐졌고, 신라 말의 후
삼국이 또한 고려에 의해서 다시 통일된 것도 결국 하나의 민족으
로서 불가피한 숙명적인 역사 법칙이었다는 것을 일깨워, 현안의
민족 통일에 대한 의욕을 강조한다.

(2) 삼국 시대의 고구려의 대 중국과의 관계

① 고구려의 한 군현과의 싸움

만주 벌판을 주름잡고 남으로 대동강 유역의 낙랑군을 쳐 물리친
고구려인의 씩씩한 기질을 강조한다.

② 고구려의 수당과의 싸움

수나라 대군을 살수에서 크게 섬멸한 살수 대첩과 당 태종의 대군
을 막아 낸 안시성의 혈전을 통해서 고구려인의 우월한 민족 역량과
굳은 단결력을 본받도록 한다.

(3) 신라의 화랑도 정신

신라 흥룡의 원동력이 된 화랑도 정신을 본받아 오늘의 우리의
민족적 취약성을 극복하는 데 기여하도록 한다.

(4) 고려인의 끈기와 굴할 줄 모르는 무사 정신

① 고려 일대를 통하여 거란의 침입, 여진족의 침입, 몽고의 침입 등
끊임없는 외족의 침입에도 불구하고 굴하지 않고 견디어 낸 불굴의
끈기와 인내력을 거울삼아 오늘의 우리의 민족적 고난을 극복하는
데 기여하도록 한다.

② 고려의 무사 정신

30여 년 간의 몽고의 침입에도 불구하고 몽고에 대한 항몽 의식을

끝까지 고수한 삼별초의 불굴의 무사 정신과 높은 기개를 강조하고

이를 조국과 민족 수호의 정신으로 본받게 한다.

(5) 조선 시대의 당쟁에 대한 비판

　　조선 시대의 당쟁이 민족을 분열시키고 국정을 문란하게 한 사실

에 대하여 냉철히 비판하도록 하여 오늘의 경종으로 삼도록 한다.

(6) 한일 합방 후의 민족의 항일 정신

　　조선 시대 말엽의 일부 집권층의 실정과 민족 의식의 박약으로 주

권을 빼앗기게 된 내력을 냉철히 비판하게 함과 동시에, 조국 광복

을 위하여 헌신한 독립 투사들의 불굴의 항일 애국 정신을 본받게

하여 앞으로 조국 수호의 귀감이 되도록 한다.

3. 민족의 문화적 주체성을 일깨워 주기 위한 학습 내용의 예

(1) 고구려의 고분에서 발굴된 벽화와 고분의 구조 등을 통해서 고구려

인의 씩씩하고 진취적인 문화적 자주성에 긍지를 갖도록 한다.

(2) 백제인의 문화 전파 활동에 대하여 자부심을 갖도록 한다. 즉, 유학

과 불교 등의 문화를 일본에 전하여 일본의 고대 문화를 일깨워 준

백제인의 탁월한 문화적 활동을 강조함으로써 오늘 우리의 문화적 낙

후상에 대한 민족적인 반성과 아울러 이를 극복하고자 하는 불굴의

의욕을 북돋워 준다.

(3) 신라인의 천재적인 문화적 재질에 대하여 자부심을 갖게 한다. 즉, 동

양 최고의 천문대인 첨성대, 불국사와 석굴암의 사탑을 위시해서 불

상 조각과 금관 공예 등에 뛰어난 솜씨를 남긴 후예로서의 자부심을

갖도록 하고, 이제부터라도 노력하면 신라 시대와 같은 천재적인 문

화적 재질을 재현시킬 수 있다는 신념을 길러 준다.

(4) 고려 시대에 이룩된 팔만 대장경판, 고려자기, 금속 활자 등은 실로

세계적으로 뛰어난 문화적 업적으로서 당시 타의 추종을 불허하였다

는 사실에 대하여 민족의 문화적인 긍지를 높임과 동시에 오늘의 우리의 문화적 후진성에 대하여 비판 분석하는 슬기와 아울러 새로운 민족 문화의 창조 의식을 북돋워 준다.

(5) 조선 시대에 한글을 창안하여 민족의 문화적 자주 의식을 높인 세종 대왕의 거룩한 애국적 슬기를 본받으려는 의욕과 아울러 한글 상용에서 민족적인 긍지를 갖도록 한다.

4. 애국 애족의 민족적 기상을 길러 줄 수 있는 학습 내용의 예

(1) 수나라의 대군을 살수에서 격파한 을지 문덕 장군의 빛나는 슬기와 애국적 무훈에 대하여 존경심을 갖게 한다.

(2) 당 태종의 대군을 맞아 안시성의 혈전을 지휘한 양 만춘 성주의 슬기를 찬양하는 마음을 길러 준다.

(3) 거란의 대군을 귀주에서 물리친 강 감찬 장군의 애국적 용맹과 지혜를 본받도록 지도한다.

(4) 이 순신 장군의 한산도 해전을 비롯한 남해상에서의 일본에 대한 승리에 깊은 존경심과 장군의 불 같은 우국 충정을 본받도록 지도한다.

(5) 한일 합방 후의 국민의 의병 활동과 독립을 위한 싸움에서 순국한 여러 선열에 대하여 존경하는 마음과 순국 정신을 본받도록 강조한다.

(6) 광주 학생 운동을 비롯하여 6·10 만세 운동 등 애국 학도의 빛나는 조국 수호의 정신을 사모하고 본받도록 한다.

과   학

1. 민족 주체성 확립과 과학 교육

과학은 만국 공통이며, 그 교육 목적도 어느 나라에서나 특색 없이 모두 같다고 생각되기 쉽다.

그러나, 우리 나라 교육의 목적은 막연한 세계인(世界人)의 육성이 아니라, 한국민으로서 자주적으로 씩씩하게 살아갈 수 있는 한국민의 육성에 있다. 그러므로, 한국의 얼을 지니고 한국적 전통을 살리면서 자주적으로 인류 공영의 이상 현실에 기여하는 진취적인 새로운 기풍을 간직한 한국인을 육성하려면 우리 나라 나름의 고유의 교육 목적과 교육 방법이 있어야 한다.

이런 취지의 목적 달성을 위하여 각 교과는 유기적인 관련을 가지고 고유의 사명을 다할 것이다. 과학과에 있어서도 다른 교과 못지않게 민족 주체성 확립을 위하여 이바지할 수 있는데, 그 중에서 중요한 것을 들면 다음과 같다.

(1) 합리 창조(合理創造)의 정신 함양   과학 교육이 비근한 '실리주의(實利主義)'나 '근로 애호(勤勞愛好)'의 정신만을 함양하는 교과라고 협의로 생각하는 시대는 사라진 지 이미 오래이다.

오늘의 새 기술도 내일에는 묵은 기술이 되어 버릴 정도로 진보가 빠르고 변화가 많은 요즈음에, 민족 주체성을 지니고 자주적으로 살아가려면 합리적이며 창조적으로 일을 처리해 가는 능력과 태도가 절실히 요청된다. 개인 생활에 있어서나 사회 생활에 있어서나 주체성을 가지고 살아가려면, 자기의 장단점을 판단하여 단점을 버리고 장점을 신장하는 이성과 열, 그리고 애로에 부딪혀도 과학적으로 고찰하여 합리적으로 타개해 나가는 능력과 장래를 밝게 예측하는 창의성이 있어야 한다. 과학은 이러한 능력과 태도의 배양을 목적으로 하는 교과이다.

 과학이라는 교과는, 과학상의 지식이나 원리, 법칙을 그대로 전달하는 것이 아니라, 그것들이 어떻게 하여 이루어졌는지 그 과정을 이해시킴으로써 구체적 사물 현상을 고찰하여 귀납적으로 원리를 발견하는 능력을 기르고, 다시 그 능력으로 일상 생활에서 일어나는 제 문제를 해결해 가며 또 장차 어떠한 난관에 부딪혀도 그 능력으로 타개해 나갈 수 있도록 하는 것이다. 이것이 이른바 과학적 정신이며, 합리적 정신과 창조적 정신이 융합 통일된 것이라고 말할 수 있다.

 이상과 같이 고찰하면, 과학 정신이야말로 우리들이 민족 주체성을 가지고 씩씩하게 살아가는 데 원동력이 되는 것이라고 말할 수 있다.

 (2) 기술 교육에의 기여   한 민족이 주체성을 가진다는 것은 그 민족이 경제적 면에서도 자주적으로 살아갈 수 있는 능력을 가진 것을 뜻한다. 아무리 훌륭한 정신적 유산을 이어받았다 하더라도, 현실면에서 남과 같이 잘 살 수 있는 능력이 없다면 민족적 주체성도 간직할 수 없는 것이다. 이 잘 살 수 있는 능력은 최근의 과학 산업의 급속한 발전에 따라 과학 기술에 힘입어야 함은 두말 할 나위도 없다.

 우리 나라는 근대 과학을 도입한 지 일천하며, 36년간의 일제의 문맹 정책으로 말미암아 우리 민족의 과학 기술 능력을 배양할 충분한 시간을 가지지 못하였다. 그러나, 자타가 공인하다시피 우리 민족의 과학 기술 소질은 타 민족에 비하여 손색이 없으므로, 노력을 하면 가까운 장래에 다른 선진국과 어깨를 겨룰 수 있으리라고 믿는다.

 과학 기술의 중요성은, 우리 나라에서도 드디어 일반에게 인식되게 되었다. 인구가 팽창해 가고, 그 위에 자연 자원마저 부족한 우리 나라가 심한 국제 경쟁 속에서 국민 생활 수준을 높이고 그것을 유지해 가려면, 산업의 기초가 되는 고도의 과학 기술을 필요로 한다.

 그러나, 과학 기술 교육은 어느 특정한 과학 기술 능력만을 습득시키는 것만으로는 충분하지 못하다. 기술이 급진적으로 발달해 가고 또 때와 장소가 바뀌면 기술도 달라지는 경우가 많은 요즈음, 그때 그때 그에 적합한 기술을 만들어 내려면 그 사람의 여러 능력이 조화적, 전면적으로 발달되어야 하고 창조해 가는 능력, 즉 창조적 능력(創造的能力)이 있어야 한다. 이러한 창조적 능력은 과학에 의해서만 배양된다.

2. 과학과 교육 과정 운영의 방향

(1) 실험 관찰을 중시하여 과학적 능력과 태도의 배양을 강조   과학 교육은 과학적 지식의 전달에 그치는 것이 아니라, 주위에서 문제를 발견하여 과학적으로 처리함으로써 자연의 사실이나 법칙을 이해하며, 사물을 과학적으로 처리하는 능력과 태도를 습득하게 함을 목적으로 한다.

우리들은 흔히 교과서 중심으로 수업을 전개하고 또 생활 과학에 치중하는 나머지 단편적 지식의 전달에 그치고, 기능이나 태도의 육성에는 소홀히 하는 경향이 있다.

지식 위주의 교육은 일시적으로는 학습 효과를 올릴 것같이 보이나, 과학이 참되게 학생의 몸에 배어, 창의력을 발휘하여 생활을 개척해 나가는 힘은 배양되지 않는 것이다.

그래서 과학에서는, 문제를 발견하고 자료의 수집, 가설, 실험 관찰, 분석, 종합, 추리, 판단 등의 과정을 거쳐 문제를 해결하는 창의적 능력을 기르는 데 힘써야 한다.

(2) 교재의 정선과 중점적 취급   자연계뿐 아니라 우리들의 주위에서 흔히 보는 사물 현상은 천태 만상이며 또 복잡하다. 이것을 그대로 지도 내용으로 하는 것은 교육상 의의가 없을 뿐 아니라, 장차의 생활에 별 도움이 되지 않는 것이다.

그러므로, 과학 교육은 여러 사물 현상의 표면적, 단편적 지식을 습득시키느니보다는 이들의 기본적인 사실, 원리, 법칙을 선택 이해시켜 장차 활용할 수 있도록 해야 하는 것이다.

선택된 사실이나 원리, 법칙은 장래의 학습에 발전적으로 이용되고, 또 생활 향상에 도움이 되어야 한다. 즉, 기본적 사항이 생활과 어떻게 관련되어 있는가를 깨닫게 하거나, 생활에 적용시키는 지도를 통하여 사실, 원리, 법칙 등을 널리 활용하는 능력을 기르고, 또 이것을 토대로 하여 새로운 것을 창조하는 능력과 태도를 중요시하여야 한다. 바꾸어 말하면, 지식의 양적 확충보다 질적인 충실을 기하여, 필요 불가결한 최소 한도의 요소를 엄선하여 기초 학력을 충실히 하도록 하여야 한다. 그리고, 기초 학력을 충실히 하고 창조적 능력을 기르려면, 실험 관찰을 중시해야 한다는 것은 이미 앞에서 설명한 바와 같다.

음　　악

1. 민족 주체성 확립과 음악 교육

⑴ **민족 문화의 존중**　　한 민족으로서의 정신 생활이란 일반적인 이성(理性)의 작용만으로 이루어지는 것은 아니다.

이성(理性)의 작용은 각 민족에 따라 모양과 형식을 달리하여 나타나는 것이며, 각 민족은 그 다른 모양과 형식의 정신 생활을 대대로 이어 받아서 오늘의 고유한 민족 문화를 형성하고 있는 것이다.

그러므로, 자주적인 인격의 형성은, 그 고유한 정신 생활 양식과 그 민족의 문화를 통해서만이 이룰 수 있는 것이다.

오늘의 교육 사조는 이상과 같은 뜻에서 민족 문화를 높이 평가하게 되었고, 이는 또한 정치상의 민족 자주라는 문제와 민족 자결주의라는 문제와도 깊이 관련되어서 오늘의 교육을 크게 뒷받침하고 있는 것이다.

민족 문화라고 할 수 있는 학문이라든지 예술, 종교, 도덕, 경제, 정치 등등은 각 민족에 따라 역사적으로 더욱 특징을 가지게 되며, 한 걸음 더 나아가서는 찬란한 인류 문화의 구현에 이바지하게 되는 것이다.

인간이 교육을 받아 '사람', 즉 이성적인 존재가 될 수 있다는 것은, 이러한 문화 속에 충만되어 있는 민족 정신을 계승하고 이를 어떠한 형태로 구현하는, 즉 구체적인 정신 생활을 영위할 수 있는 그것을 의미하는 것이다.

일반적인 뜻에서의 이성(理性)은 인간의 공통적인 심적 작용(心的作用)을 말한다.

그 이성의 작용이 다시 민족에 따라 다른 형식으로 작용되고, 다시 사람에 따라 다른 형식으로 나타날 때, 이것을 민족 정신이라든지 개성이라는 말로 표현하게 되는 것인데, 민족 문화란 그 민족 특유의 형식으로써 작용하는 이성 활동(理性活動)의 소산물을 말하는 것이다.

민족 문화 중에서도 내용을 중심으로 하는 학문이나, 기술 및 경제 같은 것은 민족적 특색이 비교적 희박하고, 예술, 언어(言語) 등 형식을 중심으로 하는 문화는 민족적인 특색이 강하다.

특히 형식을 그 생명으로 하고 민족 정서를 중핵(中核)으로 하는 예술에 있어서는, 그 진수 생명(眞髓生命)을 다른 민족에게 옮긴다는 일은 생각조차 할 수 없는 일이다.

한 걸음 더 나아가서 같은 예술 중에서도 음악과 같이 형식을 그 중요한 구성 요소로 삼는 문화에 있어서는 더욱 그 민족의 특색이 명확하게 나타나고 있는 것이다.

우리들이 음악을 듣고 곧 그 음악이 어디 민요라든지 누가 작곡한 곡이라는 것을 알게 되는 것도 그 때문인 것이다.

이와 같이 민족적인 특색과 민족적인 정신을 지닌 문화재를 토대로 한 교육이 아니고서는, 민족적인 특성을 지니고 태어난 우리 나라의 청소년들을 우리 나라의 국민으로 육성해 나가기 어렵다는 점을 깊이 명심하여야 한다.

(2) 민족 음악의 중요성　19 세기의 전반에 싹트기 시작하여 그 후반에서 전성을 이룬 바 있는 국민악파(國民樂派)는 두말 할 것도 없이 민족 음악의 존중으로부터 출발했고, 그 정신은 그 후 음악 전반에 걸쳐서 크게 영향을 끼쳐 왔다.

20 세기에 들어서자 많은 음악가들은 우리 나라를 비롯한 동양 여러 나라의 음악에 흥미와 관심을 보이기 시작했고, 근래에 이르러서는 세계의 이목이 동양에 집중되어 있다고 해도 과언이 아니다.

1952년 런던에서 개최된 국제 민족 음악 회의에서는 다음과 같은 선언을 하였다.

"민족 음악은, 사람의 마음 속에 내 고장을 사랑하는 마음과, 그들의 문화 유산에 대한 자각과 건전한 전통에 대한 존경심을 불러일으켜 주는 문화개이다.

본 회의는, 국제적인 찬동을 얻어 여러 나라 젊은이들의 마음 속에 공통된 관심사(關心事)를 통해서 우정(友情)과 국가 민족 간의 이해를 촉진할 목적으로 공사(公私)를 불문하고 일반 교양 및 교육의 모든 단계에 있어서 특히 그 나라의 전통적인 민족 음악을 도입할 것을 촉진한다. "

한 나라의 예술은 그 구성체인 민족의 역사적인 문화 유산임에 틀림없다.

그러므로, 학교 교육에 있어서 민족 음악이 존중되어야 한다는 세계적인 동향에 우리도 찬의를 표하지 않을 수 없다.

민족의 주체성 확립을 위한 바람직한 교육은 한 민족으로서의 본성(本性)을 자성 계발(覺醒啓發)하는 데 있으며, 이것은 또한 우리들의 주위에 있는 조상들의 정신적인 생활이며 정신적인 노력의 결정인 민족 문화에 기대할 수밖에 없는 것이다.

민족 예술과 그 시대적인 사상의 관계를 살펴보면 다음과 같다.

첫째는, 작자와 시대의 관계이다. 즉, 시대적인 정신과 그 환경이 작자에게 어떠한 영향을 주는가가 문제가 되고,

둘째는, 그 반대로 작자와 작품이 그 시대 자체에게 어떠한 영향을 주느냐가 문제가 된다.

전자는 예술의 구성 과정에서 작가 자신이 호흡하고 생활하는 그 시대 및 환경에 어떻게 조화(調和)하였는가라는 점이 문제가 되겠고, 후자는 예술 작품이 가지는 사회적 및 시대적인 의의(意義)와 가치성, 즉 작가가 숙명적으로 처해 있는 자기 위치를 어느 정도 민족과 인류 앞에 제시(提示)하였는가라는 점이 문제가 된다.

민족 예술과 시대적인 사상의 관계를 이상과 같이 생각해 볼 때, 우리 조상들의 정신 생활이며 정신적인 노력의 결정인 예술 작품들은 그야말로 민족의 정신이 아니고 무엇이겠으며, 청소년들의 산 교훈이 아니고 무엇이겠는가?

따라서 음악도 그러하다.

민족 주체성의 확립을 위해서 어느 분야보다도 높이 평가되어야 할 음악 교육의 소재는, 우리 민족의 입과 가슴에서 연면(連綿)히 이어 온 민요를 비롯한 많은 고유 음악과, 한민족(韓民族)의 손으로 이루어진 민족적인 자료 중에서 구하지 않을 수 없다.

청소년들은 우리 나라의 음악 생활에 접하고 우리 민족의 손으로 이루어진 작품을 이해하는 가운데서 음악적인 기능과 더불어 그 악곡에 스며 있는 민족의 얼을 마음껏 호흡하게 되어, 자기 자신의 민족혼도 형성해 나아가게 될 것이다.

2. 민족 음악과 학교 교육

동양 여러 나라의 음악이 그러하듯이 우리 나라의 음악도 액면 그대로를 학교 교육에 받아들이기에는 너무나도 어려운 점이 많다.

즉, 우리 나라는 오랜 세월을 두고 평균율에 의한 서양 음계를 바탕으로 한 음악 교육을 이루어 왔다. 이것은 비단 우리 나라뿐만이 아니고 동서양을 막론한 모든 나라가 그러하다.

그런데, 우리 나라의 고유 음악은 그렇지 않다. 우리 나라의 고유 음악은 평균율에 의한 12 음보다도 훨씬 더 세분(細分)된 미분음(微分音)에 의한 음악이라 할 수 있겠다. 그러므로, 이것을 서양의 합리적인 기보법으로 악보화한다든지 악기를 개조해서 그 특수성을 해치는 일은 우리 나라의 고유 음악을 모독하는 처사라고 비난하는 학자도 없지 않다.

따라서, 민족 음악의 대중화 내지 교육이라는 문제는 앞으로 계속해서 꾸준히 연구되고 개선되어야 할 문제라고 생각한다.

그러나, 그렇다고 해서 등한할 수는 없다. 현재로서 가능한 모든 방법을 강구하고 또 연구하여 우리 나라의 청소년들에게는 우리 나라의 문화재를 주어 우리 나라의 국민으로서 육성해 나아가야 하겠다는 확고한 신념만은 부동해야 한다.

　불론, 민족 주체성 확립을 위한 민족 음악의 존중이라는 국가적인 문제
라든지 전통적인 민족 음악의 도입이라는 세계적인 음악 교육의 사조에
대해서 우리 나라도 무관심했던 것만은 아니다.

　즉, 1962년에 개정 공포된 초·중·고등 학교의 교육 과정과 그 교육 과
정에 의하여 개편된 초·중등 학교의 교과서를 보면 다음과 같은 내용들
이 게재되어 있다.

　〔감상 영역〕
　① 우리 나라와 여러 나라 음악의 감상
　② 한국풍의 음악과 서양 음악의 비교 감상 및 그 구성 요소의 차이점
　　파악
　③ 우리 나라 악기와 악성에 대한 이해와 감상

　〔표현 영역〕
　① 우리 나라의 아름다운 가곡과 민요 부르기
　② 가창 교육에 있어서는 우리 나라의 가곡을 중등 학교에서는 전 가창
　　교재의 30% 이상, 국민 학교에서는 80% 정도를 취급한다.
　③ 우리 나라 리듬의 특징을 감득하고 표현하기
　④ 여러 리듬악기와 가락악기(국악기 포함)의 연주
　⑤ 사물의 소리와 자연의 소리 중 단순하고 정돈된 리듬을 발견하여 적
　　어보기
　⑥ 일상 생활에 쓰이는 짧은 말에 의한 가락짓기
　⑦ 민요풍의 가락짓기

　이상은 각 학교 및 학년별로 나타나 있는 우리 나라 음악에 관련된 모
든 학습 내용을 포괄적으로 열거해 본 것으로, 이는 현 시점에서 학교 교
육에 도입할 수 있는 최대한의 민족 음악인 것이다.

따라서, 일선 교사는 이 학습 내용들을 하나하나 분석하고 또 연구하여 음악 학습 활동은 물론 전반적인 학교 교육 활동 속에서 꽃을 피울 수 있 도록 최선을 다해 주기 바란다.

3. 구체적인 지도 방안

우리 나라의 고유 음악을 최대한으로 학교 교육에 도입하여야 한다. 그 러나, 거기에는 적지 않은 문제점이 개재되어 있다는 것은 앞에서도 잠깐 밝힌 바 있다.

민족 음악의 구체적인 지도 방안을 논하기 전에, 먼저 그 근본적인 문 제에 대한 교사로서의 확고한 신념이 서 있어야 하겠다.

첫째, 평균율에 의한 서양 음계는 유럽을 초월하여 전세계 음악 문화의 기반을 이루고 있다는 점이다.

우리 나라는 물론 세계 어느 나라치고 학교 교육에 있어서 서양 음계 를 바탕으로 하지 않은 나라는 없다.

그러므로, 우리 나라의 음악을 어떠한 방법으로 취급해야 할 것인가라 는 근본적인 문제가 해결되어야 하겠다.

즉, 우리 나라의 고유한 음악을 액면 그대로 받아들이는 방법과 이것을 서양의 합리적인 악보로 옮겨서 취급하는 두 가지의 방법을 생각할 수 있 겠는데, 전자는 감상 학습에 한해서, 후자는 음악과의 전 학습 활동에서 활용될 수 있는 방법이라고 생각한다.

전통적인 우리 나라 음악의 특징과 고유한 생명을 그대로 간직한 순수 한 민족 음악이 학교 음악 교육에서 활발하게 취급되어야 하겠음은 두말 할 나위도 없지만, 이와 함께 전통 음악의 특징을 자아내는 핵심적인 요소 는 이를 더욱 발전시키고, 반대로 새로운 세대에 뒤떨어진 구태 의연한 요 소는 이를 과감하게 시정해서, 현대에 호흡할 수 있는 새로운 민족 음악, 즉 평균율을 기초로 하는 절충적인 새로운 경향의 민족적 작품을 창조하 여 이를 학교 교육 내지 대중 음악에 침투시켜야 할 것으로 믿는다.

이것이 즉 민족 음악에 대한 자각과 전통에 대한 존경심을 싹트게 하는 길이요, 민족 음악에 대한 깊은 애정과 애착심을 불러일으키는 방법이 될 수 있는 동시에, 한 걸음 더 나아가서는 회고적(懷古的)이거나 보수적(保守的)이 아니고 어디까지나 새로운 문화의 창조와 전통의 발전을 기하는, 즉 장래를 내다보는 건전한 자세와 진취적인 태도를 육성하는 길인 것이다.

둘째, 민족 음악을 강조한 새 음악과 교육 과정의 정신은, 우리 나라와 여러 나라의 음악 문화를 바르게 이해함으로써 보다더 음악을 애호하는 심정과 감상할 수 있는 능력을 기르고, 훌륭한 음악을 계승 발전시켜서 우리 나라의 문화 향상에 기여할 수 있는 기본적인 태도와 능력을 기르려는 데 있다.

즉, 우리 나라와 여러 나라의 민요나 민족 음악을 널리 학습하는 가운데서 그 특징을 비교 감득하고 민족 음악의 장점을 발견하여 이를 계승 발전시킴으로써 세계의 음악으로 그 범위를 넓혀 갈 수 있는 정신과 태도 및 능력을 최대한으로 계발하여야 한다.

그러나, 이러한 태도와 능력이 고유한 우리 나라의 음악만으로 이루어지는 것은 아니다.

우리 나라 음악이건 서양 음악이건 간에 그것이 '음악'이라는 점에서는 공통된다.

따라서, 교사는 그 공통된 넓은 의미에서의 문화재를 배경으로 하고 그 토대 위에서 우리 나라를 연구하는 동시에 그 음악을 선택하는 태도를 취해야 한다. 이것이 즉 전체적인 넓은 음악 교육의 계획 속에서 우리 나라의 음악을 살릴 수 있는 계획이요 실천인 동시에 세계를 무대로 하고 세계에 진출할 수 있는 민족 주체성을 확립하는 교육이 될 수 있는 것이다.

세째, 민족 음악의 취급도 물론 다른 분야의 음악과 마찬가지로 표현(가창, 기악, 창작)과 감상으로 대분할 수 있다. 따라서, 학생들의 흥미와 욕구에 적응할 수 있도록 그들의 생활 주변에서 민족적 자료를 구하고 이를 표현과 감상의 양면에서 종합적으로 취급해 나아가도록 해야 한다.

즉, 관악 '영산회상'이나 '거문고 산조'와 같은 어려운 기악곡을 처음부터 감상시키는 일보다는 전래 동요나 쉬운 민요(서양 악보화한) 및 기악곡의 한 부분을 딴 쉬운 노래 들을 가창으로써 체험하게 하거나 우리 나라의 현대 작곡가들이 작·편곡한 민족적인 새로운 작품들을 감상하게 함으로써 우선 학생들이 이에 흥미를 느끼게 한 다음에 점진적으로 순수한 고유 음악으로 들어가는 것이 자연스럽다.

민요나 그 밖의 쉬운 곡을 학생들이 연주할 수 있는 기악곡(서양 악보에 의한)으로 편곡하여 실제적인 기악 연주의 체험으로써 민족 음악을 감득하게 하는 일은 더욱 교육적이다.

이 학습은 장차 우리 나라의 악기에 의한 여러 학습으로 발전하게 될 경우 더욱 큰 도움을 줄 수 있을 것이 틀림없다.

이상과 같은 근본적인 문제에 대하여 교사 자신의 신념이 확고하게 서 있음으로써만이 교육 과정의 정신도 구현할 수 있고 민족 주체성의 확립도 기할 수 있는 것이다.

민족 음악의 학습 내용 중 가장 대표적이고 보편적인 몇 가지를 들어 그 구체적인 지도 방안을 들어 보면 다음과 같다.

(1) 전래 동요와 민요 우리 나라에는 작자 미상의 전래 동요도 있지만, 작곡자가 있는 노래 중에서도 거의 전래 동요나 민요와 다름없이 전 국민에게 애창되고 있는 노래도 적지 않다.

물론, 이 중에는 오래 된 노래도 있고 그리 오래 되지 않은 노래도 있으며, 순수한 우리 나라의 음계(평조, 계면조 등)로 이루어진 노래도 있고 서양 음계로 이루어진 노래도 있다.

그러나, 민요만은 모두가 오래 되었고 순수한 우리 나라의 음계와 리듬으로 이루어져 있다.

이러한 민요나 전래 동요와 같은 노래는 그 모두가 우리 조상의 입과 가슴에서 연면(連綿)히 이어지고 변모(變貌)되어 온 귀중한 문화 유산이며,

오랜 전통과 역사를 통해서 민족 정서가 지녀야 할 그 중핵적(中核的)인 것만이 최대한으로 세련되고 고도의 상태로 완성된 귀중한 문화재인 것이다.

그러므로, 음악 교육에 있어서는 이러한 것들을 제일의 자료로 삼아 음악 교육 본연의 목적을 달성시킴은 물론, 국가적 당면 문제인 민족 주체성의 확립에도 기여할 수 있도록 힘써야 하겠다.

이상과 같은 목적에서 그 학습 자료로 선택된 민요나 전래 동요는 무엇보다도 먼저 가창 교재로서 활용되어야 하겠고, 한 걸음 더 나아가서는 기악 교재로서, 감상 교재로서, 혹은 창작 교재로서도 널리 활용되어야 한다.

첫째, 가창 교재로 다루어질 경우, 이는 민족적인 문제를 제외한 다른 모든 문제에 있어서는 일반적인 가창 교재와 조금도 다름이 없다.

즉, 민요는 가창의 모든 표현 기능과 음악적인 감각을 바탕으로 한 독보력 및 청음력 등 가창 교육이 지닌 일반적인 목표를 달성할 수 있는 자료로서 유효하게 활용되어야 하겠음은 물론, 한 걸음 더 나아가서는 악곡의 짜임새라든지 리듬이나 가락의 구성 및 악곡 전체에서 풍기는 분위기, 또는 이에 필요한 악리(樂理) 등등, 음악 교육이 목적하는 바 모든 기능과 지식을 향상시키는 데 도움을 줄 수 있는 학습 자료로서 충분히 활용되어야 한다. 뿐만 아니라, 특히 민요는 여러 나라의 민요와도 비교 학습됨으로써 우리 나라 민요의 특징을 이해하게 하고, 아울러 여러 나라의 민족적인 양식에 의하여 그 나라의 음악을 이해할 수 있는, 즉 학생들로 하여금 그들의 세계성을 넓혀 줄 수 있는 학습 지도도 고려되어야 한다.

둘째, 기악 교재로 다루어질 경우는 그것을 그대로 가락악기의 학습 자료로 활용할 경우와 합주곡으로 편곡해서 다룰 경우를 생각할 수 있다.

이 경우도 가창에서와 마찬가지로 민족적인 문제를 제외한 다른 문제는 모든 기악 교재의 경우와 동일하다. 즉, 기악 교육이 의도하는 바 일반적인 목표를 달성하는 데 아낌없이 활용되어야 하겠음은 물론, 종합적인 음악 교육의 목적에도 부합될 수 있도록 활용되어야 한다.

세째, 지금까지는 평균율로 옮겨 놓은 민요나 전래 동요를 중심으로 이야기하였는데, 감상의 경우는 좀 다르다.

감상에 있어서는 아무리 단순한 민요라 할지라도 그것을 고유한 음률 그대로로 들려 줄 경우와 평균율로 옮겨서 들려 줄 경우를 생각할 수 있다. 물론 전자는 우리 나라의 고유한 창법이나 고유한 악기로 연주될 경우를 뜻하는 것이며, 후자는 현대적인 창법이나 서양 악기로 연주될 경우를 말한다.

이와 같이 감상에 한해서는 순수한 고유 음악 그대로를 받아들여야 할 경우와 절충식(折衷式)으로 개조한 음악으로써 받아들여야 할 경우를 생각할 수 있겠는데, 이는 어디까지나 동시에 유기적으로 취급하는 것이 가장 좋은 방법이라 할 수 있겠다.

즉, 평균율로 옮겨 놓은 민요를 피아노나 오르간 등의 반주에 의한 가창 교재로 먼저 취급하고, 그것을 다시 합창이나 독창 및 합주나 독주(서양 악기에 의함.) 등으로써 감상시키는 동시에 순수 고유 음악(창이나 국악기에 의함.)으로써도 감상시켜 그 특징과 장단점을 발견하게 하고, 고유 음악의 심오(深奧)한 묘미도 체감시키는 것이 가장 좋은 학습 방법이라 할 수 있겠다.

특히, 근래에 이르러서는 민요를 관현악곡으로 편곡하거나 접속곡으로 만드는 일, 민요를 소재로 하여 여러 양식의 기악곡을 창작하는 일 등, 민족 음악의 현대화라는 작업이 활발하게 이루어지고 있다. 따라서, 이러한 작품들을 활발하게 도입하고 아울러 순수한 국악도 취급함으로써 소기의 목적을 달성할 수 있으리라고 생각한다.

(2) 민족적 가곡　　흔히들 우리 나라의 음계는 5음 음계(평조, 계면조 등)라고 한다. 그러나, 이 5음 음계에는 순수한 5음 음계와 평균율에 의한 5음 음계가 있으며, 우리가 흔히 학교 교육에서 활용하고 또 현대 작곡가들이 사용하는 5음 음계란 피아노나 오르간 등으로 연주할 수 있는, 즉 평균율에 의한 5음 음계이다.

따라서, 아리랑이나 흥타령과 같은 순수한 민요도 교육 자료(특히 표현 학습 자료)로 쓰일 때에는 평균율에 의한 5음 음계로 연주된다. 또, 오늘의 작곡가들이 민족적인 새로운 작품을 5음 음계로 작곡하였다고 하더라도 그것은 평균율에 의한 5음 음계이다.

이렇게 평균율에 의해서 이루어진 음악은 아무리 그것이 민요나 민족 음악이라 할지라도 정적(靜的)이며 선적(線的)인 고유한 정서가 완전히 풍겨질 수는 없다.

그러나, 음계는 그렇다손치더라도 우리 나라의 고유한 리듬이라든지 화음 및 가사(성악에 한해서) 등을 잘 구사해서 새로운 민족 음악을 수립해 보려고 부심하는 것이 오늘의 작곡계이며, 또 그러한 작품도 많이 나와 있다.

그러므로, 우리들은 이러한 것을 잘 받아들여서 민요와 함께 중요한 학습 자료로 활용해야 하겠으며, 그 취급 방법도 민요의 경우와 마찬가지로 여러 가지 각도에서 다양성 있게 활용하여야 한다.

(3) 기악곡   우리 나라의 고유 음악 중에는 훌륭한 기악곡도 많이 있다. '가야금 산조'라는 가야금 독주곡, '청성 잦은 한잎'이라는 대금 독주곡, '정읍'이라는 관현악곡 등 세계적으로 알려져 있는 기악곡만도 얼마든지 있다.

따라서, 민족 주체성의 확립이 절실히 요구되는 오늘의 교육에 있어서 이러한 문화재를 제쳐놓고 어디에서 그 학습 자료를 구할 수 있겠는가?

그러나, 이러한 기악곡들은 앞에서 말한 민요와는 그 조건이 조금 다르다. 즉,

첫째로, 그 구성 요소가 대단히 복잡하고 내용이 깊어서 이해하기가 힘들다는 점

둘째로, 고유한 음악 그대로인 것이 대부분이며, 현대 작곡가에 의하여 관현악이나 그 밖의 기악곡으로 편곡 내지 개작된 것이 별반 없다는 점

세째로, 간혹 기악곡의 일부가 노래로 불릴 경우도 있기는 하지만, 서양

음악에서와 같이 그 주제를 독창이나 합창곡으로 편곡해 놓은 것이 거의 없다는 점 등이 그것이다.

따라서, 우리 나라의 기악곡은 감상 이외의 다른 영역에서는 다룰 수가 없고 정도가 높아서 어느 정도의 음악성이 계발되기 전에는 이해시키기가 힘들다는 것이 오늘의 실정이다.

그러므로, 이 점에 대하여는 앞으로 계속해서 꾸준히 연구하여야 할 문제라고 생각하며, 현 단계로서는 우선 학생들의 심신 발달에 따라 우리 나라의 기악곡을 되도록 많이 전체 음악 교육의 계획(감상에 한해서라도) 속에 도입할 수 있도록 힘써야 하겠다.

즉, 등·하교 시간, 휴게 시간, 주식 시간, 청소 시간 등 학교 생활에 있어서 혹은 가정 생활에 있어서 우리 나라의 기악곡에 접할 수 있는 기회를 되도록 많이 마련해 줌으로써 부지불식간에 우리 나라의 장단과 가락 및 음빛깔에 젖을 수 있도록 힘써 주기 바란다.

이 밖에도 우리 나라의 악기와 음악가에 관한 문제, 고전 무용과 고유 음악에 관한 문제 등 아직도 잊어서는 아니 될 문제들이 많이 있지만 지면 관계로 생략한다.

그러므로, 교사는 민요나 기악곡의 취급 방법을 참고로 하여 바람직한 지도 방법을 연구해서 국가적인 당면 문제인 민족 주체성의 확립에 이바지할 수 있는 음악 교육을 계획 실천해 주기 바란다.

미 술

1. 민족 주체성 확립과 미술 교육

조형 예술은 인류의 공통된 현상이며, 그 본질에 있어서도 국제성을 띠고 있다. 자연 현상이나 인류의 마음이 그 근본에 있어서는 세계 공통되는 것이므로, 여기에서 우러나오는 조형 예술 역시 세계 공통되는 인류의 현상이라고 아니 할 수 없다.

따라서, 미술 교육에 있어서도 미술을 통한 인류의 상호 이해와 국제적 우호 및 협조가 고려되어야 함은 물론이다.

그러나 한편, 조형 예술의 표현은 민족적 특색을 지니고 있다. 즉, 예술은 그 민족의 국토와 민족성에 의하여 배양되는 민족적 감각, 정서, 사상을 표현하는 것이라야 한다. 이것은 국민 생활과 생활 감각, 민족성, 유전, 역사, 습관 및 문화적 전통 등을 기반으로 하여 형성되는 것이며, 회화, 조각, 공예, 건축 등의 여러 가지 분야가 확고한 민족성에 근거를 두어 사람의 마음을 감동시키는 것이라야 하기 때문이다.

막연하게 세계 공통의, 특징도 없는 예술이란 허용되지 않는다. 인류가 세계 인류의 이상을 표현한다 할지라도 막연한 세계인이란 존재할 수 없는 것이다. 그러므로, 조형 예술의 표현, 즉 미술 교육이 민족 주체성의 인식, 자각에 의하여 표현되고 지도되어야 할 것은 당연한 연유라고 아니 할 수가 없는 것이다.

2. 미술 교육의 새로운 방향

교육이 원만한 인간 형성을 바라는 것이라면, 미술 교육 또한 미술을 통하여 원만하고 능동적인 인간 형성을 꾀하는 것이라 하겠다. 그러므로, 학교 교육에 있어서의 미술 교육은 학생들로 하여금 미술 활동에 임하게 하려는 것이 그 목적이라기보다 미술을 통한 인간 교육인 것이다. 다시 말하면, 여러 가지 조형 활동을 통하여 학생들의 올바른 성장 발달을 꾀하는 동시에 전인적 인간 형성을 목표로 하는 것이다.

특히, 최근에 있어서 문화, 과학, 산업의 여러 부문이 급속도로 발전하여 가는 이 때, 독립국의 국민으로서 가치 있는 생활의 발견을 꾀하고 나아가서는 국제 사회의 새로운 보람을 차지하기 위하여서는 국민의 일반적 교육 수준이 문제가 될 것이다.

그러므로, 국민 교육은 교육법의 기본 정신과 학생의 심신 발달에 순응하여 최대의 교육 목표를 달성하여야 할 것은 물론이다. 우리 나라는 오랫동안 봉건 사회의 생활 철학에서 벗어나지 못하고 있었으나, 그러나, 오늘의 교육은 이 보수적 관념의 선을 벗어나 국제적 유대 위에 범민주 연합의 이념을 실천하는 교육이어야 할 것이다.

따라서, 미술 교육의 새로운 방향을 요약하면 다음과 같다.

1. 자발적이며 자주적으로 창작하는 마음의 배양
2. 물질과 정신을 일체로 하는 합리적 생활의 발견
3. 협동 공영의 국제 사회에 봉사할 수 있는 기능의 연마
4. 매스 프로덕션에 참여할 수 있는 시야의 확충
5. 삶의 즐거움을 의식하고, 사물을 감상하고 선택할 수 있는 가치 수준의 앙양

이와 같은 여러 가지 방향의 제시는 먼저, 현대 사회의 가치 기준 내지는 도덕적 표준을 설정 이해하는 데에서만 성립되는 것이다. 그러므로, 오늘날 동력에 의한 대량 생산 주의가 불가피하게 됨에 따라 과학 기술의 발달은 인간의 사고 기준을 변혁시켰고, 과거의 인력 기준을 넘어선 오늘의 기계 문명은 파잉 산출의 급수적 생산을 실현하게 하였다. 또한 도덕적 표준에 있어서는 가치 관념의 변혁이 세계 어느 국민보다도 우리의 현실이 급격하여져서 여기에 따른 세대의 차이에 가로놓인 심미 기준의 간격은 확실히 보수적 관념미에 대한 저항 심리를 일으키게 하였고, 자기

발견을 위한 과학적 정신과 창조적 정신 위에 자기 자신을 확립시키려는 심미 기준과 도덕적 세계관에 더욱 탄력성 있는 해석을 가하게 되었다. 따라서, 관념의 지배에서 다루어 오던 지난날의 교육은 새로운 시대적 감각과 요청에 순응하여, 민주 사회에 동화되려는 품격과 실천에 불타는 인간 교육이어야 할 것이며, 이와 같은 이념은 다른 교과와의 유기적인 효율을 고려하여야 함은 다시 말할 것도 없는 일이다.

3. 능동적인 인간 형성

전술한 바와 같이 민주 사회의 일원으로서 창조 정신과 과학적 정신이 조화된 토대 위에 서야 할 미술과의 방향과 그 영역은 보수적인 것일 수는 없다. 따라서, 미술과의 새로운 영역이란,

첫째로는 외계에서의 현상을 미적으로 정비하고 조형하는 일이며, 다음은 내적인 심상 세계를 자발적으로 표현하는 일이다.

여기에서 먼저, 우리가 바라는 오늘의 미술 교육은 매스컴에 의한 영향력을 고려하여, 우리의 사회적, 문화적 현실을 학생으로 하여금 냉철하게 응시하게 하여 교실에서의 학습은 곧 사회라는 넓은 의미의 소비자와 생산자와의 경제적 순환을 스스로 향유하는 인간 관계를 의식하게 하려는 것이다.

그러므로, 오늘의 미술 교육은 바로 이러한 생산성에 참여하는 인간 교육이라야 하며, 아울러 건전한 소비자로서의 국민 교육을 중시하여야 할 것이다.

다음에는 심상 세계의 표현을 조장시키려는 것이다. 인간은 나면서부터 자유를 누리게 되어 있고, 공법상에서도 자유권은 보장되어 있다. 그러나, 현실은 모순을 학생들에게 강요하는 경우가 많다. 즉, 학교 교육이라는 이름 아래 개성 발육을 무시한 획일적인 교육을 강요당하고 있어, 모르는 가운데 왜곡된 성장을 당하게 되는 실정이다. 미술 교육에 있어서 임화(臨畫) 교육, 사생(寫生) 교육은 확실히 자유로운 자기 표현과는 반대로 모사(模寫) 위주로 흐르게 마련인 것이다. 즉, 개성이 싹트고 자라서 표현

의 자유를 보장하는 위치에서 학습 활동이 이루어져야 할 것이며, 또한 교사 중심의 평가에서 벗어나 학생의 개성적 표현을 조장하는 평가 활동이 계속되어야 할 것이다. 따라서, 교사와 학생들이 생각하는 시점이 일치되어 흥미에 충만한 학습 분위기가 이루어져야 할 것이다.

그러므로, 새로운 미술 교육은 첫째 모작(模作)주의를 배척하고, 둘째 학생의 과중한 기술 부담을 경감하려는 것이다. 모방적인 조형 활동은 무리를 강요하므로 성공감과 만족감을 느끼지 못하고 다만 소극적인 불안정한 인간 형성이 될 뿐이다.

이에 비하여 자유로운 조형 활동은 자주적, 자발적인 자기 표현이므로, 풍부한 감정과 능동적인 인간 형성을 바랄 수가 있는 것이다.

4. 미술과와 노작 활동

민주 사회는 일하는 사람이 모여 사는 사회이다. 따라서, 민주 시민의 교육의 일익을 담당하는 미술교육에 있어서는 다른 교과의 학습을 종합하여, 이를 구성하고 배치하는 창작적 노작 활동이 이루어져야 할 것이며, 보수적 관념을 넘어서 실질적인 작화(作畫), 조소(彫塑), 공예(工藝), 제작, 기타 경험 등을 통하여 땀을 흘려서 만들어진 조형품을 즐기는 태도를 육성하여야 할 것이다. 가능하면 실제로 학교의 환경 미화를 위하여 학생들의 힘과 기능으로써 꾸며진 시설 확충과 학생들의 노작 활동의 가치를 인식하고, 일하는 즐거움을 깨달을 수 있는 인간을 길러 내야 할 것이다.

이상과 같은 개괄적 논설을 밑받침으로 하여 미술 교육이 이루어질 때, 우리가 바라는 학생들의 자주성, 창의성은 발휘될 것이며, 이러한 태도는 스스로의 자신과 긍지를 길러 줄 수가 있는 산 교육이 될 것이다. 이것이 곧 우리 민족 주체성의 확립에 미술과가 기여할 수 있는 길인 것이다.

실   업

1. 민족 주체성 확립과 실업 교육

오늘날 고도로 발달되어 가는 과학 기술의 세계에서, 우리 나라의 산업
은 인접된 몇몇 나라와 구미 각국의 산업에 큰 영향을 받는 것이 사실이
고, 또 이 영향을 어떻게 처리하고 소화시키느냐에 우리의 경제적 활로가
달려 있다는 것도 부정할 수 없는 사실이다.

우리 나라의 실업 교육이 특히 종래의 고등 교육에 있어서 전달된 외래
의 지식만을 산업 생산에 적응시키기 위한 것이었고 보니, 언제나 교육이
기술을 뒤쫓아왔고, 교육이 나라 안에서 자주적으로 계획되어 육성되지
못하였다. 바꾸어 말하면, 우리의 신변에 산재해 있는 당면한 문제의 해
결보다도 동떨어진 허공에서 기적을 잡아 보려는 기현상을 이루어 왔다.

이러한 결과는 초·중등 학교의 실과 교육에도 영향을 끼쳐 사실상 주
체성을 확립할 수 있는 기반(基盤)을 조성(造成)할 수 없게 하였고, 환경
과 제도 등에 좌우되어 그때 그때 일시적인 방편 교육의 구실밖에는 하지
못하여 왔다.

우리는 실업 교육을 일시적 방편만을 위한 단순한 기술의 전달 교육으
로만 한정시키지 말고, 국가와 민족의 현실을 이해시켜 우리의 실정에 맞
는 창조적인 생산적 교육 활동이 수반되도록 하지 않으면 안 된다.

2. 실업 교육 과정 운영의 방향

(1) 능동적인 생산 교육 활동   지금까지 우리의 실업 교육은 오랫동안
의 역사적 배경으로 인해서 그 학습 내용이 너무나 아카데믹(academic)하
였고, 대부분의 경우 교사는 교과서에 쓰인 내용에 따라서 지식의 수수(授
受)에 그치는 학습을 진행시켜 왔다. 그 결과, 학습하는 내용은 지식이었으

며, 기능(技能) 또는 기술적인 분야까지도 이를 지식적인 학습 내용으로 교재를 편성하여 수업을 하는 경향에 놓여 있었다.

그러나, 오늘날 우리의 실업 교육은 지식 위주의 수동적인 전달 교육이 아니라, 능동적이며 창조적인 교육 활동이어야 하며, 학생들이 스스로 행하려 하고 행함으로써 배우려는 교육 활동이어야 하겠다.

  (2) 계발적(啓發的)인 경험의 부여   초·중등 학교에 있어서의 학생들의 생산적 학습은 일종의 계발적인 경험(exploratory course)이어야 하겠다. 쉽게 말해서 모든 실업적 부문에 대한 경험을 부여할 수는 없을 것이나, 기초적인 사항이나 보편성 있는 내용을 어느 정도 다루어 알게 한 다음에는 그를 통하여 잠재된 능력을 계발하고 알맞은 방향을 찾게 하자는 것이다.

계발적인 경험을 넓히기 위해서는 어느 정도 다양성 있는 실험 실습을 부과하지 않으면 안 된다. 학생들은 여러 가지 실습을 하는 동안에 자기가 가진 잠재 능력을 계발하게 되는 것이다. 자기가 장차 어떤 직업에 종사할 것인가 하는 것은 자기의 능력을 기초로 하여 결정하지 않으면 안 될 문제이지만, 자기의 능력이 어떠한 것인가 하는 것은 그것을 실제로 구현(具現)해 보기 전에는 알기 어려운 문제인 것이다. 즉, 계발적인 경험을 겪지 않고서는 자기의 잠재 능력을 알지 못한 채 학교를 졸업하게 될 것이며, 졸업 후의 방향을 결정하기도 어렵게 되는 것이다.

계발적 경험을 부여한다고 해서 반드시 어떠한 한 가지 일을 지도했으면, 이는 그것으로 그치고 다시 어떠한 다른 일을 지도해 나간다는 뜻은 아니다. 오히려 이것만으로는 충분한 성과를 기대하기가 어렵다. 이러한 여러 가지 일이 그때 그때 한 문제 단원(問題單元)으로서 종합되어 지도되어야 하겠다는 것이다.

예를 들면, 어떻게 농산물을 증산시켜 우리의 식생활을 안정시키는 데 도움이 되게 하느냐 하는 프로젝트(project)가 제시된 경우가 있다면, 이에 수반되는 여러 가지 일, 즉 그 농작물의 재배법, 기계 기구의 조작법, 경영 기장(經營記帳) 등에 관한 일련의 실습을 종합적으로 계획하고 지도하여야 한다는 것이다.

(3) **학습 과제의 인식(국가적, 사회적)** 실업과의 모든 학습은 주체성을 살리는 방향으로 학습의 요소를 단계적으로 증가시켜 나가야 한다. 우선 그러한 학습이 우리 나라의 현재와 미래를 통해서 국가적 또는 사회적으로 차지하게 될 의의와 위치를 명백하게 인식시키고 생산적 여건과 교역(交易) 관계 등을 타국 등과 대비해 봄으로써 더욱 그 과제를 깊이 인식할 수 있게 할 수도 있는 것이다.

실습을 위한 학습 과제는 교사가 작성한 지도 계획표에 따라 늦어도 전날까지에는 다음 날에 학습할 사항을 예고하여 그 사항을 인식시켜야 한다. 실습을 시작하는 그 시간에야 실습에 관한 대강을 설명하고, 즉시 실습 공장이나 포장으로 유도한다든지 또는 전혀 설명도 없이 시작한다면, 학생들은 전혀 무계획적으로 교사가 인도하는 바에 따라 움직일 따름일 것이므로, 그 학습은 전적으로 타율적(他律的)인 것이 되고 마는 것이다. 그러므로, 실업과에서는 특히 실습의 지도에 있어서 그 교과의 가치를 결정할 가장 중요한 요소의 하나인 자발적 또는 자주적 학습 활동의 원천이 될 국가적, 사회적 학습 과제의 인식, 학습 과정의 예상, 실습의 예정 계획 등을 등한시하여서는 안 된다.

3. 실제 지도의 예(실습 지도를 중심으로)

(1) **실습 조건의 정비**   ① 주안점……학습 과제의 인식과 관련시켜 그 시간의 목표를 구체화시킨 항목으로 제시하고, 지도할 범위와 정도가 일목 요연하게 나타나도록 한다.

② 준비……㉠ 소요되는 기계 기구의 종류와 수량 ㉡ 재료 ㉢ 작업장 또는 실습지 ㉣ 실습 분담

③ 조사 문제……우리 나라 또는 우리 향토를 배경으로 한 산업상의 조사 문제를 될 수 있는 대로 많이 제시하고 이를 조사 연구하게 한다. 조사 문제는 고장에 실재하는 사항을 학생 자신으로 하여금 조사하게 한다. 이는 자주적인 학습을 위한 유력한 한 수단이며, 학습 흥미를 유발하고 연구심을 향상시키는 데에도 도움이 된다.

이러한 조사 문제는 이를 정비하여 실습에 도움이 되게 한다.

(2) 요점의 분석 설명   실습을 과하기 전에 그 작업에 대한 요령을 미리 분석 설명한다. 작업은 같은 종류의 것을 반복할 때도 있고, 또 그때그때 새로운 것을 시작하여야 할 경우도 있다. 또, 비교적 간단한 것이 있는가 하면 극히 면밀한 기술을 요하는 것도 있다. 그러므로, 이러한 작업이 무익한 것이 되지 않게 지도할 수 있도록 요점을 분석할 필요가 있다. 작업에 대한 설명을 할 때에는 명확하게, 그리고 복잡한 작업은 그 순서를 정확하게 알릴 필요가 있는데, 현장에서의 설명은 실제로 행하려는 작업과 관련되어 있으므로 학생들에게 깊은 인상을 주게 된다.

현장 실습 또는 농장 실습 등이 쓸모 없는 육체적 노동에 지나지 않는다든지, 어떤 모방적인 활동에 지나지 않는다는 비난을 받는 것은 이와 같은 현장에서의 설명을 소홀히 하기 때문이라는 것을 잊어서는 안 된다.

(3) 교사의 시범(示範)   작업을 시작하기 전, 또는 작업 중에는 교사는 시범을 보여야 한다. 지도 교사는 자기의 전공인 생산적 기술에 능통하지 않으면 안 되므로, 평소에 전문적 영역에 관한 기술을 연마해서 학생이나 공중의 주시(注視) 속에서도 능히 그 기술을 시범할 수 있는 정도가 되지 않으면 안 된다.

만약에 어떤 기술에 대하여 자기는 이론적인 설명만을 가하고 그 기술에 대해서는 공장 고용인이나 농부 또는 초청 인사 등의 힘을 빌어서 한다면 실습 교사로서의 자격은 결핍된 것이라고 하지 않을 수 없다. 오늘날, 실업 교육이 주체성을 상실하고 있다는 비난을 받는 경우가 있다면, 그것은 실기를 지도하는 교직자 중에 너무나 외국에 모방적이고 탁상 공론적인 사람이 많고 참다운 기술자가 적기 때문이라는 것을 지적하지 않을 수 없다.

그리고, 작업 도중에도 교사는 원칙적으로 학생들과 같이 같은 작업에 종사하여야 한다. 즉, 같은 작업에 종사함으로써 작업 진행의 정도를 알 수 있고, 학생들의 정신적 또는 육체적 피로의 정도를 예견할 수도 있다. 뿐만 아니라, 솔선 수범하는 교사 밑에서는 학생들이 부지불식간에 감동되어 그 학습의 효과는 위대한 것이 될 수 있는 것이다.

(4) 반복 훈련   실습은 이를 연습적인 실습과 실험적인 실습으로 나누어 생각할 수가 있다. 연습적 실습은 현장 실습에서의 제일 계제(階梯)에 속하는 실습이며, 교사의 지도에 의하여 어떤 기술을 반복 연습하는 실습이라고 할 수 있다. 이는 작업일(作業日)을 달리하여 수 회에 걸쳐서 실시하지 않으면 안 되며, 한 번에 그친 실습은 실효성이 적다.

그러므로, 교육 과정의 정상적인 운영을 뒤흔들지 않는 한, 연습하는 횟수는 많을수록 효과가 큰 것인데, 동일 작업을 한 번만 실시하는 것으로 이미 완전히 습득된 것으로 착각하는 사람도 있고, 또 이러한 실습은 육체적 노동에 지나지 않는다고 비난하는 사람도 있겠지만, 이것은 올바른 생각이라고 하기 어렵다. 외부적으로 나타나는 동작이 다소 노동적이라 할지라도 그 내용이 교육적이라면 훌륭한 연습적 실습이라고 할 수가 있다. 실험적 실습은 연습적 실습에 비하면 좀더 자율적이고 창조적인 실습이라고 할 수가 있는데, 여기서는 실습에 대한 설계와 계획에서부터 과정에 이르기까지의 일체를 학생이 주체가 되어 행하게 하고 교사는 지도 조언만을 행하는 것이다. 그러나, 이 경우에도 학생들에게 건실한 학습 목표를 제시하고 그에 상당한 실습 설비와 참고 자료 등을 제공할 필요가 있다. 실험적 실습은 지도하기가 곤란하고 위험성이 있기는 하지만, 연습적 실습에 비하면 그 효과가 매우 크다고 볼 수 있다. 그러나, 충분한 연습적 실습을 마친 다음이 아니면 실험적 실습을 과하기 어렵다는 것을 잊어서는 안 된다. 결국 실습은 연습적 계제에서 시작하여 차차 그 정도를 높여 가며 반복 연습시키는 것이 중요하다.

(5) 반성 및 결함의 시정　반성은 다음 학습시의 보다 나은 향상을 위하여 필요한 것이며, 결함의 시정은 학습이 끝났을 때뿐만 아니라 학습 도중에도 적절히 수반되어야 한다.

이는 실습 결과의 평가, 공작물의 전시 또는 평가, 일지의 기록 등 그때 그때 적당한 방법을 택하여 행하도록 한다.

4. 자각과 신념의 부여

이상은 실습 지도를 '주체성의 확립'이라는 문제와 결부시켜 어떻게 지도해 나갈 것인가 하는 '실제 지도'의 예시였으나, 결국 실업과에 있어서는 모든 실업 분야의 지도에서 우리 나라 산업의 현황과 특질을 올바르게 인식시키고, 산업을 통하여 국가 발전에 이바지하려는 신념과 자각을 더욱 굳게 하여야 한다.

즉, 부국 강병의 관건이 될 경제적인 발전은 산업의 발전에서만 기대할 수가 있다는 것을 자각하게 하는 것이 중요하며, 우리도 남의 나라에 못지않는 자연적 환경과 자원을 갖추고 있으므로 '하면 된다.'는 신념을 갖게 하는 것이 무엇보다도 중요하다. 그리고 또, 이것은 각자가 신변에 가까운 일들을 단계적으로 해결해 나감으로써 스스로 달성될 수 있다는 것을 자각하게 해야 하며, 지역 사회의 개발과 발전이 곧 국가 부강의 근원이라는 것을 이해시켜, 그 개발에 적극 기여하려는 태도를 길러야 하겠다.

가   정

1. 민족 주체성 확립과 가정과 교육

여성 교육은 인간 교육의 일부로 간주하기 쉬우나, 이것을 인간 교육 위에 한층 더 쌓아올리는 교육이라고 볼 때, 인간 교육의 보완이며 강화가 아닐 수 없다.

가정과(家政科) 교육은, 개체인 여성 및 주부의 부덕을 사회의 축소이며 여러 가지 기능의 종합체인 가정(家庭)을 근거로 하여 쌓아올리는 여성 교육이라고 하겠다.

따라서, 가정과(家政科)의 주체성 문제는 곧 여성의 주체성 문제이며, 또 가정(家庭)의 주체성 문제인 것이다.

그리고, 가정은 사회나 국가의 조직 세포이며 기본 단위이므로, 가정의 주체성은 국가 민족의 주체성 문제와 직결될 뿐 아니라, 바로 동질이고 동의하다고 보아야 할 것이다. 즉, 주체성을 가지지 못한 여성(주부)이 운영하는 가정들로 이루어진 사회나 국가에서는 국가와 민족의 또는 여성의 주체성을 발견할 길이 없는 것이다.

2. 민족 주체성과 여성

'민주주의는 자유 평등이다.' '남녀는 동권이다.'라고 한다. 이러한 좋은 이념도 잘못 소화되면 재래의 동양 여성의 미덕은 무너지고, 새로운 도의와 참다운 능력을 가진 현대 여성도 아닌, 이것도 저것도 아니면서 오히려 사회에 해독을 끼치는 여성을 낳게 될 것이다. 이러한 여성을 어머니로 한 제2세, 이러한 여성들을 주부로 가진 가정이나 남편의 장래는 암담할 수밖에 없으며, 더욱 나아가 국가의 장래도 염려되는 것이다.

이럼으로 해서 여성의 주체성 문제는 어느 문제보다 크며, 오늘의 시국에서는 어느 문제보다 긴급하다고 보겠다.

그러므로, 주체성을 가진 여성의 육성, 즉 여성 교육은 중하고 시급하다고 해야 할 것이다.

그러면, 주체성을 가진 여성이란 어떠한 여성을 말함인가?

여성의 주체성은 두 가지 방향으로 고찰되어야 할 줄 안다.

하나는 여성 자신으로서의 자각이고, 다른 하나는 국민으로서의 태세일 것이다.

전자는 여성의 일반적인 올바른 길과 태도를 깨닫고, 여기에 자기의 위치와 경우를 적응시키는 길인 것이다. 여성은 누구나 여성들이 갈 보편 타당한 길을 가게 마련인 것이며, 여기서 빗나가는 것은 여성 본질의 상실이며, 이것은 곧 여성 주체성의 상실인 동시에 사명에의 반항인 것이다.

그릇된 자유, 평등, 동권 등에 사로잡히지 말고, 여성으로서의 자기의 처우에 맞는 태도와 행동이 요구된다.

가족 관계에 있어서 딸로서, 자매로서, 남의 처로서, 어머니로서 바르게 처우할 줄 알아야 하며, 한 인격을 가진 여성으로서의 태세도 갖추어야 한다.

여권의 진의를 알아서 범할 수 없는 위엄을 가지는 동시에 유화한 온정과 아름다움을 갖추는 것 등 이러한 점은 여성 자신의 주체성을 원동으로 하여 오랜 시일에 단련되는 것이다.

후자는 국민으로서의 여성의 태세이다. 이것은 남성의 경우도 마찬가지이나, 여성의 경우는 특히 다음 몇 가지로 인하여 더욱 강조되어야 한다.

첫째는 여성은 국민의 반수 이상을 점한다는 것, 둘째는 여성은 대다수가 가정의 중견인 주부며 가정인이라는 것, 세째는 가정과 국가와는 긴밀한 관계가 있다는 점이다. 이 세 가지를 관련시켜 고려할 때, 여성과 국가와의 연관은 대단히 깊으며, 그럼으로 해서 국민으로서의 여성의 자각이 요망되는 것이다. 다시 말하면, 여기서는 주체성을 가진 대한 민국의 여성으로서의 태세를 갖추어야 한다는 것이다.

즉, 주체성을 가진 여성이란 여성인 자아, 국민인 자아를 깨닫고 실천하는 여성을 말한다고 보아야 할 것이다.

3. 민족 주체성 확립과 교육 과정 운영

가정과의 궁극 목표는 올바른 자아 의식을 가지고 노력 진보하는 여성의 양성, 민족 국가 의식이 뚜렷하여 가정(家庭)을 합리적으로 운영하며, 국책을 받들어 국가에 협력 헌신하는 주부와 모성의 양성에 있다. 그러기 위하여 여학생 시대에 여성으로서의 위치를 자각하여 확고한 신념을 가지게 하고, 가정 생활의 이론을 지니게 하여, 이것을 실천 감행하는 의욕과 기능을 가지게 하는 것이 가정과(家政科) 학습의 임무인 것이다.

이상과 같은 목적과 임무를 달성하려면 무엇보다도 국가와 민족과 개인의 주체성을 기반으로 하여 가정과 교육을 쌓아 올라가야 한다. 그 방안을 다음과 같이 살펴보기로 한다.

(1) 국가 민족 의식의 투철 국가를 이루는 것은 통치자, 백성, 국토라고 한다. 백성들은 모두가 가정의 일원들이며, 따라서 가정(家庭)은 형식으로나 내용으로나 국가라는 조직체의 세포가 아닐 수 없다. 대다수의 가정(家庭)의 성격은 곧 나라의 성격이다. 그러므로, 가정의 주체성 없이 나라의 주체성은 있을 수 없는 것이다.

또, 가정은 국가 행정 시책의 영향을 받는 최전선이며 최말단이다. 경제면에서만 일례를 들더라도, 주부가 주관하는 가계부는 재무부에 통한다고 하겠다. 이것은 비란 공무원의 가계부뿐이 아닌 것이다. 국가에서 막는 특정 외래품의 구입비가 가계부에 적힌다. 국가에서 수출품으로 장려하는 의료들이 학교 마당에서 무수히 패션 쇼우를 연출하고 있다. 이러한 수다한 것들이 민족 재산을 고갈하게 하는 원인이 되는 것이다.

이러한 사실들이 모두 가정 주부들에 의하여 이루어진다고 생각할 때, 실로 가정과(家政科) 교육 담당자들은 그 책임이 중대하다고 하지 않을 수 없다.

이러한 것은 민족 주체성을 자각한 여성들에 의하여 반드시 시정되어야 할 문제인 것이다.

다음, 내가 태어난 나라, 내가 태어난 지역에 대한 애착심은 누구나 다 가지고 있다. 이것은 나의 몸을 자라게 한 고향이며, 이것은 바로 나의 주체성의 온상이기도 하다. 애향심, 애국심 없이 주체성은 있을 수 없다. 그러므로, 학습 주제도 학습 자료도 나의 지역의 것을 주로 하는 것이 나의 지역의 발전을 꾀하는 길이요, 나의 지역에의 공헌인 것이요, 나의 주체성의 발로가 되는 것이다.

   (2) 도의 교육과 경제   도덕의 내용과 예절 등의 형식 문제는 지역(동서양)에 따라 다르며, 시대에 따라 변천도 되지만, 거기에 일관되는 최고선(最高善)이며 절대적인 가치관은 양(洋)의 동서와 고금을 막론하고 엄존할 것이다.

교육에서는 이것을 지키고, 전달하고, 계승하며, 보호 육성할 의무가 있는 것이다.

가족 제도를 파괴하는 무서운 사상이라든지 타기할 천박한 행동에 물들지 않는 주체성 있는 절대적인 가치관 및 태도와 행동을 체득시켜야 할 것이다.

가정과에서는 가족 관계와 예절 지도에서 이러한 문제를 다루고 있으나 구두선(口頭禪)에 그치지 않고, 실제에 입각한 생생한 경험을 줌으로써 체험 실천하도록 하여야 한다.

예절면의 구체적인 예로서 대인 관계에 있어서 인사하는 법, 절하는 법, 사교하는 법 등은 우리 나라의 좋은 점이 그대로 지도되어야 하겠으며, 또 국제적으로 널리 대인(對人)하는 현대에 있어서는 외국식과 현대성 등을 알아 실천하는 것도 또한 지성적인 교제로써 국위를 선양하는 결과가 되는 것이다.

언어의 예의도 중요한 부분이며, 순화된 고운 말의 지도는 동양 여성의 우아한 모습에 한층 더 얼과 향기를 불어넣는 길인 것이다.

가정과 교육에서는 예절바르고 자아를 인식하고 자활하는 실력을 가진 주체성 있는 현대 여성을 양성하여야 한다.

착실한 자립 경제 생활은 사람을 빈곤에서 구하여 정신적으로, 물질적으로 여유 있는 인간을 만든다. '의식족이 지예절(衣食足而知禮節)'이라고 한다. 이것은 물질과 정신의 상호 관계를 말한 것이다.

물질이 넉넉하면 사람은 다채롭고 윤택한 생활을 할 수 있으며, 예절과 인사도 차릴 수 있고, 악에도 물들지 않는다는 것이다. 또, 사회, 국가에 대한 반발심이나 반국가적 행동도 나타내지 않게 된다.

결론적으로, 착실하고 넉넉한 가정을 가진 사람들은 예절바르고 주체성을 가진 사람이라는 말이 된다. 이것은 개연성(蓋然性)이 많은 어느 정도 옳은 관찰이라고 본다.

아무리 좋은 두뇌와 고도의 기술을 가지고 있어도 이것이 착실한 가정의 기반 위에서 싹트거나 자라지 못하였다면 이 두뇌와 기술이 화가 될 수도 있는 것이다. 그러므로, 여기에서도 건실한 가정과 여성의 힘이 요청되는 것이다.

(3) 노작 교육   가정과는 실천하는 교과이며 노작을 주로 하는 교과이다. 또, 가정과는 생활 과학이며, 응용 종합 과학이므로, 타 교과에서 이수한 이론이나 기본이 여기에서 실습 구현되어 결과를 맺게 되는 것이다.

그리하여, 이것이 가정 생활이나 사회 직장 생활에 활용되어 우리의 실생활을 이루게 하는 것이다.

즉, 가정과에서 여러 교과가 종합되어 결실한다고 보는데, 이러한 결과에 도달하는 과정(過程)의 학습이 또한 가정과의 과정(課程)인 것이다. 이것은 인간인 여성을 만드는 중요한 과정이기도 하다.

우리가 나와 민족과 국가를 위하여 사명을 느끼고 일을 하려면 노작하고 계속 실천하여야 하며, 이것을 인생의 전부로 느끼고 깨달아 이것이

생리화되고 습성화되어야 한다.

부지런히 노작하여 계속 일하는 백성을 가진 나라는 일어날 것이며, 이러한 정신 자세의 백성을 가진 나라는 흥하며, 망하는 일이 없다.

가정과에서는 근로하는 여성, 아내, 모성을 육성하도록 하여야 한다.

다음, 노작 교육은 인격을 형성한다는 것이다.

노작 작업에서는 단순한 작업과 기술의 구사뿐이 아니고 그 과정에서, 근면, 주밀, 인내, 미적 정서 등의 양습이 배양되며, 협동, 봉사 등의 미덕도 함양 체득되는 것이다.

발달된 과학으로, 합리적인 방법을 써서 능률을 오르게 하며, 이것을 부지런히 계속하며, 또 인근과 유대를 가지고 협동 봉사하는 것은, 현사회의 고도한 작업 경영 방식으로도 확대할 수 있어서 지(知), 능(能), 의(意), 정(情)을 모두 구비한 유능한 인재를 만드는 길이라고 하겠다.

이론이 행동이나 기능으로 구현되고 이것이 기구화되고 사회화될 때 비로소 인간 사회에 유위하게 쓰여졌다고 할 것이다. 이 기구의 한 구석이라도 맡아 하는 데 없어서는 안 될 인간이 되어야 할 것이다.

(4) 생산 교육   과거의 가정과 교육은 소비 교육이었다. 가정에 있는 가재 도구들을 어떻게 잘 다루어 수명을 길게 이용할 수 있는가? 또는 소모품 등도 어떻게 절약 이용하여 120%의 효율을 올릴 수 있느냐는 등등의 소극적인 소비 교육뿐이었다.

금후는 이러한 소극적인 소비에 적극적인 면의 가미가 필요한 것이다. 즉, 과거의 개인적이고 가정적이었던 소비를 좀더 원대한 장래와 국가적인 견지에서의 유익한 소비로 발전시켜야 한다는 것이다. 예를 들면, 덮어놓고 안 쓰고 안 먹는 절약 소비가 아니라, 노력으로 수입을 늘려 잘 살고 다채로운 문화 생활을 할 수 있는 생산적인 소비로 이끌어야 한다. 이 결과는 가정에서 쓰이는 물품들의 생산을 장려하고 뒷받침하게 되는 것이며 생산업자를 리이드하는 길이 되는 것이다. 좋은 국산품이 생겨도 이것을 가정에서 주부들이 안 쓰고 안 사 주면 그 사업은 위축되어 망하게 된다.

이 반면에, 부당한 물품(외래품, 불량품, 부당한 가격의 물품) 등은 불매하면 그 사업을 억제하는 결과가 되는 것이므로, 이러한 소비는 모두 적극적인 소비인 것이다.

가정과는 이러한 합리적이고 적극적인 소비 경제도 다루어야 한다.

흔히 가정과에서는 소비 교육만을 한다고 하였으나, 생산 교육도 하고 있는 것이다.

전기한 적극적인 소비로써 생산을 리이드하는 것도 생산 교육의 측면이 되겠지만, 새로운 가정에서는 직접 생산 교육도 하여야 한다.

재봉 수예,등에서 물건을 만드는 것은 훌륭한 생산이며, 이것은 수출하여 외화를 획득할 수도 있을 것이다.

또, 공지에 채소와 화훼를 재배하는 일, 가축 가금을 키우는 일도 훌륭한 생산이 되는 것이다.

이러한 일들은 모두 소규모이지만 생산의 일을 하는 것이며, 이것이 대규모의 산업으로 확대하는 기반이 되는 것이다.

(5) 인력 생산   가정(家庭)에서는 인적 자원도 생산하고 있다. 사람은 누구든지 가정에서 출산(出産)하고 가정에서 자라서 한 사람분의 일을 하는 완성된 인간이 되어 가정과 국가 사회에 이바지한다.

이것이야말로 매우 중요한 생산인 것이다.

또, 가정에서는 인력(에너지)이 재생산된다. 즉, 한 사람의 근로인이 하루의 일을 마치고는 즐겁고, 다정하고, 따뜻하고, 안전한 내 가정에 돌아간다. 여기서 휴양하고, 영양을 취하고, 위안을 얻어 다음 날 다시 일할 수 있는 힘을 얻게 된다. 즉, 노동력이 재생산되는 것이다.

이와 같이 물건만을 생산하는 것이 아니라 물건을 생산하는 인간의 생산과 인력을 재생산하는 일은 더욱 중요한 것이다.

(6) 아동 보육과 가정 교육   전기한 인간 생산은 대단히 중요하고 자연
스러운 일이지만, 우리는 보다 잘 살기 위하여 또는 국가적인 인적 자원의
수급 계획에 의하여서도 가족에 대한 계획을 하여야 할 것이다.   가정은
국가의 정책을 반영시켜야 하므로, 국책으로 가족 계획을 장려하고 있으면
이것을 따라야 할 것은 당연한 일이다.   가정에서도 아기를 알맞는 수로,
적당한 터울로 낳는 것은 부모 자식 모두의 행복을 위하여 바람직한 것
이다.

이렇게 자녀 출산 계획에 의하여 출산된 아기는 최신 과학의 이론과 실
제 기술로 실수 없이 잘 키워 국가의 유능한 인재를 양성하도록 하여야
할 것이다. 가정(家庭)은 아동 교육의 첫 교장(敎場)이며, 부모와 가족은
모두 그들의 스승이어서 아동은 가정이라는 환경에서 인격이 형성된다.
그 중에서도 어머니의 사랑은 절대적이어서 그 영향은 말할 수 없이 크다.

거리의 부랑아들의 어머니가 현모였더라면 아무리 고아가 되었어도 그
렇게 불량하게는 안 되었을 것이며, 숫자상으로도 훨씬 적었을 것으로
안다.

이렇게 생각할 때 좋은 가정 환경과 올바른 질적인 보육과 올바른 가정
교육이 얼마나 중요한가를 뼈저리게 인식하여야 한다.

(7) 가정(家庭)과 주체성   가정 생활 양식은 고정된 것이 아니다. 거
기 담긴 인간도 정물(靜物)은 아니다. 부단히 변천하며 움직이고 있다. 그
렇게 함으로써 인간의 성장이 있으며 가정의 발전이 있는 것이다.

이것이 현실과 밸런스가 맞지 않든지 좋지 않은 방향으로 진전하는 것은
막아야 하겠지만, 우리 나라의 옛 모습에만 집착하는 것이 주체성이라고
오인하여서는 안 된다. 옛날의 주방 모습, 부뚜막, 아궁이, 장독대 등 몇
백 년 전의 것이 그대로 도습되고 있는데, 이것은 우리 나라의 후진성을
증명하는 것뿐이고 주체성도 아무것도 아니다.   우리는 우리 주변의 비능
률적이고 후진적인 것은 용감히 뜯어 고치는 것이 국가와 민족을 위한 보

다 고차적인 주체성의 발로로 본다.

우리들 가정에는 아직도 쓸데없는 많은 인습과 유물 들이 뿌리 박고 있는데, 냉정한 눈으로 관찰 반성하여 후진성을 극복하고 매진하는 데 방해가 되는 인자나 요인은 배제하여야 할 것이다.

그리고, 변천하는 시대와 역사의 조류에 순응하는 것은 영합이 아니고 전진이며, 근대화 내지 현대화의 길이라는 것을 알아야 한다.

선진 국가의 풍속 습관이나 사상의 전부가 우리에게 맞는 것은 아니며, 또 우리의 전부가 후진성을 지니고 있어 버려야 할 것도 물론 아니다. 여기서 현명하게 취사 선택할 줄 아는 눈이 필요하게 되며, 주체성을 가지고 주체성을 살리며 발전시킬 수 있는 선택이 필요하게 되는 것이다.

자율적으로 또는 타율적으로 변천하는 가정에서 주체성을 지닌 주부가 젓는 노로써 배의 방향이 결정되어 가정은 안전한 피안으로 닿을 것이고, 또 육지에서의 개척이 시작되어 정지할 줄을 모를 것이다.

주체성을 확립시키기 위한 가정과 운영은 이상과 같은 데 충점을 두고 지도되어야 한다.

4. 지도상의 유의점

(1) **개성의 존중**　　가정과 각 분야를 학습하는 동안에는 특히 어떠한 분야에 취미를 느끼고 특기를 가질 수가 있다.　이러한 학생은 특별히 장려하고 칭찬하여서 더욱 상달되고 발전시키도록 도와 주어야 한다.

이것은 개성의 발굴, 신장, 존중인 것이다.

이렇게 함으로써 학생에게 자신과 자부심이 생겨서 이념과 사고와 기술 등에 불가침의 주체성이 생기게 되며, 이것이 또 국가의 주체성을 뒷받침하는 길도 된다.

(2) **자율적인 학습**　　교사는 어느 정도의 기준이나 기본을 제시한 후에는 학생의 자율적인 학습에 맡기도록 한다.

학생 자신이 계획하고, 시행하고, 반성 평가하여야 그 과정이 진정한 학습 과정인 것이다. 이것을 되풀이하는 가운데, 학습 방법과 결과에 진보가 있으며, 의타적이 아니고 자립 자활할 수 있는 인간으로 육성된다.

(3) **창의적인 학습**　　자율적인 학습을 하는 가운데에는 더 좋은 방법, 더 나은 효과를 거두려는 노력이 되풀이되며, 이러는 가운데 창의적인 학습으로 발전하게 되는 것이다.

과거의 방법, 진부한 의장(意匠)으로서가 아니라 참신하며 보다 효율적이고 경제적이며 보다 아름다운 성과를 올릴 수 있는 창의적인 지도와 학습이 요청된다.

그리하여 과거의 도습, 타국의 모방이 아닌 데서 우리는 우리의 고차적이고 지양된 주체성을 찾을 수 있는 것이다.

(4) **한 걸음 앞선 지도**　　가정 생활을 학습하는 가정과에서는 현재 있는 그대로만을 학습하는 것이 아니고, 이것을 발전시키고, 앞을 암시하고

전망하는 한 걸음 앞선 학습 지도이어야 한다. 즉, 우리 나라 가정 생활의 향상 발전의 방향과 방법을 한 걸음 앞에서 리이드하여 어느 수준에까지 올리고, 또 다음 수준까지 올리는 이러한 방법이라야 한다. 그리고, 이것은 국가와 대중과 보조를 같이하는 진도라야 한다.

이상적인 것만을 주입시켰댔자 실제에 쓰이지 못한다면 아무 소용도 없을 것이다.

(5) 시사나 국책 반영   절미, 혼식, 가족 계획, 경제 문제 등 그때 그때의 시사나 정책이 반영되는 지도를 하여야 한다.

(6) 주체성의 인식   주체성이 우리 나라 고유의 풍속 습관, 기타를 있는 그대로 고집하는 것을 의미하는 것이 아님을 명확하게 해 두어야겠다. 문화재 등의 보호와는 달리 문화의 변천에 따라 사조도 생활 양식도 달라지기 때문이다.

그리고, 사물의 취사 선택에 있어서 주체성을 가진 감식안을 키우도록 유의하여야 한다.

(7) 교사의 솔선 수범   학습 활동에 있어서 교사는 항상 학생과 같이 움직여야 하며, 진두에 나서야 한다. 또, 일상 생활에 있어서도 학생의 귀감이 되며, 민족 주체성의 권화(權化)가 되도록 노력하여야 한다.

반공 · 도덕 생활

1. 반공 · 도덕 교육의 위치

문교부는 지난 1962년 개정 공포한 초·중학교 교육 과정에서 교과 외에 '반공·도덕 생활'이란 특별 과정을 설정하여 매주 1 시간씩의 시간을 배정하였다. 이는 그 동안의 우리 나라의 실정과 교육 현실로 보아서 반공·도덕 교육이 특히 강조되어야 한다는 판단에서인 것은 다시 말할 필요도 없다.

그러나, 이 특설된 시간만으로 바람직한 반공·도덕 교육이 완성된다고 생각하고 있는 것은 결코 아니다. 반공·도덕 교육은 단순히 특설된 시간이나, 특정된 어느 교과의 교육만으로 이룩되는 것이 아니라, 학교의 전체 교육 계획과 생활 지도 속에서 비로소 제대로 이루어질 수 있는 것이며, 또 이와 같이 하여 이루어진 성과야말로 진정한 성과가 되는 것이다. 그리하여, 개정된 교육 과정에서는 모든 교과 교육을 포함한 학교 교육 전체에서 반공·도덕 생활 지도를 강력히 추진하는 동시에, 여기서 얻어지는 성과가 특설된 시간 활용을 통하여 보충되고 정리되도록 하는 이중적 (二重的) 구조를 가지게 하고 있다.

다시 말하여, 학교 교육은 단순히 교과별로 이루어지는 단편적 지식의 집적(集積)만으로 끝나서는 아니 되고, 이러한 것들이 총합되어 민주 시민으로서 가질 바 훌륭한 도덕적 자질로까지 발전되어야 한다는 것을 뜻하는 것이다.

반공·도덕 생활의 지도는 대체로 다음의 네 가지 영역에서 이루어지도록 과정 편성을 하였다.

첫째는 예절 생활로서, 이는 도덕의 형식적 규제면을 통하여 도덕 자체의 신장을 기하려는 것이다. 우리 나라는 오랫동안에 걸쳐 동방 예의의

나라로 일컬어져 왔을 만큼 예절을 숭상해 온 덕분으로, 예절이 고도로 격식화되어 오히려 번잡하기까지 했다. 그리하여, 해방 후에는 이에 대한 반동과 외래의 풍조의 수입으로 말미암아 예절이 차지하는 본래의 의의마저 부정해 버리는 경향까지 나타나게 되어 예절의 공백 상태를 초래하였음을 다 같이 애석하게 생각하고 있는 터이다. 이제 개정된 교육 과정에서 특히 예절 생활을 커다란 영역의 하나로 내세우게 된 것은 바로 위와 같이 하여 허물어진 예절의 전통을 다시 일으켜 세워 오늘에 맞는 예절을 새로이 창조하고 일상 생활에 실천하게 함으로써 학생들로 하여금 도의적 성장을 측면에서 돕게 하고, 나아가서 명랑한 사회 분위기 형성을 기하자는 의도에서인 것이다.

둘째는 개인 생활로서, 심신의 왕성한 성장 도상에 있는 학생들로 하여금 도덕적 심성을 계발하고 인격의 함양에 노력하게 하려는 것이다. 우리가 민주 시민으로서의 완전한 자질을 갖추게 되기 위해서는, 타율적인 강제에 의하여 스스로를 규제받는 일보다 스스로가 스스로를 규제하는 자율 정신이 앞서야 할 것이다. 이런 의미에서 성장 도상에 있는 학생들로 하여금 스스로 판단하여 스스로 행위를 하는 능력을 길러 주는 일은 매우 중요하다.

세째는 사회 생활로서, 사회 생활을 하는 데 있어서의 원만한 대인 관계를 유지 발전시키는 능력을 기르려고 의도한 것이다. 원래, 도덕은 우리가 사회 생활을 하고 있는 데서 출발한 것이며, 사회 생활에서의 인간 관계면에서 구체화되는 것이다. 우리 나라는 민주 제도를 수입한 지 일천(日淺)하며, 또 수입된 민主 제도가 생활의 전체면에 넓고 깊게 침투 소화되지 못한 면도 많아서, 도덕에서의 이 부면의 지도는 우리 사회의 민주화를 위하여 매우 큰 비중을 차지하여야 할 것이다.

네째 영역은 국가 생활로서, 학생으로 하여금 국가에 대한 의식을 길러 주고, 특히 우리 나라가 요구하는 반공 태세의 확립을 위한 정신 무장을 기하자는 데 뜻이 있다. 국가의 번영은 국민의 애국심에 달려 있고, 애국심은 국민의 국가에 대한 의식에서 출발한다. 특히 우리 나라는 애국심과 국가 의식, 민족 의식 가운데 반공 민주 정신이 차지하는 비중이 매우 큼을 강조하지 않을 수 없다. 우리가 특히 강조하는 반공 교육은 단순히 공산주의를 미워하는 데 그치지 않고, 반공 민주 정신을 고양하여 우리의 애국 정신과 국민 도의 정신으로까지 승화 발전시킬 것을 의도한 것이다.

2. 민족 주체성 확립과 반공 · 도덕 교육

주체성의 개념에 관해서는 이미 앞에서 상세하게 언급되어 있어서 여기서는 더 부연할 필요가 없을 것이다.

다만 왜 이제 와서 주체성이 강조되게 되었느냐 하는 점은 앞으로 우리가 어떤 점에 주력하여 교육을 해야 할 것이냐의 문제와 직결되기 때문에 여기에 대하여 고찰해 보기로 한다.

주체성 교육을 강조하게 된 직접적 계기는 우리 나라가 일본과 정상적인 국교를 맺게 되었다는 데에서 찾을지도 모른다. 그러나, 더욱 근본적으로는 해방 후 20 년이 지난 오늘날까지도 우리 나라는 모든 면에 있어서 자립(自立)과 안정(安定)을 얻지 못하고 있다는 반성에서 찾아야 할 것이다. 정치적으로는 민주주의를 지향해 왔으나 4·19, 5·16과 같은 두 차례의 커다란 변혁을 가져야 했고, 경제적으로는 아직도 자립을 이룩하지 못하고 있다. 문화적으로는 외래 문화를 우리 것으로 소화하여 새로운 우리 것을 창조하려는 자세에 있지 못하고 우선 받아들이는 데 급급해 있고, 사회적으로는 모든 건실한 사회에서 볼 수 있는 안정성과 진실성이 희박하고, 경박하고 고식적(姑息的)인 사고 방식과 생활 태도가 풍미하고 있다. 교육적으로는 인문 숭상의 기풍이 아직도 청산되지 못하고 있을 뿐 아니라, 교육의 내용이 추상적인 이론에 그치고 구체적이며 현실적인 문제 해결력으로까지 발전하지 못하고 있는 것이 사실이다. 국민의 국가 의식이나 민족 의식이 박약하여 국가적, 민족적 과제 해결을 위한 협조, 단결심이 약하다.

이와 같은 사실은 우리 나라가 형식적으로는 독립하고 있으면서도 실질적으로는 독립 자존의 태세가 이룩되지 못하고 있음을 뜻하는 것이다.

따라서, 우리가 주체성을 강조하게 된 연유는 결코 어떤 새로운 교육 이념을 정립하는 것이 아니고, 오히려 지금까지 이룩하지 못한 정상적 자세를 회복하는 데에 지나지 않는 것이다.

3. 주체성 확립을 위한 강조점

문교부는 초·중·고등 학교의 교육 과정을 개편하여 1963년 2월에 공포한 바 있는데, 이 교육 과정 개편에 있어서 특히 유념하고 강조한 점으로 '자주성'과 '유용성'이 있다.

교육 과정 내용에서 강조되는 자주성이란, 우리가 교육을 통하여 형성하려는 인간상이 막연하고도 보편적인 민주적 공민이 아니고, 고유의 역사와 전통을 지니고 역사적 현실 속에서 명확한 사명감을 자각하고 생활하는 대한 민국 국민이라는 점을 전제로 하여, 그 내용을 우리 나라가 가지는 구체적이며 현실적인 문제를 중심으로 편성한다는 것을 뜻한다. '유용성' 역시 같은 정신 밑에서, 교육 내용을 생활과 직결시키고, 교육과 사회를 연결시키는 방향에서 편성할 것을 뜻한 것이며, 결코 추상적인 이론이나 개념적인 지식을 전수하는 데 그쳐서는 아니 될 것을 다짐한 것이다.

이와 같은 정신 밑에서 편성된 교육 과정이기 때문에 지금 여기서 강조하려는 민족 주체성과는 직접 그 정신을 같이한 것으로 보아 마땅하다.

민족 주체성에 관련하여, 특히 반공·도덕 교육에서 강조할 점을 다음에 들어 본다.

(1) 우리의 현실에 대한 인식을 뚜렷이 하여야 한다.

현실의 정확한 판단은 앞으로의 대책 수립을 위한 정확한 설계의 기초가 된다. 현실의 정확한 판단 속에서 우리는 앞으로 계속 발전시켜야 할 우리의 장점, 자랑을 발견할 수 있고, 한편으로는 앞으로 고쳐 가야 할 우리의 단점을 발견할 수 있다.

지금까지 우리 국민이 어디로 향하여야 하며, 무엇을 해야 할 것인가를 모르고 오직 바람 부는 대로, 계획 없이 날마다의 생활을 영위하여 왔다면 그것은 우리가 우리 스스로를 올바로 판단하지 못했던 데서 연유된 것이다. 따라서, 앞으로의 교육에서 무엇을 어떻게 강조할 것인가의 문제는 우리가 우리 스스로를 어떻게 인식하느냐에 달려 있는 것이다.

우리가 우리를 인식하는 것은 우리가 우리 스스로에 대하여 관심을 가지는 데서 출발해야 한다. 우리 나라에서 벌어지고 있는 문제, 우리 가까운 사회에서 일어난 문제들을 자기가 직접 관여한 문제가 아니라고 하여 전혀 무관심하고, 피안(彼岸)의 불과도 같이 생각하고, 심지어는 냉소(冷笑)까지 하는 일 따위는, 공동의 의식이 희박하고, 국민의 한 사람, 사회의 한 사람이란 입장에서의 연대 의식의 결여(缺如)에서 나온 것이다. 우리가 대한 민국의 국민이라는 의식을 뚜렷이 가지고, 우리 나라에서 일어난 불행한 사태에 즈음하여 같이 걱정을 하고, 반가운 일에 같이 기뻐하는 마음이 될 수 있어야 할 것이다. 우리가 우리의 일에 공동으로 관심을 가지는 일은 국민으로서, 사회의 성원으로서의 공동 책임 의식, 연대 의식의 출발인 것이며, 스스로의 문제를 스스로 해결하려는 자주 정신의 기초를 이룬 것이라고 할 것이다.

(2) 우리 스스로에 대한 애착과 긍지를 가지도록 해야 한다.

우리는 흔히 우리 겨레가 사대주의 사상에 깊이 젖어 있는 민족이라는 말을 듣는다. 이는 우리 나라의 지리적 위치가 외세의 영향을 많이 받게 해 왔다는 역사적 사실에 근거를 두고 하는 말일 것이다. 그러나, 지금의 우리 국민이 스스로를 멸시하고 실의(失意)에 빠져 기력을 잃고 있다면, 이는 그 원인을 유전적인 사대주의 근성에만 돌릴 것은 결코 아니다. 그 책임은 먼 데 있는 것이 아니고, 바로 가까이에 있는 것이며, 해방 이후의 우리 나라 사태에 책임을 질 모든 우리 기성 세대(旣成世代)에게 있는 것이다. 민주주의라는 면에서 후진(後進)이라는 것이 모든 면에서의 후진을 뜻하는 것으로 단정하고, 우리의 재래의 미풍 양속, 나아가서는 훌륭한 문화 유산까지를 버리고 돌보지 않은 데서 우리의 후진은 더욱 두드러졌다. 우리는 우리가 어느 면에서 후진인가 하는 것을 똑바로 알아야 한다. 우리만이 가지고 있는 특성은 그것이 결코 후진의 이유가 되는 것이 아니고, 오히려 우리가 남에게 자랑해야 할 훌륭한 민족적 개성임을 알고 긍지를 가져 마땅하다. 우리가 우리의 자랑마저 잃고 남에게 대해서 바굴할 때, 거기에는 결코 전진은 있을 수 없고, 오직 실의와 무기력만이 남을 뿐이다.

　우리 나라의 해방 후 20년의 경험에서 볼 때, 우리는 우리 것에 대한 비판보다는 오히려 무조건한 애착(愛着)을 앞세워야 하겠고, 부족한 점의 시정에 앞서 좋은 것의 신장(伸張)에 많은 뜻을 두어야 할 것이며, 과괴보다 건설을 앞세워야 한다. 그 동안 우리가 너무나도 우리 스스로를 자학(自虐)했고 멸시했던 탓으로 잃게 된 권위를 회복하고, 나아가서 앞으로 전진하려는 의욕을 북돋우기 위하여는 실로 비상한 결의와 각오를 가져야 하게 된 것이다. 우리 나라는 지금 모든 면에서 근대화(近代化)를 목표로 전진할 것을 다짐하고 있다. 그러나, 근대화를 위한 전진이 바로 우리 스스로를 부정하는 데서 이룩된다는 생각은 천만 위험한 생각이다. 전진을 위해서는 토대(土臺)가 필요한데, 여기서 토대가 되는 것은 우리 스스로가 오래 지녀 온 민족적 전통인 것이지, 남에게서 일시적으로 빌어 온 외래 문화는 아닐 것이다. 여러 선진 국가의 경우를 보더라도, 우리가 얼른 보편성(普遍性)이라고 생각하는 그 속에 그 민족, 국가의 특수성이 스며 있다는 것을 알게 된다. 영국은 영국대로, 미국은 미국대로, 독일은 독일대로 독특한 형태의 문화 유산을 유지 발전시키고 있음을 간과(看過)해서는 안 될 것이다.

(3) 우리 능력에 대한 자신(自信)을 가져야 한다.

우리 나라는 해방 후에 겪은 정치적, 사회적 혼란, 경제적 빈곤 등으로 스스로에 대한 자신을 잃고 있는 것이 사실이다. 이것은 앞에서 말한 바 자학과 자기 멸시와도 관계가 있는 것으로서, 건실한 발전을 기약하는 어느 나라 국민에게서도 찾아볼 수 없는 정신 상태라고 하지 않을 수 없다. 전진하려는 의욕과 장래에 대한 부푼 희망이란, '나도 노력하면 된다.'는 스스로에 대한 자신(自信)과 다짐으로써만 생기는 것이다.

우리는 여러 가지 어려운 여건 속에서도 그 동안 눈에 보이지 않은 전진을 해 온 것이 사실이다. 물론 아직도 완전한 자립 경제를 이룩하지 못하고 있다고 하더라도, 한 걸음 한 걸음 의욕적인 전진을 해 온 것은 부인 못할 것이다. 혹자는 그 전진이 느림을 안타깝게 생각하기도 한다. 그러나, 지금의 우리 나라로서 기적적인 전진이란 생각할 수 없다. 기적적인 도약(跳躍)을 이끌 수 있는 단계까지는 우리는 안타까움을 참고, 오직 굽히지 않는 자신과 성실한 노력으로써 꾸준한 전진을 해 가야 할 것이다.

(4) 협조와 대동 단결(大同團結)을 할 줄 아는 사람으로 길러야 한다.

우리 국민은 흔히 작게 뭉치기는 쉬워도 크게 뭉치기는 어려운 국민성을 가지고 있다고 한다. 그리고, 그 원인을 우리의 동양적 윤리관, 즉 유교 윤리에 두고 말한다. 가족, 친척끼리의 단결은 잘 되면서 그보다 범위가 큰 지역 사회, 국가, 민족과 같은 단위로의 단결은 잘 되지 않고 있다는 것이 자주 이야기되고 있다. 또, 어떤 경우에는 우리 나라 사람들은 개인적으로 볼 때는 그 소질이 뛰어나고 있으면서, 전체로서의 단결이 부족하여 훌륭한 소질이 제대로 발휘되지 못하는 예를 이야기한다. 운동 경기에서 개인 경기는 성적이 좋은데, 단체 경기는 성적이 좋지 않은 예를 우리는 자주 보고 있는 것이다.

국가, 민족으로서의 대동 단결은 먼저 국가 의식, 민족 의식이 뚜렷해야만 할 수 있음은 두말 할 필요도 없다. 국민으로서의 책임 의식, 민족으

로서의 공동 의식이 뚜렷할 때에는 자기의 개인적 이해나, 좁은 범위에서
의 파벌 의식, 당파 의식은 머리를 들 수가 없는 것이다. 민족 의식이 뚜
렷하지 못하고 오직 개인의 이해 관념이나 당파 의식만이 강할 때에는 민
족 반역 행위가 아무런 거리낌 없이 행하여진다. 우리 나라의 근세사에서,
친○과, 모○과, 또는 ○○과 하여 남의 나라의 힘을 빌어 우리 나라 일을
해결한다고 하면서, 결국은 일개 당파의 이익이나 일신상의 영화를 꿈꾸
는 등의 일이 있었음을 우리는 뼈저리게 알고 있다.

　한일 국교 정상화 원칙에는 지금 아무도 반대하지 않고 있다. 그러나
한편, 한일 국교 정상화 후에 올 사태에 대해서는 걱정하지 않는 사람이
아무도 없다. 일본의 문화 공세, 경제 공세를 자초(自招)하는 일이 있지
않을까 하는 기우에서인 것이다. 일본의 경제적, 문화적 진출이 있을 것
은 필시의 일이고, 따라서 이에 대비하여 단결할 것이 우리가 취할 태세
인데도 불구하고, 자기의 일신상의 이해나 목표 달성을 위하여 우리의 단
결된 태세를 깨뜨리고 만다면 이보다 더한 민족 반역이 있을 수 없을 것
이다.

　이와 같은 일은 민족, 국민으로서의 자각에서 출발한 대동 단결의 정신
의 부족에서 빚어지는 것임을 명심하여, 소아를 버리고 대아에 사는 마음
가짐이 뚜렷이 서야 할 것이다.

　(5) 투철한 자립 정신(自立精神) 밑에 근면 성실한 생활 태도를 함양해야 한다.
　앞에서 우리는 우리의 능력에 대한 자신을 가져야겠음을 강조했다.　자
기 능력에 대한 자신은 필경 자립 정신으로 나타나게 되고, 근면 성실한
생활 태도로서 결실된다.

　우리 나라는 해방 후 줄곧 외국 원조에 의존하여 왔고, 또 외국 원조에
의존함으로써 한 걸음 한 걸음 자립 체제에 접근해 온 것이 사실이다. 외
국 원조가 우리의 자립 체제를 실질적으로 도와 준 면을 결코 간과할 수는
없는 것이나, 그러는 동안에 우리 국민의 마음 가운데 싹튼 타력 의존심

역시 간과할 수 없다고 본다. 우리가 우리 스스로의 일을 남에게 의존하는 일이란 그 자체로서 이미 민족 주체성의 면에서 문제 되는 것일 뿐 아니라, 우리의 자립 의욕을 상실하게 하는 것으로 본다.

물론 우리의 문제라고 하여도 그 해결에는 단순히 우리만의 문제 해결로 되지 않을 경우가 있고, 또 오늘날 국제적 관계를 떠나서 우리의 일을 해결하기 어려운 경우가 많은 것은 사실이나, 국제적 협조심과 국제적 의존심과는 근본적으로 다르다는 것을 알아야 할 것이다.

이제 미국의 원조 방식도 점차로 바뀌어 가고 있음을 감안하여, 우리 문제는 우리 스스로의 손으로 해결해야 하겠다는 마음의 자세를 먼저 찾아야 하겠다. 자립의 정신은 외국의 원조 문제와 관련하여서만 이야기될 것이 아니라, 그 자체로서 개인이나 국가의 발전에 있어서 기본적 자세인 데서 중요시되어야 한다. 자립의 정신은 온갖 간난을 무릅쓰고 전진하는 의욕을 일깨워 주고, 동시에 성실한 태도로써 꾸준히 전진을 위한 노력을 하게 하는 마음의 조건이 되기 때문이다.

민족 주체성을 운위할 때 자립의 정신이 불가결의 요건이 됨도 여기에 있는 것이다.

(6) 승공 통일의 결의와 필승의 신념에 투철하게 되어야 한다.

남북 통일은 20년래의 우리의 숙원이다. 우리가 우리만으로써 아무리 번영하고 행복된 생활을 할 수 있게 된다 하더라도, 우리 나라의 북반부에 공산 독재 체제 속에 시달림을 받고 있는 우리 동포가 있는 이상 결코 그것은 진정한 번영이 못 된다. 우리의 숙원은 남북한의 통일이며, 이 통일을 가로막은 우리의 적이 공산당과 그 간부들이기는 하되, 결코 북한의 동포 전부는 아닌 것을 명심하여야 한다. 우리가 국토 통일을 염원하는 것은 우리 나라의 완전 독립을 이룩하는 데도 뜻이 있는 것은 물론이나, 공산 괴뢰에게 시달림을 받고 있는 우리 북한 동포를 그들의 굴레에서 해방시켜야겠다는 민족적 사명감에서도 그러하다.

국토 통일을 완수하고 북한 동포를 해방한다는 것은 단순히 공산주의를 반대하는 것으로만 되는 것이 아니다. 우리가 민주주의의 쇼우 윈도우로서 사실로써 공산주의에 우월함을 증명하고, 우리가 이니시어티브를 취하면서 북한 동포를 우리 품안으로 맞아들일 것을 생각해야 한다.

그러기 위하여 우리는 모든 힘을 우리의 국력 배양에 집중하여 승공 체제의 확립을 기하여야 하겠다. 민주 공산 양 진영의 대립이 세계적인 문제이고 따라서 우리 나라의 통일 문제가 국제적인 관련 없이 단독으로 해결되기 힘드는 것은 사실이다. 그러나, 우리 스스로가 태세를 갖추지 못한다면 국제적 힘도 우리에게 유리하게 작용하지 못한다는 것을 명심하여야 할 것이다. 우리의 태세가 먼저 서고, 여기에 맞추어 국제적 힘을 이끌어 들이는 방향으로 우리의 노력을 집중하여야 할 것이다.

이상 대체로 반공 · 도덕 생활 교육에서의 민족 주체성에 관하여 고찰하였거니와, 요는 민족 주체성은 반공 · 도덕 생활 교육에서의 하나의 덕목으로 취급될 문제로 그쳐서는 안 된다. 오히려 주체성의 강조는 앞에서 예거한 반공 · 도덕 교육의 각 영역에 다 같이 적용되어 교육의 하나의 뚜렷한 도표(道標)가 되도록 하여야 할 것이다.

1966년 5월 25일 박음
1966년 6월 1일 펴냄

민족 주체성 확립을 위한
교육 과정 운영 지침

| 값 | 원 |

지은이 겸
펴 낸 이 **문 교 부**

되 박 아
펴 낸 이 국정교과서주식회사

조성운

저자 **조성운**은 동국대학교 국사교육과를 졸업하고 동 대학원 사학과에서 석·박사 학위를 취득했다.

교토대학 인문과학연구소에서 외국인공동연구자로서 연구하였으며, 동국대학교와 경기대학교에서 강의하였다. 식민지시기 농민운동으로 박사학위를 받았으나 현재에는 식민지 근대관광과 역사교육에 관심을 두고 연구하고 있다.

저서로는『일제하 농촌사회와 농민운동』(혜안, 2002),『일제하 수원지역의 민족운동』(국학자료원, 2003),『식민지 근대관광과 일본시찰』(경인문화사, 2011),『소년운동을 민족운동으로 승화시킨 방정환』(역사공간, 2012),『일제하 경기도의 민족운동과 증언』(선인, 2016)이 있다. 이외에도 다수의 공저와 논문이 있으며, 역서로는『시선의 확장』(선인, 2014)이 있다.